2007
中国农村统计年鉴
China Rural Statistical Yearbook

国家统计局农村社会经济调查司 编

Department of Rural Surveys,National Bureau of Statistics

中国统计出版社
China Statistics Press

（京）新登字 041 号

图书在版编目（CIP）数据

中国农村统计年鉴. 2007
/ 国家统计局农村社会经济调查司编.
- 北京：中国统计出版社，2007. 9
ISBN 978-7-5037-5268-1

Ⅰ. 中…
Ⅱ. 国…
Ⅲ. 农业统计 - 统计资料 - 中国 -2007- 年鉴
Ⅳ. F322-66

中国版本图书馆 CIP 数据核字（2007）第 142637 号

中国农村统计年鉴— 2007

作　　者 / 国家统计局农村社会经济调查司
责任编辑 / 姚　立　许立舫
E-mail /cbsebs@stats.gov.cn
装帧设计 / 艺编广告
出版发行 / 中国统计出版社
通信地址 / 北京市西城区月坛南街 57 号
邮政编码 /100826
办公地址 / 北京市丰台区西三环南路甲 6 号
网　　址 /www.stats.gov.cn/tjshujia
电　　话 / 邮购（010）63376907　书店（010）68783172
印　　刷 / 河北天普润印刷厂
经　　销 / 新华书店
开　　本 /880 × 1230 毫米　1/16
字　　数 /620 千字
印　　张 /27.75
印　　数 /1 — 2500 册
版　　别 /2007 年 10 月第 1 版
版　　次 /2007 年 10 月第 1 次印刷
书　　号 /ISBN 978-7-5037-5268-1/F · 2560
定　　价 /168.00 元

《中国农村统计年鉴—2007》编辑委员会

编者说明

《中国农村统计年鉴—2007》由17部分组成：一、发展综述；二、综合与概要；三、农村基本情况与农业生产条件；四、农业生态与环境；五、农村投资；六、农林牧渔业总产值、中间消耗及增加值；七、主要农产品种（养）面积与产量；八、农村市场与物价；九、农产品进出口；十、农产品成本与效益；十一、农村居民收入与消费；十二、农村文化、教育、卫生及其他事业；十三、国营农场；十四、区域农村经济；十五、各地区主要农村经济指标排序；十六、国外主要农业指标；十七、如何使用《中国农村统计年鉴》。

因2007年为全国第二次农业普查年，农业年报制度中A301表免报，而农业普查数据目前正在审核、汇总，故《中国农村统计年鉴—2007》中农村基本情况指标有关数据没有更新。

《中国农村统计年鉴—2007》收录了2006年农村社会经济统计资料及建国以后各关键历史年份全国主要统计数据。本年鉴中所涉及的全国性数据均未包括台湾省及港澳地区。

《中国农村统计年鉴—2007》中，从2002年起税金按费改税后的口径计算。已实行费改税的地区按照农业税及附加的实际数额填报，尚未实行的地区按原口径的税金与村提留、乡统筹之和的70%计算。为与2002年数据保持可比性，2001年及以前的税金相应作了调整，调整后的税金等于原口径的税金与村提留、乡统筹之和。

《中国农村统计年鉴—2007》中，执行新国民经济行业分类标准，自2003年起，农林牧渔业包括农林牧渔服务业。

《中国农村统计年鉴—2007》第十四部分的资料，仅包括县和县级市部分，没有包括市辖区部分资料。由于行政区划的调整和部分单位数据的修正，本书中不同区域农村经济历史数据也相应调整。

《中国农村统计年鉴—2007》第十六部分的资料，因国际组织数据库进行了调整，所以往年部分数据也随之做了修正，指标设置也有调整。

《中国农村统计年鉴—2007》中的符号："..."表示数据不足本表最小单位；"空格"表示缺或无该项数据；"#"表示其中项，未标年份的数据均为2006年数据。

在本书的编辑过程中，得到了国务院有关部门、各省、自治区、直辖市调查总队、统计局农村处的大力支持，在此谨致谢意。

目录

第一部分　发展综述

第二部分　综合与概要

第三部分　农村基本情况与农业生产条件

第四部分　农业生态与环境

第五部分　农村投资

第六部分　农林牧渔业总产值、中间消耗及增加值

第七部分　主要农产品种（养）面积与产量

第八部分　农村市场与物价

第九部分　农产品进出口

第十部分　农产品成本与收益

第十一部分　农村居民收入与消费

第十二部分 农村文化、教育、卫生及其他事业

第十三部分 国有农场

第十四部分 区域农村经济

第十五部分　各地区主要农村经济指标排序

第十六部分　国外主要农业指标

第十七部分　如何使用《中国农村统计年鉴》

1

发展综述

2006年农业与农村经济发展良好

2006年，各地认真贯彻落实中央一号文件精神，深化和完善农村各项改革，克服自然灾害的不利影响，粮食继续增产，农民继续增收，农业与农村经济发展势头良好。具体表现为三个特点：一是粮食生产好于预期；二是农民人均纯收入增长速度好于预期；三是农业发展好于预期。

一、农业与农村经济运行的主要特点

（一）粮食生产好于预期

2006年全国夏粮增产和秋粮增产格局，为全年粮食增产奠定了良好基础。2006年，全年粮食总产量达到49748万吨，比上年增产1346万吨，增长2.8%。其中，全国粮食播种面积10.5千公顷，增加1211千公顷，增长1.2%；粮食单产4716千克/公顷，增加74千克，增长1.6%。

分季节看，全年粮食生产的特点呈现两增一平态势。一是夏粮再获丰收。由于播种面积增加和单产提高，2006年全国夏粮总产量达到11389万吨，比上年增加749万吨，增长7%。二是早稻与上年基本持平。虽然早稻单产水平略有提高，但由于播种面积略有减少，加之部分省区受台风影响，2006年全国早稻总产量3187万吨，与上年基本持平。三是秋粮继续增产。2006年，全国秋粮产量35172万吨，增长1.7%。秋粮增产的原因：一是粮食直补和保护价收购政策进一步刺激农民种粮积极性，秋粮种植面积比上年增加近1165万亩。二是除西南、华南等地受灾严重外，其他大部分粮食主产区秋粮生产条件总体是风调雨顺，秋粮生产好于上年。三是带动粮食单产提高的主要品种是玉米和稻谷等向产作物面积扩大。四是种补贴政策充分发挥作用，各地种植优良、高产品种比例普遍提高，对提高粮食单产起到重要作用。2006年全国秋粮亩产达323公斤，比上年增加2.1公斤左右，提高0.7%。

（二）棉花产量创历史新高

据对河北、江苏、安徽、山东、河南、湖北、湖南、新疆八个棉花主产区抽样实测和非主产区统计，2006年全国棉花产量675万吨，比上年增加103万吨，增长18.1%，创历史新高。其中，2006年全国棉花播种面积541万公顷，比上年扩大35万公顷，增长6.9%，因播种面积扩大，增加棉花产量38万吨。2006年全国棉花平均单产为1247千克/公顷，比上年增加118公斤，增长10.5%，突破历史最高水平。因单产提高增产棉花64万吨。

（三）农林牧渔业总产出平稳增长

尽管畜牧业生产增长趋缓，但由于粮棉增产等等因素，2006年农林牧渔生产基本保持了平稳增长的态势。2006年农林牧渔业增加值增长5.0%，增幅回落0.2个百分点。其中，农业增加值增长4.9%，增幅提高1.1个百分点；林业增加值增长6.2%，增幅提高4.5个百分点；牧业增加值增长5.1%，增幅回落3.2个百分点；渔业增加值增长5.2%，增幅提高0.7个百分点。

（四）农民人均纯收入增长速度连续三年保持在6%以上

据对全国31个省（区、市）6.8万个农村住户的抽样调查，2006年农民人均纯收入3587元/人，实际增长7.4%。农民人均纯收入增幅连续三年在6%以上。

1.工资性收入增长强劲。2006年，农民工资性收入1375元/人，比上年同期增加200元，对农民纯收入增加总量的贡献率达到了60%。农民工资性收入增速提高主要是务工收入大量增加所致。2006年，国民经济继续保持快速发展势头，促进了农村劳动力大量外出就业和本地务工。特别是国务院出台了《关于解决农民工问题的若干意见》后，各地加大了工作力度，有效地改善了农民外出务工环境，农民工工资率提高，农民外出务工规模扩大。2006年农村常住户中外出务工劳动力占农村劳动力的比重为21%，比上年提高0.8个百分点，常住户中外出务工人数增加530万人，比上年增长5.3%；农民工月工资水平比上年增长9.9%。

2.农业收入增加。一是2006年粮食生产连续三年丰收，粮食总产量达到49748万吨，比上年增产1346万吨，增长2.8%，同时，粮食价格也略有上涨，确保了农民增产增收。二是经济作物生产形势良好。2006年棉花产量675万吨，糖料总产量11032万吨，均创历史新高。农业生产的发展为农民来自农业的纯收入继续增长奠定了基础。2006年农民来自农业的纯收入为1160元/人，比上年同期增加62元/人，增长5.7%，增幅高于上年1.8个百分点。

3. 家庭经营二三产业收入继续保持稳定增长。新农村建设带动农村二三产业稳步发展，农民来自农村二三产业的收入保持平稳增长。2006年，农民家庭经营二三产业人均纯收入410元/人，增加35元，现价增长9.3%，增幅比上年同期快1.5个百分点。

4. 转移性收入继续保持高速增长。2006年，党中央国务院进一步加大了对三农的支持力度，粮食直补、良种补贴、购置大型农机具补贴资金比上年增加了16.7亿元，同时，对农业生产资料实施综合补贴125亿元。住户调查资料显示，2006年，农民转移性纯收入达到181元/人，增加33元/人，增长22.5%。其中，粮食直补、良种补贴、购置大型农机具补贴三项收入达到29元/人，增加11元。三项补贴收入是上年的1.6倍。

二、几个问题

(一)城乡居民收入差距继续扩大

改革开放以来，党和国家一直将提高农民收入作为重要工作来抓，尤其是近几年来，实施了一系列利农措施，极大调动了农民农业生产积极性，农民收入也在不断提高，农民收入增长速度连续三年保持在6%以上，2006年甚至达到了7.4%，农民纯收入增长速度仅次于1996年。但是，与城镇居民相比，城乡居民收入的差距不断扩大。2006年城镇居民可支配收入11759元/人，2006年农村居民收入3587元/人，城乡居民收入差距3.28 : 1。缩小城乡差距是构建和谐社会的重要目标之一，城乡居民收入差距不断扩大值得关注。

(二)粮食价格略有上升

据国家统计局农村司调查，2006年粮食生产价格同比上涨2.0%。粮价上涨的主要原因：一是当年产需尚存缺口。据预测，2006年全国粮食消费量达到10100亿斤，产需缺口在151亿斤左右。二是结构性失衡。主要表现上小麦、大米、玉米和大豆供不应求。三是国际市场粮食上涨。受不利气候影响，2006年，世界粮食产量下降1.6%，同时，暖冬使人们对2007年冬小麦的生产形势不很看好，造成国际市场粮价不断上涨。有关专家预计，由于短期内粮油供应结构不会有太大的变化，所以粮价可能还会小幅上涨，且可能会持续到2007年夏、秋粮上市为止。

一方面，粮价上涨使农民增产增收，但另一方面，由于粮食关系到国计民生，粮价上涨也会给城镇居民的生活带来影响，尤其是对低收入人口带来影响，而从历史看，粮价上涨常常是造成通货膨胀的主要导火索。因此，虽然从近期来看，粮价上涨利大于弊，但从长远看，各级政府还应密切关注粮价上涨的走势，及时解决相关问题。

(三)粮食继续增产难度加大

粮食继续增产的难度主要来自于两个方面：一是粮食生产播种面积的空间受到制约，二是粮食单产空间受到制约。2004年以来，由于各项利农政策的实施，农民种粮积极性不断高涨，粮食生产也因此扭转了播种面积连续下降的局面，三年来粮食播种面积不断增加，但粮食播种面积的增量却没有保持连续增加。2004年，粮食播种面积比上年增加了3000多万亩，2005年粮食播种面积又比上年增加了4000多万亩，但2006年粮食播种面积只比上年增加了1650万亩，粮食播种面积的增加量明显下降。从2006年的秋冬播情况，粮食播种面积增加的空间更不乐观。据初步调查，2006年秋冬播粮食播种面积比上年增加200多万亩，不足上年秋冬播粮食播种面积增量的一半。

从粮食单产情况看，粮食单产的增长空间也有制约。2003年以来，粮食单产一直处于不断增加的状态下。2004年粮食单产比上年增加了19千克/亩，2005年增加了1千克/亩，2006年又增加了5千克/亩。2006年粮食单产的增加量比2004年的增加量减少了14千克/亩，而且，2006年粮食单产的增加主要依赖于良种补贴以及粮食主产区良好的气候条件。目前，一方面，良种覆盖率已经达到95%以上，靠增加良种覆盖率提高粮食单产的空间不大；另一方面，据有关部门预计，2007年的病虫害将偏重发生，也会直接影响了粮食单产水平。因此，总的来看，2007年靠粮食单产提高粮食总量并不乐观。

(四)农民继续增收难度加大

2006年，农民收入的增长速度达到1997年以来的最高。但从收入的结构上分析，2007年农民增收的难度还是不小。一是2007年农民工资性收入增长可能放缓。这主要在于农民外出务工人人数增势趋缓。2006年农民外出务工人数达到1.3亿,比上年增加634万人,农民外出务工人数的增量比上年减少了100多万。二是农业增收空间受到制约。近几年来,农民来自农业的收入比重不断下降,但2006年农业收入仍占农民家庭经营收入的60%,因此,粮食继续增产难必然会给农民增收带来难度。

总的来看,2006年农业与农村经济发展良好,尤其是粮食生产连续三年增产、农民收入增长速度连续三年保持在6%以上成为2006年农业与农村经济形势的亮点,但是,在成绩的背后,我们也不难看到,影响农民持续增收和农业稳定增长的不利因素依然存在,制约农业与农村经济发展的问题依然突出,"三农"问题仍然是事关党和国家事业发展大局的重大问题,2007年,我们对农业、农村、农民的关注丝毫不能有半点放松。

三、相关建议

(一)善待粮价,为农业生产和农民增收创造条件

进一步做好粮食流通体制改革,充分发挥国有粮食企业主渠道作用,在粮食价格变动时,促进粮食企业及时吞吐粮食,稳定粮食市场。同时,在粮食价格下降时,继续实施最低收购价政策;在粮食价格上涨时,及时补贴低收入人群。一方面避免谷贱伤民,另一方面,也要避免城镇居民尤其是低收入人群因粮价上涨降低生活水平,更重要的是避免因粮价上涨带来通货膨胀。

(二)增加投入,建设现代农业

一是决不能放松粮食生产,加强农田水利建设。虽然2006年又是一个粮食丰收年,但是,由于影响粮食安全的因素尚未消除,我们决不能放松警惕,要加强对粮食生产的重视,尤其要加强农田基本建设的投入,进一步提高农业防灾抗灾能力。二是进一步加大农业科研投入,不断提高粮食生产能力。进一步加大农业科研力度,积极做好农业科研成果的转化工作,不断提高粮食生产能力。同时,继续加大良种补贴力度,进一步提高良种覆盖率。

(三)继续推动农民外出务工,大力发展农村二三产业

工资性收入一直是农民增收的主要增长点。因此,应继续改善农民外出务工环境,及时为农民工提供用工信息,逐渐提高农民工工资,并监督检查用工单位按时兑付农民工工资的情况,保证农民的工资性收入继续增长。同时,继续发展农村二三产业,不断吸收农民工本地就业,增加农民来自二三产业的收入。

2

综合与概要

2—1 农村经济主要指标

指　　标	单位	1990 年	1995 年	2000 年	2004 年	2005 年	2006 年
一、年末乡村总人口	万人	89590.3	91674.6	92819.7	94253.7	94907.5	
二、年末乡村从业人员	万人	42009.5	45041.8	47962.1	49695.3	50387.3	
三、农业机械总动力	亿瓦特	2870.8	3611.8	5257.4	6402.8	6839.8	
四、农林牧渔业总产值	亿元	7662.1	20340.9	24915.8	36239.0	39450.9	42424.4
五、农林牧渔业增加值	亿元	5062.0	12135.8	14944.7	21412.7	23070.4	24737.4
六、农村固定资产投资完成额	亿元			6695.9	11449.2	13678.5	16629.5
#农业	亿元			815.6	1245.6	1480.9	1631.8
制造业	亿元			1901.0	4928.3	6169.4	7753.5
建筑业	亿元			640.6	437.6	454.6	330.1
交通运输、仓储和邮政业	亿元			350.5	554.7	753.7	913.6
批发和零售业	亿元			123.9	155.8	184.3	103.9
七、主要农产品产量							
粮食	万吨	44624	46661.8	46217.5	46947	48402.2	49747.9
棉花	万吨	450.8	476.8	441.7	632	571.4	674.6
油料	万吨	1613.2	2250.3	2954.8	3057	3077.1	3059.4
糖料	万吨	7214.5	7940.1	7635.3	9528	9451.9	11032.0
黄红麻	万吨	72.6	37.1	12.6	8.7	8.3	8.7
烤烟	万吨	225.9	207.2	223.8	214.0	243.5	248.7
猪牛羊肉	万吨	2513.5	4265.3	4838.2	5776.8	6157.6	6416.8
牛奶	万吨	415.7	576.4	827.4	2260.6	2753.4	3193.4
禽蛋	万吨	794.6	1676.7	2243.3	2723.7	2879.5	2945.6
水产品	万吨	1237.0	2517.2	4278.5	4901.8	5107.6	5290.4
水果	万吨	1874.4	4214.6	6225.1	15340.9	16120.1	17239.9
八、农村物价总指数							
(上年=100)							
农产品生产价格总指数	%	97.4	119.9	96.4	113.1	101.4	101.2
农村商品零售价格指数	%	103.2	116.4	98.5	102.8	101.4	101.4
农业生产资料价格指数	%	105.5	127.4	99.1	110.6	108.3	101.5
农村居民消费价格指数	%	104.5	117.5	99.9	104.8	102.2	101.5
九、农村居民人均纯收入	元	686.3	1577.7	2253.4	2936.4	3254.9	3587.0
农村居民人均生活消费支出	元	584.6	1310.4	1670.1	2184.7	2555.4	2829.0
十、农村教育、卫生							
在校学生数							
#普通中学	万人	2739.0	2773.0	3586.3	3423.4	3018.4	2795.8
普通小学	万人	9595.6	9306.2	8503.7	7378.6	6947.8	6676.1
农民高等学校	人	353	966	800	2136	3086	2130
农民技术培训学校	万人	1050.0	4948.7	6209.6	4684.2	3729.3	3842.4
卫生院床位数	万张	72.3	73.3	73.5	66.9	67.8	69.6
卫生技术人员	万人	77.7	91.9	102.6	88.1	87.1	86.0

注：1. 建筑业投资统计口径有调整，不含农户建房投资。

2. 2000 年以前农产品生产价格总指数为农副产品收购价格指数。

3. 从 2003 年起，农林牧渔业总产值、增加值、中间消耗核算执行新国民经济行业分类标准，包括农林牧渔服务业。

4. 从 2003 年起，水果产量含果用瓜。

2—2 按人口平均的主要农产品产量

单位:千克/人

年 份	粮食	棉花	油料	糖料	猪牛羊肉	水产品
1949	208.9	0.8	4.7	5.2		0.8
1952	288.1	2.3	7.4	13.4		2.9
1957	306.0	2.6	6.6	18.7		4.9
1962	240.3	1.1	3.0	5.7		3.4
1965	272.0	2.9	5.1	21.5		4.2
1970	293.2	2.8	4.6	19.0		3.9
1975	310.5	2.6	4.9	20.9		4.8
1978	318.7	2.3	5.5	24.9		4.9
1979	342.7	2.3	6.6	25.4		4.4
1980	326.7	2.8	7.8	29.7		4.6
1981	327.0	3.0	10.3	36.2		4.6
1982	351.5	3.6	11.7	43.2		5.1
1983	378.5	4.5	10.3	39.4		5.3
1984	392.8	6.0	11.5	46.1		6.0
1985	360.7	3.9	15.0	57.5		6.7
1986	367.0	3.3	13.8	54.9		7.7
1987	371.7	3.9	14.1	51.2		8.8
1988	357.7	3.8	12.0	56.2		9.6
1989	364.3	3.4	11.6	51.9		10.3
1990	393.1	4.0	14.2	63.6		10.9
1991	378.3	4.9	14.2	73.2		11.7
1992	380.0	3.9	14.1	75.6		13.4
1993	387.4	3.2	15.3	64.7		15.5
1994	373.5	3.6	16.7	61.3		17.9
1995	378.4	3.8	17.6	63.4		20.9
1996	414.1	3.5	18.2	68.7	30.3	23.1
1997	401.7	3.7	17.5	76.3	33.2	29.3
1998	412.4	3.6	18.6	78.8	37.0	31.4
1999	405.5	3.1	20.7	66.5	38.0	32.9
2000	366.1	3.5	23.4	60.5	38.3	33.9
2001	355.9	4.2	22.5	68.1	39.5	34.4
2002	357.0	3.8	22.6	80.4	40.8	35.6
2003	334.3	3.8	21.8	74.8	42.7	36.5
2004	362.2	4.9	23.7	73.8	44.6	37.9
2005	371.3	4.4	23.6	72.5	47.2	39.2
2006	379.5	5.1	23.3	84.1	48.9	40.4

注:按年平均人口计算。

2—2 续表　　　　单位:千克/人

年　份	黄红麻	烤烟	水果	牛奶	禽蛋	茶叶
1952	0.3	0.4	4.3			0.14
1957	0.2	0.4	5.1			0.18
1962	0.1	0.2	4.1			0.11
1965	0.4	0.5	4.5			0.14
1970	0.2	0.5	4.6			0.17
1975	0.4	0.8	5.9	1.0		0.23
1978	0.6	1.1	6.9	0.9		0.28
1980	0.6	0.7	6.9	1.2		0.31
1985	2.0	2.0	11.1	2.4	5.1	0.41
1986	0.7	1.3	12.6	2.7	5.2	0.43
1987	0.5	1.5	15.4	3.0	5.4	0.47
1988	0.5	2.1	15.1	3.1	6.3	0.49
1989	0.6	2.2	16.4	3.4	6.4	0.48
1990	0.6	2.0	16.5	3.7	7.0	0.48
1991	0.4	2.3	18.9	4.0	8.0	0.47
1992	0.5	2.7	20.9	4.3	8.7	0.48
1993	0.6	2.6	25.6	4.2	10.0	0.51
1994	0.6	2.5	29.4	4.4	12.4	0.49
1995	0.3	1.7	32.0	4.6	13.1	0.49
1996	0.3	2.4	38.2	5.2	16.0	0.49
1997	0.3	3.2	41.4	5.4	17.3	0.50
1998	0.2	1.7	43.9	6.0	16.2	0.54
1999	0.1	1.7	49.8	5.7	17.0	0.54
2000	0.1	1.8	49.3	6.6	17.8	0.54
2001	0.1	1.6	52.3	8.1	18.3	0.55
2002	0.1	1.7	112.3	10.2	19.2	0.58
2003	0.1	1.6	112.7	13.6	20.2	0.60
2004	0.1	1.7	118.4	17.4	21.0	0.64
2005	0.1	1.9	123.6	21.1	22.1	0.72
2006	0.1	1.9	131.5	24.4	22.5	0.78

注:从 2002 年起,水果产量含果用瓜。

2—3 农村经济在国民经济中的地位

单位:亿元、%

年 份	国内生产总值	#第一产业	所占比重	社会消费品零售额	#县及县以下	所占比重
1952	679.0	342.9	50.5	276.8		
1957	1068.0	430.0	40.3	474.2		
1962	1149.3	453.1	39.4	604.0		
1965	1716.1	651.1	37.9	670.3		
1970	2252.7	793.3	35.2	858.0		
1975	2997.3	971.1	32.4	1271.1		
1978	3624.1	1027.5	28.4	1558.6	1053.4	67.6
1980	4517.8	1371.6	30.4	2140.0	1406.4	65.7
1981	4862.4	1559.5	32.1	2350.0	1506.7	64.1
1982	5294.7	1777.4	33.6	2570.0	1649.5	64.2
1983	5934.5	1978.4	33.3	2849.4	1792.1	62.9
1984	7171.0	2316.1	32.3	3376.4	2027.7	60.1
1985	8964.4	2564.4	28.6	4305.0	2430.5	56.5
1986	10202.2	2788.7	27.3	4950.0	2932.0	59.2
1987	11962.5	3233.0	27.0	5820.0	3393.0	58.3
1988	14928.3	3865.4	25.9	7440.0	4179.2	56.2
1989	16909.2	4265.9	25.2	8101.4	4434.6	54.7
1990	18547.9	5062.0	27.3	8300.1	4411.5	53.1
1991	21617.8	5342.2	24.7	9415.6	4885.8	51.9
1992	26638.1	5866.6	22.0	10993.7	5523.4	50.2
1993	34634.4	6963.8	20.1	12462.1	5237.2	42.0
1994	48197.9	9572.7	19.9	16264.7	6603.5	40.6
1995	60793.7	12135.8	20.0	20620.0	8243.3	40.0
1996	71176.6	14015.4	19.7	24774.1	9822.9	39.6
1997	78973.0	14441.9	18.3	27298.9	10648.5	39.0
1998	84402.3	14817.6	17.6	29152.5	11327.3	38.9
1999	89677.1	14770.0	16.5	31134.7	12043.1	38.7
2000	99214.6	14944.7	15.1	34152.6	13042.3	38.2
2001	109655.2	15781.3	14.4	37595.2	14051.8	37.4
2002	120332.7	16537.0	13.7	42027.0	15041.0	35.8
2003	135822.8	17381.7	12.8	45842.0	16065.0	35.0
2004	159878.3	21412.7	13.4	59501.0	19805.0	33.3
2005	183867.9	23070.4	12.5	67176.6	22082.0	32.9
2006	209406.8	24737.4	11.8	76410.0	24867.4	32.5

注:1.社会消费品零售额,1992年及以前为社会商品零售总额数据。

2.国内生产总值依据全国第一次经济普查结果进行了修订。

2—3 续表 1

单位：亿元、%

年　份	财政收入	#农业各税	所占比重	国家财政支出	#支农支出	所占比重
1970	662.9	32.0	4.8	649.4	49.4	7.6
1975	815.6	29.5	3.6	820.9	99.0	12.1
1978	1132.3	28.4	2.5	1122.1	150.7	13.4
1980	1159.9	27.7	2.4	1228.8	150.0	12.2
1981	1175.8	28.4	2.4	1138.4	110.2	9.7
1982	1212.3	29.4	2.4	1230.0	120.5	9.8
1983	1367.0	33.0	2.4	1409.5	132.9	9.4
1984	1642.9	34.8	2.1	1701.0	141.3	8.3
1985	2004.8	42.1	2.1	2004.3	153.6	7.7
1986	2122.0	44.5	2.1	2204.9	184.2	8.4
1987	2199.4	50.8	2.3	2262.2	195.7	8.7
1988	2357.2	73.7	3.1	2491.2	214.1	8.6
1989	2664.9	84.9	3.2	2823.8	265.9	9.4
1990	2937.1	87.9	3.0	3083.6	307.8	10.0
1991	3149.5	90.7	2.9	3386.6	347.6	10.3
1992	3483.4	119.2	3.4	3742.2	376.0	10.0
1993	4349.0	125.7	2.9	4642.3	440.5	9.5
1994	5218.1	231.5	4.4	5792.6	533.0	9.2
1995	6242.2	278.1	4.5	6823.7	574.9	8.4
1996	7408.0	369.5	5.0	7937.6	700.4	8.8
1997	8651.1	397.5	4.6	9233.6	766.4	8.3
1998	9876.0	398.8	4.0	10798.2	1154.8	10.7
1999	11444.1	423.5	3.7	13187.7	1085.8	8.2
2000	13395.2	465.3	3.5	15886.5	1231.5	7.8
2001	16386.0	481.7	2.9	18902.6	1456.7	7.7
2002	18903.6	717.9	3.8	22053.2	1580.8	7.2
2003	21715.3	871.8	4.0	24649.9	1754.5	7.1
2004	26355.9	902.2	3.4	28486.9	2337.6	8.2
2005	31649.3	936.4	3.0	33930.3	2450.3	7.2
2006	38760.2	1084.0	2.8	40422.7	3173.0	7.9

注：1. 农业各税包括耕地占用税、农林特产税（1994 年为农业特产税）、农业税、牧业税和契税。
2. 国家财政支农支出包括支农支出、农业基本建设支出、农业科技三项费用、农村救济费、其他。
3. 国家财政支出因财政部修正数据而有所改动。

2—3 续表 2

单位:元/人

年　份	全国居民消费水平绝对数			指数(1978 年=100)		城乡消费水平对比(农村居民=1)
		农村居民	城镇居民	农村居民	城镇居民	
1978	184	138	405	100.0	100.0	2.9
1980	238	178	489	115.4	110.2	2.7
1981	264	201	521	126.8	114.6	2.6
1982	288	223	536	138.3	115.4	2.4
1983	316	250	558	153.1	117.9	2.2
1984	361	287	618	172.8	127.2	2.2
1985	446	349	765	195.7	141.3	2.2
1986	497	378	872	200.3	150.8	2.3
1987	565	421	998	210.0	159.3	2.4
1988	714	509	1311	221.0	174.7	2.6
1989	788	549	1466	217.2	176.0	2.7
1990	833	560	1596	215.4	190.9	2.9
1991	932	602	1840	227.1	211.4	3.1
1992	1116	688	2262	246.5	245.3	3.3
1993	1393	805	2924	257.1	270.8	3.6
1994	1833	1038	3852	265.0	282.8	3.7
1995	2355	1313	4931	282.9	303.2	3.8
1996	2789	1626	5532	323.8	313.6	3.4
1997	3002	1722	5823	334.0	320.4	3.4
1998	3159	1730	6109	338.1	339.2	3.5
1999	3346	1766	6405	355.3	363.0	3.6
2000	3632	1860	6850	371.3	391.1	3.7
2001	3869	1969	7113	388.0	403.6	3.6
2002	4106	2062	7387	408.1	420.5	3.6
2003	4411	2103	7901	409.5	447.2	3.8
2004	4925	2301	8679	423.5	475.7	3.8
2005	5463	2560	9410	455.7	502.8	3.7
2006	6111	2848	10359	494.9	541.0	3.6

注:绝对数按当年价格计算,指数按可比价格计算。

2—3 续表 3

单位:元/人

年　份	农村居民家庭人均纯收入	指数(1978=100)	城镇居民家庭人均可支配收入	指数(1978=100)
1978	133.6	100.0	343.4	100.0
1980	191.3	139.0	477.6	127.0
1981	223.4	160.4	492.0	127.7
1982	270.1	192.3	527.0	134.1
1983	309.8	219.6	564.0	140.7
1984	355.3	249.5	651.0	158.1
1985	397.6	268.9	739.1	160.4
1986	423.8	277.6	899.6	182.5
1987	462.6	292.0	1002.2	186.9
1988	544.9	310.7	1181.4	182.5
1989	601.5	305.7	1375.7	182.8
1990	686.3	311.2	1510.2	198.1
1991	708.6	317.4	1700.6	212.4
1992	784.0	336.2	2026.6	232.9
1993	921.6	346.9	2577.4	255.1
1994	1221.0	364.4	3496.2	276.8
1995	1577.7	383.7	4283.0	290.3
1996	1926.1	418.2	4838.9	301.6
1997	2090.1	437.4	5160.3	311.9
1998	2162.0	456.2	5425.1	329.9
1999	2210.3	473.5	5854.0	360.6
2000	2253.4	483.5	6280.0	383.7
2001	2366.4	503.8	6859.6	416.3
2002	2475.6	528.0	7702.8	472.1
2003	2622.2	550.7	8472.2	514.6
2004	2936.4	588.1	9421.6	554.2
2005	3254.9	624.5	10493.0	607.4
2006	3587.0	670.7	11759.5	670.7

注:指数按可比价格计算。

2—4 各地区农村经济在国民经济中的地位

地　区	第一产业增加值占地区生产总值比重（2006年）	第一产业人员占从业人员比重（2005年）
北　京	1.3	6.4
天　津	2.7	18.6
河　北	13.8	44.8
山　西	5.8	43.2
内蒙古	13.4	50.8
辽　宁	10.5	34.7
吉　林	16.1	45.7
黑龙江	11.8	42.8
上　海	0.9	6.2
江　苏	7.2	27.3
浙　江	5.9	24.6
安　徽	16.7	50.7
福　建	11.8	37.1
江　西	17.0	45.1
山　东	9.8	40.0
河　南	16.4	55.2
湖　北	15.2	41.2
湖　南	17.8	53.4
广　东	6.1	32.6
广　西	21.5	55.6
海　南	32.7	51.2
重　庆	12.3	45.1
四　川	18.6	50.3
贵　州	17.3	57.2
云　南	18.8	68.7
西　藏	17.6	61.1
陕　西	11.1	50.4
甘　肃	14.6	56.5
青　海	10.9	48.0
宁　夏	11.2	46.9
新　疆	17.7	45.0

2—5　各地区农村社会消费品零售额及占全国的比重

（按当年价计算）　单位：亿元

地　区	社会消费品零售额	＃县零售额	＃县以下零售额	县及县以下消费品零售额占全社会消费品零售额的比重（%）
全国总计	**76410.0**	**8477.9**	**16389.5**	**32.5**
北　京	3275.2	26.2	417.7	13.6
天　津	1356.8	44.3	37.1	6.0
河　北	3397.4	680.1	1105.2	52.6
山　西	1613.4	307.8	267.1	35.6
内蒙古	1595.3	326.3	188.4	32.3
辽　宁	3434.6	163.9	398.2	16.4
吉　林	1675.8	127.5	244.3	22.2
黑龙江	1997.7	237.8	235.2	23.7
上　海	3360.4	23.9	397.8	12.5
江　苏	6623.2	413.5	1386.8	27.2
浙　江	5325.3	519.4	1286.9	33.9
安　徽	2029.4	406.3	516.9	45.5
福　建	2704.2	306.2	654.8	35.5
江　西	1428.0	312.6	366.5	47.6
山　东	7122.5	788.4	1800.2	36.3
河　南	3880.5	753.6	1007.0	45.4
湖　北	3412.0	321.0	695.4	29.8
湖　南	2834.2	480.3	723.5	42.5
广　东	9118.1	383.3	2262.3	29.0
广　西	1600.8	280.1	376.9	41.0
海　南	308.3	22.5	64.7	28.3
重　庆	1403.6	187.2	382.5	40.6
四　川	3421.6	604.4	1166.0	51.7
贵　州	689.8	130.7	147.6	40.3
云　南	1188.9	275.4	262.4	45.2
西　藏	89.7	35.6	10.3	51.2
陕　西	1522.0	272.2	257.0	34.8
甘　肃	717.5	114.5	140.5	35.5
青　海	180.1	37.7	19.6	31.8
宁　夏	199.0	25.5	25.1	25.4
新　疆	727.6	106.9	111.5	30.0

注：分地区相加不等于全国，原因是全国数据进行了修正。

2－6　各地区城乡居民收入水平

单位:元/人

地　区	农村居民家庭人均纯收入	城镇居民家庭人均可支配收入	城乡居民收入水平对比（农村居民＝1）
全国总计	**3587.0**	**11759.5**	**3.3**
北　京	8275.5	19977.5	2.4
天　津	6227.9	14283.1	2.3
河　北	3801.8	10304.6	2.7
山　西	3180.9	10027.7	3.2
内蒙古	3341.9	10358.0	3.1
辽　宁	4090.4	10369.6	2.5
吉　林	3641.1	9775.1	2.7
黑龙江	3552.4	9182.3	2.6
上　海	9138.7	20667.9	2.3
江　苏	5813.2	14084.3	2.4
浙　江	7334.8	18265.1	2.5
安　徽	2969.1	9771.1	3.3
福　建	4834.8	13753.3	2.8
江　西	3459.5	9551.1	2.8
山　东	4368.3	12192.2	2.8
河　南	3261.0	9810.3	3.0
湖　北	3419.4	9802.7	2.9
湖　南	3389.6	10504.7	3.1
广　东	5079.8	16015.6	3.2
广　西	2770.5	9898.8	3.6
海　南	3255.5	9395.1	2.9
重　庆	2873.8	11569.7	4.0
四　川	3002.4	9350.1	3.1
贵　州	1984.6	9116.6	4.6
云　南	2250.5	10069.9	4.5
西　藏	2435.0	8941.1	3.7
陕　西	2260.2	9267.7	4.1
甘　肃	2134.1	8920.6	4.2
青　海	2358.4	9000.4	3.8
宁　夏	2760.1	9177.3	3.3
新　疆	2737.3	8871.3	3.2

2—7 各地区城乡居民消费水平

单位:元/人

地　区	居民消费水平	农村居民	城镇居民	城乡居民消费水平对比（农村居民=1）
北　京	16770	7655	18508	2.4
天　津	10564	4771	12554	2.6
河　北	4945	2725	9008	3.3
山　西	4843	2447	8076	3.3
内蒙古	5800	2816	9043	3.2
辽　宁	6929	3458	9357	2.7
吉　林	5710	2969	8166	2.8
黑龙江	5141	2552	7410	2.9
上　海	20944	10136	22294	2.2
江　苏	8302	4915	11530	2.3
浙　江	11161	6301	15877	2.5
安　徽	4441	2445	7942	3.2
福　建	7826	4290	11710	2.7
江　西	4173	2810	7950	2.8
山　东	7025	3537	11193	3.2
河　南	4632	2666	8894	3.3
湖　北	5533	2832	9041	3.2
湖　南	5498	3072	9480	3.1
广　东	10829	4205	14913	3.5
广　西	4330	2483	7894	3.2
海　南	4736	2792	7688	2.8
重　庆	5417	2341	9032	3.9
四　川	4501	2572	8305	3.2
贵　州	3499	1630	8507	5.2
云　南	4075	2145	8579	4.0
西　藏	2915	1827	7312	4.0
陕　西	3972	2201	9033	4.1
甘　肃	3810	1883	8190	4.3
青　海	4229	2128	7481	3.5
宁　夏	5112	2437	8711	3.6
新　疆	4206	2000	7875	3.9

2—8 主要农产品供需情况

一、粮食

年 份	生产量（万吨）	进口量（万吨）	出口量（万吨）	城镇居民人均消费（千克/人）	农村居民人均消费（千克/人）
1980	32056	1343	162		257.2
1981	32502	1481	126	145.4	256.1
1982	35450	1612	125	144.6	260.0
1983	38728	1344	196	144.5	259.9
1984	40731	1045	357	142.1	266.5
1985	37911	600	932	134.8	257.5
1986	39151	773	942	137.9	259.3
1987	40298	1628	737	133.9	259.4
1988	39408	1533	717	137.2	259.5
1989	40755	1658	656	133.9	262.3
1990	44624	1372	583	130.7	262.1
1991	43529	1345	1086	127.9	255.6
1992	44266	1175	1364	111.5	250.5
1993	45649	752	1535	97.8	251.8
1994	44510	920	1346	101.7	257.6
1995	46662	2081	214	97.0	256.1
1996	50450	1200	144	94.7	256.2
1997	49417	705	859	88.6	250.7
1998	51230	708	906	86.7	248.9
1999	50839	772	758	84.9	247.5
2000	46218	1357	1400	82.3	250.2
2001	45264	1738	903	79.7	238.6
2002	45706	1417	1514	78.5	236.5
2003	43070	2283	2230	79.5	222.4
2004	46947	2298	514	78.2	218.3
2005	48402	3286	1141	77.0	208.9
2006	49748	3186	723	75.9	205.6

注：1984 年及以前城镇居民人均消费量为全国城市居民人均消费量。

二、食用植物油

2－8 续表 1

年 份	生产量（万吨）	进口量（万吨）	出口量（万吨）	城镇居民人均消费（千克/人）	农村居民人均消费（千克/人）
1980	222		3.1		1.4
1981	292	4.4	6.3	4.8	1.9
1982	345	5.6	10.2	5.8	2.1
1983	360	3.5	15.6	6.5	2.2
1984	382	1.4	13.1	7.1	2.5
1985	401	3.5	16.2	5.8	2.6
1986	441	19.8	16.6	6.2	2.6
1987	478	51.1	5.6	6.5	3.1
1988	480	21.4	2.6	7.0	3.3
1989	496	105.6	6.2	6.2	3.3
1990	544	112.0	14.0	6.4	3.5
1991	644	61.0	9.9	6.9	3.9
1992	661	42.0	6.8	6.7	4.1
1993	965	24.0	13.6	7.1	4.1
1994	723	163.0	27.0	7.5	4.1
1995	1144	353.0	49.6	7.1	4.3
1996	947	264.0	47.3	7.1	4.5
1997	894	285.8	86.1	7.2	4.7
1998	602	205.5	30.9	7.6	4.6
1999	734	208.0	9.7	7.8	4.6
2000	835	179.0	11.2	8.2	5.5
2001	1383	165.0	13.4	8.1	7.0
2002	1531	319.0	9.8	8.5	7.5
2003	1584	541.0	6.0	9.2	6.3
2004	1235	676.0	6.5	9.3	5.3
2005	1612	621.0	22.5	9.3	6.0
2006	1986	671.0	39.9	9.4	5.8

三、棉花

2—8续表2

年 份	生产量（万吨）	进口量（万吨）	出口量（万吨）	全国人均占有量（千克/人）
1980	270.7	88.5	0.9	2.8
1981	296.8	80.1	0.1	3.0
1982	359.8	47.3	0.4	3.5
1983	463.7	23.0	5.8	4.4
1984	625.8	4.0	18.9	5.9
1985	414.7	…	34.7	3.9
1986	354.0	…	55.8	3.2
1987	424.5	0.6	75.5	3.8
1988	414.9	3.5	46.8	3.7
1989	378.8	51.9	27.2	3.3
1990	450.8	42.0	16.7	3.9
1991	567.5	37.0	20.0	4.8
1992	450.8	28.0	14.5	3.8
1993	373.9	1.0	15.0	3.1
1994	434.0	52.6	11.1	3.6
1995	476.8	74.0	2.2	3.9
1996	420.0	6.5	0.4	3.4
1997	460.3	78.3	0.1	3.7
1998	450.1	20.9	4.5	3.6
1999	382.9	5.0	23.6	3.1
2000	441.7	4.7	29.2	3.5
2001	532.4	6.0	5.2	4.2
2002	491.6	18.0	15.0	3.8
2003	486.0	87.0	11.2	3.8
2004	632.0	191.0	0.9	4.9
2005	571.4	257.0	0.5	4.4
2006	674.6	364.0	1.3	5.1

四、糖料

2—8 续表 3

年 份	生产量（万吨）	食糖进口量（万吨）	食糖出口量（万吨）	城镇居民人均消费（千克/人）	农村居民人均消费（千克/人）
1980	2911.2	91.2	30.1		1.1
1981	3602.8	102.9	12.5	2.9	1.1
1982	4359.4	217.7	6.7	2.8	1.2
1983	4103.3	190.0	6.0	2.8	1.3
1984	4780.3	123.0	5.2	2.9	1.3
1985	6046.8	191.0	18.4	2.5	1.5
1986	5852.5	118.0	26.6	2.6	1.6
1987	5550.3	183.0	45.2	2.5	1.7
1988	6187.4	371.0	24.8	2.6	1.4
1989	5803.8	158.0	43.0	2.4	1.5
1990	7214.5	113.0	57.0	2.1	1.5
1991	8418.7	101.0	34.3	1.8	1.4
1992	8808.0	110.0	167.0	1.9	1.5
1993	7624.2	45.0	185.0	1.8	1.4
1994	7346.0	155.2	94.7	1.9	1.3
1995	7940.0	295.0	48.0	1.7	1.3
1996	8360.0	125.0	66.5	1.7	1.4
1997	9380.0	78.3	37.9	1.6	1.4
1998	9790.4	50.8	43.6	1.8	1.4
1999	8334.1	42.0	36.7	1.8	1.5
2000	7635.3	64.1	41.5	1.7	1.3
2001	8655.1	120.0	19.6	1.7	1.4
2002	10293.0	118.3	32.6	—	1.6
2003	9642.0	78.0	10.3	—	1.2
2004	9528.0	121.0	8.5	—	1.1
2005	9451.9	139.0	35.8	—	1.1
2006	11032.0	137.0	15.4	—	1.1

3

农村基本情况与农业生产条件

3—1 农村基本情况和乡村从业人员

指　标	单位	1990年	1995年	2000年	2004年	2005年	2005年为2004年百分比(%)
一、农村基层组织情况							
乡镇个数	个	55838	47136	43735	36952	35509	96.1
乡个数	个	44446	29854	24043	17781	16621	93.5
镇个数	个	11392	17282	19692	19171	18888	98.5
村民委员会个数	个	743278	740150	734715	652718	640139	98.1
二、农村户数和人口情况							
乡村户数	万户	22237.2	23281.5	24148.7	24971.4	25222.6	101.0
乡村人口数	万人	89590.3	91674.6	92819.7	94253.7	94907.5	100.7
三、乡村从业人员及主要行业分布							
乡村劳动力资源数	万人	51404.8	51809.6	51404.8	53782.9	54568.9	101.5
乡村从业人员	万人	42009.5	45041.8	47962.1	49695.3	50387.3	101.4
(一)按性别分							
男	万人	22551.8	24037.4	25517.8	26525.8	26930.6	101.5
女	万人	19457.7	21004.4	22444.3	23169.5	23456.7	101.2
(二)按国民经济行业分							
1.农林牧渔业	万人	33336.4	32334.5	32797.5	30596.0	29975.5	98.0
2.工业	万人	3228.7	3970.7	4108.6	5438.9	6011.5	110.5
3.建筑业	万人	1522.8	2203.6	2691.7	3380.5	3653.2	108.1
4.交通运输、仓储和邮政业	万人	635.3	983.0	1170.6	1361.1	1433.1	105.3
5.信息传输、计算机服务和软件业	万人				114.7	134.2	117.0
6.批发和零售业	万人	693.2	1170.4	1751.8	1928.3	2046.3	106.1
7.住宿和餐饮业	万人				773.3	891.4	115.3
8.其他行业	万人	2593.1	4379.6	5441.9	6102.4	6242.0	102.3

注：1.乡村户数是指长期(一年以上)居住在乡镇(不包括城关镇)行政管理区域内的住户，还包括居住在城关镇所辖行政村范围内的农村住户。

2.乡村人口数是指乡村地区常住居民户数中的常住人口数，即经常在家或在家居住6个月以上，而且经济和生活与本户连成一体的人口。

3.2004年起，乡村从业人员分类按照新的国民经济行业标准进行了调整。

3—2 各地区农村基层组织情况

单位：个

地区	乡镇个数		乡个数		镇个数		村民委员会	
	2004年	2005年	2004年	2005年	2004年	2005年	2004年	2005年
全国总计	**36952**	**35509**	**17781**	**16621**	**19171**	**18888**	**652718**	**640139**
北京	185	184	42	41	143	143	3978	3964
天津	140	140	20	20	120	120	3821	3821
河北	1967	1962	1030	1018	937	944	49697	49678
山西	1193	1192	717	717	476	475	28552	28323
内蒙古	1147	964	703	553	444	411	12215	12129
辽宁	1007	993	387	382	620	611	12024	11920
吉林	767	624	314	195	453	429	9370	9375
黑龙江	882	878	432	430	450	448	8951	8952
上海	109	103	3	3	106	100	1905	1875
江苏	1153	1092	123	114	1030	978	18619	18282
浙江	1281	1251	518	493	763	758	35445	34515
安徽	1584	1466	649	551	935	915	26545	24076
福建	954	934	351	341	603	593	14745	14630
江西	1435	1435	666	663	769	772	17354	17233
山东	1468	1423	295	277	1173	1146	86121	83483
河南	2014	2008	1241	1232	773	776	48330	48145
湖北	964	954	224	217	740	737	26697	26682
湖南	2343	2220	1245	1127	1098	1093	45722	44538
广东	1247	1223	16	16	1231	1207	21917	21825
广西	1324	1130	578	432	746	698	14560	14453
海南	200	200	20	20	180	180	2624	2615
重庆	1035	958	421	364	614	594	10143	10015
四川	4808	4658	2932	2789	1876	1869	52875	51198
贵州	1380	1385	761	761	619	624	20053	19696
云南	1402	1296	933	837	469	459	13198	12940
西藏	685	685	540	543	145	142	6009	5886
陕西	1526	1521	679	678	847	843	28506	27809
甘肃	1371	1251	928	800	443	451	17043	16585
青海	392	392	285	283	107	109	4158	4161
宁夏	192	191	99	97	93	94	2515	2382
新疆	797	796	629	627	168	169	9026	8953

3—3 各地区乡村户数和乡村人口

地　区	乡村户数(万户)		乡村人口(万人)	
	2004年	2005年	2004年	2005年
全国总计	**24971.4**	**25222.6**	**94253.7**	**94907.5**
北　京	132.9	142.2	359.9	381.8
天　津	117.9	119.8	395.2	397.5
河　北	1439.4	1448.6	5389.9	5422.3
山　西	634.4	638.4	2344.5	2354.9
内蒙古	353.2	351.4	1352.3	1343.9
辽　宁	696.2	695.6	2338.9	2331.4
吉　林	381.8	383.7	1440.1	1443.6
黑龙江	486.7	494.0	1899.3	1917.3
上　海	112.8	111.1	347.9	338.2
江　苏	1562.9	1593.2	5248.0	5322.5
浙　江	1193.5	1224.6	3734.8	3790.5
安　徽	1333.0	1346.1	5198.2	5241.4
福　建	682.3	682.2	2686.3	2667.0
江　西	785.0	795.3	3266.6	3298.5
山　东	2052.1	2050.4	7042.5	7030.1
河　南	2015.6	2025.7	7968.8	8000.7
湖　北	1006.0	1016.4	3965.3	3993.6
湖　南	1481.7	1492.5	5455.8	5475.8
广　东	1493.9	1540.8	6254.5	6451.6
广　西	973.1	986.1	4123.4	4146.2
海　南	110.9	112.6	519.6	525.6
重　庆	715.0	718.8	2425.3	2430.9
四　川	1973.4	1979.2	6885.7	6904.0
贵　州	781.8	792.3	3253.6	3276.3
云　南	865.7	877.4	3537.9	3568.1
西　藏	39.3	40.4	223.6	225.3
陕　西	703.4	705.0	2790.8	2791.9
甘　肃	459.4	463.7	2063.6	2074.8
青　海	75.9	77.6	354.1	357.3
宁　夏	92.7	93.6	412.1	415.0
新　疆	219.6	223.9	975.5	989.6

注：乡村人口数指乡村户数中的常住人口数。包括常住人口中外出的民工、工厂合同工及户口在家的在外学生，但不包括户口在家领取工资的国家职工。

3-4 各地区乡村从业人员

单位:万人

地区	乡村从业人员		男		女	
	2004年	2005年	2004年	2005年	2004年	2005年
全国总计	**49695.3**	**50387.3**	**26525.8**	**26930.6**	**23169.5**	**23456.7**
北京	171.4	184.0	89.2	95.8	82.2	88.2
天津	175.7	178.5	95.9	97.8	79.9	80.7
河北	2772.0	2805.9	1484.1	1504.1	1287.9	1301.8
山西	1021.5	1035.7	565.1	573.6	456.3	462.1
内蒙古	675.8	690.8	381.6	390.4	294.2	300.4
辽宁	1083.9	1113.5	602.9	618.5	481.0	495.0
吉林	670.9	685.2	383.0	391.1	287.9	294.1
黑龙江	943.3	948.9	540.5	545.1	402.9	403.9
上海	248.1	243.5	128.4	126.2	119.6	117.3
江苏	2664.8	2662.5	1380.4	1384.6	1284.4	1277.9
浙江	2252.3	2298.5	1203.0	1231.7	1049.4	1066.9
安徽	2910.8	2939.2	1554.7	1574.2	1356.1	1365.0
福建	1311.5	1313.0	706.5	708.2	605.0	604.9
江西	1605.4	1638.8	843.1	861.1	762.3	777.7
山东	3754.2	3782.2	1995.4	2015.3	1758.8	1767.0
河南	4718.0	4752.4	2498.8	2517.5	2219.2	2234.9
湖北	1877.0	1932.8	995.4	1027.3	881.7	905.4
湖南	2951.6	2975.4	1604.7	1619.6	1346.9	1355.8
广东	2944.6	3089.5	1539.9	1616.0	1404.7	1473.5
广西	2245.4	2275.4	1187.0	1202.1	1058.4	1073.3
海南	250.1	256.0	129.0	132.6	121.1	123.4
重庆	1361.5	1366.9	730.5	736.8	631.0	630.1
四川	3774.0	3801.5	2003.3	2018.4	1770.6	1783.1
贵州	1903.0	1934.2	1012.4	1033.0	890.7	901.1
云南	2030.0	2050.9	1056.7	1069.3	973.3	981.6
西藏	105.7	108.8	53.5	55.3	52.2	53.5
陕西	1425.5	1437.0	778.4	781.2	647.1	655.9
甘肃	1057.9	1084.3	557.6	570.8	500.3	513.5
青海	184.6	186.0	97.5	98.2	87.0	87.8
宁夏	209.9	212.0	109.9	110.6	100.0	101.4
新疆	395.1	403.9	217.6	224.3	177.4	179.6

注:乡村从业人员:指乡村人口中16岁以上实际参加生产经营活动并取得实物或货币收入的人员,既包括劳动年龄内经常参加劳动的人员,也包括超过劳动年龄但经常参加劳动人员。但不包括户口在家的在外学生、现役军人和丧失劳动能力的人,也不包括待业人员和家务劳动者。

3-4 续表 1

单位:万人

地区	农林牧渔业		工业		建筑业		交通运输、仓储和邮政业	
	2004年	2005年	2004年	2005年	2004年	2005年	2004年	2005年
全国总计	**30596.0**	**29975.5**	**5438.9**	**6011.5**	**3380.5**	**3653.2**	**1361.1**	**1433.1**
北京	57.9	58.6	32.2	33.3	16.9	17.8	16.2	18.0
天津	80.5	79.6	46.8	49.2	12.6	12.9	11.7	12.1
河北	1600.4	1552.8	481.5	518.9	259.4	275.2	107.9	114.7
山西	640.3	637.4	134.7	141.9	59.6	62.7	59.0	60.3
内蒙古	523.8	529.2	23.1	25.8	28.0	32.2	12.3	12.4
辽宁	685.8	686.4	94.9	106.1	71.2	77.1	40.2	41.3
吉林	496.7	502.1	28.5	30.8	33.9	40.4	17.4	17.6
黑龙江	706.1	696.7	47.9	50.7	47.2	53.2	21.4	23.5
上海	65.2	59.1	113.8	116.4	12.2	12.0	8.4	8.5
江苏	1134.9	1058.3	555.7	598.5	301.1	316.4	96.6	102.6
浙江	826.6	786.9	700.7	754.9	138.3	145.4	80.3	82.1
安徽	1794.7	1766.9	262.1	299.3	254.0	281.6	77.0	83.7
福建	722.7	692.2	192.8	209.2	84.8	87.4	39.3	40.5
江西	961.0	951.0	173.1	206.6	91.2	101.2	31.5	33.8
山东	2180.1	2045.9	475.6	534.4	343.0	383.7	135.3	146.0
河南	3235.0	3127.7	473.5	543.8	349.3	377.1	136.7	144.4
湖北	1105.7	1101.8	115.3	123.1	116.0	128.5	46.5	49.0
湖南	1975.9	1951.9	243.0	266.9	156.0	165.4	65.2	67.2
广东	1525.0	1533.5	544.5	632.1	201.3	214.4	74.0	78.4
广西	1516.1	1503.1	78.8	86.2	95.1	96.7	38.8	40.6
海南	190.8	193.4	8.6	9.2	8.1	8.7	6.4	6.8
重庆	800.8	775.9	94.8	109.8	112.1	125.0	21.7	24.0
四川	2367.0	2317.7	235.9	259.1	283.1	301.9	65.5	67.9
贵州	1288.5	1268.1	76.3	81.8	45.3	50.3	23.9	25.7
云南	1693.7	1690.1	56.3	58.9	60.0	63.0	38.4	39.2
西藏	85.2	85.5	2.0	2.6	6.0	5.6	2.5	3.0
陕西	957.1	949.2	76.8	90.9	97.2	106.6	39.2	41.2
甘肃	763.2	761.4	35.3	35.3	58.0	63.3	22.6	23.1
青海	131.9	128.7	9.7	10.1	13.3	15.2	5.6	5.7
宁夏	144.0	140.6	14.1	14.2	19.1	23.2	9.2	9.6
新疆	339.4	344.1	10.6	11.4	7.7	9.3	10.4	10.5

3—4 续表 2 单位:万人

地区	信息传输、计算机服务和软件业		批发和零售业		住宿和餐饮业		其它行业	
	2004 年	2005 年	2004 年	2005 年	2004 年	2005 年	2004 年	2005 年
全国总计	**114.7**	**134.2**	**1928.3**	**2046.3**	**773.3**	**891.4**	**6102.4**	**6242.0**
北京	1.0	1.2	12.7	14.9	6.6	7.6	27.9	32.8
天津	0.1	0.1	11.3	11.8	3.0	3.2	9.8	9.5
河北	5.8	4.7	140.6	154.3	43.1	48.6	133.3	136.8
山西	2.1	2.4	44.9	47.1	14.4	14.8	66.6	69.1
内蒙古	1.3	1.8	18.0	22.9	8.4	16.4	60.9	50.2
辽宁	3.0	3.2	48.0	48.3	20.9	21.7	119.9	129.4
吉林	1.6	1.7	22.2	23.6	12.3	13.6	58.5	55.4
黑龙江	3.1	3.4	33.8	36.1	23.0	24.4	60.9	60.8
上海	0.7	0.9	11.0	10.2	4.6	5.2	32.0	31.3
江苏	3.7	5.1	113.4	121.9	27.8	34.2	431.7	425.4
浙江	9.7	10.0	145.1	155.2	58.4	61.6	293.3	302.4
安徽	7.1	9.1	131.0	137.5	52.9	64.6	332.1	296.4
福建	2.8	3.0	65.4	69.5	15.9	18.9	187.9	192.4
江西	3.3	4.4	47.6	49.4	18.7	21.5	279.0	270.9
山东	15.6	20.4	173.5	185.1	76.8	87.7	354.3	379.0
河南	8.5	9.2	182.4	197.4	76.3	88.4	256.3	264.4
湖北	2.8	2.8	67.5	70.5	22.2	24.7	401.1	432.4
湖南	10.5	11.7	105.2	108.7	52.6	56.2	343.2	347.5
广东	12.5	16.5	157.5	172.4	58.6	73.4	371.3	368.8
广西	2.3	2.5	54.1	56.7	18.5	20.5	441.7	469.2
海南	0.4	0.5	10.1	10.6	7.1	8.0	18.6	18.9
重庆	1.8	2.7	34.8	36.9	21.6	24.2	274.0	268.4
四川	6.8	8.2	122.6	125.5	55.6	63.9	637.4	657.4
贵州	1.7	1.9	41.8	42.9	13.4	14.5	412.2	448.9
云南	1.0	1.1	38.3	37.6	15.0	16.8	127.2	144.2
西藏	0.0	0.0	2.0	2.2	0.5	0.6	7.4	9.3
陕西	2.2	3.3	44.3	44.8	20.4	26.5	188.4	174.4
甘肃	1.7	1.6	23.8	25.6	11.8	13.2	141.5	160.9
青海	0.0	0.0	5.3	5.9	4.2	5.3	14.6	15.1
宁夏	0.4	0.4	8.9	9.1	3.8	4.7	10.6	10.2
新疆	1.5	0.5	11.1	11.6	5.3	6.5	9.0	10.1

3－5　农村居民家庭劳动力文化状况

单位：人

指　　标	1990 年	1995 年	2000 年	2005 年	2006 年	2006 年为下列各年百分比（%）	
						1990 年	2005 年
平均每百个劳动力中：							
不识字或识字很少	20.73	13.47	8.09	6.87	6.65	32.1	96.8
小学程度	38.86	36.62	32.22	27.23	26.37	67.9	96.8
初中程度	32.84	40.10	48.07	52.22	52.81	160.8	101.1
高中程度	6.96	8.61	9.31	10.25	10.52	151.1	102.6
中专程度	0.51	0.96	1.83	2.37	2.40	470.6	101.3
大专及大专以上	0.10	0.24	0.48	1.06	1.25	1250.0	117.9

3－6 各地区农村居民家庭劳动力文化状况

单位：人

地 区	平均每百个劳动力中：					
	不识字或识字很少	小学程度	初中程度	高中程度	中专程度	大专及大专以上
全国总计	**6.65**	**26.37**	**52.81**	**10.52**	**2.40**	**1.25**
北 京	0.80	7.43	55.77	19.71	7.83	8.46
天 津	2.28	18.01	59.61	12.97	5.17	1.95
河 北	2.86	18.24	60.16	15.36	2.13	1.24
山 西	2.50	19.87	63.08	11.76	1.63	1.16
内蒙古	5.48	30.30	49.83	11.85	1.69	0.86
辽 宁	1.19	21.18	63.61	8.58	3.03	2.41
吉 林	3.14	28.90	57.48	8.03	1.65	0.80
黑龙江	2.32	25.32	62.13	7.05	1.94	1.24
上 海	2.97	17.03	49.37	14.20	8.25	8.18
江 苏	6.34	21.55	54.06	13.22	2.39	2.44
浙 江	5.57	31.55	46.61	12.03	2.41	1.83
安 徽	11.82	23.47	54.04	7.55	2.13	0.99
福 建	7.26	30.62	46.74	11.21	2.98	1.19
江 西	6.39	31.06	49.49	9.66	2.27	1.12
山 东	5.50	17.57	56.29	15.11	4.07	1.46
河 南	6.63	17.00	61.81	11.12	2.40	1.05
湖 北	5.59	24.88	55.45	10.88	2.36	0.84
湖 南	3.16	29.06	51.85	12.83	2.17	0.93
广 东	3.66	24.91	53.75	12.14	3.78	1.74
广 西	2.08	24.58	58.48	10.90	3.03	0.93
海 南	7.23	20.15	54.41	15.40	2.05	0.77
重 庆	6.03	35.29	49.10	6.59	2.22	0.77
四 川	6.52	32.80	51.29	6.78	1.93	0.67
贵 州	14.50	37.43	41.67	4.26	1.54	0.61
云 南	12.88	40.85	39.79	5.01	1.13	0.35
西 藏	48.93	47.43	3.40	0.12	0.06	0.06
陕 西	6.58	22.54	55.99	12.02	1.77	1.10
甘 肃	15.39	29.70	40.81	11.54	1.42	1.14
青 海	23.42	38.81	29.48	6.82	1.04	0.44
宁 夏	20.24	31.49	40.95	6.19	0.60	0.54
新 疆	4.49	39.58	46.69	6.09	2.46	0.69

3—7 各地区农村居民家庭劳动力文化程度

（按人均纯收入分组）

单位：%

地区	劳动力文化程度构成					
	不识字或识字很少	小学程度	初中程度	高中程度	中专程度	大专及大专以上
全国总计	**6.65**	**26.37**	**52.81**	**10.52**	**2.40**	**1.25**
4000 元以上地区						
上海	2.97	17.03	49.37	14.20	8.25	8.18
北京	0.80	7.43	55.77	19.71	7.83	8.46
浙江	5.57	31.55	46.61	12.03	2.41	1.83
天津	2.28	18.01	59.61	12.97	5.17	1.95
江苏	6.34	21.55	54.06	13.22	2.39	2.44
广东	3.66	24.91	53.75	12.14	3.78	1.74
福建	7.26	30.62	46.74	11.21	2.98	1.19
山东	5.50	17.57	56.29	15.11	4.07	1.46
辽宁	1.19	21.18	63.61	8.58	3.03	2.41
3000—4000 元地区						
河北	2.86	18.24	60.16	15.36	2.13	1.24
吉林	3.14	28.90	57.48	8.03	1.65	0.80
黑龙江	2.32	25.32	62.13	7.05	1.94	1.24
江西	6.39	31.06	49.49	9.66	2.27	1.12
湖北	5.59	24.88	55.45	10.88	2.36	0.84
湖南	3.16	29.06	51.85	12.83	2.17	0.93
内蒙古	5.48	30.30	49.83	11.85	1.69	0.86
河南	6.63	17.00	61.81	11.12	2.40	1.05
海南	7.23	20.15	54.41	15.40	2.05	0.77
山西	2.50	19.87	63.08	11.76	1.63	1.16
四川	6.52	32.80	51.29	6.78	1.93	0.67
2000—3000 元地区						
安徽	11.82	23.47	54.04	7.55	2.13	0.99
重庆	6.03	35.29	49.10	6.59	2.22	0.77
广西	2.08	24.58	58.48	10.90	3.03	0.93
宁夏	20.24	31.49	40.95	6.19	0.60	0.54
新疆	4.49	39.58	46.69	6.09	2.46	0.69
西藏	48.93	47.43	3.40	0.12	0.06	0.06
青海	23.42	38.81	29.48	6.82	1.04	0.44
陕西	6.58	22.54	55.99	12.02	1.77	1.10
云南	12.88	40.85	39.79	5.01	1.13	0.35
甘肃	15.39	29.70	40.81	11.54	1.42	1.14
2000 元以下地区						
贵州	14.50	37.43	41.67	4.26	1.54	0.61

3－8　主要农业机械年末拥有量

年　份	农用机械总动力（亿瓦）	大中型拖拉机（台）	小　型拖拉机（万台）	大中型拖拉机配套农具（万部）	联　合收割机（台）	渔用机动船（艘）	（万千瓦）
1957	12.1	14674			1789	1485	7.6
1962	75.7	54938	0.1	19.2	5906	5657	33.3
1965	109.9	72599	0.4	25.8	6704	7789	47.1
1970	216.5	125498	7.8	34.6	8002	14200	73.0
1975	747.9	344518	59.9	90.8	12551	33701	157.1
1978	1175.0	557358	137.3	119.2	18987	47176	213.6
1979	1337.9	666823	167.1	131.3	23026	52225	230.1
1980	1474.6	744865	187.4	136.9	27045	61022	258.5
1981	1568.0	792032	203.7	139.0	31268	73586	293.2
1982	1661.4	812447	228.7	137.4	33904	95692	322.3
1983	1802.2	840776	275.0	130.8	35728	120167	326.8
1984	1949.7	853914	329.8	123.5	35861	143430	335.2
1985	2091.3	852357	382.4	112.8	34573	172582	367.2
1986	2295.0	866463	452.6	100.6	30945	205923	424.0
1987	2483.6	880952	530.0	103.5	33802	238628	486.0
1988	2657.5	870187	595.8	97.1	35004	265126	545.0
1989	2806.7	848220	654.3	99.1	36582	289205	609.0
1990	2870.8	813521	698.1	97.4	38719	320927	696.0
1991	2938.9	784466	730.4	99.1	43996	329843	733.4
1992	3030.8	758904	750.7	104.4	51075	335875	786.1
1993	3181.7	721216	788.3	100.1	56304	334656	804.4
1994	3380.3	693154	823.7	98.0	63918	351327	831.1
1995	3611.8	671846	864.6	99.1	75351	376813	965.7
1996	3854.7	670848	918.9	105.0	96378	358869	864.1
1997	4201.6	689051	1048.5	115.7	141312	400010	1084.0
1998	4520.8	725215	1122.1	120.4	182629	411322	1174.4
1999	4899.6	784216	1200.3	132.0	226036	417379	1253.1
2000	5257.4	974547	1264.4	140.0	262578	459888	1338.7
2001	5517.2	829900	1305.1	146.9	282871	480125	1379.7
2002	5793.0	911670	1339.4	157.9	310147	485693	1381.2
2003	6038.7	980560	1377.7	169.8	365041	478123	1425.9
2004	6402.8	1118636	1454.9	188.7	410520	486878	1384.2
2005	6839.8	1395981	1526.9	226.2	480378	439604	1376.1

注：自 2000 年起，大中型拖拉机、联合收割机、渔用机动船统计口径变化，数字有调整。

3—9 主要农业机械年末拥有量及增长情况

指　　标	单位	1990 年	1995 年	2000 年	2004 年	2005 年	2005 年为 2004 年百分比(%)
一、农用机械总动力	万千瓦	28707.7	36118.1	52573.6	64027.9	68397.8	106.8
柴油发动机动力	万千瓦		24176.3	39140.0	49976.6	53889.3	107.8
汽油发动机动力	万千瓦		3433.9	3128.9	2637.8	2603.5	98.4
电动机动力	万千瓦		8443.7	10126.7	11297.0	11794.1	104.4
其他机械动力	万千瓦		64.2	89.9	116.5	111.0	95.3
二、主要农业机械与设备							
大中型拖拉机	万台	81.4	67.2	97.5	111.9	139.6	124.8
	万千瓦	2745.5	2404.1	3161.1	3713.1	4293.5	115.6
小型拖拉机	万台	698.1	864.6	1264.4	1454.9	1526.9	104.9
	万千瓦	6231.4	7848.1	11663.9	13855.4	14660.9	105.8
大中型拖拉机配套农具	万部	97.4	99.1	140.0	188.7	226.2	119.9
小型拖拉机配套农具	万部	648.8	958.0	1788.8	2309.7	2465.0	106.7
农用排灌电动机	万台	430.8	510.3	741.3	883.5	921.5	104.3
	万千瓦	3748.8	4038.1	4983.9	5459.8	5635.8	103.2
农用排灌柴油机	万台	411.1	491.2	688.1	777.5	809.9	104.2
	万千瓦	3348.5	3839.0	5232.6	5804.2	6034.0	104.0
联合收割机	万台	3.9	7.5	26.2	41.1	48.0	117.0
	万千瓦	190.9	242.7	660.9	1265.6	1549.9	122.5
机动脱粒机	万台	493.3	605.9	876.2	914.7	926.2	101.3
渔用机动船	万艘	32.1	37.7	46.0	48.7	44.0	90.3
	万千瓦	696.0	965.7	1338.7	1384.2	1376.1	99.4
机电井	万眼			435.8	472.8	476.3	100.8
节水灌溉类机械	万套	39.3	58.6	91.9	108.7	111.3	102.4
农用水泵	万台	723.9	903.5	1392.5	1640.3	1719.4	104.8

注:从 2002 年起大中型拖拉机中不包括变形拖拉机。

3-10 各地区主要农业机械年末拥有量

地区	农用机械总动力（万千瓦）		大中型拖拉机			
			台		万千瓦	
	2004年	2005年	2004年	2005年	2004年	2005年
全国总计	**64027.9**	**68397.8**	**1118636**	**1395981**	**3713.1**	**4293.5**
北京	340.0	337.7	9630	9487	41.4	40.9
天津	608.1	611.9	9400	10260	40.3	43.5
河北	8135.6	8487.2	89745	100894	321.3	366.2
山西	2186.5	2288.7	29862	35928	103.8	127.7
内蒙古	1772.3	1922.0	51117	73658	178.4	226.2
辽宁	1619.5	1918.1	35566	42777	142.0	158.6
吉林	1319.8	1471.3	66424	90750	160.3	203.0
黑龙江	1952.2	2234.0	127795	217275	415.5	578.9
上海	105.2	96.5	4324	4210	16.2	15.8
江苏	3052.5	3135.3	40100	41500	146.7	153.0
浙江	2026.7	2111.3	4376	4482	12.7	13.1
安徽	3784.4	3983.8	26000	36040	89.0	119.9
福建	981.0	1000.0	1500	1400	5.2	5.1
江西	1465.2	1781.3	9000	12800	13.1	23.9
山东	8751.9	9199.3	211805	227858	663.6	720.5
河南	7521.1	7934.2	97000	110840	435.0	366.3
湖北	1763.6	2057.4	68263	76644	154.0	182.0
湖南	2923.9	3189.9	7200	8820	25.2	27.9
广东	1798.7	1782.1	4500	5900	17.8	26.5
广西	1814.3	1909.7	17960	16950	56.4	57.6
海南	243.9	268.2	4835	5800	13.5	20.4
重庆	728.3	776.0	2651	104	6.6	0.5
四川	2006.8	2181.7	9100	12728	27.0	35.2
贵州	797.2	1011.5	12100	13900	31.7	47.3
云南	1608.5	1666.1	23800	44978	76.2	121.4
西藏	191.6	230.9	5818	6658	18.4	19.1
陕西	1307.0	1406.3	26600	35500	85.0	117.2
甘肃	1321.3	1406.9	14347	18342	48.8	57.2
青海	325.8	327.3	2861	2745	10.9	10.4
宁夏	528.5	555.1	12084	13245	30.1	33.4
新疆	1046.5	1116.3	92873	113508	327.3	375.0

3—10 续表 1

地　区	小型拖拉机				大中型拖拉机配套农具（部）	
	台		万千瓦			
	2004 年	2005 年	2004 年	2005 年	2004 年	2005 年
全国总计	**14549279**	**15268916**	**13855.4**	**14660.9**	**1887110**	**2262004**
北　京	25326	18961	28.8	35.9	16758	18515
天　津	36400	35360	35.4	36.5	14200	14780
河　北	1396019	1446840	1426.1	1485.0	163534	183516
山　西	252189	251260	230.5	234.8	62080	74607
内蒙古	521931	544600	599.9	639.0	71285	100614
辽　宁	175577	235585	181.6	267.8	50846	56958
吉　林	496945	538024	495.7	540.0	141433	171632
黑龙江	715714	744126	734.7	790.6	222328	318803
上　海	8619	8152	7.8	7.4	11504	10724
江　苏	867136	901135	777.5	799.8	75236	80792
浙　江	199306	197453	171.0	168.5	5498	6214
安　徽	2016664	2079830	1614.7	1669.1	55053	79730
福　建	112486	98806	112.0	94.0	457	406
江　西	116300	147000	105.6	119.9	6700	7000
山　东	1760142	1827326	1485.8	1538.4	383089	419555
河　南	2828600	2984520	2943.6	3119.8	189210	239910
湖　北	320850	483915	240.2	352.6	74521	93583
湖　南	163833	168738	157.0	169.5	7321	6722
广　东	323850	352000	253.6	279.2	8200	7800
广　西	347100	344382	270.7	265.3	13923	15273
海　南	28472	34419	27.0	33.5	2322	2645
重　庆	8403	3910	10.7	5.5	1181	156
四　川	125900	124783	151.3	155.9	8300	12622
贵　州	47670	48270	51.0	53.0	4000	4740
云　南	304830	274764	310.4	307.4	9002	11545
西　藏	64899	79020	81.6	89.9	2209	2531
陕　西	180758	180049	198.9	204.6	49731	57100
甘　肃	363089	375612	382.0	402.7	23662	28905
青　海	230496	221664	196.7	204.4	3211	3900
宁　夏	169150	169500	173.9	176.8	11800	14127
新　疆	340625	348912	399.9	414.2	198516	216599

3—10 续表 2

地　区	小型拖拉机配套农具（部）		农用排灌电动机			
			台		万千瓦	
	2004 年	2005 年	2004 年	2005 年	2004 年	2005 年
全国总计	**23096911**	**24649726**	**8835399**	**9214863**	**5459.8**	**5635.8**
北　京	11932	12453	51456	51366	54.5	54.8
天　津	37900	38040	74900	73340	94.3	94.6
河　北	1825403	1916292	1366091	1394573	1074.0	1096.1
山　西	286805	305347	110142	115822	135.0	137.2
内蒙古	677595	739217	160347	165223	117.0	121.7
辽　宁	227494	281368	784876	829542	178.0	177.3
吉　林	1272226	1443844	137504	134479	63.0	62.5
黑龙江	836137	877387	53727	57032	45.2	47.0
上　海	8651	7542	19372	18285	22.9	21.9
江　苏	1444501	1436421	423399	432124	417.5	415.9
浙　江	203292	201579	399492	416320	171.8	173.9
安　徽	4832086	4897094	1011571	1046926	323.8	338.0
福　建	63838	69970	47508	49100	32.0	33.6
江　西	127900	145900	160200	184200	140.9	159.4
山　东	2694963	2841723	946505	919691	636.4	634.3
河　南	4967100	5346690	931700	954850	513.1	530.1
湖　北	593063	966928	240629	285278	313.1	325.9
湖　南	42453	38892	524401	540617	246.8	247.6
广　东	313569	312347	247309	258572	131.0	144.6
广　西	625310	675032	145165	165743	62.9	68.2
海　南	7073	9100	4221	4472	5.5	8.6
重　庆	4224	1955	377416	422680	67.8	77.8
四　川	106900	98575	85000	83893	140.0	142.4
贵　州	9510	10260	70910	160160	36.8	65.3
云　南	166610	180819	71695	53619	62.0	65.2
西　藏	16174	14405	2349	2979	2.2	3.9
陕　西	248337	249872	249500	254666	141.2	146.7
甘　肃	666127	695766	74962	77071	109.0	114.4
青　海	145003	154714	3066	2129	10.0	8.7
宁　夏	180943	193843	22582	21327	17.8	17.3
新　疆	453792	486351	37404	38784	94.4	101.0

3－10 续表 3

地　　区	农用排灌柴油机				农用水泵（台）	
	台		万千瓦			
	2004 年	2005 年	2004 年	2005 年	2004 年	2005 年
全国总计	**7775427**	**8099100**	**5804.2**	**6034.0**	**16402701**	**17193920**
北　　京	1879	2019	1.3	1.4	40704	41579
天　　津	37700	38080	29.3	31.5	101100	100860
河　　北	1284381	1258359	1132.4	1116.6	1596451	1658454
山　　西	16120	18143	19.9	22.3	115438	133858
内 蒙 古	156051	169313	143.3	155.5	308505	329923
辽　　宁	132307	147318	122.3	132.2	1125733	1239110
吉　　林	276941	289489	191.1	208.7	397343	420044
黑 龙 江	189953	196996	171.5	174.3	319829	328726
上　　海	12	7			19372	18285
江　　苏	173959	165102	162.3	168.6	568805	619346
浙　　江	79030	85646	39.5	44.6	458854	471963
安　　徽	327567	337027	240.3	239.0	1513591	1546764
福　　建	85908	88400	53.0	54.1	122712	123181
江　　西	347100	436800	217.2	300.3	446700	503900
山　　东	1729423	1777828	1398.4	1427.8	2647671	2703331
河　　南	550200	533370	519.3	518.3	1995000	2030960
湖　　北	209425	205993	170.2	190.5	508188	559199
湖　　南	932381	968017	434.0	443.9	1507134	1588618
广　　东	210527	228895	122.3	125.5	381495	396832
广　　西	313280	348010	157.4	168.1	512515	550225
海　　南	86092	93649	39.1	44.0	50111	62661
重　　庆	77908	72261	47.3	43.8	524329	542300
四　　川	336100	373961	207.9	229.9	449200	504322
贵　　州	85560	113010	60.5	80.5	120600	146140
云　　南	71700	87663	62.0	49.8	110143	117705
西　　藏	3370	2744	3.2	2.6	789	230
陕　　西	32100	32990	27.7	29.0	302238	295034
甘　　肃	16365	15473	16.8	15.7	79369	81356
青　　海	669	747	1.1	1.2	3606	3548
宁　　夏	3743	3846	3.3	2.9	31131	29179
新　　疆	7676	7944	10.6	11.6	44045	46287

3－10 续表 4

地区	联合收割机				节水灌溉类机械（套）	
	台		万千瓦			
	2004 年	2005 年	2004 年	2005 年	2004 年	2005 年
全国总计	**410520**	**480378**	**1265.6**	**1549.9**	**1086989**	**1112726**
北京	3160	2820	20.0	17.5	9488	9721
天津	2700	2720	10.3	11.6	2500	3870
河北	53619	56015	200.0	214.9	36442	34669
山西	5751	6436	23.9	25.3	9729	9686
内蒙古	4435	4652	25.8	27.2	28691	30540
辽宁	1037	1055	2.0	2.0	24303	35020
吉林	555	756	2.2	3.0	18315	17119
黑龙江	20171	25823	144.6	170.9	16733	15722
上海	2654	2251	3.1	3.2	365	361
江苏	61115	69569	133.7	175.1	33193	35178
浙江	12643	14173	25.8	32.8	19390	21989
安徽	34153	48739	102.8	164.9	173484	175694
福建	950	1253	2.0	3.0	10138	8351
江西	7200	12200	19.4	38.2	12700	13680
山东	72955	81560	126.2	147.0	415118	428334
河南	65960	71750	229.6	251.7	175400	160850
湖北	10585	16085	33.5	56.0	12021	15537
湖南	14908	21412	38.0	59.9	9351	12299
广东	4344	5490	10.2	13.3	13872	14221
广西	671	1114	1.5	2.5	25944	27271
海南	482	655	3.2	3.6	0	966
重庆	89	159	0.2	0.5	1853	861
四川	5400	5830	10.3	14.6	7941	12064
贵州	80	132	0.2	0.3	3260	3800
云南	817	1150	1.7	2.5	3973	1838
西藏	3013	2853	4.9	5.4	332	306
陕西	13248	15432	44.7	54.3	6413	6448
甘肃	1587	1763	7.4	8.4	3013	2787
青海	632	657	4.5	4.6	2108	1972
宁夏	1955	2191	6.2	7.3	2079	1843
新疆	3651	3683	27.9	28.5	8840	9729

3—10 续表 5

地　区	机动脱粒机（部）		渔用机动船			
			艘		万千瓦	
	2004 年	2005 年	2004 年	2005 年	2004 年	2005 年
全国总计	**9147243**	**9262031**	**486878**	**439604**	**1384.2**	**1376.1**
北　京	6939	6995	2	3		
天　津	21700	21250				
河　北	290713	284750	13754	13226	44.2	38.4
山　西	52796	53724	29	30	0.1	0.1
内蒙古	72254	76226	103	103	0.3	0.3
辽　宁	114756	113413	43481	37590	117.7	121.7
吉　林	154618	152021	876	920	0.8	1.3
黑龙江	140969	148068	4455	4690	2.9	2.7
上　海	68797	47841	2272	1248	16.1	15.3
江　苏	914464	739485	59724	54138	99.4	97.6
浙　江	1265923	1271600	49707	48253	411.4	404.2
安　徽	501844	496077	13936	14254	14.4	14.7
福　建	56271	59932	82800	57210	183.1	202.2
江　西	512900	547800	16343	16732	6.3	9.8
山　东	695622	669499	42285	38144	136.2	119.2
河　南	717100	703930	850	859	1.2	1.2
湖　北	128757	143302	16981	15560	7.3	8.5
湖　南	1171126	1154324	13907	16414	6.5	8.1
广　东	502084	502771	67201	68092	228.0	220.1
广　西	505029	619593	13614	13971	45.9	48.7
海　南	37913	38543	26717	19935	52.2	52.8
重　庆	247597	277600	5380	5640	3.2	2.7
四　川	557000	698735	10300	10300	4.2	4.2
贵　州	26000	26000	1080	904	2.1	1.2
云　南	115708	123967	330	320	0.3	0.4
西　藏	13538	16457				
陕　西	131445	138868	413	553	0.2	0.2
甘　肃	60977	64765	2	2	0.0	0.0
青　海	11711	12289	71	70	0.1	0.1
宁　夏	16822	18249	30	30	0.0	0.0
新　疆	33870	33957	235	413	0.2	0.3

3－11　农村电力、灌溉面积、化肥施用量情况

年　份	乡村办水电站		农村用电量（亿千瓦时）	有效灌溉面积（千公顷）	化肥施用量（万吨）
	个数（个）	装机容量（万千瓦）			
1952	98	0.8	0.5	19959.0	7.8
1957	544	2.0	1.4	27339.0	37.3
1962	7436	25.2	16.1	30545.0	63.0
1965			37.1		194.2
1978	82387	228.4	253.1	44965.0	884.0
1979	83224	276.4	282.7	45003.0	1086.3
1980	80319	304.1	320.8	44888.0	1269.4
1981	74017	336.0	369.9	44573.8	1334.9
1982	66256	353.0	396.9	44176.9	1513.4
1983	62328	346.3	428.1	44644.0	1659.8
1984	60062	361.5	464.0	44453.0	1739.8
1985	55754	380.2	508.9	44035.9	1775.8
1986	54136	387.9	586.7	44225.8	1930.6
1987	51978	394.1	658.8	44403.0	1999.7
1988	51558	428.9	712.0	44375.9	2141.5
1989	50862	416.8	790.5	44917.2	2357.1
1990	52387	428.8	844.5	47403.1	2590.3
1991	49644	456.9	963.2	47822.1	2805.1
1992	48082	478.6	1106.9	48590.1	2930.2
1993	45153	481.9	1244.9	48727.9	3150.1
1994	48722	503.7	1473.9	48759.1	3317.9
1995	40699	519.5	1655.7	49281.6	3593.7
1996	37743	533.7	1812.7	50381.6	3827.9
1997	36117	562.4	1980.1	51238.5	3980.7
1998	33185	634.8	2042.2	52295.6	4083.7
1999	31678	664.1	2173.4	53158.4	4124.3
2000	29962	698.5	2421.3	53820.3	4146.4
2001	29183	896.6	2610.8	54249.4	4253.8
2002	27633	812.2	2993.4	54354.9	4339.4
2003	26696	862.3	3432.9	54014.2	4411.6
2004	27115	993.8	3933.0	54478.4	4636.6
2005	26726	1099.2	4375.7	55029.3	4766.2

3—12　农村电力和农田水利建设情况

指　　标	单位	1990年	1995年	2000年	2004年	2005年	2005年为2004年百分比(%)
一、乡村办水电站	个	52387	40699	29962	27115	26726	98.6
装机容量	万千瓦	428.8	519.5	698.5	993.8	1099.2	110.6
发电量	亿千瓦时		134.1	205.0	271.2	348.4	128.5
二、农村用电量	亿千瓦时	844.5	1655.7	2421.3	3933.0	4375.7	111.3
三、农田水利建设情况							
有效灌溉面积	千公顷	47403.1	49281.6	53820.3	54478.4	55029.3	101.0
旱涝保收面积	千公顷	33638.5	36118.8	38336.3	39704.2	40236.1	101.3
机电排灌面积	千公顷	27148.3	32205.3	35954.1	36055.2	36715.4	101.8

3—13　农用化肥、农膜、柴油和农药使用量

指　　标	单位	1990年	1995年	2000年	2004年	2005年	2005年为2004年百分比(%)
一、化肥施用量(折纯量)	万吨	2590.3	3593.7	4146.4	4636.6	4766.2	102.8
氮　肥	万吨	1638.4	2021.9	2161.5	2221.9	2229.3	100.3
磷　肥	万吨	462.4	632.4	690.5	736.0	743.8	101.1
钾　肥	万吨	147.9	268.5	376.5	467.3	489.5	104.7
复合肥	万吨	341.6	670.8	917.9	1204.0	1303.2	108.2
二、农用塑料薄膜使用量	吨	481982	915487	1335446	1679985	1762325	104.9
#地膜使用量	吨		470042	722497	931481	959459	103.0
地膜覆盖面积	千公顷		6493.0	10624.8	13063.1	13518.4	103.5
三、农用柴油使用量	万吨		1087.8	1405.0	1819.5	1902.7	104.6
四、农药使用量	万吨	73.3	108.7	128.0	138.6	146.0	105.3

3－14 各地区农村电力和农田水利建设情况

地区	乡村办水电站（个）		装机容量（万千瓦）		发电量（万千瓦时）		农村用电量（亿千瓦时）	
	2004年	2005年	2004年	2005年	2004年	2005年	2004年	2005年
全国总计	**27115**	**26726**	**993.8**	**1099.2**	**2712017**	**3483997**	**3933.0**	**4375.7**
北京	34	28	1.3	1.2	821	821	38.4	42.2
天津							48.4	55.2
河北	123	116	3.0	3.7	3268	2911	310.8	337.1
山西	88	87	2.3	2.3	7915	7810	63.2	66.9
内蒙古	2	3			4	7	26.7	29.3
辽宁	140	146	34.7	38.4	65100	100001	158.0	183.0
吉林	63	80	4.8	5.5	8332	11469	23.7	28.0
黑龙江	13	14	1.3	1.4	4611	4676	33.5	36.3
上海							114.3	124.5
江苏	2	2			8	9	679.8	825.1
浙江	2546	2273	179.9	192.0	320700	489500	441.2	520.6
安徽	511	509	14.7	16.8	29009	33351	59.4	64.0
福建	4629	4959	186.5	222.6	606084	802154	137.6	160.6
江西	1853	1816	52.4	60.9	138595	202643	42.3	45.1
山东	12	12	0.4	0.4	431	357	304.1	346.5
河南	452	405	6.2	6.3	7085	10024	157.7	172.1
湖北	626	609	35.3	35.7	56318	56566	64.8	70.1
湖南	4080	4262	65.2	81.2	208871	342974	57.5	65.2
广东	5117	5121	183.2	184.6	477660	513753	748.2	766.4
广西	744	313	19.2	17.6	54975	40496	32.4	34.3
海南	40	38	8.7	8.4	4553	2625	3.3	3.8
重庆	630	529	32.6	30.3	90313	93887	38.5	42.9
四川	2472	2582	83.4	94.2	367083	425669	107.8	112.9
贵州	782	791	23.8	30.2	80541	93620	30.3	30.2
云南	789	603	23.8	23.3	89369	87310	40.3	41.7
西藏	343	356	3.2	3.9	8827	9343	0.6	0.6
陕西	632	650	8.6	16.1	20946	47350	84.0	88.2
甘肃	213	234	6.0	8.1	19090	28693	41.4	33.9
青海	49	50	4.1	4.3	22701	49403	2.9	3.0
宁夏							9.0	9.3
新疆	130	138	9.0	10.1	18807	26576	32.6	36.5

3—14 续表 单位:千公顷

地　　区	有效灌溉面积		旱涝保收面积		机电排灌面积	
	2004 年	2005 年	2004 年	2005 年	2004 年	2005 年
全国总计	**54478.4**	**55029.3**	**39704.2**	**40236.1**	**36055.2**	**36715.4**
北　　京	186.7	181.5	155.6	158.6	156.5	163.4
天　　津	353.4	355.2	234.9	236.3	391.8	394.4
河　　北	4459.8	4547.8	3455.8	3609.7	4282.4	4346.4
山　　西	1088.2	1088.6	716.3	715.9	948.8	946.5
内 蒙 古	2635.9	2702.2	1442.2	1455.1	2427.9	2742.5
辽　　宁	1520.1	1527.1	1265.6	1243.0	1580.5	1554.2
吉　　林	1595.2	1613.7	969.2	965.9	1223.0	1423.1
黑 龙 江	2282.1	2394.1	1137.1	1183.2	2461.8	2576.4
上　　海	245.7	237.3	242.7	204.2	218.5	205.6
江　　苏	3839.0	3817.7	2938.2	3000.4	3620.2	3543.1
浙　　江	1406.9	1417.7	1053.2	1061.1	1038.6	1049.8
安　　徽	3304.6	3330.9	2527.0	2533.0	2860.4	2878.9
福　　建	941.5	949.7	663.3	681.2	160.5	160.2
江　　西	1841.6	1831.4	1483.7	1475.5	545.3	562.1
山　　东	4766.8	4790.0	3552.9	3604.7	4425.9	4420.8
河　　南	4829.1	4864.1	3840.5	3882.3	3902.2	3916.8
湖　　北	2071.0	2064.6	1693.6	1724.1	1190.0	1236.1
湖　　南	2683.3	2690.4	2219.5	2233.0	1173.4	1168.6
广　　东	1312.6	1317.8	943.2	935.4	410.1	405.4
广　　西	1516.0	1519.8	1160.0	1172.0	269.2	252.1
海　　南	169.8	168.3	92.3	92.3	19.8	23.5
重　　庆	616.8	618.1	318.9	319.5	188.5	184.3
四　　川	2503.3	2508.3	1729.8	1729.8	227.9	227.9
贵　　州	692.9	711.6	524.6	533.9	70.2	71.8
云　　南	1469.4	1485.4	886.5	896.8	196.4	194.7
西　　藏	153.7	162.6	94.0	168.7	9.0	6.2
陕　　西	1296.8	1298.8	824.4	838.5	738.9	754.3
甘　　肃	1003.3	1030.4	625.0	649.8	421.0	419.7
青　　海	180.3	176.5	76.7	70.3	19.2	16.5
宁　　夏	406.3	423.5	340.7	365.5	111.4	89.4
新　　疆	3106.6	3204.3	2496.8	2497.0	766.1	780.9

3－15 各地区农用化肥施用量

（按折纯法计算）

单位：万吨

地　　区	农用化肥施用量		1. 氮肥		2. 磷肥	
	2004 年	2005 年	2004 年	2005 年	2004 年	2005 年
全国总计	**4636.6**	**4766.2**	**2221.9**	**2229.3**	**736.0**	**743.8**
北　京	14.5	14.8	7.9	7.8	1.2	1.2
天　津	22.9	23.3	11.5	11.6	3.6	3.7
河　北	289.9	303.4	149.2	155.2	46.6	48.6
山　西	93.4	95.7	40.5	41.1	18.9	19.0
内蒙古	104.4	116.7	54.2	60.5	18.3	20.5
辽　宁	117.9	119.9	64.4	64.0	11.4	11.4
吉　林	159.1	138.1	88.4	61.3	7.1	6.2
黑龙江	143.8	150.9	57.1	57.5	33.7	33.8
上　海	15.0	14.4	9.5	8.9	1.5	1.5
江　苏	336.8	340.8	183.1	183.0	48.6	48.2
浙　江	93.3	94.3	55.3	56.1	12.9	12.6
安　徽	277.6	285.7	110.9	111.1	40.5	38.9
福　建	121.7	122.0	51.3	51.3	16.8	16.5
江　西	123.5	129.4	47.0	47.8	24.0	25.4
山　东	451.0	467.6	185.3	189.8	57.7	57.5
河　南	493.2	518.1	221.3	227.2	102.4	106.1
湖　北	281.9	285.8	142.5	142.0	62.7	59.8
湖　南	203.2	209.9	103.9	106.0	25.1	25.6
广　东	201.3	204.6	96.0	93.8	18.8	19.0
广　西	195.2	201.3	61.5	63.3	25.3	25.2
海　南	41.1	37.3	12.2	12.2	6.5	2.4
重　庆	77.0	79.1	46.4	46.5	16.9	17.5
四　川	214.7	220.9	120.2	121.8	42.9	45.1
贵　州	74.3	77.4	43.3	44.6	10.1	10.1
云　南	137.2	142.7	78.8	79.9	22.7	22.7
西　藏	4.0	4.2	1.7	1.8	0.6	1.3
陕　西	143.1	147.3	77.5	76.7	16.1	16.9
甘　肃	72.4	75.9	35.2	36.6	14.8	15.5
青　海	6.6	7.0	3.0	3.1	1.6	1.6
宁　夏	27.6	29.9	14.3	13.8	3.3	3.6
新　疆	99.2	107.8	48.9	53.4	23.6	26.4

3—15 续表　　　　单位:万吨

地　区	3. 钾肥		4. 复合肥	
	2004 年	2005 年	2004 年	2005 年
全国总计	**467.3**	**489.5**	**1204.0**	**1303.2**
北　京	0.6	0.6	4.7	5.2
天　津	1.5	1.5	6.2	6.6
河　北	22.2	24.3	72.0	75.4
山　西	7.1	6.9	26.9	28.8
内蒙古	7.0	9.2	24.9	26.6
辽　宁	9.1	9.6	32.9	34.9
吉　林	9.7	10.0	53.8	60.7
黑龙江	15.8	17.7	37.3	42.0
上　海	0.4	0.5	3.6	3.6
江　苏	20.8	21.7	84.4	87.9
浙　江	8.0	7.5	17.1	18.1
安　徽	29.5	30.7	96.7	105.0
福　建	24.3	24.4	29.3	29.8
江　西	20.6	20.8	31.9	35.5
山　东	43.9	44.9	164.1	175.5
河　南	47.5	50.8	121.9	134.1
湖　北	22.0	23.2	54.8	60.8
湖　南	34.2	34.9	40.0	43.4
广　东	39.8	41.6	46.7	50.3
广　西	47.7	48.0	60.7	64.8
海　南	4.8	5.1	17.6	17.6
重　庆	3.6	3.8	10.0	11.2
四　川	12.2	12.9	39.3	40.6
贵　州	6.0	5.9	14.9	16.9
云　南	11.2	12.0	24.6	28.0
西　藏	0.1	0.1	1.0	1.0
陕　西	8.8	10.8	34.1	43.0
甘　肃	4.0	4.4	18.4	19.5
青　海	0.2	0.3	1.8	2.0
宁　夏	1.0	1.1	9.1	11.4
新　疆	3.7	4.6	23.1	23.4

3－16 各地区农用塑料薄膜使用量

地 区	农用塑料薄膜使用量（吨）		地膜使用量（吨）		地膜覆盖面积（公顷）	
	2004 年	2005 年	2004 年	2005 年	2004 年	2005 年
全国总计	**1679985**	**1762325**	**931481**	**959459**	**13063148**	**13518377**
北 京	9886	10916	4805	3731	26283	25815
天 津	13000	13421	7756	7762	103041	101963
河 北	104588	111667	60314	63636	1036964	1125008
山 西	33065	33515	23940	24827	457320	443201
内 蒙 古	40124	40306	31238	31780	534488	571181
辽 宁	83114	91765	23100	25382	204841	201101
吉 林	41848	41718	18176	18027	126385	117075
黑 龙 江	51657	56565	22797	22849	308876	325747
上 海	23743	24414	7830	7347	32434	31734
江 苏	70433	72029	32373	33130	464692	472772
浙 江	43615	44730	20525	21670	153803	153343
安 徽	72813	78293	34573	33774	961118	477762
福 建	29538	36023	15049	16541	99443	105851
江 西	42828	45010	25499	25952	111987	123820
山 东	327160	331646	143278	144393	1906338	2382760
河 南	101631	108427	49429	52409	871710	887010
湖 北	55099	54622	30004	30265	386840	387860
湖 南	58717	59306	39111	39899	492262	507093
广 东	36331	33207	19099	18623	104515	109097
广 西	20927	23614	13848	16470	244667	255978
海 南	4169	9585	3518	4364	12140	12988
重 庆	26834	27472	16646	17027	269395	249705
四 川	85900	91255	58238	60859	696638	726064
贵 州	26657	29321	18180	17243	203030	205470
云 南	63127	67821	48811	51564	608781	632208
西 藏	680	720	311	330	1749	2253
陕 西	22913	23644	15533	16289	377899	376444
甘 肃	77013	78174	48297	47060	700040	680860
青 海	960	1157	279	382	5669	5737
宁 夏	5979	6061	3863	3682	76622	73438
新 疆	105636	115921	95061	102192	1483178	1747039

3－17 各地区农用柴油和农药使用量

地区	农用柴油使用量(万吨)		农药使用量(吨)	
	2004年	2005年	2004年	2005年
全国总计	**1819.5**	**1902.7**	**1386028**	**1459945**
北京	6.9	6.4	5358	4668
天津	15.9	15.3	3057	3349
河北	433.8	458.1	75655	80755
山西	26.0	26.7	20736	22792
内蒙古	39.0	42.1	11520	14786
辽宁	50.5	55.5	45586	45751
吉林	40.4	40.5	25689	28894
黑龙江	92.6	99.7	47153	47478
上海	11.9	11.8	6562	8377
江苏	77.5	78.8	92305	103254
浙江	186.2	187.3	63373	65649
安徽	52.9	55.6	84608	94841
福建	80.0	74.2	53503	56044
江西	20.0	19.9	66273	75305
山东	167.6	187.4	153900	155609
河南	86.9	89.8	101150	105056
湖北	41.1	41.3	112596	110172
湖南	30.2	32.6	109493	113250
广东	66.0	62.5	85035	87025
广西	48.4	51.1	50801	53260
海南	15.3	15.1	15571	18101
重庆	13.3	14.9	19466	19541
四川	35.4	36.2	55373	56336
贵州	4.8	5.0	9533	9764
云南	43.4	57.1	29096	30576
西藏	1.0	1.4	728	726
陕西	48.1	48.7	9735	9888
甘肃	20.8	19.8	16344	20788
青海	5.2	5.4	1756	1747
宁夏	12.9	14.1	1761	1599
新疆	45.7	48.5	12312	14565

3—18 各地区农村居民家庭拥有生产性固定资产原值

单位:元/户

地区	合计	农业	房屋及建筑物	役畜	大中型铁木农具	农业机械	林业
全国总计	**7647.1**	**3876.8**	**1216.5**	**494.7**	**313.2**	**1768.8**	**14.4**
北京	7824.2	2274.8	1536.4	18.7	14.0	504.5	9.7
天津	10837.1	3314.3	1400.7	93.3	122.1	1692.0	
河北	10294.7	4992.5	922.8	212.4	295.6	3402.7	10.0
山西	4682.1	2072.5	271.4	307.7	142.7	1223.5	3.1
内蒙古	14334.5	8172.3	2229.1	1021.8	721.6	3877.6	
辽宁	8669.2	4580.9	2307.4	606.3	147.0	1339.8	
吉林	11520.8	8330.7	2883.5	1310.1	437.0	3538.4	1.9
黑龙江	11822.6	9461.6	2459.7	337.6	748.7	5788.7	3.6
上海	1883.7	578.1	469.2		4.7	89.1	1.5
江苏	7734.2	2727.5	1254.9	37.8	176.1	1206.1	9.0
浙江	13351.1	1953.0	1228.5	35.0	185.4	460.0	19.7
安徽	6767.4	4947.4	1439.8	169.2	503.0	2724.4	2.1
福建	8596.2	2520.5	1430.6	158.5	177.2	641.6	51.1
江西	4696.7	2596.3	999.0	696.6	327.8	537.9	4.7
山东	9383.1	4840.8	1136.6	212.3	285.0	3027.0	6.8
河南	7048.6	4630.9	734.7	221.7	399.5	3213.8	7.5
湖北	4297.2	2364.5	663.9	527.1	262.2	855.1	10.0
湖南	3888.3	1644.3	495.6	270.2	291.0	563.7	
广东	3958.2	1514.9	450.2	484.5	192.3	333.6	1.1
广西	4849.2	2920.0	544.4	1023.8	242.1	1066.0	6.3
海南	7469.4	3449.6	1012.9	1209.0	303.8	625.1	393.2
重庆	3351.9	1332.5	712.0	259.0	190.8	140.8	14.5
四川	5589.9	2272.7	1193.4	414.4	295.8	297.9	31.3
贵州	4446.7	2136.2	779.0	1064.2	172.3	102.4	14.3
云南	7093.6	3929.4	1695.9	1312.3	78.9	698.7	15.2
西藏	26621.0	15306.3	10132.2	3541.1	906.3	3343.3	91.5
陕西	5951.4	2487.4	552.9	302.5	234.5	1311.4	2.5
甘肃	7418.1	5563.4	1696.1	1109.6	492.9	2086.0	32.0
青海	9924.0	4423.0	721.3	483.8	338.5	2772.8	
宁夏	15368.2	7492.1	1659.6	776.6	433.7	4494.1	
新疆	12509.7	7507.2	1672.7	941.1	846.9	3880.1	1.6

3—18 续表 1　　　　单位:元/户

地　　区	林业机械	牧业	房屋及建筑物	产品畜	渔业	渔业机械	采矿业
全国总计	**3.0**	**1431.5**	**799.6**	**514.3**	**129.5**	**84.2**	**25.5**
北　　京	1.3	1171.6	616.0	538.3	232.0	44.0	
天　　津		1720.3	1175.8	428.8	75.9	60.0	
河　　北	3.6	1576.8	637.2	877.4			14.9
山　　西		432.8	160.5	223.7			7.0
内 蒙 古		5446.2	1631.9	2307.1	1.9	1.9	
辽　　宁		2235.8	1328.4	783.3	65.8	45.6	3.2
吉　　林		1845.5	791.3	947.3	4.1	0.9	
黑 龙 江	3.6	1731.3	721.4	964.0	1.8	1.3	
上　　海	1.1	97.7	50.5	41.5	222.8	135.0	
江　　苏	0.2	740.6	561.6	114.4	206.1	129.7	
浙　　江	12.7	1229.8	987.4	194.4	1143.7	993.2	25.9
安　　徽	1.9	561.3	318.4	201.4	42.0	15.4	8.1
福　　建	9.3	1199.0	815.3	346.4	355.6	84.1	52.5
江　　西	1.2	911.3	791.5	89.8	28.7	19.9	9.6
山　　东	2.9	937.7	566.0	315.3	86.2	12.2	139.3
河　　南	7.0	525.4	274.0	228.1	11.2	4.0	138.3
湖　　北	1.2	917.0	705.2	145.9	74.3	43.7	0.1
湖　　南		1368.4	1189.0	148.6	33.4	16.0	11.1
广　　东		437.6	310.6	86.4	300.0	156.4	13.3
广　　西	4.8	952.1	693.6	205.6	79.5	66.7	8.2
海　　南	17.4	461.4	175.1	271.6	2285.4	1679.5	
重　　庆	0.3	1415.9	1184.3	161.5	19.9	3.8	2.8
四　　川		2189.9	1732.1	298.6	57.6	11.7	7.5
贵　　州		1469.4	1230.2	169.8	1.1		62.5
云　　南	8.8	2013.7	1357.5	497.0	5.1	3.5	1.1
西　　藏		6355.9	990.7	5355.7			
陕　　西		936.2	391.0	449.8	1.4	1.4	
甘　　肃	16.3	755.0	242.4	441.6	7.2	1.7	
青　　海		3818.1	1140.5	1735.2	4.8	4.8	
宁　　夏		2377.8	919.3	1332.2	50.7	34.9	
新　　疆		4075.2	1101.1	2878.9			

3—18续表2

单位:元/户

地区	制造业	房屋及建筑物	生产设备	电力煤气水的生产及供应	建筑业	交通运输仓储和邮政业	批发和零售贸易业
全国总计	**552.4**	**165.4**	**364.5**	**0.4**	**71.9**	**928.7**	**317.8**
北京	426.7	113.3	313.3		217.1	2152.8	211.5
天津	1528.3	346.7	980.0		316.7	2070.7	723.5
河北	1259.4	368.5	861.3		83.9	1493.1	500.5
山西	103.8	19.3	72.2		125.7	1340.8	220.9
内蒙古	30.6	13.6	17.0		73.8	296.8	89.7
辽宁	139.4	59.8	79.1		8.5	799.6	547.9
吉林	552.6	168.4	383.8		94.3	512.1	141.3
黑龙江	2.0	0.5	1.6			493.8	91.3
上海	83.3	25.0	58.3			624.3	16.7
江苏	1348.3	439.5	840.3		225.8	1642.1	443.9
浙江	5563.5	1390.0	4002.8	3.3	399.6	1843.3	682.8
安徽	172.2	63.1	105.6	1.2	34.9	465.8	258.6
福建	154.2	46.6	89.6		129.3	924.5	2465.4
江西	245.0	123.6	115.1		19.9	554.2	233.8
山东	898.8	392.6	470.1		97.6	1414.8	561.7
河南	301.5	75.2	192.2		45.6	880.3	144.8
湖北	172.5	41.2	124.7		25.1	580.2	61.9
湖南	199.7	107.3	84.4		28.9	431.6	81.8
广东	230.2	49.5	138.0		59.8	573.6	568.6
广西	155.6	41.6	109.6		6.1	590.5	59.1
海南	130.3	55.3	75.0		11.1	488.4	151.1
重庆	46.4	26.2	20.2		5.6	274.8	78.5
四川	49.3	15.6	29.3		25.7	576.0	175.7
贵州	31.0	11.1	16.1	1.3	24.6	524.0	103.3
云南	60.9	10.8	49.6		0.2	969.1	53.1
西藏	50.2	40.7	45.8			4517.5	186.4
陕西	68.3	7.5	56.4		60.3	942.2	172.8
甘肃	80.7	18.1	58.9	5.6	35.3	601.4	152.7
青海	140.3	42.0	98.3			1138.6	132.2
宁夏	466.3	169.4	287.2		76.9	3806.6	418.7
新疆	41.8	13.6	18.9			626.7	115.3

3—18续表3 单位:元/户

地　　区	住宿和餐饮业	居民服务与其他服务业	教育	卫生、社会保障和福利业	文化体育和娱乐业	其他
全国总计	**60.5**	**138.4**	**6.4**	**26.4**	**8.5**	**58.2**
北　京	577.3	521.3		29.3		
天　津	12.8	975.4		6.7		92.5
河　北	61.8	151.1	8.3	75.3	2.9	64.2
山　西	56.6	258.7		7.3	0.1	53.1
内蒙古		48.1		8.2		167.1
辽　宁	46.5	62.3	2.7	150.1		26.6
吉　林		22.3		2.5		13.6
黑龙江	0.9	2.4		3.6	8.0	22.3
上　海		259.5				
江　苏	49.6	108.6	1.5	49.6	70.6	111.0
浙　江	28.0	304.6	10.2	16.8	60.0	67.0
安　徽	62.9	44.1	26.5	44.7		95.8
福　建	568.6	92.0		36.4	9.5	37.7
江　西	14.7	48.3	6.1	13.1		11.1
山　东	77.7	181.9	15.5	42.0	2.8	79.6
河　南	140.7	147.5	7.1	25.6	5.2	37.0
湖　北	36.6	27.9	3.0	3.6	1.5	19.0
湖　南	7.0	47.2	7.6	5.5	3.2	18.7
广　东	43.3	153.9	17.4	23.3		21.3
广　西	1.2	24.8		3.2	5.6	37.1
海　南	2.2	8.1	13.9	2.8	27.8	44.2
重　庆	3.3	95.1	6.7	18.9	6.1	31.1
四　川	49.8	33.6	5.8	20.9	4.7	89.3
贵　州	3.8	29.2	1.6	2.8	0.9	40.7
云　南		16.8		0.8		28.3
西　藏	7.3	58.5	1.6			45.8
陕　西	53.9	1118.4	14.0	16.1	3.2	74.9
甘　肃	17.1	39.1	0.3	47.2	1.1	80.1
青　海	166.7	24.5		8.3	7.0	60.5
宁　夏	56.8	93.5		25.0		503.9
新　疆	14.6	53.6	6.5	16.8		50.7

3—19　各地区耕地面积及占全国的比重

地　区	耕地面积(总资源) (千公顷)	占全国比重 (%)
全国总计	**130039.2**	**100.00**
北　京	343.9	0.26
天　津	485.6	0.37
河　北	6883.3	5.29
山　西	4588.6	3.53
内蒙古	8201.0	6.31
辽　宁	4174.8	3.21
吉　林	5578.4	4.29
黑龙江	11773.0	9.05
上　海	315.1	0.24
江　苏	5061.7	3.89
浙　江	2125.3	1.63
安　徽	5971.7	4.59
福　建	1434.7	1.10
江　西	2993.4	2.30
山　东	7689.3	5.91
河　南	8110.3	6.24
湖　北	4949.5	3.81
湖　南	3953.0	3.04
广　东	3272.2	2.52
广　西	4407.9	3.39
海　南	762.1	0.59
四　川	9169.1	7.05
贵　州	4903.5	3.77
云　南	6421.6	4.94
西　藏	362.6	0.28
陕　西	5140.5	3.95
甘　肃	5024.7	3.86
青　海	688.0	0.53
宁　夏	1268.8	0.98
新　疆	3985.7	3.07

注:本表数据来源于国土资源部、国家统计局、全国农业普查办公室"关于土地利用现状调查数据成果的公报",耕地面积(总资源),数据为1996年10月31日时点数。据国家统计局初步测算,2001年耕地总资源为127082千公顷,其中:常用耕地面积为105826千公顷,临时性耕地面积为21256千公顷。

3—20 各地区农业生产经营单位农业用地面积构成

单位:%

地　区	农业用地	耕地	园地	林地	牧草地	渔业养殖面积
全国总计	**100.00**	**43.18**	**2.33**	**32.25**	**20.64**	**1.60**
北　京	100.00	72.25	9.80	15.69	0.13	2.13
天　津	100.00	86.01	3.87	1.23	0.15	8.74
河　北	100.00	69.89	2.37	21.59	5.26	0.89
山　西	100.00	69.40	3.91	25.67	0.78	0.24
内蒙古	100.00	36.46	0.20	22.02	40.66	0.66
辽　宁	100.00	55.41	3.91	36.99	0.64	3.05
吉　林	100.00	41.79	0.31	54.09	2.10	1.71
黑龙江	100.00	52.00	0.16	41.67	4.59	1.58
上　海	100.00	85.65	3.83	1.63	0.01	8.88
江　苏	100.00	85.07	3.51	4.18	0.19	7.05
浙　江	100.00	30.34	6.78	58.86	0.01	4.01
安　徽	100.00	62.25	2.45	31.10	0.11	4.09
福　建	100.00	20.41	6.99	70.82	0.03	1.75
江　西	100.00	27.25	2.83	67.05	0.11	2.76
山　东	100.00	83.43	7.73	6.76	0.21	1.87
河　南	100.00	83.72	2.33	12.63	0.11	1.21
湖　北	100.00	52.87	2.56	38.70	0.54	5.33
湖　南	100.00	40.33	2.64	53.41	1.04	2.58
广　东	100.00	27.16	7.70	60.58	0.05	4.51
广　西	100.00	36.92	4.07	54.96	2.81	1.24
海　南	100.00	30.78	5.36	60.56	1.82	1.48
重　庆	100.00	65.83	1.64	29.94	1.30	1.29
四　川	100.00	37.68	1.13	22.83	37.82	0.54
贵　州	100.00	61.33	1.51	35.87	1.18	0.11
云　南	100.00	34.74	2.47	60.61	1.76	0.42
西　藏	100.00	29.05	0.10	8.53	62.32	
陕　西	100.00	45.08	5.29	46.94	2.48	0.21
甘　肃	100.00	39.53	0.76	16.74	42.92	0.05
青　海	100.00	19.56	0.05	13.14	67.23	0.02
宁　夏	100.00	75.10	2.22	11.90	10.18	0.60
新　疆	100.00	11.29	0.39	1.78	86.39	0.15

注:本表为1996年数据。

4

农业生态与环境

4—1 全国自然保护区情况

指 标	单位	1997 年	1999 年	2000 年	2003 年	2004 年	2005 年	2006 年
1. 自然保护区数	个	926	1146	1227	1999	2194	2349	2395
国家级	个	124	155	155	226	226	243	265
省级	个	392	404	433	654	733	773	793
市级	个	84	138	154	340	396	421	422
县级	个	326	449	479	779	839	912	915
2. 自然保护区总面积	万公顷	7698	8815	9821	14398	14823	14995	15154
国家级	万公顷	2647	5816	5806	8871	8871	8899	9170
省级	万公顷	4606	2265	3031	3996	4290	4487	4442
市级	万公顷	66	163	253	429	488	502	522
县级	万公顷	379	571	730	1102	1173	1107	1020
3. 自然保护区占辖区面积比重	%	7.6	8.8	9.85	14.4	14.8	15.0	15.8
4. 珍稀濒危动物繁殖场数	个	1015	940	992	641	313	164	164
5. 珍稀植物引种栽培场数	个	72	72	50	211	127	77	77
6. 生态示范区个数	个	130	222	220	484	528	528	528
#国家级	万公顷	130	154	158	82	166	233	233

4－2 各地区自然保护基本情况

地　　区	自然保护区			珍稀濒危动物繁殖场数（个）	珍稀植物引种栽培场数（个）	生态示范区个数（个）
	个数（个）	面积（千公顷）	占辖区面积比重（%）			
全国总计	**2395**	**151535.0**	**15.8**	**164**	**77**	**528**
北　京	19	132.3	7.9			7
天　津	9	164.4	14.5			7
河　北	35	597.0	3.2			37
山　西	45	1128.3	7.2		2	26
内蒙古	192	13489.9	11.4			15
辽　宁	89	2787.9	10.9	1	1	21
吉　林	33	2229.9	12.3	2	3	10
黑龙江	176	5421.7	11.9			23
上　海	4	93.8	14.8			1
江　苏	38	692.9	6.8			51
浙　江	52	264.4	2.6	2	3	23
安　徽	35	434.6	3.3	5	1	30
福　建	93	507.5	3.1			13
江　西	134	920.9	5.5	4	5	33
山　东	75	1097.3	6.6			34
河　南	32	754.4	4.5	1	2	24
湖　北	63	1014.0	5.5	8	7	12
湖　南	95	1105.6	5.2	3	7	30
广　东	299	3443.1	4.6	37	8	13
广　西	72	1425.7	5.9	46	5	11
海　南	69	2812.2	5.3	17	1	1
重　庆	50	916.5	11.1	2	1	2
四　川	164	9068.8	18.6			35
贵　州	128	949.9	5.4	3	2	12
云　南	198	4226.8	10.7	23	21	21
西　藏	38	40970.8	34.1			1
陕　西	50	1045.9	5.1	2	4	18
甘　肃	57	9883.8	21.7	8	4	4
青　海	11	21759.3	30.2			2
宁　夏	13	506.8	9.8			3
新　疆	27	21688.2	13.6			8

4—3 全国林业重点工程历年完成造林面积

单位:千公顷

年份	合计	天然林保护工程	退耕还林工程		京津风沙源治理工程	速生丰产用材林基地工程
			退耕还林工程合计	其中:退耕地造林		
1979～1985年	10109.80					
1986年	1106.73					
1987年	1064.80					
1988年	1063.93					
1989年	1001.80					
1990年	1662.06					
"七五"小计	5899.32					
1991年	2082.20					
1992年	2308.00					
1993年	2602.10				132.80	257.50
1994年	2729.59				139.79	223.32
1995年	2862.17				168.59	242.87
"八五"小计	12584.06				441.18	723.69
1996年	2669.49				164.95	187.81
1997年	2642.61				215.95	193.20
1998年	2856.00	290.35			231.58	138.05
1999年	3275.63	477.56	447.93	381.47	211.58	106.10
2000年	3345.92	426.37	683.60	328.42	280.27	246.88
"九五"小计	14789.65	1194.28	1131.53	709.89	1104.33	872.04
2001年	3160.18	948.08	870.99	386.14	217.32	88.87
2002年	6777.38	856.08	4423.61	2039.77	676.38	45.68
2003年	8262.78	688.26	6196.13	3085.93	824.43	20.43
2004年	4802.85	641.45	3217.54	824.90	473.27	22.27
2005年	3109.10	424.81	1898.36	667.39	408.25	9.49
"十五"小计	26112.30	3558.68	16606.63	7004.13	2599.64	186.73
2006年	1790.70	224.20	976.99	218.49	219.71	9.10
1979～2006年	71285.83	4977.15	18715.15	7932.51	4364.87	1791.56

注:1. 太行山绿化工程1990年造林面积354.60千公顷系指1984～1990年的造林面积,其中1990年造林面积为109.73千公顷。
2. 京津风沙源治理工程1993～2000年数据为原全国防沙治沙工程数据。速丰林基地工程1993～2000年数据为原利用世界银行贷款营造速丰林工程数据。
3. 本表数据从2001年开始,将原有的16个工程整合形成10个重点防护林工程。

4－3 续表　　　　单位:千公顷

年　份	三北及长江流域等防护林工程						
	小　计	三北防护林体系四期工程	长江中上游防护林体系二期工程	沿海防护林体系二期工程	珠江流域防护林体系二期工程	太行山绿化二期工程	平原绿化二期工程
1979～1985 年	10109.80	10109.80					
1986 年	1106.73	1106.73					
1987 年	1064.80	1064.80					
1988 年	1063.93	1063.93					
1989 年	1001.80	956.07	45.73				
1990 年	1662.06	983.33	324.13			354.60	
"七五"小计	5899.32	5174.86	369.86			354.60	
1991 年	2082.20	1170.47	462.40	223.60		225.73	
1992 年	2308.00	1255.20	584.60	235.80		232.40	
1993 年	2211.80	1160.00	573.00	131.20		275.20	72.40
1994 年	2366.48	1255.49	546.00	152.78		358.22	53.99
1995 年	2450.71	1333.26	535.71	103.27		427.04	51.43
"八五"小计	11419.19	6174.42	2701.71	846.65		1518.59	177.82
1996 年	2316.73	1342.28	463.96	72.17		402.46	35.86
1997 年	2233.46	1266.12	447.75	63.48	56.72	366.32	33.07
1998 年	2196.02	1243.96	448.60	60.29	39.85	343.74	59.58
1999 年	2032.46	1245.41	369.84	44.48	32.09	293.36	47.28
2000 年	1708.80	1053.16	206.94	56.91	30.68	298.51	62.60
"九五"小计	10487.47	6150.93	1937.09	297.33	159.34	1704.39	238.39
2001 年	1034.92	541.71	162.72	90.90	27.05	141.29	71.25
2002 年	775.63	453.76	110.29	55.71	46.55	76.15	33.16
2003 年	533.54	275.30	108.75	38.56	44.71	50.05	16.18
2004 年	448.32	232.34	113.28	30.18	31.76	30.92	9.85
2005 年	368.20	217.89	65.94	22.68	30.67	28.52	2.50
"十五"小计	3160.62	1721.00	560.98	238.03	180.74	326.93	132.94
2006 年	360.70	247.51	49.93	15.97	11.73	34.69	0.87
1979～2006 年	41437.09	29578.52	5619.57	1397.98	351.81	3939.20	550.02

4—4 各地区林业重点工程建设情况

单位:公顷

地区	总计	天然林保护工程	退耕还林工程		
			合计	其中:退耕地造林面积	其中:荒山荒地造林面积
全国总计	**1790698**	**224199**	**976991**	**218492**	**758499**
北京	8016			—	—
天津	3003			—	—
河北	172245		36484	6366	30118
山西	111799		45998	6669	39329
内蒙古	212031	66917	36258	5829	30429
辽宁	70769		48630	10001	38629
吉林	35395		20754	14438	6316
黑龙江	26420	0	0	—	—
上海	200			—	—
江苏	7306			—	—
浙江	2192			—	—
安徽	3402			—	—
福建	1048			—	—
江西	47175		43334	6666	36668
山东	4223			—	—
河南	64383		46668	—	46668
湖北	65913	5466	46667	6667	40000
湖南	130990		124502	64583	59919
广东	1286			—	—
广西	51109		46771	2218	44553
海南	13834		12330	—	12330
重庆	21869	1866	20003	20003	—
四川	86751	33381	53370	12277	41093
贵州	59336		54671	11332	43339
云南	47146	34699	9027	1174	7853
西藏	21916	1716	10000	3333	6667
陕西	174085	73338	78377	14682	63695
甘肃	84839	5422	66250	12863	53387
青海	5385	794		—	—
宁夏	55440	600	37165	9380	27785
新疆	101192		39732	10011	29721

注:退耕还林工程中包括军事管理区100000公顷荒山荒地造林。

4—4 续表　　　　单位:公顷

地　区	三北及长江流域防护林建设工程							京津风沙源治理工程	速生丰产林基地建设工程
	合计	三北防护林四期工程	长江流域防护林二期工程	沿海防护林体系二期工程	珠江流域防护林二期工程	太行山绿化防护林二期工程	平原绿化二期工　程		
全国总计	**360699**	**247509**	**49933**	**15973**	**11728**	**34688**	**868**	**219714**	**9095**
北　京	1574	574	—	—	—	1000	—	6442	
天　津	2336	2134	—	202	—	—	—	667	
河　北	37354	18135	—	1267	—	17687	265	95330	3077
山　西	15737	7868	—	—	—	7601	268	50064	
内蒙古	41645	41377	—	—	—	—	268	67211	
辽　宁	22139	19283	—	2789	—	—	67		
吉　林	14641	14641	—	—	—	—	—		
黑龙江	24901	24901	—	—	—	—	—		1519
上　海	200	—	—	200	—	—	—		
江　苏	7306	—	4726	2580	—	—	—		
浙　江	2192	—	725	1467	—	—	—		
安　徽	3402	—	3402	—	—	—	—		
福　建	1048	—	—	1048	—	—	—		
江　西	3841	—	3392	—	449	—	—		
山　东	4223	—	1737	2486	—	—	—		
河　南	17715	—	9315	—	—	8400	—		
湖　北	13780	—	13780	—	—	—	—		
湖　南	1989	—	1989	—	—	—	—		4499
广　东	1286	—	—	947	339	—	—		
广　西	4338	—	—	1483	2855	—	—		
海　南	1504	—	—	1504	—	—	—		
重　庆	—	—	—	—	—	—	—		
四　川	—	—	—	—	—	—	—		
贵　州	4665	—	—	—	4665	—	—		
云　南	3420	—	—	—	3420	—	—		
西　藏	10200	—	10200	—	—	—	—		
陕　西	22370	21703	667	—	—	—	—		
甘　肃	13167	13167	—	—	—	—	—		
青　海	4591	4591	—	—	—	—	—		
宁　夏	17675	17675	—	—	—	—	—		
新　疆	61460	61460	—	—	—	—	—		

4—5 灌区、水库、除涝、治水情况

指　　标	单 位	1990 年	1995 年	2000 年	2003 年	2004 年	2005 年	2006 年
年底万亩以上灌区数	处	5363	5562	5683	5729	5800	5860	5894
＃3.3 万公顷以上	处	72	74	101	112	111	117	119
2.0～3.3 万公顷	处	76	99	141	169	169	170	166
灌区有效灌溉面积	万公顷	2123.1	2249.9	2449.3	2503.0	2550.6	2641.9	2802.1
＃3.3 万公顷以上	万公顷	604.7	631.4	788.3	915.8	971.4	1023.0	1052.0
2.0～3.3 万公顷	万公顷	189.6	244.4	344.0	407.2	405.7	408.0	409.2
水库	座	83387	84775	85120	85288	85160	85108	85849
大型水库	座	366	387	420	445	460	470	482
中型水库	座	2499	2593	2704	2781	2869	2934	3000
小型水库	座	80522	81795	81996	82062	81831	81704	82367
水库库容量	亿立方米	4660	4797	5184	5595	5542	5624	5842
大型水库	亿立方米	3397	3493	3842	4229	4147	4197	4379
中型水库	亿立方米	690	719	746	767	796	826	852
小型水库	亿立方米	573	585	594	597	599	602	611
节水灌溉面积	万公顷			1638.9	1862.7	2034.6	2133.8	2242.6
除涝面积	万公顷	1933.7	2006.5	2098.9	2109.7	2119.8	2134.0	2137.6
水土流失治理面积	万公顷	5300.0	6690.0	8096.0	8541.0	9200.0	9465.4	9749.1
堤防长度	万公里	22.0	24.7	27.0	27.8	27.7	27.7	28.1
堤防保护耕地面积	万公顷	3200.0	3060.9	3960.0	4286.2	4393.4	4412.1	4548.6

4—6 各地区水利设施和除涝、治水、治碱面积

地 区	水库数（座）	水库库容量（亿立方米）	除涝面积（千公顷）	治碱面积（千公顷）	水土流失治理面积（千公顷）
全国总计	**85849**	**5842**	**21376.31**	**6032.00**	**97491.15**
北 京	98	94	149.77		391.30
天 津	143	28	394.20	210.44	41.43
河 北	1089	160	1647.48	838.90	6076.18
山 西	730	54	89.11	211.28	5424.31
内蒙古	488	169	277.00	305.41	9557.54
辽 宁	918	359	996.14	305.49	5904.33
吉 林	1315	310	1019.85	137.17	3405.18
黑龙江	679	96	3285.38	196.85	4259.34
上 海			52.43	28.63	
江 苏	906	189	2785.71	701.29	902.28
浙 江	4105	392	491.88	2.94	2280.97
安 徽	4816	196	2219.00	101.86	1983.63
福 建	2812	143	122.16	40.15	1244.62
江 西	9697	286	357.74		3810.17
山 东	5558	198	2600.30	945.29	3892.34
河 南	2340	399	1914.09	698.01	4191.08
湖 北	5802	558	1196.21		4164.57
湖 南	13325	392	475.61		2717.10
广 东	6621	417	502.84		1313.59
广 西	4386	309	205.06	101.56	1627.81
海 南	995	95	11.66		30.99
重 庆	2801	54			1944.02
四 川	6685	174	92.65	0.33	5506.07
贵 州	1967	81	50.35		2660.54
云 南	5401	112	237.31	5.08	4454.81
西 藏	58	12	22.26	0.17	15.22
陕 西	995	70	130.28	59.25	8988.05
甘 肃	273	88	12.48	66.31	7910.21
青 海	154	300		9.94	767.62
宁 夏	202	23		92.03	1713.78
新 疆	490	85	37.35	973.62	312.07

注：治碱面积改为几年统计一次，此页治碱面积为2005年数据。

4—7 受灾和成灾面积

单位：千公顷

年份	受灾面积	旱灾	洪涝灾	成灾面积	旱灾	洪涝灾
1952	9137	4236	2794	4433	2589	1844
1957	29149	17205	8083	14983	7400	6032
1962	37175	20808	9810	17286	8691	6318
1965	20804	13631	5587	11223	8107	2813
1970	9974	5723	3129	3295	1931	1234
1975	35379	24832	6817	10239	5319	3467
1978	50790	40170	2850	24457	17970	2012
1979	39370	24650	6760	15120	9320	2870
1980	44526	26111	9146	29777	14174	6070
1981	39786	25693	8625	18743	12134	3973
1982	33133	20697	8361	15985	9972	4397
1983	34713	16089	12162	16209	7586	5747
1984	31887	15819	10632	15607	7015	5395
1985	44365	22989	14197	22705	10063	8949
1986	47135	31042	9155	23656	14765	5601
1987	42086	24920	8686	20393	13033	4104
1988	50874	32904	11949	23945	15303	6128
1989	46991	29358	11328	24449	15262	5917
1990	38474	18175	11804	17819	7805	5605
1991	55472	24914	24596	27814	10559	14614
1992	51333	32980	9423	25895	17049	4464
1993	48829	21098	16387	23133	8657	8611
1994	55043	30425	17329	31383	17049	10744
1995	45821	23455	12731	22267	10401	7604
1996	46989	20151	18146	21233	6247	10855
1997	53429	33516	11415	30307	20012	5839
1998	50145	14236	22292	25181	5060	13785
1999	49981	30156	9020	26731	16614	5071
2000	54688	40541	7323	34374	26784	4321
2001	52155	38472	6042	31743	23698	3614
2002	47119	22207	12378	27319	13247	7474
2003	54506	24852	19208	32516	14470	12289
2004	37106	17253	7314	16297	8482	3747
2005	38818	16028	10932	19966	8479	6047
2006	41091	20738	8003	24632	13411	4569

4－8 全国受灾、成灾和绝收面积

单位：千公顷

指　标	1990 年	1995 年	2000 年	2005 年	2006 年	2006 年为2005 年百分比(％)
一、受灾面积	38474	45821	54688	38818	41091	105.9
旱　灾	18175	23455	40541	16028	20738	129.4
洪涝灾	11804	12731	7323	10932	8003	73.2
风雹灾	6354	4476	2307	2977	4387	147.4
冷冻灾	2141	3576	2795	4428	4913	110.9
台风灾			1722	4453	2952	66.3
二、成灾面积	17819	22267	34374	19966	24632	123.4
旱　灾	7805	10401	26784	8479	13411	158.2
洪涝灾	5605	7604	4321	6047	4569	75.6
风雹灾	3415	2075	1162	1635	2144	131.1
冷冻灾	994	1791	1032	1838	2836	154.2
台风灾			1075	1966	1672	85.0
三、绝收面积		5618	10148	4597	5409	117.7
旱　灾		2121	8006	1889	2295	121.5
洪涝灾		2627	1324	1466	1407	95.9
风雹灾		561	321	463	705	152.2
冷冻灾		194	260	278	504	181.1
台风灾			237	501	479	95.5

4—9 各地区受灾面积

单位:千公顷

地区	受灾面积合计		旱灾		洪涝灾	
	2005年	2006年	2005年	2006年	2005年	2006年
全国总计	**38818**	**41091**	**16028**	**20738**	**10932**	**8003**
北京	69	74	32	27		2
天津	122	61	34	28		3
河北	1127	2264	826	1345	65	121
山西	1765	1040	1688	446	11	34
内蒙古	1814	3560	1382	1879	281	195
辽宁	987	1117	394	931	345	86
吉林	1023	1051	406	701	364	133
黑龙江	2102	3330	438	1649	1314	1122
上海	85					
江苏	1683	1714	348	316	64	1173
浙江	1181	379	119	87	58	39
安徽	2882	1472	598	464	1463	703
福建	946	939	15	44	282	325
江西	1426	1256	57	229	555	456
山东	1780	1880	356	1026	524	367
河南	2112	1585	424	848	1100	319
湖北	2580	2165	771	1089	900	278
湖南	2074	2235	840	326	495	939
广东	869	1272	175	130	273	223
广西	1524	1546	894	632	520	296
海南	728	47	260	33		10
重庆	773	1479	251	1327	394	97
四川	1594	2930	213	2449	960	260
贵州	758	1018	442	717	174	114
云南	2585	1535	2053	993	159	220
西藏	43	25	34	11	3	5
陕西	1748	1399	1022	766	400	194
甘肃	1333	2039	1100	1176	135	149
青海	107	324	80	206	1	22
宁夏	483	622	421	512	5	78
新疆	517	735	356	352	88	41

4—9 续表 单位:千公顷

地区	风雹灾		冷冻灾		台风灾	
	2005年	2006年	2005年	2006年	2005年	2006年
全国总计	**2977**	**4387**	**4428**	**4913**	**4453**	**2952**
北京	37	42		3		
天津	21	29			67	
河北	173	430	39	369	25	
山西	45	69	21	491		
内蒙古	99	237	52	1250		
辽宁	77	22	29	78	143	
吉林	235	216	18	1		
黑龙江	348	244	2	296		
上海			6		79	
江苏	130	199	328	25	814	
浙江	20	33	86	28	898	192
安徽	63	201	185	65	573	38
福建	33	6	182	39	435	515
江西	70	245	498	124	246	198
山东	170	453	375	35	355	
河南	132	323	438	95	18	
湖北	137	246	629	547	143	5
湖南	101	244	638	189		538
广东	68	6	205	10	149	901
广西	51	39	18	10	42	562
海南					468	4
重庆	98	20	30	32		
四川	214	42	207	178		
贵州	105	109	37	63		
云南	124	201	249	108		
西藏	7	7		2		
陕西	253	246	73	178		
甘肃	41	222	57	490		
青海	25	88	1	8		
宁夏	40	7	17	26		
新疆	63	166	10	176		

4—10 各地区成灾面积

单位：千公顷

地区	成灾面积合计		旱灾		洪涝灾	
	2005年	2006年	2005年	2006年	2005年	2006年
全国总计	**19966**	**24632**	**8479**	**13411**	**6047**	**4569**
北京	18	39		6		2
天津	33	29		7		3
河北	417	1363	257	867	45	67
山西	1052	862	1016	390	5	12
内蒙古	1047	2570	735	1382	194	150
辽宁	571	787	268	685	210	33
吉林	642	847	242	618	252	63
黑龙江	873	2247	162	1154	434	753
上海	42					
江苏	751	958	154	139	28	750
浙江	525	193	60	73	24	27
安徽	1616	544	287	119	1027	367
福建	429	439	6	13	111	164
江西	613	533	28	42	153	282
山东	713	1105	72	662	342	195
河南	1103	608	142	319	653	115
湖北	1414	1423	380	865	559	163
湖南	1184	1250	536	197	299	621
广东	387	706	64	58	178	106
广西	838	741	544	261	249	123
海南	375	37	184	30		5
重庆	462	925	98	883	293	30
四川	649	1767	86	1520	400	133
贵州	320	483	170	353	93	66
云南	1431	872	1192	652	113	67
西藏	1	4				4
陕西	888	694	515	457	248	94
甘肃	854	1522	687	943	89	113
青海	33	240	21	186		16
宁夏	335	263	301	210	3	23
新疆	352	579	272	323	48	23

4—10续表 单位:千公顷

地区	风雹灾		冷冻灾		台风灾	
	2005年	2006年	2005年	2006年	2005年	2006年
全国总计	**1635**	**2144**	**1838**	**2836**	**1966**	**1672**
北京	18	31				
天津	16	20			17	
河北	108	287	6	142	2	
山西	17	48	14	412		
内蒙古	78	139	39	900		
辽宁	36	13	27	56	30	
吉林	148	166				
黑龙江	277	192		148		
上海					42	
江苏	83	69	114		372	
浙江	7	38	17		396	76
安徽	35	38	29		238	21
福建	13	2	85	9	215	252
江西	26	69	233	36	172	104
山东	85	234	113	15	101	
河南	49	113	247	62	12	
湖北	67	83	311	310	97	2
湖南	29	55	320	38		340
广东	21	1	68	4	56	537
广西	19	16		3	26	339
海南					191	2
重庆	57	6	14	6		
四川	123	11	40	103		
贵州	49	47	8	17		
云南	81	109	46	44		
西藏	1					
陕西	100	107	26	37		
甘肃	30	154	48	312		
青海	12	36		2		
宁夏	26	7	6	24		
新疆	26	93	7	140		

5

农村投资

5

资料分析

5—1 国家财政用于农业的支出

单位:亿元

年份	农业支出	支援农村生产支出和各项农业事业费	基本建设支出	科技三项费用	其他	农业支出占财政支出的比重(%)
1952	9.0	2.7	3.8		2.1	5.1
1957	23.5	8.0	10.9		3.6	7.7
1962	38.2	19.3	8.7		7.6	12.5
1965	55.0	17.3	23.5	1.1	10.3	11.8
1970	49.4	15.9	22.5		8.2	7.6
1975	99.0	42.5	35.6	0.1	17.6	12.1
1978	150.7	77.0	51.1	1.1	13.9	13.4
1980	150.0	82.1	48.6	1.3	13.9	12.2
1985	153.6	101.0	37.7	2.0	12.9	7.7
1986	184.2	124.3	43.9	2.7	13.3	8.4
1987	195.7	134.2	46.8	2.3	12.5	8.7
1988	214.1	158.7	39.7	2.4	13.3	8.6
1989	265.9	197.1	50.6	2.5	15.7	9.4
1990	307.8	221.8	66.7	3.1	16.3	10.0
1991	347.6	243.6	75.5	2.9	25.6	10.3
1992	376.0	269.0	85.0	3.0	19.0	10.0
1993	440.5	323.4	95.0	3.0	19.0	9.5
1994	533.0	399.7	107.0	3.0	23.3	9.2
1995	574.9	430.2	110.0	3.0	24.0	8.3
1996	700.4	510.1	141.5	4.9	43.9	8.8
1997	766.4	560.8	159.8	5.5	40.4	8.3
1998	1154.8	626.0	460.7	9.1	59.0	10.7
1999	1085.8	677.5	357.0	9.1	42.2	8.2
2000	1231.5	766.9	414.5	9.7	40.4	7.8
2001	1456.7	918.0	480.8	10.3	47.7	7.7
2002	1580.8	1102.7	423.8	9.9	44.4	7.2
2003	1754.5	1134.9	527.4	12.4	79.8	7.1
2004	2337.6	1693.8	542.4	15.6	85.9	8.2
2005	2450.3	1792.4	512.6	19.9	125.4	7.2
2006	3173.0	2161.4	504.3	21.4	485.9	7.9

注:从1998年开始,"农业基本建设支出"包括增发国债安排的支出。

5－2 农业基本建设投资和新增固定资产

单位:亿元、%

年 份	农业基本建设投资	#水利基建投资	农业基本建设投资占基本建设投资比重	水利基本建设投资占农业基本建设投资比重	农林牧渔水利新增固定资产
“一五”时期	41.8	24.3	7.1	58.1	34.5
“二五”时期	135.7	96.6	11.3	71.2	84.6
1963～1965年	74.5	28.9	17.6	38.8	60.6
“三五”时期	104.3	70.1	10.7	67.3	53.8
“四五”时期	173.1	117.1	9.8	67.7	92.6
“五五”时期	246.1	157.2	10.5	63.9	152.8
#1980年	52.0	27.1	9.3	52.0	35.4
“六五”时期	172.8	93.0	5.1	53.8	140.5
1981年	29.2	13.6	6.6	46.5	23.1
1982年	34.1	17.5	6.1	51.2	23.8
1983年	35.5	21.1	6.0	59.6	36.6
1984年	37.1	20.7	5.0	55.7	27.1
1985年	36.9	20.2	3.4	54.5	30.0
“七五”时期	241.2	143.7	3.3	59.6	174.7
1986年	35.1	22.9	3.0	65.2	30.3
1987年	42.1	27.0	3.1	64.1	30.9
1988年	46.2	23.6	3.0	51.2	30.6
1989年	50.7	29.5	3.3	58.3	37.2
1990年	67.2	40.7	4.0	60.5	45.7
“八五”时期	697.8	440.7	3.0	63.1	417.8
1991年	85.0	50.2	4.0	59.0	50.2
1992年	111.0	68.3	3.7	61.5	62.9
1993年	127.8	81.6	2.8	63.8	77.2
1994年	154.9	98.2	2.4	63.4	91.6
1995年	219.1	142.5	3.1	65.0	135.9
“九五”时期	3143.2	1993.7	5.6	63.4	1725.0
1996年	317.9	206.6	3.7	65.0	153.2
1997年	412.7	258.8	4.2	62.7	211.7
1998年	637.1	411.7	5.4	64.6	288.7
1999年	835.5	536.5	6.7	64.2	498.4
2000年	940.0	580.1	7.0	61.7	572.9
“十五”时期					
2001年	993.4	558.8	6.8	56.3	506.5
2002年	1291.6	703.8	7.3	54.5	636.8
2003年	1097.7	680.9	4.8	62.0	702.1
2004年	—	—	—	—	877.5

5—3 农村集体单位和农村居民个人固定资产投资额

单位:亿元、%

年 份	全社会固定资产投资总额	#农村集体单位固定资产投资	占全社会固定资产投资比重	#农村居民个人固定资产投资	占全社会固定资产投资比重
“六五”时期	**7997.6**	**699.8**	**8.8**	**1527.4**	**19.1**
1981年	961.0	83.7	8.7	166.3	17.3
1982年	1230.4	131.4	10.7	198.5	16.1
1983年	1430.1	110.7	7.7	305.1	21.3
1984年	1832.9	174.8	9.5	379.1	20.7
1985年	2543.2	199.2	7.8	478.4	18.8
“七五”时期	**19744.0**	**1818.3**	**9.2**	**3903.9**	**19.8**
1986年	3120.6	245.4	8.1	574.8	19.0
1987年	3791.7	365.7	10.0	695.4	19.1
1988年	4753.8	456.7	10.2	865.2	19.2
1989年	4410.4	384.4	9.3	892.0	21.6
1990年	4517.0	366.1	8.2	876.5	19.7
“八五”时期	**62211.3**	**7476.4**	**12.0**	**6712.9**	**10.8**
1991年	5594.5	494.0	9.0	1042.6	18.9
1992年	8080.1	994.9	12.7	1005.5	12.8
1993年	13072.3	1631.2	13.1	1137.7	9.1
1994年	17042.1	1988.6	12.1	1519.2	9.3
1995年	20019.3	2367.7	11.8	2007.9	10.0
“九五”时期	**138734.5**	**16225.9**	**11.7**	**13596.6**	**9.8**
1996年	22913.6	2802.3	12.2	2540.0	11.1
1997年	24941.1	3055.6	12.3	2691.2	10.8
1998年	28406.2	3233.3	11.4	2681.5	9.4
1999年	29855.0	3343.1	11.2	2779.6	9.3
2000年	32918.0	3791.6	11.5	2904.3	8.8
“十五”时期					
2001年	37213.5	4235.7	11.4	2976.6	8.0
2002年	43499.9	4887.9	11.2	3123.2	7.2
2003年	55566.6	6553.9	11.8	3201.0	5.8
2004年	70072.7	8086.5	11.5	3362.7	4.8
2005年	88604.0	9737.9	11.0	3940.6	4.4
“十一五”时期					
2006年	109998.2	12193.3	11.1	4436.2	4.0

5—4 农村居民家庭经营费用现金支出

单位:元/人、%

指　　标	1990 年	1995 年	2000 年	2005 年	2006 年	2006 年为下列各年百分比	
						1990 年	2005 年
家庭经营费用现金支出	162.9	454.7	544.5	1052.5	1104.1	677.8	104.9
一、第一产业生产支出	146.4	410.7	462.9	921.5	955.6	652.6	103.7
农业生产支出	99.5	261.4	286.5	510.5	569.5	572.6	111.6
林业生产支出	0.8	2.1	4.2	6.5	9.0	1187.2	139.5
牧业生产支出	43.2	138.3	155.7	371.8	340.2	787.8	91.5
渔业生产支出	3.0	8.8	16.5	32.6	36.8	1218.8	112.8
二、第二产业生产支出	4.2	13.8	27.0	47.6	52.6	1243.5	110.4
工业生产支出	3.8	10.6	21.3	40.1	41.8	1096.2	104.0
建筑业支出	0.4	3.2	5.8	7.5	10.8	2579.8	144.5
三、第三产业生产支出	12.3	30.3	54.6	83.4	95.9	783.0	115.0
交通运输邮电业支出	7.5	16.3	26.2	39.0	44.4	595.0	114.0
批发和零售贸易餐饮业支出	2.0	7.4	13.9	30.5	36.7	1828.3	120.5
社会服务业支出	0.9	2.5	3.8	5.5	5.5	614.0	101.0
文教卫生业支出			1.1	2.3	2.9		128.5
其他支出	1.9	4.2	9.5	6.2	6.3	337.3	101.9

5—5 农村居民家庭购买生产性固定资产现金支出

单位:元/人、%

指　　标	1990 年	1995 年	2000 年	2005 年	2006 年	2006 年为下列各年百分比	
						1990 年	2005 年
购买生产性固定资产现金支出	20.1	62.3	63.9	129.9	137.4	682.5	105.8
#购买生产用建筑材料				13.1	10.8		81.9
购买生产用房				1.4	3.3		228.9
购买生产用役畜、产品畜		12.7	11.8	18.4	14.3		77.5
农林牧渔业机械	6.6	20.0	18.3	50.8	55.2	834.9	108.7
工业机械	1.4	3.2	4.3	4.2	8.4	615.6	201.3
运输机械		16.5	21.9	33.8	35.7		105.7
购买其他生产性固定资产				8.1	9.8		120.2

5—6 各地区农村居民家庭生产投入现金支出

单位:元/人

地 区	1.家庭经营费用现金支出		2.购买生产性固定资产支出	
	2005年	2006年	2005年	2006年
全国总计	**1052.5**	**1104.1**	**129.9**	**137.5**
北 京	1255.7	1281.2	82.2	120.4
天 津	1573.3	2058.7	60.9	99.6
河 北	1152.9	1311.5	95.3	140.0
山 西	580.9	636.1	45.6	84.2
内蒙古	1621.0	1720.7	284.1	249.4
辽 宁	1930.3	1940.7	238.5	146.9
吉 林	1440.2	1640.8	353.4	311.8
黑龙江	2381.4	2247.0	410.2	325.2
上 海	524.6	520.6	92.8	22.8
江 苏	1118.4	1141.8	141.4	101.4
浙 江	1718.1	1652.7	192.9	367.5
安 徽	788.6	906.2	108.2	129.0
福 建	836.4	899.6	64.0	77.0
江 西	862.5	892.2	110.6	98.8
山 东	1399.6	1471.3	117.1	149.4
河 南	868.0	981.9	128.9	161.0
湖 北	954.0	972.8	78.1	68.8
湖 南	948.7	905.0	94.3	78.7
广 东	1101.4	1048.6	31.3	24.6
广 西	997.2	996.9	108.3	97.1
海 南	913.0	1032.1	57.0	51.5
重 庆	558.6	509.5	69.7	59.7
四 川	845.1	806.9	67.5	76.8
贵 州	465.6	481.3	84.2	96.3
云 南	681.1	883.6	101.6	152.7
西 藏	173.9	214.1	175.1	257.2
陕 西	770.3	823.3	140.7	113.7
甘 肃	656.8	709.8	115.5	135.2
青 海	496.0	550.8	145.3	125.2
宁 夏	1166.8	1260.0	317.0	256.1
新 疆	1823.9	2122.2	258.6	293.7

5—7 各地区农村居民家庭总支出

（按人均纯收入分组）

单位:元/人

地　区	总支出	1.家庭经营费用支出	2.购置生产性固定资产支出	3.建造生产性固定资产雇工工资支出	4.税费支出	5.生活消费支出	6.财产性支出	7.转移性支出
全国总计	**4485.4**	**1242.3**	**137.5**	**2.2**	**10.9**	**2829.0**	**20.7**	**242.9**
4000元以上地区								
上　海	9344.1	527.6	22.8		5.7	8006.0	2.1	780.0
北　京	7626.1	1286.3	120.4		9.5	5724.5	3.4	482.0
浙　江	8790.0	1678.4	367.5	3.0	21.6	6057.2	38.0	624.3
天　津	5812.4	2094.3	99.6	1.9	21.9	3341.1	3.1	250.6
江　苏	5933.8	1193.6	101.4	0.7	22.6	4135.2	8.9	471.4
广　东	5205.3	1095.1	24.6	1.5	5.7	3886.0	7.1	185.4
福　建	4910.2	922.2	77.0	3.4	3.3	3591.4	10.8	302.1
山　东	5090.5	1571.7	149.4	1.8	21.3	3143.8	14.7	187.8
辽　宁	5959.4	2126.6	146.9	1.1	5.1	3066.9	47.8	565.1
3000—4000元地区								
河　北	4251.4	1400.3	140.0	0.8	21.4	2495.3	12.9	180.8
吉　林	5209.5	1792.4	311.8	1.9	14.0	2700.7	108.3	280.5
黑龙江	6070.3	2430.3	325.2	1.5	7.6	2618.2	207.5	480.1
江　西	3975.8	951.7	98.8	1.6	7.9	2676.6	13.4	225.9
湖　北	3999.5	1071.5	68.8	1.5	14.6	2732.5	6.2	104.3
湖　南	4503.1	1069.9	78.7	0.8	20.3	3013.3	4.7	315.4
内蒙古	5491.5	2162.1	249.4	1.3	9.9	2772.0	67.0	229.9
河　南	3637.7	1054.1	161.0	12.3	3.4	2229.3	5.8	171.8
海　南	3495.2	1100.8	51.5	3.0	1.6	2232.2	5.2	101.0
山　西	3231.0	689.6	84.2		3.4	2253.3	4.9	195.7
四　川	3882.6	1167.9	76.8	3.0	12.0	2395.0	2.2	225.6
2000—3000元地区								
安　徽	3762.6	973.1	129.0	0.8	17.6	2420.9	4.7	216.4
重　庆	3294.0	791.1	59.7	2.4	7.2	2205.2	1.7	226.7
广　西	3740.5	1120.1	97.1	0.2	4.5	2413.9	4.9	99.8
宁　夏	4358.6	1551.2	256.1	1.6	3.5	2247.0	9.6	289.6
新　疆	4758.2	2226.8	293.7	1.1	10.7	2032.4	62.0	131.6
西　藏	2713.7	430.2	257.2		0.8	2002.2	0.1	23.2
青　海	3170.8	703.3	125.2		1.1	2179.0	8.5	153.9
陕　西	3486.3	947.2	113.7	1.8	7.4	2181.0	6.2	229.1
云　南	3686.9	1208.1	152.7	1.9	4.0	2195.6	15.2	109.3
甘　肃	2957.1	849.0	135.2	4.0	4.0	1855.5	5.4	104.1
2000元以下地区								
贵　州	2629.5	699.9	96.3	0.5	1.4	1627.1	8.8	195.5

5—8 农村固定资产投资情况

单位:亿元

指　标	全国总计	非农户	农　户
农村固定资产投资完成额	**16629.5**	**12193.3**	**4436.2**
一、按投资构成分			
1.建筑工程	9071.2	6197.7	2873.5
＃水利	137.4	109.0	28.4
住宅	3027.5	460.4	2567.1
2.安装工程	605.3	581.4	23.9
3.设备工具器具购置	5166.3	4172.8	993.6
＃生产设备	394.6	394.6	638.8
4.其它	1786.8	1241.5	545.3
二、按投资方向分			
农业	1631.8	630.3	1001.5
采掘业	525.9	520.2	5.7
制造业	7753.5	7611.0	142.4
电力、燃气及水的生产和供应业	325.0	313.2	11.8
建筑业	330.1	168.2	161.9
交通运输、仓储和邮政业	913.6	587.5	326.1
信息传输、计算机服务和软件业	103.9	18.1	85.8
批发和零售业	368.9	349.1	19.8
住宿和餐饮业	157.0	120.5	36.5
金融业	2.7	2.3	0.4
房地产业	2937.8	497.5	2440.3
租赁和商务服务业	63.0	57.6	5.4
科学研究、技术服务和地质勘查业	30.2	29.9	0.4
水利、环境和公共设施管理业	646.0	641.9	4.1
居民服务和其他服务业	205.8	37.2	168.6
教育	141.4	140.2	1.2
卫生、社会保障和社会福利业	61.0	60.8	0.2
文化、体育和娱乐业	97.2	77.8	19.4
公共管理和社会组织	334.7	330.0	4.7
国际组织	0.0	0.0	0.0

5—9 各地区农村固定资产投资情况

单位:亿元

地区	总投资额	非农户	农户
全国总计	**16629.5**	**12193.3**	**4436.2**
北京	283.9	264.6	19.4
天津	141.5	110.1	31.4
河北	1067.0	773.4	293.6
山西	200.0	106.7	93.3
内蒙古	98.3	32.8	65.6
辽宁	711.8	564.4	147.4
吉林	228.3	130.1	98.2
黑龙江	195.6	13.4	182.2
上海	402.6	396.6	6.0
江苏	2589.6	2337.8	251.8
浙江	2160.9	1848.3	312.7
安徽	483.4	246.2	237.2
福建	289.5	172.8	116.6
江西	308.2	167.2	141.0
山东	2395.9	2015.3	380.6
河南	1063.9	555.7	508.2
湖北	305.0	162.8	142.1
湖南	457.1	253.8	203.3
广东	1419.7	1202.2	217.5
广西	250.9	113.5	137.4
海南	26.9	8.1	18.8
重庆	155.4	83.2	72.2
四川	485.5	238.9	246.6
贵州	144.6	71.2	73.4
云南	206.8	62.2	144.5
西藏	30.5	30.5	0.0
陕西	195.0	75.5	119.5
甘肃	98.7	43.4	55.3
青海	23.9	12.5	11.4
宁夏	60.0	30.0	30.0
新疆	149.0	69.9	79.1

5—10 各地区农村固定资产构成情况

单位:亿元

地区	投资额	建筑工程	#水利	#住宅	安装工程	设备工具器具购置	#生产设备	其他
全国总计	**16629.5**	**9071.2**	**109.0**	**3027.5**	**605.3**	**5166.3**	**394.6**	**1786.7**
北京	283.9	190.4	8.2	29.4	5.7	42.3	4.7	45.4
天津	141.5	79.2	0.1	18.1	6.4	46.1	3.5	9.9
河北	1067.0	498.4	2.1	195.5	45.8	368.3	18.8	154.5
山西	200.0	130.5	0.4	76.2	7.8	46.4	2.5	15.4
内蒙古	98.3	49.6	1.0	22.8	0.9	27.7	0.2	20.2
辽宁	711.8	395.5	5.5	112.5	26.2	202.7	10.1	87.4
吉林	228.3	103.5	3.2	33.6	7.0	66.7	3.6	51.1
黑龙江	195.6	66.6	0.0	53.4	1.0	94.8	0.1	33.2
上海	402.6	256.0	1.6	8.9	13.4	88.0	11.8	45.2
江苏	2589.6	1163.2	5.9	190.6	96.9	1085.0	126.8	244.5
浙江	2160.9	1053.9	10.4	232.9	63.4	821.3	96.3	222.3
安徽	483.4	302.4	2.9	163.2	15.2	121.2	6.3	44.6
福建	289.5	168.7	2.6	71.5	7.0	82.3	5.4	31.4
江西	308.2	210.5	2.8	91.0	10.7	53.1	5.1	33.9
山东	2395.9	1143.6	11.4	273.2	126.2	882.9	20.9	243.2
河南	1063.9	684.7	5.0	372.4	26.1	275.5	6.1	77.6
湖北	305.0	194.7	3.0	113.1	8.3	62.9	4.8	39.1
湖南	457.1	297.0	3.7	131.0	23.1	94.9	11.5	42.0
广东	1419.7	936.6	16.4	201.8	71.2	284.6	36.7	127.3
广西	250.9	164.8	2.5	96.5	4.8	56.3	4.5	24.9
海南	26.9	14.0	0.5	8.3	0.2	3.4	0.0	9.2
重庆	155.4	104.0	2.5	55.1	5.0	31.5	2.4	14.8
四川	485.5	305.0	3.7	156.8	4.9	82.1	4.6	93.5
贵州	144.6	84.3	1.7	48.0	5.6	49.2	2.9	5.5
云南	206.8	144.0	2.7	95.4	11.0	37.4	1.7	14.3
西藏	30.5	30.4	0.0	27.3	0.0	0.0	0.0	0.0
陕西	195.0	107.0	1.1	59.8	3.4	61.2	0.2	23.3
甘肃	98.7	57.1	0.9	25.8	2.5	25.3	0.4	13.8
青海	23.9	16.7	0.4	7.7	0.5	4.4	0.1	2.4
宁夏	60.0	34.3	1.9	13.6	1.2	21.9	0.3	2.5
新疆	149.0	84.3	4.9	41.9	3.9	46.8	2.3	14.1

5—11 各地区农村固定资产投向情况

单位:亿元

地区	投资额	农业	采掘业	制造业	电力燃气及水的生产和供应业	建筑业
全国总计	**16629.5**	**1631.8**	**525.9**	**7753.5**	**325.0**	**330.1**
北京	283.9	15.3	1.3	70.5	26.8	4.2
天津	141.5	11.3	0.5	85.2	0.6	3.2
河北	1067.0	155.5	58.7	471.1	6.8	12.5
山西	200.0	29.8	29.9	28.0	1.9	1.9
内蒙古	98.3	46.8	4.5	5.1	0.4	2.1
辽宁	711.8	117.2	44.0	298.1	7.8	25.8
吉林	228.3	66.8	12.7	58.4	3.6	4.8
黑龙江	195.6	116.0	0.1	4.7	0.1	0.9
上海	402.6	8.5	0.0	283.6	3.4	0.9
江苏	2589.6	50.7	5.8	1926.2	36.8	9.8
浙江	2160.9	47.2	9.6	1591.8	35.9	5.9
安徽	483.4	68.7	21.2	105.9	8.1	11.7
福建	289.5	38.4	17.3	85.9	13.2	20.0
江西	308.2	53.9	6.9	35.0	14.0	8.5
山东	2395.9	210.8	91.4	1349.2	22.1	64.0
河南	1063.9	123.2	52.0	259.8	19.6	2.5
湖北	305.0	45.1	11.9	62.5	3.7	4.5
湖南	457.1	47.7	27.9	91.3	20.2	12.6
广东	1419.7	38.4	15.7	745.4	50.2	53.3
广西	250.9	36.6	15.6	39.8	10.7	3.9
海南	26.9	11.0	0.0	0.2	0.2	0.1
重庆	155.4	20.1	8.0	29.6	3.8	6.5
四川	485.5	75.4	27.4	37.5	17.0	18.4
贵州	144.6	18.8	33.4	12.4	4.3	0.1
云南	206.8	34.8	14.4	16.4	3.8	2.9
西藏	30.5	0.5	0.1	0.5	0.0	0.0
陕西	195.0	29.1	5.1	26.7	2.8	12.5
甘肃	98.7	30.0	2.3	11.1	2.9	23.7
青海	23.9	7.3	0.9	1.1	0.8	2.6
宁夏	60.0	20.7	0.7	8.1	0.9	0.0
新疆	149.0	56.4	6.8	12.0	2.7	10.3

5—11 续表 1

单位:亿元

地　　区	交通运输、仓储和邮政业	信息传输、计算机服务和软件业	批发和零售业	住宿和餐饮业	金融业
全国总计	**913.6**	**103.9**	**368.9**	**157.0**	**2.7**
北　京	32.5	0.2	7.7	9.4	0.0
天　津	5.9	0.1	5.8	1.8	0.0
河　北	62.7	1.5	40.0	6.2	0.1
山　西	16.1	0.2	3.9	0.1	0.0
内蒙古	4.2	0.1	1.6	1.8	0.0
辽　宁	35.0	0.9	14.0	4.7	0.2
吉　林	16.1	0.9	3.4	1.2	0.0
黑龙江	11.9	0.4	0.2	0.0	0.0
上　海	22.9	0.3	18.7	4.8	0.0
江　苏	56.4	1.7	62.5	22.3	0.4
浙　江	87.0	1.1	19.2	13.2	0.2
安　徽	41.2	0.6	7.3	2.4	0.1
福　建	22.4	1.2	4.0	2.9	0.0
江　西	53.3	0.1	1.8	2.4	0.1
山　东	89.4	2.2	65.3	10.8	0.1
河　南	61.6	73.7	28.9	5.3	0.2
湖　北	22.9	0.6	5.8	2.1	0.1
湖　南	41.4	1.4	5.7	3.0	0.2
广　东	56.0	0.8	45.9	26.0	0.5
广　西	25.6	0.9	2.4	6.2	0.0
海　南	3.6	0.1	0.1	0.7	0.0
重　庆	12.5	0.0	1.0	1.1	0.0
四　川	56.3	4.7	11.3	3.4	0.0
贵　州	14.5	1.4	1.1	0.6	0.0
云　南	6.5	0.1	1.7	15.8	0.0
西　藏	0.0	0.0	0.0	0.2	0.0
陕　西	26.0	2.8	5.5	5.0	0.0
甘　肃	2.2	4.8	2.2	0.6	0.4
青　海	1.8	0.1	0.3	0.0	0.0
宁　夏	9.3	0.0	0.7	0.1	0.0
新　疆	16.2	0.9	0.6	2.8	0.0

5—11 续表 2

单位:亿元

地区	房地产业	租赁和商务服务业	科学研究、技术服务和地质勘查业	水利、环境和公共设施管理业	居民服务和其他服务业
全国总计	**2937.8**	**63.0**	**30.2**	**646.0**	**205.8**
北京	30.9	3.0	0.8	36.8	2.4
天津	18.4	0.7	0.1	2.1	1.0
河北	188.0	1.2	2.8	16.9	13.9
山西	73.7	0.0	0.0	3.2	1.1
内蒙古	25.7	0.0	0.3	1.9	0.9
辽宁	95.3	1.3	2.2	16.7	8.5
吉林	34.7	0.6	0.4	7.8	0.1
黑龙江	58.9	0.0	0.1	0.2	0.0
上海	8.8	4.5	1.8	28.4	1.1
江苏	221.2	14.2	4.3	96.5	40.1
浙江	240.9	10.9	0.8	68.9	1.6
安徽	177.6	1.3	0.6	16.1	3.7
福建	57.6	0.6	1.1	7.6	3.6
江西	102.2	0.4	0.5	11.1	0.6
山东	316.2	4.1	2.8	63.1	7.2
河南	340.2	3.0	2.6	28.7	31.0
湖北	113.3	1.2	0.2	12.4	1.1
湖南	148.6	1.2	0.6	16.1	3.4
广东	184.4	7.5	5.2	108.0	4.2
广西	84.1	2.8	0.4	5.6	6.2
海南	7.7	0.2	0.0	0.7	0.3
重庆	57.4	0.1	0.0	8.4	0.5
四川	112.5	1.3	0.6	58.5	38.3
贵州	49.9	0.0	0.0	4.7	0.3
云南	94.7	0.0	0.1	5.5	0.0
西藏	27.3	0.0	0.0	0.0	0.0
陕西	30.8	0.0	0.1	5.5	24.4
甘肃	0.5	2.7	0.1	2.7	3.2
青海	6.1	0.0	0.1	0.4	0.1
宁夏	12.8	0.0	0.8	3.4	0.0
新疆	17.5	0.2	0.8	8.0	7.0

5—11 续表 3

单位:亿元

地区	教育	卫生、社会保障和社会福利业	文化、体育和娱乐业	公共管理和社会组织	国际组织
全国总计	**141.4**	**61.0**	**97.2**	**334.7**	**0.0**
北京	13.2	3.2	11.0	14.9	0.0
天津	0.3	0.1	1.4	3.0	0.0
河北	5.8	4.8	3.7	15.0	0.0
山西	1.7	0.5	1.2	6.7	0.0
内蒙古	0.2	0.0	0.4	2.3	0.0
辽宁	3.8	1.6	6.9	28.0	0.0
吉林	2.2	1.5	0.4	12.6	0.0
黑龙江	0.3	0.1	1.1	0.7	0.0
上海	5.4	4.4	2.2	2.9	0.0
江苏	12.4	4.6	10.4	13.3	0.0
浙江	6.1	4.4	4.5	11.7	0.0
安徽	7.0	1.5	0.8	7.6	0.0
福建	2.5	0.3	1.4	9.6	0.0
江西	7.9	2.3	2.6	4.5	0.0
山东	17.5	7.0	7.9	64.5	0.0
河南	8.5	4.9	4.2	13.8	0.0
湖北	1.1	0.7	2.1	13.6	0.0
湖南	5.9	2.9	4.4	22.6	0.0
广东	23.6	9.3	13.6	31.8	0.0
广西	2.3	0.5	1.0	6.4	0.0
海南	0.2	0.0	0.7	1.2	0.0
重庆	0.6	0.4	0.1	5.1	0.0
四川	4.8	2.6	8.8	6.5	0.0
贵州	1.3	0.5	0.4	0.9	0.0
云南	1.0	0.4	0.3	8.3	0.0
西藏	0.3	0.0	0.0	1.7	0.0
陕西	1.6	0.8	2.9	13.2	0.0
甘肃	1.8	0.7	0.9	6.2	0.0
青海	0.1	0.0	0.1	2.1	0.0
宁夏	0.2	0.4	0.8	1.1	0.0
新疆	2.1	0.7	0.8	3.2	0.0

6

农林牧渔业总产值、中间消耗及增加值

6—1 农林牧渔业增加值和指数

年 份	农林牧渔业增加值（亿元）	指 数	
		以1978年为100	以上年为100
1978	1027.5	100.0	104.1
1979	1270.2	106.1	106.1
1980	1371.6	104.5	98.5
1981	1559.5	111.9	107.0
1982	1777.4	124.8	111.5
1983	1978.4	135.1	108.3
1984	2316.1	152.6	112.9
1985	2564.4	155.4	101.8
1986	2788.7	160.5	103.3
1987	3233.0	168.1	104.7
1988	3865.4	172.3	102.5
1989	4265.9	177.6	103.1
1990	5062.0	190.7	107.3
1991	5342.2	195.2	102.4
1992	5866.6	203.1	104.1
1993	6963.8	211.2	104.0
1994	9572.7	219.6	104.0
1995	12135.8	229.5	104.5
1996	14015.4	241.2	105.1
1997	14441.9	251.6	104.3
1998	14817.6	260.4	103.5
1999	14770.0	267.7	102.8
2000	14944.7	274.1	102.4
2001	15781.3	281.8	102.8
2002	16537.0	290.0	102.9
2003	17381.7	297.3	102.5
2004	21412.7	316.0	106.3
2005	23070.4	332.4	105.2
2006	24737.4	349.0	105.0

注：1. 指数按可比价格计算。
2. 2005年以前农林牧渔业增加值历史数据根据第一次经济普查数据进行了调整。
3. 农林牧渔业增加值包括农林牧渔服务业。（有关各表同）

6—2 农林牧渔业总产值、增加值、中间消耗及构成

（按当年价格计算）

指　　标	总产值	增加值	中间消耗	＃农林牧渔业物质消耗	＃农林牧渔业生产服务支出
一、绝对数（亿元）					
农林牧渔业合计	42424.4	24737.4	17687.0	15126.8	1918.4
＃农业	21549.1	13951.9	7597.2	6504.6	1092.6
林业	1602.0	1093.0	509.0	401.3	107.7
牧业	13640.2	6578.2	7062.0	6641.3	420.7
渔业	4433.0	2555.9	1877.0	1579.6	297.4
二、构成（%）					
（以农林牧渔业合计为100）					
农林牧渔业合计	100.0	100.0	100.0	100.0	100.0
＃农业	50.8	56.4	43.0	43.0	57.0
林业	3.8	4.4	2.9	2.7	5.6
牧业	32.2	26.6	39.9	43.9	21.9
渔业	10.4	10.3	10.6	10.4	15.5

注：农林牧渔业物质消耗、农林牧渔业生产服务支出未包括农林牧渔服务业（后同）。

6—3 各地区农林牧渔业总产值、增加值和中间消耗

（按当年价格计算）

单位:亿元

地　区	总产值	增加值	中间消耗	#农林牧渔业物质消耗	#农林牧渔业生产服务支出
全国总计	**42424.4**	**24737.4**	**17687.0**	**15126.8**	**1918.4**
北　京	270.0	98.0	171.9	138.0	24.8
天　津	271.0	118.6	152.3	123.8	10.6
河　北	2771.8	1606.5	1165.3	977.9	122.5
山　西	512.4	276.8	235.6	206.9	9.9
内蒙古	1085.9	649.6	436.2	353.8	75.9
辽　宁	1841.3	976.4	864.9	699.1	144.3
吉　林	1155.5	672.8	482.7	456.1	23.1
黑龙江	1387.7	737.7	650.0	610.2	29.3
上　海	237.0	93.8	143.2	127.7	12.7
江　苏	2707.1	1545.0	1162.1	978.5	120.8
浙　江	1514.6	925.1	589.5	476.5	99.8
安　徽	1779.9	1028.7	751.3	640.5	83.0
福　建	1496.4	896.2	600.2	543.3	49.0
江　西	1228.3	786.1	442.2	394.6	38.7
山　东	4056.6	2138.9	1917.7	1638.4	250.3
河　南	3589.7	2049.9	1539.8	1304.4	130.0
湖　北	1871.0	1140.4	730.6	616.5	100.9
湖　南	2131.9	1332.2	799.7	721.7	61.3
广　东	2678.3	1577.1	1101.1	838.6	176.7
广　西	1648.1	1032.5	615.6	580.7	22.3
海　南	543.9	344.5	199.4	145.5	48.3
重　庆	637.2	425.8	211.4	187.0	21.5
四　川	2602.1	1595.3	1006.8	937.8	49.0
贵　州	610.6	393.2	217.4	197.9	16.6
云　南	1209.8	749.8	459.9	371.4	59.7
西　藏	70.0	47.7	22.3	17.6	4.0
陕　西	818.7	488.5	330.3	281.0	37.2
甘　肃	561.4	333.3	228.0	198.2	20.3
青　海	100.6	69.6	31.0	26.2	3.0
宁　夏	152.2	79.5	72.6	69.8	1.4
新　疆	883.5	527.8	355.8	267.3	71.7

注:物质消耗和生产服务支出未包括农林牧渔服务业。

6—4 各地区分部门农林牧渔业增加值

（按当年价格计算）

单位：亿元

地区	合计	#农业	林业	牧业	渔业
全国总计	**24737.4**	**13951.9**	**1093.0**	**6578.2**	**2555.9**
北京	98.0	49.1	6.7	35.3	3.5
天津	118.6	52.1	1.2	43.7	18.7
河北	1606.5	940.4	33.7	536.8	51.4
山西	276.8	168.8	5.5	79.9	2.1
内蒙古	649.6	351.4	29.7	253.4	5.7
辽宁	976.4	427.5	30.5	266.7	220.3
吉林	672.8	405.6	26.2	220.3	10.6
黑龙江	737.7	522.0	32.0	159.7	13.0
上海	93.8	52.8	3.6	14.3	20.8
江苏	1545.0	975.9	31.2	224.8	236.4
浙江	925.1	511.5	62.6	126.7	212.4
安徽	1028.7	560.6	63.2	251.9	126.3
福建	896.2	404.3	70.0	148.6	262.4
江西	786.1	372.7	81.3	196.5	124.6
山东	2138.9	1261.0	46.2	466.6	322.4
河南	2049.9	1188.0	57.7	723.9	30.3
湖北	1140.4	625.0	23.3	311.4	165.9
湖南	1332.2	749.2	92.2	375.7	94.7
广东	1577.1	877.4	50.3	290.8	322.1
广西	1032.5	576.1	62.3	281.1	104.8
海南	344.5	138.1	48.7	57.3	94.8
重庆	425.8	257.4	16.3	126.2	17.1
四川	1595.3	782.7	57.6	667.8	61.5
贵州	393.2	230.6	17.0	130.2	8.2
云南	749.8	407.6	105.5	199.2	18.5
西藏	47.7	20.1	2.2	23.7	0.1
陕西	488.5	329.6	18.3	118.9	3.1
甘肃	333.3	231.1	5.8	90.8	0.9
青海	69.6	24.0	1.1	41.9	0.1
宁夏	79.5	51.9	1.9	21.2	1.8
新疆	527.8	407.2	9.3	92.8	1.4

6—5　各地区分部门农林牧渔业增加值构成

（按当年价格计算）

单位：%

地　区	合　计	#农　业	林　业	牧　业	渔　业
全国总计	**100.0**	**56.4**	**4.4**	**26.6**	**10.3**
北　京	100.0	50.1	6.8	36.0	3.6
天　津	100.0	44.0	1.0	36.9	15.8
河　北	100.0	58.5	2.1	33.4	3.2
山　西	100.0	61.0	2.0	28.9	0.8
内蒙古	100.0	54.1	4.6	39.0	0.9
辽　宁	100.0	43.8	3.1	27.3	22.6
吉　林	100.0	60.3	3.9	32.7	1.6
黑龙江	100.0	70.8	4.3	21.6	1.8
上　海	100.0	56.2	3.9	15.3	22.2
江　苏	100.0	63.2	2.0	14.5	15.3
浙　江	100.0	55.3	6.8	13.7	23.0
安　徽	100.0	54.5	6.1	24.5	12.3
福　建	100.0	45.1	7.8	16.6	29.3
江　西	100.0	47.4	10.3	25.0	15.9
山　东	100.0	59.0	2.2	21.8	15.1
河　南	100.0	58.0	2.8	35.3	1.5
湖　北	100.0	54.8	2.0	27.3	14.5
湖　南	100.0	56.2	6.9	28.2	7.1
广　东	100.0	55.6	3.2	18.4	20.4
广　西	100.0	55.8	6.0	27.2	10.2
海　南	100.0	40.1	14.2	16.6	27.5
重　庆	100.0	60.4	3.8	29.6	4.0
四　川	100.0	49.1	3.6	41.9	3.9
贵　州	100.0	58.6	4.3	33.1	2.1
云　南	100.0	54.4	14.1	26.6	2.5
西　藏	100.0	42.2	4.6	49.7	0.3
陕　西	100.0	67.5	3.7	24.3	0.6
甘　肃	100.0	69.3	1.8	27.3	0.3
青　海	100.0	34.4	1.6	60.2	0.1
宁　夏	100.0	65.2	2.3	26.7	2.3
新　疆	100.0	77.2	1.8	17.6	0.3

6—6 各地区分部门农林牧渔业增加值比重

（以该部门总产值为100）

单位：%

地 区	农 业	林 业	牧 业	渔 业
全国总计	**64.7**	**68.2**	**48.2**	**57.7**
北 京	44.9	45.4	28.6	35.6
天 津	49.5	62.1	42.0	48.4
河 北	67.4	76.2	47.2	59.1
山 西	55.5	36.2	53.2	58.7
内蒙古	66.0	70.9	52.0	68.7
辽 宁	59.8	58.3	40.7	60.1
吉 林	67.9	59.0	45.6	62.4
黑龙江	66.3	47.1	33.2	43.3
上 海	44.0	34.7	31.0	37.7
江 苏	70.2	57.5	39.3	42.8
浙 江	71.8	72.7	44.1	52.6
安 徽	61.9	71.5	46.6	66.1
福 建	64.3	66.2	53.1	56.6
江 西	66.9	77.7	53.4	69.8
山 东	56.8	70.5	40.2	60.0
河 南	59.5	60.8	55.7	68.8
湖 北	61.3	57.5	59.5	63.8
湖 南	73.2	81.9	46.5	63.0
广 东	69.6	74.4	44.3	56.5
广 西	69.5	78.1	49.8	68.3
海 南	64.4	69.1	57.7	63.9
重 庆	75.5	73.0	52.5	78.2
四 川	72.8	75.0	50.7	70.6
贵 州	65.0	65.8	62.7	65.9
云 南	64.7	74.0	54.9	70.3
西 藏	63.2	77.7	71.8	78.7
陕 西	62.0	63.1	53.6	56.4
甘 肃	58.5	39.0	67.0	73.8
青 海	63.0	57.0	74.6	69.7
宁 夏	58.2	37.0	43.0	41.5
新 疆	63.8	53.8	49.1	29.8

6—7 各地区分部门农林牧渔业中间消耗

（按当年价格计算）

单位:亿元

地 区	合 计	＃农 业	林 业	牧 业	渔 业
全国总计	**17687.0**	**7597.2**	**509.0**	**7062.0**	**1877.0**
北 京	171.9	60.2	8.1	88.2	6.3
天 津	152.3	53.3	0.8	60.4	20.0
河 北	1165.3	454.3	10.5	600.0	35.5
山 西	235.6	135.1	9.8	70.5	1.5
内蒙古	436.2	181.0	12.2	233.9	2.6
辽 宁	864.9	287.6	21.8	387.9	146.0
吉 林	482.7	191.4	18.2	263.2	6.4
黑龙江	650.0	265.4	36.0	321.0	17.1
上 海	143.2	67.2	6.8	32.0	34.4
江 苏	1162.1	413.7	23.1	346.7	315.8
浙 江	589.5	201.0	23.5	160.7	191.1
安 徽	751.3	344.9	25.2	288.5	64.8
福 建	600.2	224.3	35.8	131.1	201.1
江 西	442.2	184.2	23.3	171.7	54.0
山 东	1917.7	960.3	19.3	693.8	215.3
河 南	1539.8	808.2	37.2	575.2	13.7
湖 北	730.6	393.8	17.2	212.4	94.0
湖 南	799.7	274.3	20.3	432.6	55.7
广 东	1101.1	383.6	17.3	366.0	248.2
广 西	615.6	253.4	17.5	283.4	48.7
海 南	199.4	76.5	21.8	42.0	53.5
重 庆	211.4	83.6	6.0	114.1	4.8
四 川	1006.8	292.3	19.2	649.6	25.6
贵 州	217.4	124.0	8.8	77.5	4.2
云 南	459.9	222.6	37.1	163.6	7.8
西 藏	22.3	11.7	0.6	9.3	0.0
陕 西	330.3	202.1	10.7	103.0	2.4
甘 肃	228.0	164.3	9.2	44.8	0.3
青 海	31.0	14.1	0.9	14.3	0.0
宁 夏	72.6	37.3	3.2	28.2	2.6
新 疆	355.8	231.4	7.9	96.3	3.3

6—8 各地区分部门农林牧渔业中间消耗构成

（按当年价格计算）

单位：%

地区	以农林牧渔业中间消耗为100			
	农业	林业	牧业	渔业
全国总计	**43.0**	**2.9**	**39.9**	**10.6**
北京	35.0	4.7	51.3	3.7
天津	35.0	0.5	39.7	13.1
河北	39.0	0.9	51.5	3.0
山西	57.4	4.2	29.9	0.6
内蒙古	41.5	2.8	53.6	0.6
辽宁	33.2	2.5	44.9	16.9
吉林	39.7	3.8	54.5	1.3
黑龙江	40.8	5.5	49.4	2.6
上海	46.9	4.8	22.3	24.0
江苏	35.6	2.0	29.8	27.2
浙江	34.1	4.0	27.3	32.4
安徽	45.9	3.4	38.4	8.6
福建	37.4	6.0	21.8	33.5
江西	41.7	5.3	38.8	12.2
山东	50.1	1.0	36.2	11.2
河南	52.5	2.4	37.4	0.9
湖北	53.9	2.4	29.1	12.9
湖南	34.3	2.5	54.1	7.0
广东	34.8	1.6	33.2	22.5
广西	41.2	2.8	46.0	7.9
海南	38.4	10.9	21.1	26.8
重庆	39.5	2.8	54.0	2.3
四川	29.0	1.9	64.5	2.5
贵州	57.0	4.1	35.6	2.0
云南	48.4	8.1	35.6	1.7
西藏	52.3	2.8	41.7	0.2
陕西	61.2	3.2	31.2	0.7
甘肃	72.1	4.0	19.6	0.1
青海	45.5	2.8	46.2	0.1
宁夏	51.3	4.4	38.8	3.6
新疆	65.0	2.2	27.1	0.9

6—9 各地区分部门农林牧渔业中间消耗比重

（按当年价格计算）

单位：%

地 区	以该部门总产值为100			
	农 业	林 业	牧 业	渔 业
全国总计	**35.3**	**31.8**	**51.8**	**42.3**
北 京	55.1	54.6	71.4	64.4
天 津	50.5	37.9	58.0	51.6
河 北	32.6	23.8	52.8	40.9
山 西	44.5	63.8	46.8	41.3
内蒙古	34.0	29.1	48.0	31.3
辽 宁	40.2	41.7	59.3	39.9
吉 林	32.1	41.0	54.4	37.6
黑龙江	33.7	52.9	66.8	56.7
上 海	56.0	65.3	69.0	62.3
江 苏	29.8	42.5	60.7	57.2
浙 江	28.2	27.3	55.9	47.4
安 徽	38.1	28.5	53.4	33.9
福 建	35.7	33.8	46.9	43.4
江 西	33.1	22.3	46.6	30.2
山 东	43.2	29.5	59.8	40.0
河 南	40.5	39.2	44.3	31.2
湖 北	38.7	42.5	40.5	36.2
湖 南	26.8	18.1	53.5	37.0
广 东	30.4	25.6	55.7	43.5
广 西	30.5	21.9	50.2	31.7
海 南	35.6	30.9	42.3	36.1
重 庆	24.5	27.0	47.5	21.8
四 川	27.2	25.0	49.3	29.4
贵 州	35.0	34.2	37.3	34.1
云 南	35.3	26.0	45.1	29.7
西 藏	36.8	22.3	28.2	21.3
陕 西	38.0	36.9	46.4	43.6
甘 肃	41.5	61.0	33.0	26.2
青 海	37.0	43.0	25.4	30.3
宁 夏	41.8	63.0	57.0	58.5
新 疆	36.2	46.2	50.9	70.2

6－10 分项农林牧渔业中间消耗

单位:亿元

指 标	1990年	1997年	2000年	2004年	2005年	2006年
中间消耗总计		9615.5	10287.6	15014.1	16380.4	17687.0
一、物质消耗	2508.2	8864.8	9497.8	12811.2	14115.5	15126.8
#用种量	245.7	854.8	879.3	1585.9	1653.1	1770.4
饲料	995.2	3708.5	3908.2	5867.2	6495.5	6776.3
肥料	601.2	1634.0	1641.6	2235.4	2420.0	2689.5
燃料	152.0	544.7	684.1	839.7	937.1	1086.8
农药	70.7	259.7	208.0	322.4	359.8	377.4
农膜		121.9	137.1	204.8	224.4	258.0
畜牧用药			69.0	135.9	160.9	163.7
用电量	61.6	365.0	441.7	484.4	573.6	610.5
小农机			113.7	173.0	177.4	195.7
对物质生产部门的劳务支出			481.4			
二、生产服务支出			789.8	1665.7	1682.3	1918.4

注:1. 从2003年起,物质消耗项下的“对物质生产部门的劳务支出”调至“生产服务支出”项下。

2. 物质消耗和生产服务支出未包括农林牧渔服务业中间消耗。

6—11 各地区农林牧渔业增加值、中间消耗及占农林牧渔业总产值比重

（按当年价格计算）

单位:亿元

地　区	农林牧渔业增加值	占农林牧渔业总产值比重(%)	农林牧渔业中间消耗	占农林牧渔业总产值比重(%)
全国总计	**24737.4**	**58.3**	**17687.0**	**41.7**
北　京	98.0	36.3	171.9	63.7
天　津	118.6	43.8	152.3	56.2
河　北	1606.5	58.0	1165.3	42.0
山　西	276.8	54.0	235.6	46.0
内蒙古	649.6	59.8	436.2	40.2
辽　宁	976.4	53.0	864.9	47.0
吉　林	672.8	58.2	482.7	41.8
黑龙江	737.7	53.2	650.0	46.8
上　海	93.8	39.6	143.2	60.4
江　苏	1545.0	57.1	1162.1	42.9
浙　江	925.1	61.1	589.5	38.9
安　徽	1028.7	57.8	751.3	42.2
福　建	896.2	59.9	600.2	40.1
江　西	786.1	64.0	442.2	36.0
山　东	2138.9	52.7	1917.7	47.3
河　南	2049.9	57.1	1539.8	42.9
湖　北	1140.4	61.0	730.6	39.0
湖　南	1332.2	62.5	799.7	37.5
广　东	1577.1	58.9	1101.1	41.1
广　西	1032.5	62.6	615.6	37.4
海　南	344.5	63.3	199.4	36.7
重　庆	425.8	66.8	211.4	33.2
四　川	1595.3	61.3	1006.8	38.7
贵　州	393.2	64.4	217.4	35.6
云　南	749.8	62.0	459.9	38.0
西　藏	47.7	68.1	22.3	31.9
陕　西	488.5	59.7	330.3	40.3
甘　肃	333.3	59.4	228.0	40.6
青　海	69.6	69.2	31.0	30.8
宁　夏	79.5	52.3	72.6	47.7
新　疆	527.8	59.7	355.8	40.3

6—12 农林牧渔业总产值

（按当年价格计算）

单位:亿元

年 份	农林牧渔业总产值	#农业产值	林业产值	牧业产值	渔业产值
1952	461.0	396.0	7.3	51.7	6.1
1957	537.0	443.9	17.5	65.4	10.2
1962	584.0	494.7	13.0	63.8	12.6
1965	833.0	684.3	22.3	111.5	14.8
1970	1021.0	838.4	28.6	136.6	17.4
1975	1260.0	1020.5	39.2	178.4	21.9
1978	1397.0	1117.6	48.1	209.3	22.1
1979	1697.6	1325.3	60.7	285.6	26.0
1980	1922.6	1454.1	81.4	354.2	32.9
1981	2180.6	1635.9	98.9	402.2	43.7
1982	2483.3	1865.3	110.0	456.7	51.2
1983	2750.0	2074.5	127.2	485.1	63.2
1984	3214.1	2380.2	161.6	587.3	85.1
1985	3619.5	2506.4	188.7	798.3	126.1
1986	4013.0	2771.8	201.2	875.7	164.4
1987	4675.7	3160.5	222.0	1068.4	224.9
1988	5865.3	3666.9	275.3	1600.6	322.5
1989	6534.7	4100.6	284.9	1800.4	348.9
1990	7662.1	4954.3	330.3	1967.0	410.6
1991	8157.0	5146.4	367.9	2159.2	483.5
1992	9084.7	5588.0	422.6	2460.5	613.5
1993	10995.5	6605.1	494.0	3014.4	882.0
1994	15750.5	9169.2	611.1	4672.0	1298.2
1995	20340.9	11884.6	709.9	6045.0	1701.3
1996	22353.7	13539.8	778.0	6015.5	2020.4
1997	23788.4	13852.5	817.8	6835.4	2282.7
1998	24541.9	14241.9	851.3	7025.8	2422.9
1999	24519.1	14106.2	886.3	6997.6	2529.0
2000	24915.8	13873.6	936.5	7393.1	2712.6
2001	26179.6	14462.8	938.8	7963.1	2815.0
2002	27390.8	14931.5	1033.5	8454.6	2971.1
2003	29691.8	14870.1	1239.9	9538.8	3137.6
2004	36239.0	18138.4	1327.1	12173.8	3605.6
2005	39450.9	19613.4	1425.5	13310.8	4016.1
2006	42424.4	21549.1	1602.0	13640.2	4433.0

6—13　农林牧渔业总产值构成

（按当年价格计算）

单位：%

年　份	以农林牧渔业总产值为 100			
	农业产值	林业产值	牧业产值	渔业产值
1952	85.9	1.6	11.2	1.3
1957	82.7	3.3	12.2	1.9
1962	84.7	2.2	10.9	2.2
1965	82.2	2.7	13.4	1.8
1970	82.1	2.8	13.4	1.7
1975	81.0	3.1	14.2	1.7
1978	80.0	3.4	15.0	1.6
1979	78.1	3.6	16.8	1.5
1980	75.6	4.2	18.4	1.7
1981	75.0	4.5	18.4	2.0
1982	75.1	4.4	18.4	2.1
1983	75.4	4.6	17.6	2.3
1984	74.1	5.0	18.3	2.6
1985	69.2	5.2	22.1	3.5
1986	69.1	5.0	21.8	4.1
1987	67.6	4.7	22.8	4.8
1988	62.5	4.7	27.3	5.5
1989	62.8	4.4	27.6	5.3
1990	64.7	4.3	25.7	5.4
1991	63.1	4.5	26.5	5.9
1992	61.5	4.7	27.1	6.8
1993	60.1	4.5	27.4	8.0
1994	58.2	3.9	29.7	8.2
1995	58.4	3.5	29.7	8.4
1996	60.6	3.5	26.9	9.0
1997	58.2	3.4	28.8	9.6
1998	58.0	3.5	28.6	9.9
1999	57.5	3.6	28.5	10.4
2000	55.7	3.8	29.7	10.8
2001	55.2	3.6	30.4	10.8
2002	54.5	3.8	30.9	10.8
2003	50.1	4.2	32.1	10.6
2004	50.1	3.7	33.6	9.9
2005	49.7	3.6	33.7	10.2
2006	50.8	3.8	32.2	10.4

6—14 农林牧渔业分项产值及构成

（按当年价格计算）

指　　标	绝对数(亿元)		构成(%)	
	2005 年	2006 年	2005 年	2006 年
农林牧渔业总产值	**39450.9**	**42424.4**	**100.0**	**100.0**
一、农业产值	19613.4	21549.1	49.7	50.8
(一)谷物及其他作物	10984.1	11770.0	27.9	27.7
谷物	6650.7	7043.8	16.9	16.6
薯类	708.4	778.4	1.8	1.8
油料	957.9	987.0	2.4	2.3
豆类	622.5	605.7	1.6	1.4
棉花	878.2	1016.7	2.2	2.4
麻类	39.8	37.5	0.1	0.1
糖料	254.8	340.0	0.6	0.8
烟草	261.1	275.2	0.7	0.6
其他农作物	610.8	685.5	1.5	1.6
(二)蔬菜园艺作物	6031.6	6817.1	15.3	16.1
＃蔬菜(含菜用瓜)	5633.3	6386.5	14.3	15.1
(三)水果、坚果、饮料和香料作物	2298.0	2633.7	5.8	6.2
＃水果、坚果(含果用瓜)	2087.6	2389.5	5.3	5.6
(四)中药材	299.8	328.4	0.8	0.8
二、林业产值	1425.5	1602.0	3.6	3.8
林木的培育和种植	388.8	418.7	1.0	1.0
竹木采运	502.8	568.3	1.3	1.3
林产品	534.0	615.0	1.4	1.4
三、牧业产值	13310.8	13640.2	33.7	32.2
牲畜饲养	2636.8	2918.7	6.7	6.9
＃牛的饲养	1251.2	1356.4	3.2	3.2
羊的饲养	739.5	836.8	1.9	2.0
猪的饲养	6443.5	6336.7	16.3	14.9
家禽饲养	3728.3	3765.2	9.5	8.9
狩猎和捕捉动物	11.2	11.6	…	…
其他畜牧业	491.0	607.8	1.2	1.4
四、渔业产值	4016.1	4433.0	10.2	10.4
海水产品	1818.0	2047.1	4.6	4.8
＃养殖	885.2	1010.8	2.2	2.4
内陆水域水产品	2198.1	2385.9	5.6	5.6
＃养殖	1887.6	1971.4	4.8	4.6

6－15 各地区农林牧渔业总产值

（按当年价格计算）

单位:亿元

地区	农林牧渔业总产值		农业产值		#谷物及其他作物	
	2005年	2006年	2005年	2006年	2005年	2006年
全国总计	**39450.9**	**42424.4**	**19613.4**	**21549.1**	**10984.1**	**11770.0**
北京	268.8	270.0	100.6	109.3	19.4	22.2
天津	258.4	271.0	97.5	105.4	35.7	41.5
河北	2600.8	2771.8	1258.0	1394.7	556.9	584.0
山西	483.8	512.4	281.7	304.0	178.3	198.2
内蒙古	980.2	1085.9	473.9	532.4	383.8	421.4
辽宁	1671.6	1841.3	640.1	715.1	333.3	363.3
吉林	1050.5	1155.5	518.1	597.0	413.0	481.8
黑龙江	1294.4	1387.7	718.6	787.4	622.3	687.0
上海	233.4	237.0	111.3	120.0	28.9	30.9
江苏	2577.0	2707.1	1291.1	1389.6	722.5	764.4
浙江	1428.3	1514.6	654.8	712.5	207.6	224.9
安徽	1666.2	1779.9	818.5	905.6	558.6	618.0
福建	1396.1	1496.4	571.0	628.7	185.0	194.4
江西	1143.0	1228.3	510.5	556.9	331.1	349.2
山东	3741.8	4056.6	2034.0	2221.4	898.7	975.1
河南	3309.7	3589.7	1790.4	1996.2	1009.7	1100.8
湖北	1775.6	1871.0	932.1	1018.8	534.4	572.3
湖南	2056.2	2131.9	947.7	1023.5	560.2	584.6
广东	2447.6	2678.3	1109.2	1261.1	412.4	462.3
广西	1448.4	1648.1	711.9	829.4	433.5	493.5
海南	475.9	543.9	179.6	214.6	47.2	54.8
重庆	662.2	637.2	358.3	341.0	220.7	190.8
四川	2457.5	2602.1	1037.2	1075.1	632.6	607.0
贵州	571.8	610.6	335.5	354.6	230.7	229.3
云南	1068.6	1209.8	559.3	630.2	391.6	431.2
西藏	67.7	70.0	25.5	31.8	19.8	19.7
陕西	730.7	818.7	472.9	531.6	228.5	246.1
甘肃	521.5	561.4	362.9	395.4	220.4	231.3
青海	94.0	100.6	36.4	38.1	31.0	31.4
宁夏	138.0	152.2	78.9	89.2	55.2	59.6
新疆	831.1	883.5	595.8	638.6	481.2	499.1

6—15 续表

单位:亿元

地　区	林业产值		牧业产值		渔业产值	
	2005 年	2006 年	2005 年	2006 年	2005 年	2006 年
全国总计	**1425.5**	**1602.0**	**13310.8**	**13640.2**	**4016.1**	**4433.0**
北　京	13.3	14.8	135.7	123.6	9.7	9.8
天　津	1.9	2.0	102.7	104.2	36.3	38.7
河　北	40.1	44.3	1124.4	1136.8	79.4	86.9
山　西	16.5	15.3	148.6	150.4	2.7	3.5
内蒙古	39.8	41.8	444.6	487.3	7.2	8.3
辽　宁	44.5	52.3	636.4	654.6	306.7	366.4
吉　林	39.9	44.3	467.6	483.5	14.9	17.0
黑龙江	67.3	68.0	461.2	480.7	27.4	30.1
上　海	11.1	10.4	54.3	46.3	51.6	55.3
江　苏	45.3	54.2	599.1	571.4	511.9	552.2
浙　江	83.5	86.0	286.0	287.3	380.8	403.5
安　徽	78.4	88.4	553.6	540.4	165.6	191.1
福　建	96.9	105.8	276.5	279.7	434.4	463.4
江　西	87.4	104.6	365.1	368.2	162.6	178.7
山　东	57.6	65.5	1125.0	1160.4	465.5	537.7
河　南	83.9	94.9	1251.6	1299.1	35.3	44.0
湖　北	37.3	40.5	545.4	523.8	236.5	259.8
湖　南	101.0	112.5	834.5	808.3	138.4	150.5
广　东	66.2	67.6	638.6	656.8	523.8	570.4
广　西	61.7	79.7	511.6	564.5	143.6	153.6
海　南	58.9	70.5	95.2	99.3	132.2	148.3
重　庆	20.0	22.3	249.5	240.3	23.8	21.9
四　川	69.9	76.7	1230.2	1317.4	78.5	87.2
贵　州	23.9	25.8	194.2	207.6	9.4	12.4
云　南	105.5	142.6	339.7	362.9	23.0	26.3
西　藏	10.1	2.8	30.0	33.0	0.0	0.2
陕　西	25.0	28.9	199.0	221.9	5.5	5.6
甘　肃	15.9	15.0	129.1	135.6	1.1	1.2
青　海	1.8	2.0	51.7	56.3	0.1	0.1
宁　夏	5.6	5.0	46.0	49.4	4.0	4.4
新　疆	15.3	17.2	183.5	189.1	4.3	4.7

6—16 各地区农业分项产值

（按当年价格计算）

单位:亿元

地 区	农业	1.谷物及其他作物	#谷物	#小麦	#油料
全国总计	**21549.1**	**11770.0**	**7043.8**	**1579.4**	**987.0**
北 京	109.3	22.2	15.7	4.7	1.1
天 津	105.4	41.5	20.7	7.5	0.4
河 北	1394.7	584.0	361.1	174.7	54.4
山 西	304.0	198.2	145.7	45.4	5.9
内蒙古	532.4	421.4	198.9	26.1	39.3
辽 宁	715.1	363.3	273.8	1.0	20.4
吉 林	597.0	481.8	365.9	0.6	19.9
黑龙江	787.4	687.0	432.3	10.9	28.3
上 海	120.0	30.9	19.5	1.8	1.2
江 苏	1389.6	764.4	522.5	110.9	68.6
浙 江	712.5	224.9	144.2	3.0	12.3
安 徽	905.6	618.0	408.9	146.8	75.2
福 建	628.7	194.4	112.8	0.2	11.7
江 西	556.9	349.2	262.6	0.4	28.4
山 东	2221.4	975.1	597.0	308.2	128.5
河 南	1996.2	1100.8	686.4	378.2	151.5
湖 北	1018.8	572.3	323.1	51.9	84.8
湖 南	1023.5	584.6	401.3	1.8	36.9
广 东	1261.1	462.3	220.7	0.2	30.5
广 西	829.4	493.5	225.0	0.3	21.3
海 南	214.6	54.8	24.6	0.0	3.3
重 庆	341.0	190.8	117.1	13.6	14.9
四 川	1075.1	607.0	384.3	76.6	62.6
贵 州	354.6	229.3	130.0	10.3	22.8
云 南	630.2	431.2	201.2	16.4	11.5
西 藏	31.8	19.7	16.8	4.6	1.7
陕 西	531.6	246.1	160.6	73.1	13.4
甘 肃	395.4	231.3	97.8	39.4	15.6
青 海	38.1	31.4	6.7	4.3	7.3
宁 夏	89.2	59.6	45.0	13.9	3.9
新 疆	638.6	499.1	121.6	52.5	9.3

6－16 续表 单位:亿元

地　区	＃棉花	＃糖料	＃烟草	2. 蔬菜园艺	3. 水果、坚果、饮料和香料作物
全国总计	**1016.7**	**340.0**	**275.2**	**6817.1**	**2633.7**
北　京	0.5			63.8	22.9
天　津	18.7			53.1	10.9
河　北	103.6	2.3	0.7	611.6	185.2
山　西	14.6	0.3	0.2	61.7	39.4
内蒙古	0.3	5.6	2.0	93.6	10.6
辽　宁	0.2	0.3	2.1	237.4	103.5
吉　林	0.2	0.3	4.8	72.6	28.9
黑龙江		6.8	4.3	68.8	29.4
上　海	0.3	0.7		62.6	26.4
江　苏	66.4	2.5	…	499.2	111.3
浙　江	2.5	10.0	0.5	304.5	169.7
安　徽	63.7	2.4	1.9	190.7	78.7
福　建	…	3.5	14.6	271.6	155.5
江　西	15.9	4.2	2.8	138.6	63.6
山　东	156.1	…	6.9	888.6	341.3
河　南	128.3	1.4	32.7	697.9	167.7
湖　北	73.8	3.7	11.0	345.2	82.7
湖　南	37.7	5.0	24.7	325.6	85.1
广　东		51.4	6.5	553.6	230.4
广　西	0.1	170.8	4.5	206.1	121.2
海　南	0.1	9.9	…	78.9	80.5
重　庆	…	0.8	8.6	109.0	34.1
四　川	2.0	5.9	19.4	330.2	120.2
贵　州	0.1	2.5	30.1	99.5	15.5
云　南	…	34.5	89.4	135.0	55.2
西　藏				5.6	0.2
陕　西	11.8	…	4.8	130.1	138.0
甘　肃	19.7	0.5	2.4	100.5	43.4
青　海		…	…	6.3	0.2
宁　夏	…	…	0.1	14.0	7.1
新　疆	300.1	14.6	0.0	61.3	74.9

6－17　各地区林业分项产值

（按当年价格计算）　　单位：亿元

地　区	林业产值	1. 林木的培育和种植	2. 竹木采运	#村及村以下	3. 林产品
全国总计	**1602.0**	**418.7**	**568.3**	**318.7**	**615.0**
北　京	14.8	9.5	1.1	0.8	4.2
天　津	2.0	1.4	0.3	0.3	0.3
河　北	44.3	11.0	3.4	2.6	29.9
山　西	15.3	11.9	0.3	0.2	3.1
内蒙古	41.8	19.6	16.6	1.0	5.6
辽　宁	52.3	19.5	12.6	5.5	20.2
吉　林	44.3	7.8	29.9	2.5	6.7
黑龙江	68.0	5.6	58.1	1.3	4.4
上　海	10.4	9.8	0.2	0.1	0.4
江　苏	54.2	34.2	10.7	8.1	9.3
浙　江	86.0	9.3	31.0	28.3	45.8
安　徽	88.4	26.4	28.6	14.0	33.3
福　建	105.8	5.3	63.2	46.8	37.3
江　西	104.6	29.6	44.8	29.5	30.2
山　东	65.5	19.4	9.8	9.2	36.4
河　南	94.9	35.8	41.6	37.4	17.6
湖　北	40.5	14.7	16.7	8.4	9.2
湖　南	112.5	31.8	42.9	1.7	37.8
广　东	67.6	9.2	42.5	41.0	15.9
广　西	79.7	6.0	37.5	26.8	36.3
海　南	70.5	9.8	5.9	0.1	54.9
重　庆	22.3	3.5	3.0	0.5	15.8
四　川	76.7	25.8	29.7	27.0	21.2
贵　州	25.8	4.1	5.1	4.3	16.7
云　南	142.6	18.0	27.6	17.3	97.0
西　藏	2.8	0.7	1.7	1.3	0.4
陕　西	28.9	11.3	2.0	0.5	15.6
甘　肃	15.0	8.8	0.3	0.2	6.0
青　海	2.0	1.8	0.2	0.0	0.1
宁　夏	5.0	4.7	0.0	0.0	0.4
新　疆	17.2	12.6	1.2	1.9	3.4

6—18 各地区畜牧业分项产值

（按当年价格计算）

单位:亿元

地区	牧业产值	1.牲畜饲养	#牛	羊	奶产品
全国总计	**13640.2**	**2918.7**	**1356.4**	**836.8**	**598.1**
北京	123.6	33.8	10.2	9.1	13.1
天津	104.2	31.6	11.0	5.3	14.1
河北	1136.8	339.5	173.4	81.1	72.8
山西	150.4	38.9	12.4	11.6	11.5
内蒙古	487.3	345.6	42.3	126.5	147.6
辽宁	654.6	155.9	90.8	30.1	19.9
吉林	483.5	124.8	102.8	7.1	9.8
黑龙江	480.7	192.8	94.0	15.5	75.3
上海	46.3	7.6	0.1	1.5	5.7
江苏	571.4	59.4	7.5	32.6	13.2
浙江	287.3	13.9	1.7	6.5	5.4
安徽	540.4	101.9	58.3	39.8	2.9
福建	279.7	20.6	7.9	8.0	4.8
江西	368.2	29.5	24.3	2.2	2.5
山东	1160.4	229.6	119.1	59.3	44.7
河南	1299.1	415.5	247.8	123.1	33.9
湖北	523.8	37.0	25.8	7.8	3.1
湖南	808.3	48.1	33.7	12.3	2.0
广东	656.8	13.9	9.0	1.0	3.9
广西	564.5	41.8	33.3	6.3	2.0
海南	99.3	8.9	6.5	2.1	0.0
重庆	240.3	15.7	7.1	6.4	2.1
四川	1317.4	146.1	61.8	66.9	14.4
贵州	207.6	29.1	22.9	4.5	1.6
云南	362.9	61.7	37.5	14.6	6.6
西藏	33.0	31.3	12.4	8.2	5.9
陕西	221.9	70.6	22.5	19.0	24.8
甘肃	135.6	57.2	23.2	20.2	9.4
青海	56.3	44.7	15.7	18.2	8.0
宁夏	49.4	32.6	10.1	10.2	10.7
新疆	189.1	139.0	31.2	80.0	26.5

6－18续表 单位:亿元

地　区	2.猪的饲养	3.家禽饲养	＃肉禽	4.狩猎和捕猎动物	5.其他畜牧业
全国总计	**6336.7**	**3765.2**	**2060.4**	**11.6**	**607.8**
北　京	37.6	41.2	30.8		11.0
天　津	43.6	25.5	13.5		3.5
河　北	416.6	322.2	103.3	…	58.5
山　西	78.3	30.0	6.1	0.1	3.1
内蒙古	88.0	50.5	30.1	0.1	3.1
辽　宁	236.1	237.8	117.5	0.1	24.7
吉　林	183.8	155.7	80.8	0.1	19.1
黑龙江	169.6	111.3	57.0		6.9
上　海	21.6	15.2	10.4		1.9
江　苏	200.9	235.5	115.4	2.1	73.4
浙　江	165.8	59.8	35.5	0.3	47.6
安　徽	250.8	169.8	95.9	0.2	17.7
福　建	183.2	67.6	38.8	1.3	7.0
江　西	221.8	97.8	62.7	1.5	17.6
山　东	403.2	454.5	225.5	0.6	72.5
河　南	539.6	309.1	100.2	1.5	33.4
湖　北	340.7	141.1	63.4	0.2	4.8
湖　南	575.2	176.4	100.3	0.3	8.2
广　东	357.8	240.9	213.6	2.0	42.3
广　西	334.4	137.9	123.7		50.3
海　南	50.6	36.8	34.6	0.1	2.9
重　庆	146.2	68.4	35.6	…	10.0
四　川	685.7	416.8	278.6	0.5	68.3
贵　州	146.6	30.5	18.8	0.1	1.3
云　南	245.5	48.0	32.3	0.1	7.6
西　藏	1.3	0.4	0.1	…	…
陕　西	107.0	37.8	10.1	0.2	6.3
甘　肃	63.1	13.8	7.5		1.4
青　海	9.6	1.6	0.8	0.1	0.1
宁　夏	9.9	5.6	2.4	…	1.3
新　疆	22.3	25.7	14.8	0.2	1.9

6－19 各地区渔业分项产值

（按当年价格计算）

单位:亿元

地　　区	渔业产值	1.海水产品	#养殖	2.内陆水产品	#养殖
全国总计	**4433.0**	**2047.1**	**1010.8**	**2385.9**	**1971.4**
北　　京	9.8			9.8	9.8
天　　津	38.7	9.6	4.3	29.1	28.1
河　　北	86.9	50.6	23.0	36.3	28.2
山　　西	3.5			3.5	3.4
内 蒙 古	8.3			8.3	5.5
辽　　宁	366.4	279.4	126.8	87.0	53.6
吉　　林	17.0			17.0	13.6
黑 龙 江	30.1			30.1	26.2
上　　海	55.3	15.7	0.3	39.5	39.0
江　　苏	552.2	140.2	71.4	412.0	364.9
浙　　江	403.5	296.4	96.3	107.1	95.3
安　　徽	191.1			191.1	92.9
福　　建	463.4	352.8	207.3	110.6	96.9
江　　西	178.7			178.7	145.8
山　　东	537.7	441.5	256.9	96.1	85.4
河　　南	44.0			44.0	0.0
湖　　北	259.8			259.8	222.9
湖　　南	150.5			150.5	130.2
广　　东	570.4	260.7	182.5	309.7	298.8
广　　西	153.6	71.2	29.8	82.3	74.6
海　　南	148.3	128.9	12.2	19.4	10.5
重　　庆	21.9			21.9	20.7
四　　川	87.2			87.2	81.5
贵　　州	12.4			12.4	9.3
云　　南	26.3			26.3	23.5
西　　藏	0.2			0.2	0.2
陕　　西	5.6			5.6	5.1
甘　　肃	1.2			1.2	1.1
青　　海	0.1			0.1	0.1
宁　　夏	4.4			4.4	4.2
新　　疆	4.7			4.7	0.0

6—20 四大地区农林牧渔业总产值及构成

(按当年价格计算)

指 标	东部地区		中部地区		西部地区		东北地区	
	2005 年	2006 年	2005 年	2006 年	2005 年	2006 年	2005 年	2006 年
一、绝对数(亿元)								
农林牧渔业总产值	**8716.5**	**9343.8**	**6203.7**	**6614.1**	**5960.8**	**6392.7**	**2189.4**	**2386.9**
#农业	4809.9	5262.7	3339.5	3664.3	3408.5	3669.7	1200.6	1355.1
林业	326.9	354.3	285.7	323.1	282.0	326.9	80.9	88.7
牧业	1941.6	1945.0	1956.0	1939.3	1948.1	2047.3	661.2	646.6
渔业	1423.5	1544.9	491.2	543.9	208.4	223.3	204.1	243.9
二、构成(%)								
农林牧渔业总产值	**100.0**	**100.0**	**100.0**	**100.0**	**100.0**	**100.0**	**100.0**	**100.0**
#农业	55.2	56.3	53.8	55.4	57.2	57.4	54.8	56.8
林业	3.7	3.8	4.6	4.9	4.7	5.1	3.7	3.7
牧业	22.3	20.8	31.5	29.3	32.7	32.0	30.2	27.1
渔业	16.3	16.5	7.9	8.2	3.5	3.5	9.3	10.2

6－21 农林牧渔业总产值

单位:亿元

年 份	农林牧渔业总产值	农业产值	林业产值	牧业产值	渔业产值
	(按1957年不变价格计算)				
1952	417.0	364.9	2.9	47.9	1.3
1957	536.7	455.5	9.3	69.0	2.9
1962	430.3	370.8	7.3	44.5	
1965	589.6	484.8	12.0	82.7	10.1
1970	716.3	596.8	16.0	92.6	10.9
	(按1970年不变价格计算)				
1975	1202.4	966.8	37.1	179.4	19.1
1978	1288.7	1031.0	44.4	193.0	20.3
1979	1386.3	1100.5	45.0	221.2	19.6
	(按1980年不变价格计算)				
1980	1964.5	1491.6	94.5	339.6	38.8
1981	2091.4	1592.9	98.4	359.6	40.5
1982	2327.6	1767.3	106.8	408.0	45.5
1983	2508.2	1917.1	117.7	424.0	49.4
1984	2815.6	2136.8	140.1	480.6	58.1
1985	2912.2	2133.4	146.4	563.3	69.1
1986	3010.7	2191.3	141.2	594.9	83.3
1987	3185.1	2332.1	140.8	613.9	98.4
1988	3309.7	2364.3	144.1	691.5	109.8
1989	3412.8	2420.7	144.6	729.8	117.6
	(按1990年不变价格计算)				
1990	8151.2	5190.8	378.4	2048.8	533.2
1991	8451.8	5239.6	408.6	2229.7	573.9
1992	8989.1	5461.3	439.9	2426.1	661.8
1993	9692.9	5747.2	475.3	2686.8	783.6
1994	10525.9	5933.8	517.3	3134.4	940.4
1995	11670.7	6405.0	543.4	3599.1	1123.2
1996	12127.0	6901.6	574.0	3371.2	1280.2
1997	12942.4	7210.0	593.1	3711.7	1427.6
1998	13712.8	7564.6	610.4	3984.5	1553.2
1999	14351.4	7891.1	629.6	4165.9	1664.9
2000	14863.9	7999.8	663.4	4428.3	1772.4
2001	15494.0	8288.3	658.6	4705.6	1841.5
2002	16259.7	8611.7	705.2	4988.5	1954.3
2003	16997.2	8005.5	818.7	5564.3	2067.1
2004	31905.2	16133.4	1264.8	10225.1	3327.4
2005	38291.2	18890.5	1369.4	13128.8	3841.6
2006	41588.9	20670.9	1505.1	13976.4	4256.8

注:从2004年起,农林牧渔业总产值使用可比价格计算。

6—22 农林牧渔业总产值指数

（以1952年为100）

年份	农林牧渔业总产值	农业产值	林业产值	牧业产值	渔业产值
1949	65.2	64.6	55.2	70.4	46.2
1952	100.0	100.0	100.0	100.0	100.0
1957	128.7	124.8	320.7	144.1	223.1
1962	103.2	101.6	251.7	92.9	592.3
1965	141.4	132.9	413.8	172.7	776.9
1970	171.8	163.6	551.7	193.3	838.5
1975	192.4	179.4	745.5	232.2	1150.3
1978	206.2	191.3	892.2	249.8	1222.5
1979	221.8	204.2	904.2	286.3	1180.4
1980	224.9	203.6	1014.8	306.4	1270.7
1981	239.5	217.4	1056.6	324.4	1326.4
1982	266.5	241.2	1146.8	368.0	1490.1
1983	287.2	261.7	1263.9	382.5	1617.8
1984	322.4	291.7	1504.4	433.6	1902.8
1985	333.4	291.2	1572.1	508.2	2263.0
1986	344.7	299.1	1516.2	536.6	2728.1
1987	364.7	318.3	1512.3	553.8	3221.0
1988	379.0	322.4	1547.5	623.8	3595.3
1989	390.8	330.4	1553.0	658.3	3852.7
1990	420.5	356.7	1601.1	704.4	4238.2
1991	436.0	360.1	1728.5	766.5	4562.1
1992	463.0	375.3	1861.1	834.1	5260.5
1993	500.0	394.9	2010.4	923.8	6222.5
1994	543.0	407.5	2189.3	1078.1	7467.0
1995	602.2	439.7	2298.8	1237.7	8915.6
1996	658.9	474.0	2428.1	1379.0	10161.8
1997	703.2	495.2	2508.7	1518.3	11331.4
1998	745.0	519.6	2582.0	1629.9	12328.6
1999	779.7	542.0	2664.6	1704.0	13215.0
2000	807.8	549.6	2808.5	1811.4	14074.0
2001	842.0	569.4	2788.4	1924.8	14622.3
2002	883.6	591.6	2985.6	2040.5	15518.0
2003	918.9	591.6	3194.6	2183.3	16293.9
2004	987.8	641.9	3258.5	2340.5	17271.5
2005	1044.1	668.2	3362.8	2523.1	18394.1
2006	1100.7	704.2	3550.5	2649.3	19496.5

注：本表按可比价格计算。

6—23 各地区农林牧渔业总产值指数

(以上年为100)

地 区	农林牧渔总产值	#农业产值	林业产值	牧业产值	渔业产值
全国总计	**105.4**	**105.4**	**105.6**	**105.0**	**106.0**
北 京	101.2	107.5	105.1	94.2	100.4
天 津	103.5	104.0	104.6	102.9	104.8
河 北	105.5	106.0	92.8	104.9	108.3
山 西	105.7	107.0	89.5	103.4	113.9
内蒙古	106.8	105.9	96.3	108.6	105.4
辽 宁	107.0	103.6	110.1	108.5	108.6
吉 林	107.5	109.6	98.1	105.1	114.0
黑龙江	106.4	106.5	101.0	106.9	108.4
上 海	100.7	103.2	93.9	92.5	105.8
江 苏	104.9	105.4	115.7	101.2	106.8
浙 江	103.5	104.6	105.5	101.5	102.6
安 徽	106.5	108.7	107.3	103.0	106.7
福 建	103.0	102.6	104.9	102.1	103.4
江 西	106.1	105.4	118.3	103.1	107.4
山 东	105.2	105.4	110.7	104.4	103.9
河 南	107.4	108.1	107.7	106.6	119.0
湖 北	104.9	105.6	99.5	103.3	105.7
湖 南	104.9	105.5	106.1	103.4	108.1
广 东	104.0	103.6	95.0	103.1	106.0
广 西	107.3	106.1	121.6	107.8	105.6
海 南	109.4	111.1	104.7	107.1	110.8
重 庆	96.1	94.2	99.1	98.9	88.3
四 川	103.7	98.8	107.3	107.1	109.1
贵 州	104.8	102.4	104.4	108.2	119.8
云 南	108.4	107.8	113.2	107.4	117.1
西 藏	100.8	120.8	28.2	107.6	200.0
陕 西	107.3	107.9	102.3	106.8	111.5
甘 肃	104.6	103.6	85.6	109.0	105.3
青 海	103.7	96.6	113.7	108.6	168.1
宁 夏	106.8	106.4	90.3	108.2	114.1
新 疆	107.5	107.6	106.6	107.8	106.0

注:本表按可比价格计算。

6—24 各地区农林牧渔业总产值及占全国的比重

（按可比价格计算）

地　区	农林牧渔业总产值（亿元）	2006年比2005年增减百分比(%)	占全国的比重(%)
全国总计	**41588.9**	**5.4**	**100.0**
北　京	272.2	1.2	0.7
天　津	267.3	3.5	0.6
河　北	2743.8	5.5	6.6
山　西	511.4	5.7	1.2
内蒙古	1046.7	6.8	2.5
辽　宁	1788.2	7.0	4.3
吉　林	1129.3	7.5	2.7
黑龙江	1377.1	6.4	3.3
上　海	235.1	0.7	0.6
江　苏	2703.8	4.9	6.5
浙　江	1478.9	3.5	3.6
安　徽	1774.2	6.5	4.3
福　建	1437.5	3.0	3.5
江　西	1212.5	6.1	2.9
山　东	3936.3	5.2	9.5
河　南	3555.5	7.4	8.5
湖　北	1862.4	4.9	4.5
湖　南	2156.6	4.9	5.2
广　东	2545.5	4.0	6.1
广　西	1553.8	7.3	3.7
海　南	520.8	9.4	1.3
重　庆	636.1	-3.9	1.5
四　川	2548.6	3.7	6.1
贵　州	599.5	4.8	1.4
云　南	1158.8	8.4	2.8
西　藏	68.3	0.8	0.2
陕　西	784.4	7.3	1.9
甘　肃	545.6	4.6	1.3
青　海	97.6	3.7	0.2
宁　夏	147.4	6.8	0.4
新　疆	893.7	7.5	2.1

6－25 各地区农林牧渔业总产值

（按可比价格计算）

单位：亿元

地区	农林牧渔业总产值	农业产值	林业产值	牧业产值	渔业产值
全国总计	**41588.9**	**20670.9**	**1505.1**	**13976.4**	**4256.8**
北京	272.2	108.1	14.0	127.9	9.8
天津	267.3	101.4	2.0	105.6	38.0
河北	2743.8	1333.9	37.2	1179.1	86.0
山西	511.4	301.6	14.8	153.6	3.1
内蒙古	1046.7	501.9	38.3	482.9	7.6
辽宁	1788.2	663.1	49.0	690.4	333.2
吉林	1129.3	568.1	39.1	491.7	17.0
黑龙江	1377.1	765.4	68.0	492.9	29.7
上海	235.1	114.8	10.4	50.3	54.6
江苏	2703.8	1360.7	52.4	606.6	546.8
浙江	1478.9	685.1	88.1	290.3	390.5
安徽	1774.2	889.3	84.1	570.2	176.8
福建	1437.5	586.0	101.7	282.3	448.9
江西	1212.5	538.3	103.4	376.5	174.7
山东	3936.3	2143.7	63.7	1174.3	483.6
河南	3555.5	1936.1	90.4	1334.6	42.0
湖北	1862.4	984.1	37.1	563.5	250.0
湖南	2156.6	999.7	107.1	863.2	149.6
广东	2545.5	1148.6	62.9	658.2	555.2
广西	1553.8	755.0	75.0	551.6	151.6
海南	520.8	199.6	61.7	102.0	146.5
重庆	636.1	337.5	19.8	246.6	21.0
四川	2548.6	1025.1	75.0	1317.8	85.6
贵州	599.5	343.5	25.0	210.2	11.3
云南	1158.8	602.8	119.5	364.7	26.9
西藏	68.3	30.8	2.8	32.3	0.2
陕西	784.4	510.1	25.6	212.6	6.1
甘肃	545.6	375.9	13.6	140.8	1.2
青海	97.6	35.2	2.0	56.1	0.1
宁夏	147.4	84.0	5.0	49.8	4.5
新疆	893.7	641.4	16.3	197.8	4.6

6—26 农林牧渔业分项产值及增幅

（按可比价格计算）

指 标	绝对数(亿元)	比上年增长幅度(%)
农林牧渔业总产值	**41588.9**	**5.4**
农业产值	**20670.9**	**5.4**
谷物及其他作物	11493.3	4.6
蔬菜园艺作物	6368.5	5.7
水果、坚果、饮料和香料作物	2496.1	8.6
中药材	313.0	4.4
林业产值	**1505.1**	**5.6**
林木的培育和种植	406.7	4.6
竹木采运	537.8	7.1
林产品	560.6	5.4
牧业产值	**13976.4**	**5.0**
牲畜饲养	2827.0	8.0
猪的饲养	6719.4	4.7
家禽饲养	3850.7	3.5
狩猎和捕捉动物	11.2	1.0
其他畜牧业	568.0	16.5
渔业产值	**4256.8**	**6.0**
海水产品	1896.1	4.3
内陆水域水产品	2360.7	7.5

6－27 各地区农业分项产值

（按可比价格计算）

单位:亿元

地　区	农　业	谷物及其他作物	蔬菜及园艺	水果坚果及饮料	中药材
全国总计	**20670.9**	**11493.3**	**6368.5**	**2496.1**	**312.9**
北　京	108.1	21.6	62.7	23.4	0.4
天　津	101.4	40.1	50.6	10.7	0.0
河　北	1333.9	578.2	567.4	175.3	12.9
山　西	301.6	197.4	60.1	39.5	4.7
内蒙古	501.9	395.4	83.5	16.9	6.1
辽　宁	663.1	331.7	227.9	92.7	10.8
吉　林	568.1	458.4	69.6	26.0	14.1
黑龙江	765.4	667.8	72.0	23.4	2.2
上　海	114.8	29.5	59.0	26.3	0.1
江　苏	1360.7	772.4	462.8	110.9	14.6
浙　江	685.1	217.5	284.8	172.0	10.8
安　徽	889.3	613.7	180.9	78.7	16.0
福　建	586.0	185.4	255.6	138.5	6.5
江　西	538.3	341.1	132.2	60.1	4.9
山　东	2143.7	966.2	848.9	315.4	13.2
河　南	1936.1	1092.8	640.3	174.7	28.3
湖　北	984.1	554.2	329.0	82.5	18.4
湖　南	999.7	579.8	307.5	83.2	29.2
广　东	1148.6	435.7	492.2	207.1	13.7
广　西	755.0	455.9	179.5	111.1	8.5
海　南	199.6	53.1	71.7	74.4	0.4
重　庆	337.5	192.7	105.2	33.2	6.5
四　川	1025.1	591.4	299.1	117.5	17.1
贵　州	343.5	224.8	93.3	15.2	10.1
云　南	602.8	411.7	136.0	47.1	8.1
西　藏	30.8	19.1	5.4	0.2	6.1
陕　西	510.1	243.9	121.7	128.4	16.1
甘　肃	375.9	223.0	96.1	34.5	22.3
青　海	35.2	29.0	5.8	0.2	0.1
宁　夏	84.0	56.0	13.4	7.1	7.5
新　疆	641.4	513.6	54.5	69.9	3.3

6—28 各地区林业分项产值

（按可比价格计算）

单位:亿元

地区	林业产值	林木的培育和种植	竹木采运	林产品
全国总计	**1505.1**	**406.7**	**537.8**	**560.6**
北京	14.0	9.5	1.1	3.4
天津	2.0	1.4	0.3	0.3
河北	37.2	10.9	3.4	23.0
山西	14.8	11.4	0.3	3.0
内蒙古	38.3	18.0	15.3	5.1
辽宁	49.0	19.5	10.7	18.8
吉林	39.1	7.8	25.3	6.0
黑龙江	68.0	5.6	58.1	4.4
上海	10.4	9.8	0.2	0.4
江苏	52.4	33.0	10.4	9.0
浙江	88.1	9.3	27.0	51.8
安徽	84.1	26.4	26.6	31.1
福建	101.7	5.1	59.9	36.7
江西	103.4	29.2	42.1	32.1
山东	63.7	19.4	9.1	35.3
河南	90.4	34.1	39.6	16.7
湖北	37.1	14.2	15.6	7.3
湖南	107.1	28.3	40.8	38.0
广东	62.9	8.4	39.9	14.7
广西	75.0	5.9	36.0	33.1
海南	61.7	9.8	5.7	46.2
重庆	19.8	3.3	2.8	13.7
四川	75.0	25.3	29.2	20.5
贵州	25.0	3.9	5.0	16.1
云南	119.5	18.0	28.2	73.3
西藏	2.8	0.7	1.7	0.4
陕西	25.6	11.3	1.9	12.4
甘肃	13.6	8.8	0.3	4.5
青海	2.0	1.8	0.2	0.1
宁夏	5.0	4.7	0.0	0.4
新疆	16.3	12.1	1.2	3.0

6—29 各地区畜牧业分项产值

（按可比价格计算）

单位:亿元

地 区	牧业产值	牲畜饲养	猪的饲养	家禽饲养	捕猎	其他畜牧业
全国总计	**13976.4**	**2827.0**	**6719.4**	**3850.7**	**11.2**	**568.0**
北 京	127.9	32.7	42.9	41.5		10.8
天 津	105.6	31.8	44.2	26.1		3.5
河 北	1179.1	323.6	447.9	350.2	…	57.3
山 西	153.6	37.5	83.1	29.9	0.1	3.0
内蒙古	482.9	333.4	92.8	53.2	0.1	3.5
辽 宁	690.4	157.4	247.9	260.3	0.1	24.7
吉 林	491.7	124.0	187.0	159.3	0.1	21.3
黑龙江	492.9	191.8	180.5	113.6		6.9
上 海	50.3	7.6	24.6	16.1	…	2.0
江 苏	606.6	55.4	241.7	242.7	2.0	64.7
浙 江	290.3	14.4	176.0	60.6	0.3	39.0
安 徽	570.2	98.9	275.6	178.3	0.2	17.3
福 建	282.3	19.4	186.5	68.4	1.3	6.7
江 西	376.5	28.8	233.5	94.1	1.6	18.5
山 东	1174.3	227.5	410.1	465.3	0.6	70.9
河 南	1334.6	384.7	610.7	309.1	1.1	29.0
湖 北	563.5	32.8	378.8	147.7	0.2	4.0
湖 南	863.2	48.8	627.3	178.8	0.3	8.0
广 东	658.2	13.8	362.2	242.9	2.0	37.3
广 西	551.6	39.9	335.0	132.3		44.4
海 南	102.0	8.6	51.1	39.3	0.1	2.9
重 庆	246.6	15.2	155.6	66.4	…	9.4
四 川	1317.8	141.1	699.7	413.1	0.4	63.4
贵 州	210.2	28.4	149.8	30.6	0.1	1.3
云 南	364.7	55.3	257.8	44.8	0.1	6.7
西 藏	32.3	30.7	1.2	0.4	…	0.0
陕 西	212.6	67.5	102.9	36.6	0.2	5.4
甘 肃	140.8	55.9	67.4	15.6		1.9
青 海	56.1	44.1	10.2	1.6	0.1	0.1
宁 夏	49.8	31.9	10.8	5.8	…	1.3
新 疆	197.8	144.1	24.6	26.1	0.2	2.9

6—30 各地区渔业分项产值

（按可比价格计算）

单位：亿元

地 区	渔业产值	海水产品	内陆水产品
全国总计	**4256.8**	**1896.1**	**2360.7**
北 京	9.8		9.8
天 津	38.0	9.6	28.4
河 北	86.0	49.1	37.0
山 西	3.1		3.1
内蒙古	7.6		7.6
辽 宁	333.2	251.0	82.2
吉 林	17.0		17.0
黑龙江	29.7		29.7
上 海	54.6	13.7	41.0
江 苏	546.8	131.3	415.4
浙 江	390.5	284.2	106.3
安 徽	176.8		176.8
福 建	448.9	334.7	114.3
江 西	174.7		174.7
山 东	483.6	390.5	93.1
河 南	42.0		42.0
湖 北	250.0		250.0
湖 南	149.6		149.6
广 东	555.2	239.0	316.2
广 西	151.6	66.4	85.2
海 南	146.5	126.6	19.9
重 庆	21.0		21.0
四 川	85.6		85.6
贵 州	11.3		11.3
云 南	26.9		26.9
西 藏	0.2		0.2
陕 西	6.1		6.1
甘 肃	1.2		1.2
青 海	0.1		0.1
宁 夏	4.5		4.5
新 疆	4.6		4.6

7

主要农产品种（养）面积与产量

7—1 主要农作物播种面积

单位:千公顷

年 份	农作物总播种面积	粮食面积	稻 谷	小 麦	玉 米	大 豆	薯 类
1952	141256	123979	28382	24780	12566	11679	8688
1957	157244	133633	32241	27542	14943	12748	10495
1962	140229	121621	26935	24075	12819	9504	12171
1965	143291	119627	29825	24709	15671	8593	11175
1970	143487	119267	32358	25458	15831	7985	10717
1975	149545	121062	35729	27661	18598	6999	10969
1978	150104	120587	34421	29183	19961	7144	11796
1979	148477	119263	33873	29357	20133	7247	10952
1980	146380	117234	33878	28844	20087	7226	10153
1981	145157	114958	33295	28307	19425	8024	9620
1982	144755	113462	33071	27955	18543	8419	9370
1983	143993	114047	33136	29050	18824	7567	9402
1984	144221	112884	33178	29576	18537	7286	8988
1985	143626	108845	32070	29218	17694	7718	8572
1986	144204	110933	32266	29616	19124	8295	8685
1987	144957	111268	32193	28798	20212	8445	8868
1988	144869	110123	31987	28785	19692	8120	9054
1989	146554	112205	32700	29841	20353	8057	9097
1990	148362	113466	33064	30753	21401	7560	9121
1991	149586	112314	32590	30948	21574	7041	9078
1992	149007	110560	32090	30496	21044	7221	9057
1993	147741	110509	30355	30235	20694	9454	9220
1994	148241	109544	30171	28981	21152	9222	9270
1995	149879	110060	30744	28860	22776	8127	9519
1996	152381	112548	31406	29611	24498	7471	9797
1997	153969	112912	31765	30057	23775	8346	9785
1998	155706	113787	31214	29774	25239	8500	10000
1999	156373	113161	31283	28855	25904	7962	10355
2000	156300	108463	29962	26653	23056	9307	10538
2001	155708	106080	28812	24664	24282	9482	10217
2002	154636	103891	28202	23908	24634	8720	9881
2003	152415	99410	26508	21997	24068	9313	9702
2004	153553	101606	28379	21626	25446	9589	9457
2005	155488	104278	28847	22793	26358	9591	9503
2006	157021	105489	29295	22961	26971	9280	9929

7—1续表　　单位:千公顷

年　份	棉　花	花　生	油菜籽	芝　麻	黄红麻	甘　蔗	甜　菜	烤　烟
1952	5576	1804	1863		158	183	35	186
1957	5775	2541	2308		143	267	159	355
1962	3497	1301	1361		62	154	83	176
1965	5003	1846	1822		113	351	171	325
1970	4997	1709	1453		135	387	199	291
1975	4955	1877	2313		297	523	303	460
1978	4866	1768	2600	638	412	549	331	613
1979	4512	2074	2761	843	362	512	325	509
1980	4920	2339	2844	776	314	480	443	397
1981	5185	2472	3801	818	306	551	436	586
1982	5828	2416	4122	965	246	653	462	888
1983	6077	2201	3669	789	227	654	544	572
1984	6923	2421	3413	858	320	728	502	715
1985	5140	3318	4494	1052	992	965	560	1077
1986	4306	3253	4916	1007	345	950	520	894
1987	4844	3022	5267	869	272	859	498	913
1988	5535	2977	4936	704	277	924	745	1304
1989	5203	2946	4993	722	286	959	569	1503
1990	5588	2907	5503	669	300	1009	670	1342
1991	6538	2880	6133	680	270	1164	783	1562
1992	6835	2976	5976	746	277	1246	660	1849
1993	4985	3379	5300	754	274	1088	599	1835
1994	5528	3776	5783	690	176	1057	698	1302
1995	5422	3809	6907	642	147	1125	695	1309
1996	4722	3616	6734	594	147	1207	638	1683
1997	4491	3722	6475	615	162	1311	612	2161
1998	4459	4039	6527	630	93	1401	583	1200
1999	3726	4268	6899	697	65	1303	341	1216
2000	4041	4856	7494	784	50	1185	329	1269
2001	4810	4991	7095	758	52	1248	406	1181
2002	4184	4921	7143	759	55	1393	424	1192
2003	5111	5057	7221	687	41	1409	248	1139
2004	5693	4745	7271	624	32	1378	190	1145
2005	5062	4662	7278	593	31	1354	210	1245
2006	5409	4571	6888	568	31	1495	287	1215

7—2 主要农作物播种面积及增减情况

单位：千公顷

指　　标	1990年	1995年	2000年	2005年	2006年	2006年为2005年百分比(%)
农作物总播种面积	148362	149879	156300	155488	157021	101.0
一、粮食作物	113466	110060	108463	104278	105489	101.2
1.谷物		89309	85264	81874	83126	101.5
稻谷	33064	30744	29962	28847	29295	101.6
小麦	30753	28860	26653	22793	22961	100.7
玉米	21401	22776	23056	26358	26971	102.3
谷子	2278	1522	1250	849	865	101.9
高粱	1545	1215	889	570	566	99.4
其它谷物		4192	3454	2457	2468	100.4
2.豆类		11232	12660	12902	12434	96.4
#大豆	7560	8127	9307	9591	9280	96.8
杂豆		3105	3353	3311	3154	95.3
3.薯类	9121	9519	10538	9503	9929	104.5
#马铃薯	2865	3434	4723	4880	5016	102.8
二、油料作物	10900	13101	15400	14318	13736	95.9
#花生	2907	3809	4856	4662	4571	98.0
油菜籽	5503	6907	7494	7278	6888	94.6
芝麻	669	642	784	593	568	95.8
胡麻籽	703	621	498	398	354	89.0
向日葵	713	813	1229	1020	988	96.8
三、棉花	5588	5422	4041	5062	5409	106.9
四、麻类	495	376	262	335	283	84.6
#黄红麻	300	147	50	31	31	100.5
苎麻	81	97	96	132	142	107.4
大麻	21	16	13	11	19	176.8
亚麻	57	113	96	158	87	55.0
五、糖料	1679	1820	1514	1564	1782	113.9
甘蔗	1009	1125	1185	1354	1495	110.4
甜菜	670	695	329	210	287	136.5
六、烟叶	1593	1470	1437	1363	1338	98.2
#烤烟	1342	1309	1269	1245	1215	97.6
七、药材	153	279	676	1213	1214	100.1
八、蔬菜、瓜类	6338	9515	15237	19928	20511	102.9
#蔬菜	721	1101	2044	17721	18217	102.8
九、其他农作物	6161	6736	7352	7426	7258	97.7
#青饲料	1862	1825	2142	3376	3120	92.4

7—3 主要农作物播种面积构成

（以农作物总播种面积为100）

单位：%

指　标	1990年	1995年	2000年	2005年	2006年
农作物总播种面积	100.0	100.0	100.0	100.0	100.0
一、粮食作物	76.5	73.4	69.4	67.1	67.2
1.谷物		59.6	54.6	52.7	52.9
稻谷	22.3	20.5	19.2	18.6	18.7
小麦	6.3	19.3	17.1	14.7	14.6
玉米	20.7	15.2	14.8	17.0	17.2
谷子	14.4	1.0	0.8	0.5	0.6
高粱	1.5	0.8	0.6	0.4	0.4
其它谷物	1.0	2.8	2.2	1.6	1.6
2.豆类		7.5	8.1	8.3	7.9
#大豆	5.1	5.4	6.0	6.2	5.9
杂豆		2.1	2.1	2.1	2.0
3.薯类	6.1	6.4	6.7	6.1	6.3
#马铃薯	1.9	2.3	3.0	3.1	3.2
二、油料作物	7.3	8.7	9.9	9.2	8.7
#花生	2.0	2.5	3.1	3.0	2.9
油菜籽	3.7	4.6	4.8	4.7	4.4
芝麻	0.5	0.4	0.5	0.4	0.4
胡麻籽	0.5	0.4	0.3	0.3	0.2
向日葵	0.5	0.5	0.8	0.7	0.6
三、棉花	14.4	3.6	2.6	3.3	3.4
四、麻类	0.3	0.3	0.2	0.2	0.2
#黄红麻	0.2	0.1	...	0.0	0.0
苎麻	...	0.1	0.1	0.1	0.1
大麻	...	...	...	0.0	0.0
亚麻	0.1	0.1	0.1	0.1	0.1
五、糖料	1.1	1.2	1.0	1.0	1.1
甘蔗	0.7	0.8	0.8	0.9	1.0
甜菜	0.5	0.5	0.2	0.1	0.2
六、烟叶	1.1	1.0	0.9	0.9	0.9
#烤烟	0.9	0.9	0.8	0.8	0.8
七、药材	0.1	0.2	0.4	0.8	0.8
八、蔬菜、瓜类	4.8	7.1	11.1	12.8	13.1
#蔬菜	4.3	6.3	9.7	11.4	11.6
九、其他农作物	4.2	4.5	4.7	4.8	4.6
#青饲料	1.3	1.2	1.4	2.2	2.0

7—4 各地区农作物总播种面积

单位：千公顷

地 区	1990 年	1995 年	2000 年	2005 年	2006 年	2006 年为 2005 年百分比(%)
全国总计	**148361.5**	**149879.4**	**156299.8**	**155487.7**	**157020.6**	**101.0**
北 京	590.3	553.2	457.3	318.0	329.6	103.7
天 津	573.2	572.7	533.1	499.4	513.9	102.9
河 北	8786.7	8720.1	9024.4	8785.5	8777.3	99.9
山 西	4016.3	3895.6	4042.4	3795.4	3822.9	100.7
内蒙古	4722.4	5079.4	5914.4	6215.7	6297.2	101.3
辽 宁	3618.9	3623.7	3622.0	3796.7	3766.8	99.2
吉 林	4039.8	4059.8	4542.2	4954.1	4984.6	100.6
黑龙江	8558.5	8647.4	9329.5	10083.7	10467.9	103.8
上 海	631.1	542.1	520.7	403.6	401.4	99.5
江 苏	8259.2	7909.0	7944.9	7641.2	7608.8	99.6
浙 江	4384.7	3923.0	3554.3	2837.9	2848.4	100.4
安 徽	8313.6	8354.2	9005.8	9172.5	9145.1	99.7
福 建	2745.9	2835.1	2793.3	2481.3	2434.5	98.1
江 西	5758.1	5950.6	5650.8	5251.4	5363.3	102.1
山 东	10882.6	10837.3	11147.3	10736.1	10727.9	99.9
河 南	11889.7	12136.8	13136.9	13922.7	14185.6	101.9
湖 北	7361.1	7413.7	7584.1	7279.4	7350.3	101.0
湖 南	7951.8	7840.4	8002.1	7977.6	8074.0	101.2
广 东	5671.5	5304.3	5156.9	4815.4	4838.4	100.5
广 西	5141.3	5745.7	6260.7	6489.2	6460.2	99.6
海 南	821.3	870.0	906.0	778.1	821.2	105.5
重 庆			3590.8	3444.7	3477.2	100.9
四 川	12475.3	12838.8	9609.1	9480.2	9665.1	102.0
贵 州	3578.3	4203.1	4696.7	4804.1	4855.0	101.1
云 南	4492.1	4958.9	5786.0	6053.8	6144.7	101.5
西 藏	213.5	219.3	231.1	235.0	233.0	99.2
陕 西	4859.8	4496.9	4555.4	4201.8	4247.9	101.1
甘 肃	3611.3	3773.3	3740.2	3726.0	3743.4	100.5
青 海	544.7	568.8	553.7	476.7	489.8	102.7
宁 夏	888.9	956.0	1016.5	1099.3	1127.2	102.5
新 疆	2979.5	3050.2	3391.6	3731.2	3817.9	102.3

7—5 各地区粮食播种面积及增减情况

单位:千公顷

地 区	1990年	1995年	2000年	2005年	2006年	2006年为2005年百分比(%)
全国总计	**113465.9**	**110060.4**	**108462.5**	**104278.4**	**105489.1**	**101.2**
北 京	484.4	434.1	308.3	192.2	219.6	114.2
天 津	457.9	443.3	345.9	287.7	295.2	102.6
河 北	6827.8	6829.5	6918.7	6240.2	6199.4	99.3
山 西	3290.3	3151.5	3186.5	3033.6	3121.9	102.9
内蒙古	3874.5	4143.2	4435.9	4373.6	4461.9	102.0
辽 宁	3121.6	3030.9	2858.6	3052.0	3156.4	103.4
吉 林	3525.9	3576.9	3833.7	4294.5	4325.5	100.7
黑龙江	7420.0	7500.2	7852.5	8650.8	9023.7	104.3
上 海	417.1	343.9	258.8	166.1	165.5	99.7
江 苏	6363.0	5755.2	5304.3	4909.5	4985.1	101.5
浙 江	3266.0	2814.4	2300.3	1510.8	1525.1	100.9
安 徽	6246.1	5852.5	6183.8	6410.9	6493.5	101.3
福 建	2080.6	2017.3	1828.5	1441.3	1395.8	96.8
江 西	3699.3	3509.3	3322.0	3441.5	3534.9	102.7
山 东	8151.9	8131.6	7363.2	6711.7	6797.5	101.3
河 南	9316.1	8810.0	9029.6	9153.4	9303.1	101.6
湖 北	5200.0	4776.7	4156.2	3926.8	4067.1	103.6
湖 南	5365.7	5115.6	5029.9	4838.6	4807.3	99.4
广 东	3996.3	3472.3	3311.1	2786.5	2767.1	99.3
广 西	3639.9	3662.7	3655.9	3496.2	3331.1	95.3
海 南	567.5	574.9	542.0	423.8	444.5	104.9
重 庆			2773.4	2501.3	2488.8	99.5
四 川	9827.7	9933.7	6854.5	6564.8	6583.3	100.3
贵 州	2543.2	2864.5	3151.3	3073.7	3108.5	101.1
云 南	3622.3	3643.0	4238.7	4253.9	4269.7	100.4
西 藏	191.7	188.2	201.4	177.7	171.7	96.6
陕 西	4134.7	3807.7	3821.5	3263.9	3295.0	101.0
甘 肃	2875.1	2928.7	2798.2	2587.2	2598.9	100.5
青 海	400.3	384.3	322.7	245.6	260.3	106.0
宁 夏	723.5	761.8	807.1	775.9	795.6	102.5
新 疆	1835.5	1602.5	1468.2	1492.8	1496.0	100.2

7—6 各地区粮食播种面积

（按季节分）

单位：千公顷

地区	夏收粮食		早稻		秋收粮食	
	2005年	2006年	2005年	2006年	2005年	2006年
全国总计	**26339.7**	**26641.6**	**6028.0**	**5990.2**	**71910.7**	**72857.4**
北京	53.4	63.1			138.8	156.5
天津	98.9	107.8			188.8	187.4
河北	2415.4	2450.1			3824.9	3749.4
山西	746.5	757.3			2287.1	2364.6
内蒙古					4373.6	4461.9
辽宁	77.5	75.3			2974.5	3081.1
吉林					4294.5	4325.5
黑龙江					8650.8	9023.7
上海	41.2	43.9			124.9	121.6
江苏	1995.3	2046.1			2914.2	2939.0
浙江	144.5	151.4	143.0	138.1	1223.3	1235.6
安徽	2268.5	2279.8	293.7	282.4	3848.7	3931.3
福建	111.8	110.9	271.9	246.7	1057.6	1038.3
江西	70.0	63.2	1284.3	1357.6	2087.1	2114.1
山东	3279.9	3355.5			3431.8	3442.0
河南	5027.3	5066.7			4126.1	4236.4
湖北	1052.1	1133.3	365.0	363.1	2509.7	2570.8
湖南	242.9	243.9	1324.4	1302.6	3271.3	3260.8
广东	220.8	241.9	1034.4	1022.0	1531.3	1503.2
广西	80.2	83.0	1131.3	1089.9	2284.7	2158.2
海南	40.3	42.4	115.5	139.3	268.0	262.8
重庆	622.5	612.3	0.3	0.1	1878.4	1876.4
四川	1803.1	1839.1	3.2	2.8	4758.6	4741.4
贵州	1059.4	1067.7	0.1	0.1	2014.3	2040.8
云南	1188.9	1206.5	60.9	45.4	3004.1	3017.7
西藏					177.7	171.7
陕西	1389.5	1384.0			1874.4	1911.0
甘肃	1216.6	1175.3			1370.6	1423.6
青海					245.6	260.3
宁夏	328.5	265.4			447.4	530.2
新疆	764.7	775.8			728.1	720.2

7—7 各地区粮食播种面积

（按品种分）

单位：千公顷

地区	谷物		#稻谷		#小麦		#玉米	
	2005年	2006年	2005年	2006年	2005年	2006年	2005年	2006年
全国总计	**81873.9**	**83126.1**	**28847.2**	**29294.6**	**22792.6**	**22961.4**	**26358.3**	**26970.9**
北京	176.6	202.2	0.8	0.7	53.3	63.1	119.7	135.8
天津	258.4	272.3	16.7	17.0	98.9	107.8	138.8	143.4
河北	5611.3	5595.9	87.7	92.2	2377.1	2420.0	2677.4	2658.1
山西	2333.4	2423.1	2.7	1.8	721.0	733.6	1183.7	1225.6
内蒙古	2734.4	2773.5	84.5	91.3	460.6	409.1	1805.8	1851.6
辽宁	2629.5	2766.4	568.4	626.4	22.3	16.8	1792.5	1900.3
吉林	3554.4	3581.9	654.0	664.0	9.5	7.5	2775.2	2805.7
黑龙江	4317.7	4858.4	1650.3	1925.3	248.5	249.0	2220.2	2457.2
上海	155.7	154.7	112.7	110.6	29.9	31.4	4.3	3.9
江苏	4464.1	4556.9	2209.3	2234.4	1684.4	1734.9	370.2	378.7
浙江	1191.4	1203.4	1028.5	1030.4	67.1	70.9	62.9	65.6
安徽	5051.3	5103.2	2149.1	2165.5	2108.3	2116.7	670.2	693.5
福建	1003.5	959.4	951.6	908.1	5.9	5.6	39.1	39.1
江西	3166.0	3259.0	3129.0	3227.1	15.9	12.4	16.5	15.9
山东	6178.1	6279.1	119.8	125.7	3278.7	3354.5	2731.4	2753.6
河南	8093.9	8305.9	511.1	602.6	4962.7	5006.7	2508.3	2579.0
湖北	3238.6	3382.5	2077.4	2094.5	716.2	794.9	389.6	441.3
湖南	4178.5	4148.9	3795.2	3777.2	65.7	62.0	277.3	268.5
广东	2291.8	2266.7	2137.6	2110.9	6.5	5.9	136.7	139.0
广西	2959.4	2823.5	2360.4	2285.0	10.7	11.8	575.7	515.0
海南	314.0	334.3	300.4	318.9	0.0	0.0	12.9	15.0
重庆	1537.1	1508.4	748.0	743.2	279.7	261.0	460.3	452.7
四川	4778.5	4728.3	2087.5	2080.6	1262.3	1273.7	1196.6	1194.0
贵州	1928.3	1942.2	721.7	716.5	410.6	402.6	719.5	739.8
云南	3087.8	3076.9	1049.3	1045.4	532.3	514.7	1182.6	1183.3
西藏	168.2	163.0	1.0	1.0	42.0	41.5	3.3	3.4
陕西	2567.9	2585.4	147.1	146.5	1211.5	1204.5	1097.1	1121.8
甘肃	1811.1	1806.2	5.1	5.3	1000.8	995.2	484.8	493.3
青海	129.4	134.2			96.8	98.4	1.1	1.0
宁夏	587.7	553.8	71.3	81.7	276.0	227.4	178.3	174.5
新疆	1376.0	1376.5	69.3	65.0	737.2	728.0	526.1	521.2

7—7 续表

单位：千公顷

地　区	豆　类		#大　豆		薯　类		#马铃薯	
	2005 年	2006 年	2005 年	2006 年	2005 年	2006 年	2005 年	2006 年
全国总计	**12901.5**	**12433.8**	**9590.8**	**9279.9**	**9503.0**	**9929.1**	**4879.8**	**5015.8**
北　京	12.3	13.4	10.9	11.9	3.3	4.0		
天　津	28.1	22.1	27.4	21.4	1.2	0.8		
河　北	333.1	304.6	254.9	238.0	295.9	298.9	141.0	152.9
山　西	346.3	358.0	217.9	226.1	354.0	340.8	312.0	299.2
内蒙古	1077.5	1089.0	797.0	754.5	561.7	599.4	553.4	589.1
辽　宁	294.5	260.0	253.5	223.1	128.0	130.0	88.0	90.0
吉　林	632.9	594.8	504.8	448.4	107.2	148.8	100.9	141.9
黑龙江	4032.0	3836.7	3548.4	3436.8	301.1	328.6	293.2	319.3
上　海	9.3	9.6	5.8	5.9	1.0	1.2		
江　苏	345.3	338.1	214.8	214.3	100.2	90.0		
浙　江	209.1	211.4	129.7	131.6	110.3	110.3		
安　徽	1008.6	1055.3	917.0	963.0	351.0	335.0	7.1	7.6
福　建	113.2	112.2	85.8	85.7	324.6	324.2	87.0	87.4
江　西	154.2	160.4	98.9	98.6	121.2	115.5	4.3	4.2
山　东	251.7	236.1	238.7	224.0	281.9	282.2		
河　南	616.5	584.0	533.6	516.3	443.0	413.2		
湖　北	290.0	277.0	178.7	171.6	398.2	407.7	215.2	229.8
湖　南	276.8	275.6	187.1	183.5	383.3	382.8	111.3	113.2
广　东	108.3	108.1	83.8	85.5	386.4	392.3	44.7	42.8
广　西	280.3	266.8	217.3	205.5	256.5	240.8		
海　南	11.6	10.5	5.4	5.3	98.2	99.7	3.4	
重　庆	234.5	234.1	99.1	96.5	729.6	746.4	319.3	347.4
四　川	585.6	471.2	212.7	200.0	1200.7	1383.8	367.5	348.2
贵　州	324.8	325.9	130.7	129.3	820.7	840.5	752.1	592.8
云　南	478.6	467.3	124.0	103.1	687.5	725.5	497.8	539.9
西　藏	9.0	8.1	0.5	1.0	0.6	0.6	0.6	0.6
陕　西	382.3	381.3	321.2	320.3	313.7	328.3	239.1	252.0
甘　肃	245.1	224.9	94.2	89.0	531.0	567.9	531.0	567.9
青　海	40.9	46.0			75.3	80.1	75.3	80.1
宁　夏	70.9	54.9	18.7	18.6	117.3	186.9	117.3	186.6
新　疆	98.3	96.6	78.4	71.3	18.5	22.9	18.5	22.9

7—8 各地区油料播种面积

单位:千公顷

地 区	油料合计		#花 生		#油菜籽	
	2005年	2006年	2005年	2006年	2005年	2006年
全国总计	**14317.7**	**13736.4**	**4662.3**	**4570.5**	**7278.4**	**6887.7**
北 京	8.6	7.2	8.3	7.0		
天 津	5.1	4.6	2.3	2.1		
河 北	559.0	537.8	438.8	425.1	35.4	31.1
山 西	273.4	225.1	14.6	12.6	10.1	7.5
内蒙古	694.7	659.9	10.0	13.7	255.7	212.4
辽 宁	203.3	158.1	172.4	137.7	0.9	0.9
吉 林	288.5	287.8	111.9	125.3		
黑龙江	410.3	430.3	23.9	23.1	1.9	0.4
上 海	32.1	24.0	1.2	1.2	30.8	22.6
江 苏	846.9	812.3	174.3	191.7	660.5	608.6
浙 江	249.3	235.6	18.1	18.1	227.2	213.5
安 徽	1303.1	1155.4	238.5	218.4	953.6	835.6
福 建	122.4	121.5	107.2	106.3	13.8	13.8
江 西	577.0	585.8	135.1	132.6	409.7	418.7
山 东	899.8	870.3	884.8	857.9	12.4	10.7
河 南	1605.8	1551.0	979.3	956.7	407.8	371.3
湖 北	1460.2	1353.7	171.7	168.9	1178.7	1081.3
湖 南	898.3	917.9	137.5	140.1	752.2	767.3
广 东	318.0	316.0	309.4	308.2	7.0	6.5
广 西	314.1	311.9	243.7	246.8	60.6	57.0
海 南	44.7	42.9	41.4	40.4		
重 庆	252.4	257.3	54.4	55.3	187.3	183.7
四 川	1093.6	1069.5	264.0	260.9	817.2	797.4
贵 州	555.8	563.8	43.3	44.3	504.8	512.9
云 南	225.3	226.6	42.9	42.9	169.1	169.3
西 藏	26.1	24.1	0.1	0.1	26.1	24.1
陕 西	276.9	267.3	29.6	30.7	178.7	172.2
甘 肃	328.9	324.9	1.1	0.8	157.3	162.4
青 海	161.9	159.5			159.7	157.4
宁 夏	96.9	82.5			0.1	0.1
新 疆	185.5	151.7	2.7	1.7	59.9	49.3

7—9 各地区棉花和麻类播种面积

单位：千公顷

地区	棉花		麻类		♯黄红麻	
	2005 年	2006 年	2005 年	2006 年	2005 年	2006 年
全国总计	**5061.8**	**5408.9**	**334.7**	**283.1**	**31.0**	**31.2**
北京	1.8	2.1				
天津	61.2	78.9				
河北	573.5	623.1	2.2	2.0	0.3	0.4
山西	97.5	109.1	0.1			
内蒙古	1.6	2.0	10.3	6.6		
辽宁	2.8	1.8	0.1	0.0		
吉林	1.0	1.5	1.6	0.4		
黑龙江			84.7	55.5		
上海	1.1	1.2		0.0		
江苏	368.3	354.9	1.5	1.4	0.2	
浙江	17.9	18.3	0.5	0.3	0.3	0.2
安徽	375.7	392.7	12.8	13.4	6.5	7.1
福建	0.1		0.1	0.1	0.1	0.1
江西	63.9	65.7	7.8	7.8	0.5	0.5
山东	846.3	929.8	0.7	0.5	0.6	0.4
河南	781.6	800.6	13.5	13.6	13.3	13.4
湖北	390.3	403.8	23.6	24.8	1.0	0.7
湖南	150.9	166.3	53.7	56.7	0.3	0.3
广东			0.5	0.5	0.5	0.5
广西	1.7	2.0	5.3	5.9	4.8	5.4
海南			0.2	0.2	0.1	0.2
重庆	0.2	0.2	8.5	10.5	0.2	0.2
四川	27.8	24.5	37.0	40.0	1.8	1.7
贵州	1.4	1.3	1.3	1.2		
云南	0.6	0.5	27.3	16.6		
西藏						
陕西	70.2	84.1	1.1	1.0	0.5	
甘肃	64.0	76.0	4.4	3.4		
青海						
宁夏		0.1				
新疆	1160.5	1268.6	35.9	20.6		

7—10 各地区糖料播种面积

单位：千公顷

地区	糖料合计		1. 甘蔗		2. 甜菜	
	2005 年	2006 年	2005 年	2006 年	2005 年	2006 年
全国总计	**1564.4**	**1781.9**	**1354.4**	**1495.2**	**210.0**	**286.7**
北　京						
天　津						
河　北	10.5	17.5			10.5	17.5
山　西	1.2	3.2			1.2	3.2
内蒙古	38.1	48.9			38.1	48.9
辽　宁	2.1	1.4			2.1	1.4
吉　林	2.8	4.3			2.8	4.3
黑龙江	80.5	111.1			80.5	111.1
上　海	2.8	1.4	2.8	1.4		
江　苏	4.1	3.7	4.1	3.6		
浙　江	15.7	14.6	15.7	14.6		
安　徽	5.7	5.9	5.7	5.9		
福　建	14.9	15.4	14.9	15.4		
江　西	17.7	15.1	17.7	15.1		
山　东						
河　南	4.8	4.1	4.8	4.1		
湖　北	10.0	10.1	10.0	10.1		
湖　南	19.6	20.0	19.6	20.0		
广　东	147.5	165.9	147.5	165.9		
广　西	747.6	838.4	747.6	838.4		
海　南	60.0	66.5	60.0	66.5		
重　庆	2.8	2.8	2.8	2.8		
四　川	26.9	26.6	26.7	26.4	0.2	0.2
贵　州	19.5	18.0	19.4	17.9	0.1	0.1
云　南	255.2	287.4	255.0	287.2	0.2	0.2
西　藏						
陕　西	0.1	0.1	0.1	0.1		
甘　肃	4.5	5.1			4.5	5.1
青　海		0.1				0.1
宁　夏		0.3				0.3
新　疆	69.9	94.4			69.9	94.4

7—11 各地区烟叶和药材播种面积

单位:千公顷

地区	烟叶合计		#烤烟		药材	
	2005年	2006年	2005年	2006年	2005年	2006年
全国总计	**1362.9**	**1338.0**	**1244.9**	**1214.8**	**1213.3**	**1214.0**
北京					1.5	1.4
天津						
河北	3.7	3.7	2.6	2.6	31.4	32.9
山西	2.7	3.2	2.5	3.2	31.6	29.4
内蒙古	8.2	7.7	6.9	6.1	26.3	30.1
辽宁	19.8	10.7	18.5	9.6	18.3	15.5
吉林	22.6	24.2	12.6	13.3	29.8	30.6
黑龙江	42.1	28.4	39.7	25.4	48.1	46.1
上海					0.5	0.5
江苏	0.6	0.7			14.5	12.5
浙江	1.8	1.5			26.5	26.0
安徽	10.8	10.4	10.3	9.8	61.4	52.1
福建	66.8	69.1	65.8	68.2	15.3	14.9
江西	11.7	15.6	10.6	14.7	24.3	23.9
山东	34.6	33.4	33.9	32.8	32.3	32.1
河南	132.3	141.7	127.1	139.7	174.2	168.6
湖北	58.4	59.0	43.7	43.9	61.5	58.8
湖南	100.1	101.6	94.8	96.6	85.4	92.8
广东	31.6	33.3	26.5	28.3	24.9	24.6
广西	20.9	24.2	13.9	15.9	45.4	56.2
海南	0.3		0.3		3.6	3.3
重庆	51.5	48.9	41.5	38.5	37.2	47.8
四川	79.5	88.8	58.8	68.6	93.3	93.8
贵州	222.7	193.4	206.6	178.0	23.7	23.8
云南	392.6	388.5	381.7	371.1	26.6	30.0
西藏						
陕西	32.9	33.3	32.6	32.9	99.9	89.7
甘肃	14.2	15.9	13.3	15.1	142.8	144.2
青海	0.2	0.2			3.6	1.6
宁夏	0.1	0.4	0.1	0.4	13.1	15.6
新疆	0.5	0.2	0.3	0.2	16.3	15.4

7—12 各地区蔬菜、瓜类和青饲料播种面积

单位:千公顷

地 区	蔬 菜		瓜果类		青饲料	
	2005年	2006年	2005年	2006年	2005年	2006年
全国总计	**17720.7**	**18216.7**	**2207.7**	**2294.7**	**3376.5**	**3119.9**
北 京	88.6	81.6	7.7	8.7	10.2	2.8
天 津	129.7	120.4	8.6	8.6	1.1	1.4
河 北	1104.8	1122.9	105.4	108.5	84.4	68.0
山 西	244.9	243.2	30.4	36.5	63.0	37.4
内蒙古	221.5	251.7	39.4	53.3	721.9	633.7
辽 宁	413.7	358.2	43.5	34.6	11.8	6.7
吉 林	209.6	215.3	53.2	51.2	11.3	4.5
黑龙江	333.4	331.4	110.2	121.9	170.4	180.2
上 海	130.9	136.2	21.9	21.9	6.1	6.8
江 苏	1194.4	1161.2	124.8	125.6	44.7	41.7
浙 江	666.7	671.9	102.5	113.6	12.2	12.0
安 徽	664.9	703.8	175.5	175.5	32.6	31.9
福 建	632.1	638.1	37.1	36.2	62.2	59.3
江 西	543.6	555.5	88.1	87.0	59.7	55.7
山 东	1847.7	1738.2	292.0	267.9	5.3	3.9
河 南	1595.9	1731.8	333.6	343.7	41.0	25.8
湖 北	1004.8	1017.6	85.3	93.5	94.7	104.2
湖 南	997.1	1046.1	112.4	120.9	265.3	252.2
广 东	1162.7	1185.2	49.1	48.2	83.1	79.1
广 西	1094.4	1131.8	78.9	79.7	235.8	233.4
海 南	172.4	189.2	22.6	25.2	0.5	0.4
重 庆	400.0	417.4	17.6	18.8	89.2	87.7
四 川	991.5	1181.9	45.6	50.1	314.3	307.3
贵 州	473.3	494.5	23.0	26.0	91.1	102.4
云 南	492.0	523.0	15.5	18.3	160.5	152.5
西 藏	18.0	19.0	0.0	0.1	13.1	17.4
陕 西	331.7	356.4	51.0	59.9	63.3	50.3
甘 肃	306.8	317.5	36.4	40.9	177.5	156.9
青 海	25.8	27.7	0.4	0.4	38.0	39.1
宁 夏	51.3	61.4	25.5	44.4	51.8	33.0
新 疆	176.7	186.8	70.6	74.0	360.3	332.4

7—13　各地区主要农作物播种面积构成

（以农作物总播种面积为 100）　　单位：%

地　　区	粮　食	棉　花	油　料	糖　料	烟　叶	蔬　菜	瓜果类
全国总计	**67.2**	**3.4**	**8.7**	**1.1**	**0.9**	**11.6**	**1.5**
北　京	66.6	0.6	2.2			24.7	2.6
天　津	57.5	15.3	0.9			23.4	1.7
河　北	70.6	7.1	6.1	0.2		12.8	1.2
山　西	81.7	2.9	5.9	0.1	0.1	6.4	1.0
内蒙古	70.9		10.5	0.8	0.1	4.0	0.8
辽　宁	83.8		4.2		0.3	9.5	0.9
吉　林	86.8		5.8	0.1	0.5	4.3	1.0
黑龙江	86.2		4.1	1.1	0.3	3.2	1.2
上　海	41.2	0.3	6.0	0.4		33.9	5.5
江　苏	65.5	4.7	10.7			15.3	1.7
浙　江	53.5	0.6	8.3	0.5	0.1	23.6	4.0
安　徽	71.0	4.3	12.6	0.1	0.1	7.7	1.9
福　建	57.3		5.0	0.6	2.8	26.2	1.5
江　西	65.9	1.2	10.9	0.3	0.3	10.4	1.6
山　东	63.4	8.7	8.1		0.3	16.2	2.5
河　南	65.6	5.6	10.9		1.0	12.2	2.4
湖　北	55.3	5.5	18.4	0.1	0.8	13.8	1.3
湖　南	59.5	2.1	11.4	0.2	1.3	13.0	1.5
广　东	57.2		6.5	3.4	0.7	24.5	1.0
广　西	51.6		4.8	13.0	0.4	17.5	1.2
海　南	54.1		5.2	8.1		23.0	3.1
重　庆	71.6		7.4	0.1	1.4	12.0	0.5
四　川	68.1	0.3	11.1	0.3	0.9	12.2	0.5
贵　州	64.0		11.6	0.4	4.0	10.2	0.5
云　南	69.5		3.7	4.7	6.3	8.5	0.3
西　藏	73.7		10.4			8.1	
陕　西	77.6	2.0	6.3		0.8	8.4	1.4
甘　肃	69.4	2.0	8.7	0.1	0.4	8.5	1.1
青　海	53.1		32.6			5.7	0.1
宁　夏	70.6		7.3			5.4	3.9
新　疆	39.2	33.2	4.0	2.5		4.9	1.9

7—14 主要农作物产品产量

单位:万吨

年 份	粮食总产量	稻 谷	小 麦	玉 米	大 豆	薯 类
1949	11318	4865	1381	1242	509	985
1952	16392	6843	1813	1685	952	1633
1957	19505	8678	2364	2144	1005	2192
1962	15441	6299	1667	1626	651	2345
1965	19453	8772	2522	2366	614	1986
1970	23996	10999	2919	3303	871	2668
1975	28452	12556	4531	4722	724	2857
1978	30477	13693	5384	5595	757	3174
1979	33212	14375	6273	6004	746	2846
1980	32056	13991	5521	6260	794	2873
1981	32502	14396	5964	5921	933	2597
1982	35450	16160	6847	6056	903	2705
1983	38728	16887	8139	6821	976	2925
1984	40731	17826	8782	7341	970	2848
1985	37911	16857	8581	6383	1050	2604
1986	39151	17222	9004	7086	1161	2534
1987	40298	17426	8590	7924	1247	2821
1988	39408	16911	8543	7735	1165	2697
1989	40755	18013	9081	7893	1023	2730
1990	44624	18933	9823	9682	1100	2743
1991	43529	18381	9595	9877	971	2716
1992	44266	18622	10159	9538	1030	2844
1993	45649	17751	10639	10270	1531	3181
1994	44510	17593	9930	9928	1600	3025
1995	46662	18523	10221	11199	1350	3263
1996	50454	19510	11057	12747	1322	3536
1997	49417	20073	12329	10431	1473	3192
1998	51230	19871	10973	13295	1515	3604
1999	50839	19849	11388	12809	1425	3641
2000	46218	18791	9964	10600	1541	3685
2001	45264	17758	9387	11409	1541	3563
2002	45706	17454	9029	12131	1651	3666
2003	43070	16066	8649	11583	1539	3513
2004	46947	17909	9195	13029	1740	3558
2005	48402	18059	9745	13937	1635	3469
2006	49748	18257	10447	14548	1597	3406

7—15　主要农作物产品产量及增减情况

单位:万吨

指　　标	1990年	1995年	2000年	2005年	2006年	2006年为2005年百分比(%)
一、粮食作物	44624.3	46661.8	46217.5	48402.2	49747.9	102.8
1.谷物		41611.6	40522.4	42776.0	44237.3	103.4
稻谷	18933.1	18522.6	18790.8	18058.8	18257.2	101.1
小麦	9822.9	10220.7	9963.6	9744.5	10446.7	107.2
玉米	9681.9	11198.6	10600.0	13936.5	14548.2	104.4
谷子	457.5	301.9	212.5	178.3	171.8	96.3
高粱	567.5	475.6	258.2	254.6	209.6	82.3
其它谷物		892.3	697.3	603.1	603.9	100.1
2.豆类		1787.5	2010.0	2157.7	2104.5	97.5
#大豆	1100	1350.2	1540.9	1634.8	1596.7	97.7
杂豆		437.3	469.1	522.9	507.8	97.1
3.薯类	2743.3	3262.6	3685.2	3468.5	3406.1	98.2
#马铃薯	648.4	914.4	1325.5	1417.4	1487.1	104.9
二、油料作物	1613.2	2250.3	2954.8	3077.1	3059.4	99.4
#花生	636.8	1023.5	1443.7	1434.2	1466.6	102.3
油菜籽	695.8	977.7	1138.1	1305.2	1264.9	96.9
芝麻	46.9	58.3	81.1	62.5	66.5	106.4
胡麻籽	53.5	36.4	34.4	36.2	36.9	101.9
向日葵	133.9	126.9	195.4	192.8	180.3	93.5
三、棉花	450.8	476.8	441.7	571.4	674.6	118.1
四、麻类	109.7	89.7	52.9	110.5	89.1	80.7
#黄红麻	72.6	37.1	12.6	8.3	8.7	104.8
苎麻	8.9	14.7	16.1	27.7	28.7	103.5
大麻	3.2	2.2	1.7	4.1	8.3	200.5
亚麻	24.2	35.2	21.4	69.5	41.5	59.7
五、糖料	7214.5	7940.1	7635.3	9451.9	11032.0	116.7
甘蔗	5762	6542	6828.0	8663.8	9978.4	115.2
甜菜	1452.5	1398.4	807.3	788.1	1053.6	133.7
六、烟叶	262.7	231.4	255.2	268.3	274.4	102.3
#烤烟	225.9	207.2	223.8	243.5	248.7	102.2
七、蔬菜				56451.5	58325.5	103.3
八、瓜果类				7284.6	7640.7	104.9

7—16 各地区粮食总产量

单位:万吨

地　区	1990年	1995年	2000年	2005年	2006年	2006年为2005年百分比(%)
全国总计	**44624.3**	**46661.8**	**46217.5**	**48402.2**	**49747.9**	**102.8**
北　京	264.6	259.8	144.2	94.9	109.2	115.0
天　津	188.9	207.5	124.1	137.5	143.5	104.4
河　北	2276.9	2739.2	2551.1	2598.6	2702.8	104.0
山　西	969.0	917.1	853.4	978.0	1073.3	109.7
内蒙古	973.0	1055.4	1241.9	1662.2	1704.9	102.6
辽　宁	1494.7	1423.5	1140.0	1745.8	1725.0	98.8
吉　林	2046.5	1992.4	1638.0	2581.2	2720.0	105.4
黑龙江	2312.5	2552.1	2545.5	3092.0	3346.4	108.2
上　海	239.5	210.4	174.0	105.4	111.3	105.6
江　苏	3230.8	3286.3	3106.6	2834.6	3041.4	107.3
浙　江	1586.1	1430.9	1217.7	814.7	884.0	108.5
安　徽	2457.2	2580.7	2472.1	2605.3	2860.7	109.8
福　建	879.6	919.7	854.7	715.2	701.5	98.1
江　西	1658.2	1607.4	1614.6	1757.0	1854.5	105.5
山　东	3354.9	4246.4	3837.7	3917.4	4048.8	103.4
河　南	3303.7	3466.5	4101.5	4582.0	5010.0	109.3
湖　北	2475.0	2463.8	2218.5	2177.4	2210.1	101.5
湖　南	2651.4	2691.6	2767.9	2678.6	2706.2	101.0
广　东	1896.9	1734.8	1760.1	1395.0	1387.6	99.5
广　西	1363.1	1508.2	1528.5	1487.3	1463.2	98.4
海　南	169.6	201.8	199.6	153.0	185.6	121.3
重　庆			1106.9	1168.2	910.5	77.9
四　川	4266.8	4365.0	3372.0	3211.1	2893.4	90.1
贵　州	721.0	948.9	1161.3	1152.1	1122.8	97.5
云　南	1057.2	1188.9	1467.8	1514.9	1542.2	101.8
西　藏	55.5	70.0	96.2	93.4	92.4	98.9
陕　西	1070.7	913.4	1089.1	1043.0	1087.0	104.2
甘　肃	690.7	644.2	713.5	836.9	808.1	96.6
青　海	114.0	114.2	82.7	93.3	88.3	94.7
宁　夏	190.1	203.2	252.7	299.8	310.9	103.7
新　疆	666.2	718.5	783.7	876.6	902.2	102.9

7—17 各地区分季粮食作物产量

单位:万吨

地 区	夏收粮食		早 稻		秋收粮食	
	2005年	2006年	2005年	2006年	2005年	2006年
全国总计	**10639.9**	**11389.2**	**3187.3**	**3186.8**	**34575.1**	**35171.9**
北 京	26.8	30.0			68.2	79.2
天 津	47.4	52.0			90.1	91.5
河 北	1166.0	1160.0			1432.6	1542.8
山 西	205.5	255.3			772.5	818.0
内蒙古					1662.2	1704.9
辽 宁	38.8	42.4			1707.0	1682.6
吉 林					2581.2	2720.0
黑龙江					3092.0	3346.4
上 海	13.9	16.1			91.5	95.2
江 苏	844.4	939.1			1990.2	2102.3
浙 江	43.2	47.4	79.3	77.0	692.2	759.6
安 徽	865.2	999.0	153.1	149.8	1587.0	1711.9
福 建	38.3	38.7	148.5	132.1	528.4	530.7
江 西	9.1	7.8	666.0	722.5	1081.9	1124.2
山 东	1801.1	1890.1			2116.3	2158.6
河 南	2609.2	2855.0			1972.8	2155.0
湖 北	302.5	336.0	206.9	203.6	1668.0	1670.5
湖 南	63.4	66.5	734.4	718.3	1880.8	1921.4
广 东	94.1	104.6	538.0	515.2	762.9	767.8
广 西	16.9	18.0	572.0	568.1	898.4	877.1
海 南	13.3	14.1	51.4	68.3	88.3	103.2
重 庆	172.9	173.2	0.2	0.1	995.1	737.2
四 川	565.0	584.8	2.2	1.8	2643.9	2306.8
贵 州	214.7	224.3	0.1	0.1	937.3	898.4
云 南	222.3	240.0	35.3	29.9	1257.3	1272.3
西 藏					93.4	92.4
陕 西	436.8	455.0			606.2	632.0
甘 肃	338.0	339.1			498.9	468.9
青 海					93.3	88.3
宁 夏	84.6	80.2			215.2	230.7
新 疆	406.5	420.3			470.1	481.9

7－18 各地区分品种粮食作物产量

单位:万吨

地区	谷物		＃稻谷		＃小麦		＃玉米	
	2005年	2006年	2005年	2006年	2005年	2006年	2005年	2006年
全国总计	**42776.0**	**44237.3**	**18058.8**	**18257.2**	**9744.5**	**10446.7**	**13936.5**	**14548.2**
北京	90.4	103.9	0.5	0.4	26.7	30.0	62.6	72.9
天津	133.1	140.5	12.2	12.4	47.4	52.0	73.2	75.8
河北	2452.9	2537.8	51.6	53.2	1150.3	1149.5	1193.8	1280.5
山西	882.1	971.4	0.9	0.8	202.3	252.6	616.1	647.6
内蒙古	1342.1	1381.2	62.2	65.6	143.6	145.7	1066.2	1091.7
辽宁	1660.3	1640.2	416.5	427.6	7.9	6.5	1135.5	1138.7
吉林	2352.5	2531.0	473.3	493.0	2.7	3.0	1800.7	1984.0
黑龙江	2324.7	2612.2	1121.5	1205.5	94.0	93.0	1042.9	1223.0
上海	101.3	107.2	85.5	89.7	9.9	11.3	2.8	2.7
江苏	2696.9	2900.8	1706.7	1792.7	728.5	817.8	174.8	197.2
浙江	705.3	773.5	644.8	706.6	21.8	24.5	25.9	28.0
安徽	2385.8	2604.1	1250.8	1307.0	808.1	966.8	264.9	297.9
福建	544.0	525.9	526.6	508.8	2.0	1.9	13.2	13.1
江西	1677.6	1776.0	1667.2	1766.9	2.7	2.0	6.3	6.1
山东	3650.1	3774.0	95.8	106.6	1800.5	1889.8	1735.4	1761.3
河南	4277.5	4737.2	359.8	426.7	2577.7	2822.7	1298.0	1445.1
湖北	1956.2	1993.5	1535.3	1524.9	208.9	243.2	194.9	208.3
湖南	2452.7	2479.7	2296.2	2319.7	13.4	13.1	134.0	137.2
广东	1185.1	1173.6	1117.0	1104.3	1.9	1.7	61.5	62.9
广西	1384.9	1364.1	1169.1	1162.6	1.8	1.8	212.0	198.0
海南	116.0	150.1	110.6	144.4		0.0	5.4	5.6
重庆	845.8	672.9	521.5	381.3	78.6	75.4	233.1	206.1
四川	2581.4	2334.5	1505.7	1335.9	427.4	439.0	580.8	511.2
贵州	901.2	872.4	472.8	447.2	73.0	74.5	344.3	339.0
云南	1259.2	1268.9	646.3	651.2	106.9	110.1	449.3	452.1
西藏	89.6	88.5	0.6	0.6	25.6	26.5	1.7	1.7
陕西	963.9	958.9	89.2	86.3	401.2	415.7	459.7	443.5
甘肃	605.4	580.6	4.1	4.0	264.8	260.7	248.5	218.6
青海	49.1	47.2		0.0	39.3	38.5	0.9	0.8
宁夏	266.3	273.3	61.1	70.9	79.4	75.7	121.4	121.5
新疆	843.0	862.3	53.8	60.3	396.2	401.4	376.7	376.4

7—18 续表　　　　单位:万吨

地　区	豆　类		#大　豆		薯　类		#马铃薯	
	2005 年	2006 年	2005 年	2006 年	2005 年	2006 年	2005 年	2006 年
全国总计	**2157.7**	**2104.5**	**1634.8**	**1596.7**	**3468.5**	**3406.1**	**1417.4**	**1487.1**
北　京	2.4	2.7	2.3	2.5	2.1	2.6		
天　津	3.9	2.7	3.8	2.6	0.6	0.4		
河　北	51.2	52.9	42.4	44.6	94.5	112.1	32.0	37.6
山　西	36.7	40.3	26.0	27.7	59.3	61.7	46.2	48.3
内蒙古	164.1	143.2	130.9	104.5	156.0	180.6	150.4	175.9
辽　宁	43.6	36.1	38.4	32.9	41.9	48.7	29.3	33.7
吉　林	152.8	150.0	130.2	121.4	75.9	39.0	72.8	37.0
黑龙江	680.0	652.0	629.5	596.0	87.3	82.2	85.0	81.0
上　海	3.2	3.1	2.1	1.8	0.9	1.0		
江　苏	82.4	87.3	48.7	53.7	55.3	53.4		
浙　江	47.4	48.5	29.4	30.2	62.0	62.0		
安　徽	95.5	132.2	88.8	125.0	124.0	124.4	3.1	3.7
福　建	24.7	24.4	18.2	18.4	146.5	151.2	29.5	30.2
江　西	24.9	26.8	17.9	18.0	54.6	51.7	2.1	2.1
山　东	68.2	65.6	65.1	62.1	199.1	209.1		
河　南	74.4	76.4	58.1	64.9	230.1	196.4		
湖　北	65.0	62.5	43.4	38.5	156.2	154.2	68.1	67.8
湖　南	56.7	60.0	40.0	42.6	169.2	166.5	39.2	41.7
广　东	24.4	25.0	18.9	19.8	185.5	189.1	19.2	18.8
广　西	40.3	39.5	32.1	30.4	62.1	59.6		
海　南	2.2	2.2	1.0	1.1	34.8	33.4		
重　庆	42.2	35.4	17.7	11.7	280.3	202.2	101.9	94.1
四　川	131.5	98.3	52.6	39.3	498.2	460.6	144.9	170.3
贵　州	37.8	38.4	16.2	15.9	213.1	212.0	147.5	154.6
云　南	77.2	68.4	17.4	13.5	178.6	204.9	157.9	172.2
西　藏	3.2	3.2	0.1	0.2	0.6	0.7	0.6	0.7
陕　西	37.1	48.0	24.5	42.3	42.0	80.1	29.7	51.0
甘　肃	41.7	39.5	15.0	13.1	189.9	188.0	189.9	188.0
青　海	11.8	10.2		0.0	32.5	30.9	32.5	30.9
宁　夏	6.0	5.2	1.1	1.6	27.5	32.5	27.5	32.5
新　疆	25.4	24.8	23.2	20.4	8.2	15.2	8.2	15.2

7—19 各地区油料产量

单位:吨

地 区	油料合计		＃花 生		＃油菜籽	
	2005年	2006年	2005年	2006年	2005年	2006年
全国总计	**30771350**	**30593912**	**14341532**	**14666086**	**13052255**	**12649312**
北 京	24923	21656	24605	21442		
天 津	12943	12011	7962	7250		
河 北	1527270	1502957	1403277	1370480	46700	41118
山 西	212620	191852	28583	24989	7676	7016
内蒙古	1221690	1168428	14476	28714	283448	257003
辽 宁	368411	381245	330103	356837	1071	1394
吉 林	544495	583666	286728	328991		0
黑龙江	605933	630855	48253	56146	3168	946
上 海	69350	53062	4000	3801	65121	49068
江 苏	2159908	2181805	554562	668179	1586655	1494039
浙 江	501370	473537	48517	49499	446848	418060
安 徽	2706748	2616474	792898	849253	1823277	1657854
福 建	274243	269385	254715	250070	18007	17773
江 西	761229	779766	316617	321554	416814	428286
山 东	3638573	3582387	3598959	3550092	29795	26540
河 南	4495997	4799918	3382991	3674842	877075	847379
湖 北	2938995	2797517	601916	584030	2191484	2070935
湖 南	1409841	1494105	316909	330788	1082129	1149021
广 东	770122	775671	758596	765423	9956	8880
广 西	631849	641541	551339	571967	63292	62164
海 南	85303	89621	83473	87563		0
重 庆	427121	403265	97059	71470	318138	322687
四 川	2323401	2172660	619987	470956	1687484	1689527
贵 州	848888	894803	73388	74982	765125	810252
云 南	362231	390078	57457	58000	290210	315662
西 藏	61318	54598	154	108	61165	54490
陕 西	453545	443565	75751	82123	303254	291768
甘 肃	503056	489940	1843	1507	266363	266969
青 海	318500	265000			315700	263000
宁 夏	122087	104334			105	152
新 疆	389390	328210	6414	5030	92195	97329

7－20　各地区棉花和麻类产量

单位：吨

地　区	棉　花		麻类合计		＃黄红麻	
	2005年	2006年	2005年	2006年	2005年	2006年
全国总计	**5714179**	**6745803**	**1104898**	**891218**	**82824**	**86767**
北　京	2069	2239				
天　津	83546	108727				
河　北	577000	628000	7262	7365	767	831
山　西	102907	117808	38	58		
内蒙古	1765	2247	25360	16896		
辽　宁	2685	2096	114	12		
吉　林	1715	2802	6093	1212		
黑龙江			361461	293550		
上　海	1774	1999				
江　苏	322660	381379	4748	4498	579	120
浙　江	21566	23936	1211	1497	858	1202
安　徽	324634	408246	31887	34776	19425	21534
福　建	44	33	360	335	251	260
江　西	87196	95015	12636	12247	1516	898
山　东	846302	1023100	2117	1470	1752	1326
河　南	677000	830000	37629	41384	36949	40711
湖　北	374960	448620	48638	53698	3361	2638
湖　南	197511	248000	139805	146013	574	569
广　东			1399	1224	1399	1224
广　西	890	1396	10696	12355	9592	10789
海　南			882	949	882	949
重　庆	167	126	12362	11846	109	124
四　川	24713	15726	68516	65805	4231	3499
贵　州	568	526	1467	1334	85	84
云　南	220	241	140975	58781	6	5
西　藏						
陕　西	77766	87042	939	1426	488	4
甘　肃	110516	127509	17423	13235		
青　海			12			
宁　夏	5	169	11	11		
新　疆	1874000	2188821	170857	109241		

7—21 各地区糖料产量

单位:吨

地区	糖料合计		1.甘蔗		2.甜菜	
	2005年	2006年	2005年	2006年	2005年	2006年
全国总计	**94519098**	**110319872**	**86638008**	**99783667**	**7881090**	**10536205**
北京						
天津						
河北	426574	712418			426574	712418
山西	39617	101513			39617	101513
内蒙古	1382759	1746106			1382759	1746106
辽宁	62921	53381			62921	53381
吉林	73519	110761			73519	110761
黑龙江	1550000	2050000			1550000	2050000
上海	145117	88290	145117	88290		
江苏	222254	206233	221999	206033	255	200
浙江	899718	855499	899718	855499		
安徽	213228	242704	213228	242704		
福建	933346	950293	933346	950293		
江西	783147	701340	783147	701340		
山东		161				161
河南	251951	220778	251951	220778		
湖北	428974	446479	428974	446479		
湖南	1003998	1080073	1003998	1080073		
广东	11142489	13112431	11142489	13112431		
广西	51546892	59248343	51546892	59248343		
海南	2788983	3855463	2788983	3855463		
重庆	114608	101574	114608	101574		
四川	1331543	1248317	1328865	1246104	2678	2213
贵州	677969	639093	677558	638760	411	333
云南	14158860	16790584	14154968	16787261	3892	3323
西藏						
陕西	2950	2428	2167	2242	783	186
甘肃	145438	190173			145438	190173
青海	437	3341			437	3341
宁夏	592	6793			592	6793
新疆	4191214	5555303			4191214	5555303

7—22 各地区烟叶和蔬菜产量

单位:吨

地区	烟叶合计		#烤烟		蔬菜	
	2005年	2006年	2005年	2006年	2005年	2006年
全国总计	**2683020**	**2744366**	**2435006**	**2487454**	**564514876**	**583255339**
北京	6				4238928	3941573
天津					5427421	4714475
河北	9759	9474	4928	4494	64676095	66467786
山西	6327	7040	6094	7037	9015370	8786737
内蒙古	19703	25619	15162	19166	10091379	11744360
辽宁	34234	26883	31742	24215	19547841	21297672
吉林	59669	70351	24981	29905	8325587	8136549
黑龙江	73500	56000	73500	56000	11535465	11355736
上海					4090274	4187644
江苏	729	1424			36046916	36576808
浙江	3979	3576			17646019	18212217
安徽	26019	24978	24672	23227	16712338	18173819
福建	116643	128403	115077	126884	14026604	14168919
江西	21230	31276	19761	29955	11459261	11768061
山东	75477	85752	73448	83350	86069793	83093182
河南	288398	332924	280632	325813	58802460	64000000
湖北	111398	112725	78805	80224	29169108	29441445
湖南	212951	215066	203879	205928	23990456	25268218
广东	63041	69958	50629	56666	25960197	26437865
广西	32956	41403	19712	25590	21305904	22478212
海南	33	34	33	34	3121606	3410065
重庆	90173	91945	71665	72576	8904721	8887579
四川	181664	200089	132342	153914	27142923	29712287
贵州	368996	329573	344508	307135	8398695	8755570
云南	790909	777274	772193	757773	9708882	10337815
西藏					429225	449309
陕西	59212	61016	58806	59938	8699348	9427575
甘肃	33799	39412	31364	36190	8669087	9338519
青海	733	717			844618	904432
宁夏	751	1132	751	1132	1836076	2200516
新疆	731	322	322	308	8622279	9580394

7—23 主要农作物单位面积产量

单位:千克/公顷、%

指　　标	1990年	1995年	2000年	2005年	2006年	2006年为2005年百分比
一、粮食作物	3933	4240	4261	4642	4716	101.6
1.谷物		4659	4753	5225	5322	101.9
稻谷	5726	6025	6272	6260	6232	99.6
小麦	3194	3541	3738	4275	4550	106.4
玉米	4524	4917	4598	5287	5394	102.0
谷子	2008	1982	1700	2100	1985	94.5
高粱	3674	3914	2904	4470	3700	82.8
其它谷物		2129	2019	2455	2447	99.7
2.豆类		1591	1588	1672	1693	101.2
#大豆	1455	1661	1656	1705	1721	100.9
杂豆		1408	1399	1579	1610	101.9
3.薯类	3008	3428	3497	3650	3430	94.0
#马铃薯	2263	2663	2806	2905	2965	102.1
二、油料作物	1480	1718	1919	2149	2227	103.6
#花生	2191	2687	2973	3076	3209	104.3
油菜籽	1264	1415	1519	1793	1837	102.4
芝麻	702	908	1034	1054	1171	111.1
胡麻籽	761	586	690	911	1043	114.5
向日葵	1878	1562	1590	1889	1825	96.6
三、棉花	807	879	1093	1129	1247	110.5
四、麻类	2216	2386	2024	3301	3148	95.4
#黄红麻	2421	2534	2516	2670	2783	104.2
苎麻	1099	1513	1685	2099	2024	96.4
大麻	1524	1404	1324	3808	4320	113.4
亚麻	2782	3115	2229	4405	4786	108.6
五、糖料	42965	43630	50426	60419	61911	102.5
甘蔗	57118	58133	57626	63970	66737	104.3
甜菜	21668	20132	24518	37523	36746	97.9
六、烟叶	1650	1574	1776	1969	2051	104.2
#烤烟	1683	1584	1763	1956	2048	104.7

7—24 各地区分季粮食作物单位面积产量

单位：千克/公顷

地区	夏收粮食		早稻		秋收粮食	
	2005年	2006年	2005年	2006年	2005年	2006年
全国总计	**4039.5**	**4275.0**	**5287.4**	**5320.0**	**4808.1**	**4827.5**
北京	5011.2	4758.2			4911.4	5057.8
天津	4796.7	4827.5			4771.2	4881.3
河北	4827.3	4734.6			3745.5	4114.8
山西	2753.6	3371.5			3377.4	3459.3
内蒙古					3800.4	3821.1
辽宁	5006.5	5630.8			5738.8	5461.0
吉林					6010.5	6288.3
黑龙江					3574.2	3708.4
上海	3376.2	3666.6			7323.2	7830.2
江苏	4232.0	4590.0			6829.3	7153.0
浙江	2990.0	3132.7	5545.5	5574.1	5658.4	6147.6
安徽	3814.0	4382.0	5212.8	5304.5	4123.5	4354.6
福建	3426.0	3490.8	5461.6	5356.6	4996.1	5111.3
江西	1300.0	1234.2	5185.6	5321.9	5183.6	5317.6
山东	5491.2	5633.0			6166.8	6271.5
河南	5190.1	5634.9			4781.3	5086.9
湖北	2875.1	2964.8	5667.4	5607.7	6646.4	6498.2
湖南	2610.1	2726.5	5545.2	5514.4	5749.4	5892.4
广东	4260.0	4324.1	5200.9	5041.1	4982.2	5107.8
广西	2107.2	2169.1	5056.1	5212.4	3932.2	4064.0
海南	3306.0	3322.3	4446.8	4904.6	3296.0	3926.3
重庆	2777.9	2829.3	6451.6	5000.0	5297.4	3928.8
四川	3133.5	3179.8	6875.0	6428.6	5556.1	4865.2
贵州	2026.7	2100.8	6250.0	5555.6	4653.3	4402.4
云南	1869.8	1989.2	5794.5	6583.8	4185.4	4216.1
西藏					5256.6	5381.3
陕西	3143.5	3287.6			3234.2	3307.2
甘肃	2778.3	2885.3			3639.9	3294.0
青海					3797.7	3392.8
宁夏	2575.2	3023.4			4810.3	4351.2
新疆	5315.6	5417.0			6456.7	6691.7

7—25 各地区分品种粮食作物单位面积产量

单位:千克/公顷

地区	谷物		#稻谷		#小麦		#玉米	
	2005年	2006年	2005年	2006年	2005年	2006年	2005年	2006年
全国总计	**5224.6**	**5321.7**	**6260.2**	**6232.3**	**4275.3**	**4549.7**	**5287.3**	**5394.0**
北京	5120.6	5138.7	5750.0	6231.9	5016.9	4758.2	5228.1	5367.7
天津	5149.6	5159.7	7293.4	7304.3	4796.7	4827.5	5269.4	5283.2
河北	4371.3	4535.2	5881.8	5772.1	4839.1	4750.2	4458.9	4817.5
山西	3780.2	4008.9	3358.2	4662.9	2805.4	3443.5	5205.0	5284.0
内蒙古	4908.2	4979.8	7358.5	7191.5	3117.0	3561.5	5904.3	5895.8
辽宁	6314.1	5929.0	7327.6	6826.3	3542.6	3869.0	6334.7	5992.2
吉林	6618.5	7066.1	7236.9	7424.7	2821.1	4010.2	6488.6	7071.3
黑龙江	5384.1	5376.7	6795.7	6261.3	3782.7	3734.9	4697.3	4977.1
上海	6503.1	6928.6	7583.4	8108.8	3317.7	3612.6	6612.1	6854.2
江苏	6041.3	6365.7	7725.0	8023.5	4325.0	4714.0	4721.0	5206.7
浙江	5919.8	6427.4	6268.9	6857.7	3248.9	3462.2	4124.4	4265.2
安徽	4723.1	5102.8	5820.1	6035.7	3832.9	4567.5	3952.6	4295.8
福建	5421.1	5481.7	5533.8	5603.2	3316.3	3303.6	3369.1	3345.3
江西	5298.6	5449.5	5328.2	5475.1	1715.9	1646.5	3785.6	3832.6
山东	5908.2	6010.4	7996.7	8482.7	5491.6	5633.6	6353.5	6396.3
河南	5284.9	5703.4	7039.5	7081.3	5194.2	5637.9	5174.8	5603.4
湖北	6040.1	5893.5	7390.6	7280.3	2916.1	3059.4	5002.7	4719.3
湖南	5869.8	5976.8	6050.3	6141.3	2039.6	2112.9	4832.3	5109.9
广东	5171.1	5177.5	5225.4	5231.4	2850.0	2910.0	4500.0	4523.2
广西	4679.7	4831.3	4953.0	5088.0	1682.2	1525.4	3682.5	3844.7
海南	3695.5	4489.3	3680.4	4527.5			4181.8	3731.8
重庆	5502.5	4461.2	6972.4	5129.8	2811.9	2890.2	5064.3	4552.5
四川	5402.1	4937.3	7213.0	6420.7	3385.8	3446.7	4853.8	4281.4
贵州	4673.3	4491.7	6551.5	6241.8	1777.8	1850.4	4785.0	4581.7
云南	4077.8	4124.0	6159.9	6228.9	2007.4	2139.8	3799.3	3820.2
西藏	5327.7	5429.8	5392.2	6020.4	6083.3	6394.3	4940.1	5014.7
陕西	3753.6	3708.7	6063.9	5890.8	3311.5	3451.2	4190.1	3953.5
甘肃	3342.5	3214.8	8058.8	7570.6	2646.2	2619.7	5126.1	4431.7
青海	3792.2	3518.9			4062.0	3915.6	8165.1	7211.5
宁夏	4530.4	4934.3	8569.8	8683.0	2877.0	3329.8	6809.7	6965.0
新疆	6126.5	6264.1	7765.3	9273.7	5374.5	5513.5	7160.8	7220.7

7—25 续表　　　　　　　　　　　　　　　　　　　　　　　　　　　　　　单位：千克/公顷

地　区	豆　类		#大　豆		薯　类		#马铃薯	
	2005 年	2006 年	2005 年	2006 年	2005 年	2006 年	2005 年	2006 年
全国总计	**1672.4**	**1692.5**	**1704.5**	**1720.6**	**3649.9**	**3430.4**	**2904.6**	**2964.8**
北　京	1951.2	2004.5	2110.1	2097.7	6363.6	6450.0		
天　津	1379.7	1205.8	1385.8	1207.3	4677.4	4216.9		
河　北	1538.2	1737.0	1664.1	1873.1	3193.2	3748.4	2267.9	2456.7
山　西	1059.1	1124.2	1192.1	1223.8	1674.4	1809.6	1479.4	1615.2
内蒙古	1522.5	1314.5	1642.0	1385.2	2777.2	3013.7	2717.6	2985.3
辽　宁	1480.5	1388.5	1514.8	1474.7	3273.4	3746.2	3329.5	3744.4
吉　林	2414.8	2521.8	2579.2	2707.3	7079.3	2621.0	7213.1	2607.5
黑龙江	1686.5	1699.4	1774.0	1734.2	2899.4	2501.5	2899.0	2536.5
上　海	3397.6	3232.5	3510.3	3100.5	9191.9	8474.6		
江　苏	2387.1	2580.5	2266.3	2505.7	5520.2	5926.9		
浙　江	2266.4	2293.1	2265.0	2293.9	5624.8	5625.3		
安　徽	946.9	1252.7	968.4	1297.6	3532.8	3714.3	4366.2	4868.4
福　建	2182.1	2177.7	2127.1	2150.9	4512.2	4662.7	3389.6	3457.3
江　西	1612.5	1672.0	1808.7	1827.5	4502.9	4473.7		4976.2
山　东	2707.5	2778.6	2727.0	2772.8	7061.4	7411.1		
河　南	1207.4	1308.7	1088.3	1257.6	5193.3	4752.4		
湖　北	2241.6	2254.9	2431.0	2245.6	3922.9	3782.7	3165.9	2949.7
湖　南	2048.4	2177.1	2137.9	2321.5	4414.3	4349.5	3522.0	3683.7
广　东	2251.0	2309.5	2251.5	2314.1	4800.2	4819.3	4305.0	4393.3
广　西	1437.7	1480.5	1477.2	1479.3	2421.1	2475.1		
海　南	1884.6	2051.3	1822.6	1999.2	3542.8	3346.4		
重　庆	1797.6	1512.0	1780.8	1215.4	3841.1	2709.2	3191.4	2709.5
四　川	2245.4	2086.2	2472.9	1965.0	4149.3	3328.5	3943.0	4890.9
贵　州	1162.6	1178.5	1236.0	1232.5	2597.2	2522.5	1961.2	2607.0
云　南	1612.8	1463.9	1403.0	1306.6	2597.7	2824.3	3172.2	3189.2
西　藏	3612.0	3925.5	2407.4	1826.9				
陕　西	970.4	1259.1	762.5	1320.0	1339.0	2441.1	1242.2	2025.0
甘　肃	1699.7	1754.9	1593.9	1472.4	3575.5	3309.6	3575.5	3309.6
青　海	2875.0	2219.3			4307.7	3854.5	4307.7	3854.5
宁　夏	850.0	950.8	587.6	844.1	2347.6	1736.8	2347.6	1739.5
新　疆	2587.2	2564.7	2963.6	2867.6	4413.8	6617.2	4413.8	6617.2

7—26 各地区油料作物单位面积产量

单位:千克/公顷

地 区	油料合计		#花 生		#油菜籽	
	2005 年	2006 年	2005 年	2006 年	2005 年	2006 年
全国总计	**2149.2**	**2227.2**	**3076.1**	**3208.8**	**1793.3**	**1836.5**
北 京	2898.0	3007.8	2964.5	3054.4		
天 津	2563.0	2616.8	3431.9	3452.4		
河 北	2732.0	2794.5	3198.1	3223.8	1318.5	1323.4
山 西	777.7	852.3	1961.8	1981.7	758.5	936.7
内蒙古	1758.7	1770.6	1452.0	2099.0	1108.6	1210.2
辽 宁	1812.2	2411.6	1914.8	2590.8	1190.0	1620.9
吉 林	1887.6	2027.8	2562.4	2625.2		
黑龙江	1476.7	1466.0	2023.2	2432.7	1703.2	2200.0
上 海	2161.1	2215.5	3333.3	3248.7	2115.0	2168.3
江 苏	2550.4	2685.9	3181.8	3485.0	2402.2	2455.0
浙 江	2011.5	2010.3	2676.1	2734.8	1966.8	1958.3
安 徽	2077.2	2264.5	3324.0	3889.1	1911.9	1984.1
福 建	2240.6	2217.5	2377.0	2353.4	1308.2	1291.6
江 西	1319.2	1331.1	2344.1	2425.7	1017.4	1023.0
山 东	4043.7	4116.2	4067.5	4138.1	2400.9	2489.7
河 南	2799.8	3094.7	3454.4	3841.1	2150.8	2282.0
湖 北	2012.7	2066.5	3505.4	3458.3	1859.3	1915.3
湖 南	1569.4	1627.7	2305.3	2361.4	1438.5	1497.4
广 东	2422.1	2454.5	2451.8	2483.6	1424.3	1357.8
广 西	2011.7	2056.9	2262.0	2317.3	1044.8	1090.8
海 南	1908.3	2089.0	2016.3	2167.2		
重 庆	1692.1	1567.4	1785.8	1291.7	1698.3	1756.8
四 川	2124.5	2031.4	2348.9	1805.0	2065.0	2118.8
贵 州	1527.4	1587.1	1694.1	1691.5	1515.8	1579.7
云 南	1607.8	1721.1	1338.7	1352.9	1716.0	1864.4
西 藏	2348.5	2263.6	2562.7	1541.6	2348.0	2265.7
陕 西	1638.2	1659.5	2563.3	2678.3	1696.9	1693.9
甘 肃	1529.5	1507.8	1722.4	1957.1	1692.9	1644.4
青 海	1967.7	1661.9			1976.3	1670.9
宁 夏	1259.4	1265.3			1312.5	1900.0
新 疆	2099.3	2163.1	2411.3	2890.8	1538.6	1976.2

7—27　各地区棉花和麻类作物单位面积产量

单位：千克/公顷

地　区	棉　花		麻类合计		＃黄红麻	
	2005 年	2006 年	2005 年	2006 年	2005 年	2006 年
全国总计	**1128.9**	**1247.2**	**3300.7**	**3148.2**	**2670.1**	**2783.4**
北　京	1149.4	1066.2				
天　津	1364.5	1378.9				
河　北	1006.2	1007.9	3316.0	3682.5	2324.2	2077.5
山　西	1056.0	1079.5	760.0	1450.0		
内蒙古	1117.1	1129.1	2455.0	2556.1		
辽　宁	958.9	1184.2	1140.0	1200.0		
吉　林	1665.0	1868.0	3784.5	3189.5		
黑龙江			4266.5	5286.3		
上　海	1627.5	1665.8				
江　苏	876.2	1074.8	3208.1	3190.1	3216.7	3000.0
浙　江	1204.1	1311.6	2691.1	4402.9	2681.3	5008.3
安　徽	864.0	1039.5	2483.4	2597.2	2979.3	3016.0
福　建	880.0	825.0	2623.9	2791.7	2948.3	2888.9
江　西	1364.6	1445.8	1620.0	1571.9	3093.9	1870.8
山　东	1000.1	1100.4	3113.2	3266.7	3020.7	3400.0
河　南	866.2	1036.7	2783.2	3036.2	2780.2	3035.9
湖　北	960.7	1111.1	2057.4	2163.5	3429.6	3823.2
湖　南	1308.6	1491.3	2603.0	2574.3	1979.3	1962.1
广　东			2616.6	2283.0	2616.6	2283.0
广　西	536.1	705.1	2021.9	2090.5	1981.8	2005.4
海　南			4410.0	5331.5	8820.0	5272.2
重　庆	726.1	630.0	1463.0	1126.0	726.7	729.4
四　川	887.7	642.8	1850.6	1647.0	2288.3	2043.8
贵　州	397.8	392.8	1119.0	1159.0	3148.1	4000.0
云　南	392.9	482.0	5158.3	3549.6		
西　藏						
陕　西	1107.4	1035.4	883.3	1362.0		1000.0
甘　肃	1728.2	1677.5	3987.0	3858.6		
青　海						
宁　夏	500.0	2414.3	1100.0	1100.0		
新　疆	1614.8	1725.4	4760.6	5315.9		

7—28 各地区糖料作物单位面积产量

单位:千克/公顷

地区	糖料合计		1. 甘蔗		2. 甜菜	
	2005年	2006年	2005年	2006年	2005年	2006年
全国总计	**60419**	**61911**	**63970**	**66737**	**37523**	**36746**
北京						
天津						
河北	40704	40780			40704	40780
山西	32473	32023			32473	32023
内蒙古	36331	35715			36331	35715
辽宁	29962	37070			29962	37070
吉林	26351	25521			26351	25521
黑龙江	19264	18457			19264	18457
上海	51278	62617	51278	62617		
江苏	53945	56348	54146	56602	12750	10000
浙江	57270	58636	57270	58636		
安徽	37213	41136	37213	41136		
福建	62535	61908	62535	61908		
江西	44271	46483	44271	46483		
山东		16100				16100
河南	53042	53328	53042	53328		
湖北	43113	44382	43113	44382		
湖南	51329	54085	51329	54085		
广东	75557	79056	75557	79056		
广西	68950	70671	68950	70671		
海南	46483	58021	46483	58021		
重庆	41078	36406	41078	36406		
四川	49467	46975	49692	47228	15216	11709
贵州	34750	35491	34861	35601	5554	5123
云南	55473	58426	55508	58458	16922	15824
西藏						
陕西	29208	28565	36117	32971	19098	10941
甘肃	32683	37509			32683	37509
青海		41763				41763
宁夏		25159				25159
新疆	59960	58836			59960	58836

7—29 茶叶、水果产量

单位：万吨

年 份	茶叶产量	水果产量	苹 果	柑 桔	梨	葡 萄	香 蕉
1952	8.2	244.3	11.8	20.7	39.4	4.8	11.0
1957	11.2	324.7	22.2	32.2	50.4	8.5	7.3
1962	7.4	271.2	22.5	20.6	44.3	8.4	3.5
1965	10.1	323.9	31.8	25.4	51.1	10.0	14.5
1970	13.6	374.5	79.8	24.2	65.4	8.5	16.6
1975	21.1	538.1	158.3	33.6	108.7	12.3	16.5
1978	26.8	657.0	227.5	38.3	151.7	10.4	8.5
1979	27.7	701.5	286.9	55.5	143.8	12.6	7.4
1980	30.4	679.3	236.3	71.3	146.6	11.0	6.1
1981	34.3	780.1	300.6	79.8	159.3	14.8	12.6
1982	39.7	771.3	243.0	93.9	175.5	18.6	20.1
1983	40.1	948.7	354.1	129.6	179.5	24.7	20.7
1984	41.4	984.5	294.1	149.9	210.0	29.4	30.0
1985	43.2	1163.9	361.4	180.8	213.7	36.1	63.1
1986	46.1	1347.7	333.7	254.8	234.8	44.2	125.1
1987	50.8	1667.9	426.4	322.4	248.9	64.1	202.9
1988	54.5	1666.1	434.4	256.0	272.1	79.2	183.0
1989	53.5	1831.9	449.9	456.1	256.5	87.4	140.4
1990	54.0	1874.4	431.9	485.5	235.3	85.9	145.6
1991	54.2	2176.1	454.0	633.3	249.8	91.6	198.1
1992	56.0	2440.1	655.6	516.0	284.6	112.5	245.1
1993	60.0	3011.2	907.0	656.1	321.7	135.5	270.1
1994	58.8	3499.8	1112.9	680.5	404.2	152.2	289.8
1995	58.8	4214.6	1400.8	822.5	494.2	174.2	312.5
1996	59.3	4652.8	1704.7	845.7	580.7	188.3	253.6
1997	61.3	5089.3	1721.9	1010.2	641.5	203.2	289.2
1998	66.5	5452.9	1948.1	859.0	727.5	235.8	351.8
1999	67.6	6237.6	2080.2	1078.7	774.2	270.8	419.4
2000	68.3	6225.1	2043.1	878.3	841.2	328.2	494.1
2001	70.2	6629.2	2001.5	1160.7	879.6	368.0	527.2
2002	74.5	14374.6	1924.1	1199.0	930.9	447.9	555.7
2003	76.8	14517.4	2110.2	1345.4	979.8	517.6	590.3
2004	83.5	15340.9	2367.5	1495.8	1064.2	567.5	605.6
2005	93.5	16120.1	2401.1	1591.9	1132.4	579.4	651.8
2006	102.8	17239.9	2605.9	1789.8	1198.6	627.1	690.1

注：2002年起，水果产量包括种植业中的瓜果类产量。（后同）

7—30 茶叶、水果主要品种面积和产量及增减情况

指　标	单　位	1990年	1995年	2000年	2005年	2006年	2006年为2005年百分比(%)
一、茶叶生产情况							
年末实有茶园面积	千公顷	1061.3	1115.3	1089.0	1351.9	1431.3	105.9
茶叶产量	吨	540070	588553	683324	934857	1028064	110.0
红毛茶	吨	109680	52003	47294	47941	48340	100.8
绿毛茶	吨	332502	413784	498057	691020	763856	110.5
乌龙毛茶	吨	33411	55372	67608	103820	116214	111.9
紧压茶原料	吨	25026	17476	22558	27653	28794	104.1
其他茶	吨	39451	49918	47807	64423	70860	110.0
二、水果生产情况							
年末果园面积	千公顷	5178.7	8097.6	8931.6	10034.8	10122.6	100.9
#香蕉园	千公顷	108.8	190.2	249.2	276.3	285.6	103.4
苹果园	千公顷	1633.1	2953.1	2254.1	1890.4	1898.9	100.5
柑桔园	千公顷	1061.2	1214.1	1271.8	1717.0	1814.6	105.7
梨　园	千公顷	480.7	859.4	1014.6	1112.0	1087.1	97.8
葡萄园	千公顷	122.6	152.5	283.0	407.9	418.7	102.6
园林水果产量	万吨	1874.4	4214.6	6225.1	8835.5	9599.2	108.6
#香蕉	万吨	145.6	312.5	494.1	651.8	690.1	105.9
苹果	万吨	431.9	1400.8	2043.1	2401.1	2605.9	108.5
柑桔	万吨	485.5	822.5	878.3	1591.9	1789.8	112.4
梨	万吨	235.3	494.2	841.2	1132.4	1198.6	105.9
葡萄	万吨	85.9	174.2	328.2	579.4	627.1	108.2
菠萝	万吨	46.3	53.9	85.7	84.9	89.1	104.9
红枣	万吨	42.3	78.2	130.6	248.9	305.3	122.7
柿子	万吨	62.5	96.9	159.2	218.5	232.0	106.2

7—31　各地区茶园面积和茶叶产量

单位：千公顷、吨

地　区	年末实有茶园面积		本年采摘面积		茶叶产量		红毛茶	
	2005年	2006年	2005年	2006年	2005年	2006年	2005年	2006年
全国总计	**1351.9**	**1431.3**	**1041.2**	**1100.2**	**934857**	**1028064**	**47941**	**48340**
北　京								
天　津								
河　北								
山　西								
内蒙古								
辽　宁								
吉　林								
黑龙江								
上　海		26.8		21.3				
江　苏	23.9	158.7	19.5	136.8	12068	13279	1335	1675
浙　江	154.7	119.6	133.6	106.8	144370	152361	145	153
安　徽	117.6	159.8	105.4	139.9	59619	63853	2484	2661
福　建	155.2	39.3	132.6	32.0	184826	200059	1652	2042
江　西	38.2	15.7	31.1	10.3	16691	17557	2687	2628
山　东	14.5	35.0	9.7	30.3	6645	7958		0
河　南	33.1	146.4	28.2	107.1	16902	20697		0
湖　北	138.4	79.9	101.6	65.4	84976	92400	6546	5187
湖　南	80.1	40.2	67.0	32.1	71978	76286	15399	17264
广　东	36.0	41.3	28.8	35.0	44465	47432	1562	1859
广　西	36.9	1.4	31.2	0.0	26181	28533	440	781
海　南	1.5	26.9	0.0	20.7	950	1150	1	1
重　庆	25.8	159.1	19.0	105.0	16545	17087	3211	2444
四　川	152.0	63.6	98.0	42.9	97941	112895	996	970
贵　州	59.7	247.5	40.1	178.2	22915	24939	61	177
云　南	218.5	0.1	164.5	0.1	115880	138176	11422	10498
西　藏	0.2	62.9	0.1	34.2	3	2		
陕　西	59.5	7.0	29.2	2.0	11382	12827		
甘　肃	6.3		1.9		520	573		
青　海								
宁　夏								
新　疆								

7—31 续表

单位:吨

地　区	绿毛茶		乌龙毛茶		紧压茶原料		其他茶	
	2005 年	2006 年	2005 年	2006 年	2005 年	2006 年	2005 年	2006 年
全国总计	**691020**	**763856**	**103820**	**116214**	**27653**	**28794**	**64423**	**70860**
北　京								
天　津								
河　北								
山　西								
内蒙古								
辽　宁								
吉　林								
黑龙江								
上　海								
江　苏	10105	11214					628	390
浙　江	142926	150812	130	137	307	324	862	935
安　徽	54890	55699					2245	5493
福　建	88923	93388	85924	97084	10	8	8317	7537
江　西	12503	13162	1501					1767
山　东	6645	7958						
河　南	16902	20697						
湖　北	67221	73777			9432	9612	1777	3824
湖　南	35912	39112	625	653	9497	9108	10545	10149
广　东	20686	22172	15493	16304	6	8	6718	7089
广　西	20695	22991		104			5046	4657
海　南	894	1071					55	78
重　庆	10215	11946				2	3119	2695
四　川	73817	85809	134	143	8199	9449	14795	16524
贵　州	14123	15647	1		95	140	8635	8975
云　南	102661	124999	12	22	107	143	1678	2514
西　藏		2					3	
陕　西	11382	12827						
甘　肃	520	573						
青　海								
宁　夏								
新　疆								

7—32 各地区果园面积

单位：千公顷

地区	年末实有果园面积		#香蕉园		#苹果园	
	2005年	2006年	2005年	2006年	2005年	2006年
全国总计	**10034.8**	**10122.6**	**276.3**	**285.6**	**1890.4**	**1898.9**
北京	75.7	70.0			10.8	9.5
天津	37.1	36.4			6.4	6.2
河北	1115.1	1097.5			263.9	253.1
山西	279.7	270.2			151.4	146.0
内蒙古	52.1	48.9			22.5	22.9
辽宁	317.0	313.6			110.3	109.1
吉林	67.8	65.0			18.6	17.7
黑龙江	39.5	37.6			15.5	13.3
上海	22.3	24.3			0.0	0.0
江苏	191.4	190.4			38.4	36.5
浙江	299.8	300.7				
安徽	104.2	102.8			13.9	13.4
福建	550.7	542.1	29.8	29.7	0.0	0.0
江西	295.8	302.0				
山东	767.9	694.5			342.5	311.1
河南	416.6	416.3			165.8	167.7
湖北	265.1	282.2			3.3	3.2
湖南	430.8	450.6				
广东	996.9	1013.9	128.4	125.9		
广西	865.2	867.4	54.7	55.7		
海南	163.4	169.7	37.3	46.0		
重庆	179.3	189.3	0.2	0.2	1.9	1.7
四川	462.0	477.9	1.3	1.3	26.6	26.2
贵州	118.9	119.1	2.2	2.3	5.7	6.0
云南	224.8	242.0	22.4	24.6	31.5	30.3
西藏	1.1	1.2			0.7	1.0
陕西	817.5	860.5			426.3	462.2
甘肃	347.6	373.6			183.8	207.4
青海	4.3	4.2			2.8	2.9
宁夏	48.6	55.6			19.1	20.3
新疆	477.0	502.8			28.6	31.1

7－32 续表

单位:千公顷

地区	#柑桔园		#梨　园		#葡萄园	
	2005年	2006年	2005年	2006年	2005年	2006年
全国总计	**1717.0**	**1814.6**	**1112.0**	**1087.1**	**407.9**	**418.7**
北　京		0.0	11.2	11.0	3.2	3.0
天　津		0.0	3.5	3.5	5.1	5.2
河　北		0.0	215.0	205.2	54.2	58.1
山　西		0.0	30.0	29.6	13.2	10.2
内蒙古		0.0	10.8	8.9	5.3	4.5
辽　宁		0.0	91.6	87.7	28.1	26.8
吉　林		0.0	17.8	17.1	10.2	11.0
黑龙江		0.0	5.4	4.9	1.7	1.6
上　海	8.7	10.6	2.0	2.0	1.8	2.1
江　苏	3.9	5.4	47.3	40.2	11.4	13.0
浙　江	123.0	120.2	26.6	26.5	9.8	10.4
安　徽	4.0	3.4	38.6	37.4	6.0	5.8
福　建	170.3	170.2	23.0	22.4	5.0	5.5
江　西	215.1	229.3	26.2	26.7	1.9	0.0
山　东		0.0	69.9	59.6	46.5	42.3
河　南	10.1	9.7	39.2	41.1	26.2	25.0
湖　北	143.2	159.0	35.9	38.1	4.8	5.2
湖　南	296.2	313.8	27.5	30.9	12.4	13.0
广　东	195.5	224.5	7.3	6.9		0.0
广　西	141.3	151.5	16.7	17.8	10.0	11.5
海　南	3.7	3.6		0.0		0.0
重　庆	108.9	109.9	28.0	29.0	2.3	2.6
四　川	206.9	215.6	83.0	80.5	12.1	12.9
贵　州	38.7	37.0	36.5	36.8	4.5	4.5
云　南	27.9	29.1	39.7	41.7	5.6	6.3
西　藏		0.0	0.1	0.1	0.0	0.0
陕　西	19.7	21.5	59.6	60.4	13.9	14.7
甘　肃	0.2	0.2	49.5	48.4	8.9	8.9
青　海		0.0	1.2	1.1	0.0	0.0
宁　夏		0.0	2.3	2.7	7.8	8.8
新　疆		0.0	66.8	69.2	96.2	103.9

7—33 各地区水果产量

单位:吨

地区	水果产量		#香蕉		#苹果	
	2005年	2006年	2005年	2006年	2005年	2006年
全国总计	**161200949**	**172399092**	**6518128**	**6901249**	**24011081**	**26059298**
北京	1118792	1148174			138447	131071
天津	682417	669629			66039	64076
河北	13978784	14530726			2202273	2357620
山西	3144485	3537499			1648413	1867049
内蒙古	1787884	2204765			62319	65961
辽宁	4512925	4784129			1299595	1301399
吉林	2353272	2238284			252298	268055
黑龙江	3525577	4137573			177432	159759
上海	1010341	1082614			114	158
江苏	6063510	6284519			552794	572600
浙江	5779644	6500345				
安徽	7115908	7335870			278143	341828
福建	5590814	5707723	855398	851077	198	189
江西	3254344	3568792				
山东	25468354	25134014			6716634	6930492
河南	18421671	20056008			3006245	3227888
湖北	5667685	6252479			12437	11866
湖南	5194909	5862443				
广东	9464636	10010837	3302250	3353234		
广西	7668373	8120425	1173887	1243024		
海南	2203618	2472297	913257	1086296		
重庆	1546266	1457446	1903	1719	6094	6326
四川	5271572	5353247	17547	19112	242923	248022
贵州	959636	1091878	8662	8675	10230	10628
云南	1696927	2018623	245224	338112	159396	201962
西藏	8878	8944			5674	3934
陕西	9061409	10531650			5601167	6499755
甘肃	2807049	3327711			1012568	1254141
青海	26021	23703			7316	5939
宁夏	696110	1142478			222126	200694
新疆	5119138	5804267			330206	327886

7—33 续表 1

单位:吨

地区	#柑桔		#梨		#葡萄	
	2005 年	2006 年	2005 年	2006 年	2005 年	2006 年
全国总计	**15919149**	**17898328**	**11323514**	**11986083**	**5794411**	**6270756**
北京		0	145759	153566	50559	47377
天津		0	22553	25719	93229	104103
河北		0	3246220	3334972	863938	878417
山西		0	246247	184207	119187	91699
内蒙古		0	77602	79391	29119	35386
辽宁		0	690345	705232	581711	587191
吉林		0	134833	137690	109971	110948
黑龙江		0	48422	49124	20720	22728
上海	179908	16650	18794	31639	26681	33895
江苏	52026		556158	614252	153021	208275
浙江	1481053	324084	310375	329753	219942	238389
安徽	12427	955	638058	803652	173264	174710
福建	2153154	113658	147755	152309	59066	85010
江西	1098239	295549	74538	80651	3741	0
山东		0	1061389	1103481	831401	845487
河南	35878	1121	654680	695950	412605	405125
湖北	1462596	348459	501856	518020	49671	73670
湖南	2120228	387671	108417	0	52255	59502
广东	1826814	417596	42963	43808		0
广西	1876759	178484	120741	135582	119135	137047
海南	19748	6893		0		0
重庆	909085		180049	171962	20727	18919
四川	2137435		684593	746048	160827	170534
贵州	172181	4769	123740	139412	21050	22516
云南	211091	32537	197028	216936	69734	90117
西藏	96	250	836	931	103	114
陕西	167573		621224	650028	139372	168353
甘肃	2858	542	283345	314798	77506	90443
青海		0	5105	4912	80	114
宁夏		0	12081	9242	48154	64796
新疆		0	367808	435203	1287642	1502035

7—33 续表 2　　单位:吨

地　区	#菠　萝		#红　枣		#柿　子	
	2005年	2006年	2005年	2006年	2005年	2006年
全国总计	**848902**	**890701**	**2488506**	**3052860**	**2185041**	**2320346**
北　京			6950	6522	56871	53030
天　津			24691	30574	11402	12456
河　北			807577	909161	333382	345685
山　西			196858	314302	55169	49029
内蒙古						
辽　宁			71883	90168		
吉　林						
黑龙江						
上　海			1038	1689	2083	3272
江　苏			9978	9758	120952	152770
浙　江					35973	36237
安　徽			20166	16366	103001	139374
福　建	37731	39632	85	52	160475	169886
江　西			5467		9474	
山　东			687372	852446	138997	138087
河　南			268091	301301	258584	276020
湖　北			20182	21553	47699	52036
湖　南			21567	24167	10126	11533
广　东	521002	550498			114772	114557
广　西	65385	69607	22892	23615	441083	465626
海　南	202648	211386				
重　庆			1696	1706	6409	6791
四　川	31	31	8261	8163	42131	38236
贵　州	3	5	1822	1792	13652	14023
云　南	22102	19542	4062	5072	34067	39378
西　藏						
陕　西			188232	280928	173881	175055
甘　肃			75450	81528	14858	17390
青　海						
宁　夏			15566	20104		
新　疆			28620	46470		

7—33 续表 3

单位:吨

地区	#瓜果类		#西瓜		#甜瓜	
	2005年	2006年	2005年	2006年	2005年	2006年
全国总计	**72845934**	**76406845**	**59893432**	**62613415**	**8825731**	**9652355**
北京	357604	402535	337988	386859	16480	14391
天津	404540	369591	325968	330565	78512	35726
河北	4793995	4845464	3849215	3765907	386465	518318
山西	689523	811988	577830	727017	69541	69147
内蒙古	1567552	1975803	886476	1336644	434111	544678
辽宁	1220251	1347102	577460	758084	298928	314595
吉林	1691322	1558762	1127794	1063213	482269	464043
黑龙江	3063603	3666364	2139983	2637671	883254	959879
上海	674079	693272	508632	549376	138851	120549
江苏	4040084	4137965	3257324	3283893	423631	442547
浙江	2942730	3237332	2554959	2838029	134193	145238
安徽	5598707	5549731	4923518	4925093	357493	356172
福建	797236	753690	658063	624220	95674	98662
江西	1951523	1959456	1694372	1406892	91528	96232
山东	13453587	12545856	11308065	10160867	1454864	1495103
河南	12864743	14138065	11583735	12593042	1204969	1476743
湖北	3059775	3228280	2611891	2809058	382325	350675
湖南	2762242	3011896	2433907	2674460	302651	314958
广东	1147774	1076149	843799	893536	78212	85072
广西	1952618	1991835	1794087	1836282	153262	147987
海南	578362	593795	443657	513509	31531	31617
重庆	258153	249040	237074	236150	5041	5358
四川	1114022	1115100	930133	950356	21799	18229
贵州	445407	542133	376569	489572	24630	21221
云南	330637	393039	258437	315157	10556	11292
西藏	207	2055	202	1739		0
陕西	1404016	1712200	1171414	1457845	180321	189749
甘肃	1082590	1276795	896081	981010	88581	178406
青海	11249	10395	10473	10000		0
宁夏	381292	838325	332837	791574	40247	45958
新疆	2206511	2372832	1241489	1265795	955812	1099810

7—34　主要林产品产量

单位：万吨

年　份	橡　胶	生　漆	油桐籽	油茶籽	乌桕籽	板　栗	核　桃	松　脂
1952			43.5	24.9	11.8			
1957		0.2	51.8	49.4	12.5		10.3	
1962	0.5	0.1	18.3	20.1	8.1		4.0	
1965	1.7	0.2	13.0	33.2			4.8	
1970	4.6	0.1	22.4	35.0			5.1	
1975	6.9	0.2	37.0	42.5	7.7	4.4	6.5	30.3
1978	10.2	0.2	39.1	47.9	8.5	6.2	11.9	33.8
1979	10.8	0.3	32.5	61.7	8.1	4.7	9.0	40.4
1980	11.3	0.2	30.3	49.0	9.3	6.7	11.9	42.1
1981	12.8	0.3	36.0	65.4	9.5	5.1	10.7	56.2
1982	15.3	0.3	33.9	49.4	8.5	5.5	10.3	47.0
1983	17.2	0.3	36.8	43.5	8.5	6.5	11.9	30.4
1984	18.9	0.2	36.2	53.6	8.1	8.3	12.8	36.9
1985	18.8	0.2	37.9	61.9	7.1	8.3	12.2	34.4
1986	20.9	0.3	34.6	43.8	7.0	9.5	13.6	41.6
1987	23.8	0.3	34.2	51.8	6.8	11.5	14.7	52.3
1988	24.0	0.3	35.9	46.3	6.3	10.4	17.7	46.1
1989	24.3	0.3	33.5	66.7	5.6	10.3	16.0	48.7
1990	26.4	0.3	35.1	52.3	5.2	11.5	15.0	43.5
1991	29.6	0.3	32.8	62.1	4.5	13.6	15.2	44.0
1992	30.9	0.3	43.7	62.9	4.3	13.9	16.4	46.9
1993	32.6	0.3	42.1	48.8	4.1	16.2	19.2	58.1
1994	37.4	0.2	43.5	63.1	3.7	22.0	21.0	56.9
1995	42.4	0.3	40.5	62.3	3.9	24.7	23.1	54.8
1996	40.2	0.4	40.8	69.7	4.2	34.0	23.8	58.1
1997	45.2	0.4	45.4	85.7	4.1	37.7	25.0	70.1
1998	46.2	0.5	43.9	72.3	4.1	46.9	26.5	54.3
1999	49.0	0.5	44.8	79.3	3.5	53.5	27.4	57.1
2000	48.0	0.5	45.3	82.3	3.6	59.8	31.0	55.1
2001	47.7	0.5	40.7	82.5	2.9	59.9	25.2	56.4
2002		0.6	38.9	85.5	3.2	70.5	34.0	56.3
2003		0.9	37.3	77.9	2.8	79.2	39.4	62.6
2004		1.0	38.1	87.5	2.3	92.3	43.7	67.3
2005		1.4	36.9	87.5	3.0	103.2	49.9	76.7
2006		2.1	38.3	92.0	2.7	114.0	47.5	90.9

7—35 营林面积和主要林产品产量及增减情况

指　　标	单 位	1990 年	1995 年	2000 年	2005 年	2006 年	2006 年为2005 年百分比(%)
一、营林情况							
1.当年造林面积	千公顷	5208.5	4967.2	5105.1	3637.7	2717.9	74.7
按造林方式分:							
当年人工造林面积	千公顷	4353.4	4405.4	4345.0	3221.3	2446.1	75.9
当年飞机播种面积	千公顷	855.1	561.8	760.1	416.4	271.8	65.3
按用途分:							
用材林	千公顷	3156.5	1823.3	1218.5	607.5	481.6	79.3
经济林	千公顷	644.5	1740.3	1350.3	337.8	403.3	119.4
防护林	千公顷	1029.7	1243.0	2430.8	2668.0	1824.7	68.4
薪炭林	千公顷	340.1	143.8	82.3	16.1	4.8	30.1
特种用材林	千公顷	37.7	16.5	23.2	8.3	3.5	41.6
2.迹地更新面积	千公顷	671.5	729.7	919.8	407.5	408.2	100.2
3.零星(四旁)植树	万 株	337596.3	326377.6	300504.0	214246.0	232487.1	108.5
4.育苗面积	千公顷	213.5	206.0	278.6	545.2	578.0	106.0
5.幼林抚育作业面积	千公顷次	13032.6	15834.2	11825.3	17327.7	17638.0	101.8
6.成林抚育面积	千公顷	4089.9	6563.4	7528.9	7827.1	8353.3	106.7
二、主要林产品产量							
生漆	吨	2683	2976	5279	14316	20762	145.0
油桐籽	吨	350770	404929	453461	368688	382989	103.9
油茶籽	吨	523313	623128	823224	875022	919947	105.1
乌桕籽	吨	51947	38834	35775	30466	27122	89.0
五倍籽	吨	5783	10084	8678	20308	21696	106.8
棕片	吨	39860	52955	61082	60617	63033	104.0
松脂	吨	435244	548133	551057	767134	908784	118.5
竹笋干	吨	83551	174588	339084	463154	470344	101.6
核桃	吨	149560	230867	309875	499074	475455	95.3
板栗	吨	115191	247026	598185	1031857	1139661	110.4
紫胶(原胶)	吨	1421	3486	1419	1897	3848	202.8

注:1.2005 年防护林数据有调整,竹笋片改为竹笋干,下同。
2.幼林抚育作业面积单位改为“千公顷次”,下同。

7—36 各地区造林面积

单位：千公顷

地　区	当年造林面积		按造林方式分			
			人工造林面积		飞机播种造林面积	
	2005 年	2006 年	2005 年	2006 年	2005 年	2006 年
全国总计	**3637.7**	**2717.9**	**3221.3**	**2446.1**	**416.4**	**271.8**
北　京	12.2	12.8	10.2	10.8	2.0	2.0
天　津	3.6	3.0	3.6	3.0		
河　北	304.8	196.2	276.1	158.5	28.7	37.7
山　西	130.0	288.5	102.5	255.8	27.5	32.7
内蒙古	383.8	256.5	283.2	161.6	100.6	94.9
辽　宁	126.5	70.8	126.5	70.8		
吉　林	31.0	38.0	31.0	38.0		
黑龙江	84.7	26.4	84.7	26.4		
上　海	3.8	4.4	3.8	4.4		
江　苏	54.7	60.8	54.7	60.8		
浙　江	20.3	11.4	20.3	11.4		
安　徽	36.1	3.4	36.1	3.4		
福　建	24.2	23.4	24.2	23.4		
江　西	47.6	63.6	47.6	63.6		
山　东	141.1	134.4	141.1	134.4		
河　南	186.7	170.6	173.4	155.3	13.3	15.3
湖　北	177.9	65.9	177.9	65.9		
湖　南	136.5	134.5	136.5	134.5		
广　东	18.3	7.3	18.3	7.3		
广　西	124.0	119.3	124.0	119.3		
海　南	32.4	23.6	32.4	23.6		
重　庆	109.3	21.9	109.3	21.9		
四　川	241.9	104.9	179.1	104.9	62.7	0.0
贵　州	135.6	78.1	132.2	78.1	3.4	0.0
云　南	207.9	158.0	163.6	136.2	44.3	21.8
西　藏	13.5	21.9	13.5	21.9	0.0	0.0
陕　西	198.9	196.2	89.4	129.5	109.5	66.7
甘　肃	247.6	145.9	234.3	145.9	13.3	0.0
青　海	46.7	5.4	46.7	5.4		
宁　夏	112.9	55.4	108.6	54.8	4.3	0.6
新　疆	163.1	113.8	156.4	113.8	6.7	
大兴安岭	0.0	1.7	0.0	1.7		
军事管理区	80.0	100.0	80.0	100.0		

注：2005 年山西数据有调整。

7—36 续表 1 单位:千公顷

地 区	按用途分					
	用材林		经济林		防护林	
	2005 年	2006 年	2005 年	2006 年	2005 年	2006 年
全国总计	**607.5**	**481.6**	**337.8**	**403.3**	**2678.2**	**1824.7**
北 京	0.2	0.0	0.9	0.7	9.3	10.7
天 津	0.7	0.4	0.3	0.1	2.6	2.5
河 北	51.2	24.8	19.9	10.1	232.3	160.9
山 西	0.7	14.3	4.0	52.7	135.4	221.5
内蒙古	8.9	5.2	1.7	10.8	373.2	240.5
辽 宁	20.7	2.9	5.3	4.2	99.6	63.6
吉 林	1.3	1.7	0.4	0.6	28.5	35.5
黑龙江	11.8	1.8	0.5	0.3	71.7	24.3
上 海	0.0	0.0	0.1	0.5	3.4	3.9
江 苏	9.7	17.3	8.7	13.8	36.3	29.6
浙 江	3.6	2.3	4.3	3.0	12.2	6.1
安 徽	15.0	0.0	4.5	0.7	15.7	2.7
福 建	15.4	18.2	3.2	2.1	5.4	2.9
江 西	20.7	36.4	3.9	4.4	22.1	22.4
山 东	47.5	40.4	42.7	34.3	49.6	59.2
河 南	77.3	72.5	39.0	18.1	69.5	79.8
湖 北	56.8	22.1	31.7	5.4	86.8	38.4
湖 南	30.2	33.0	10.2	8.1	95.1	93.0
广 东	13.1	5.2	0.8	0.0	3.9	2.0
广 西	89.4	101.6	8.2	3.7	26.3	13.9
海 南	23.1	15.6	3.2	1.3	5.8	6.5
重 庆	21.5	3.9	11.9	2.7	74.7	15.2
四 川	31.9	17.1	18.8	11.2	188.8	76.6
贵 州	8.0	6.2	4.2	3.8	123.4	67.9
云 南	34.8	30.2	39.3	91.8	132.5	35.7
西 藏	0.3	0.3	1.7	0.3	10.4	21.3
陕 西	8.9	3.5	1.8	6.7	187.0	182.9
甘 肃	1.4	1.0	6.6	61.9	239.6	83.0
青 海	0.0	0.0	0.0	0.0	46.4	5.4
宁 夏	0.0	0.0	8.4	5.1	103.1	50.4
新 疆	3.2	2.0	51.7	44.8	107.4	66.4
大兴安岭	0.0	1.7	0.0	0.0	0.0	0.0
军事管理区					80.0	100.0

7—36 续表 2 单位：千公顷

地区	按用途分				迹地更新	
	薪炭林		特种用材林			
	2005 年	2006 年	2005 年	2006 年	2005 年	2006 年
全国总计	**16.1**	**4.8**	**8.3**	**3.5**	**407.5**	**408.2**
北京			1.8	1.3	0.6	0.2
天津						
河北	1.2	0.2	0.2	0.2	7.8	6.0
山西	0.1			0.0	0.2	0.0
内蒙古					32.1	24.4
辽宁	0.9				0.0	0.0
吉林	0.5	0.2	0.3		20.8	28.4
黑龙江	0.0		0.7		0.8	8.8
上海			0.3			0.0
江苏			0.0	0.1	2.6	3.7
浙江	0.1		0.1	0.0	17.6	18.6
安徽	0.7		0.1		4.0	0.0
福建	0.2	0.2	0.1	0.0	80.5	82.5
江西	0.3	0.3	0.5	0.2	7.2	8.1
山东	0.6	0.0	0.8	0.6	5.1	3.7
河南	0.7	0.2	0.2	0.1	0.8	1.0
湖北	1.9		0.7		2.3	0.0
湖南	0.0		1.0	0.4	22.8	34.3
广东	0.6		0.0		95.9	82.4
广西	0.0	0.0	0.0		53.6	55.9
海南	0.2		0.0	0.2	7.3	7.4
重庆	1.1					
四川	0.8		1.6	0.0	3.4	0.1
贵州			0.0	0.1	0.3	0.1
云南	1.3	0.0		0.3	13.2	10.7
西藏	1.1	0.1			2.0	0.6
陕西	1.1	3.1			0.3	1.6
甘肃						
青海	0.3					
宁夏	1.4					
新疆	0.7	0.6	0.1	0.0	6.6	4.2
大兴安岭					19.9	25.7
军事管理区						

7—36 续表 3　　　　单位:千公顷

地　区	零星四旁植树(万株)		育苗面积		幼林抚育面积		成林抚育面积	
	2005 年	2006 年	2005 年	2006 年	2005 年	2006 年	2005 年	2006 年
全国总计	**214246**	**232487**	**545.2**	**578.0**	**17327.7**	**17638.0**	**7827.1**	**8353.3**
北　京	489	448	15.4	14.4	43.8	38.9	36.0	33.4
天　津	359	303	5.2	3.8	84.0	7.4	54.6	51.8
河　北	12496	10936	53.9	49.1	820.7	768.5	377.2	348.6
山　西	10596	11855	32.6	31.2	268.3	262.7	52.5	71.3
内蒙古	3159	4733	8.3	9.6	1294.5	1055.2	717.4	664.3
辽　宁		7097	14.9	18.2				
吉　林	731	926	2.8	2.8	464.4	476.5	188.7	200.7
黑龙江	1688	2576	13.7	15.0	1033.7	571.3	223.3	291.5
上　海	189	337	16.8	13.7	41.4	45.3	37.7	37.0
江　苏	13445	13366	69.1	68.6	244.4	269.5	251.2	377.8
浙　江	2105	2536	56.0	60.9	84.3	72.3	221.5	206.7
安　徽	18104	17231	31.1	78.5	1006.5	970.2	448.2	524.3
福　建	1654	1508	0.5	0.6	222.7	232.9	151.1	85.0
江　西	5226	9021	11.2	11.4	582.7	610.8	77.2	129.4
山　东	18962	20039	71.7	70.1	1440.7	1205.7	836.3	818.9
河　南	30639	29651	28.7	46.1	1239.0	1278.6	959.9	1219.6
湖　北	11186	9435	24.6	21.0	807.7	733.9	276.8	257.9
湖　南	13009	11557	16.1	5.7	884.9	2868.4	274.9	230.9
广　东	6201	5852	2.0	2.0	174.6	164.0	122.2	132.9
广　西	2595	2770	1.9	1.8	513.2	479.0	211.3	235.6
海　南	2097	4290	6.9	1.1	24.3	22.3	0.0	14.5
重　庆	7706	7123	3.1	4.0	256.0	234.8	177.4	179.5
四　川	18560	19720	7.5	5.3	980.3	774.6	172.9	152.5
贵　州	1197	2668	1.8	1.5	573.3	434.8	79.4	61.6
云　南	8314	10249	3.7	2.0	80.3	86.9	16.5	60.4
西　藏	820	275	0.2	0.3				0.7
陕　西	12362	14896	17.2	13.5	805.2	786.8	322.8	362.2
甘　肃	6315	6158	13.9	10.3	464.6	627.1	172.0	253.0
青　海	1263	1175	3.0	2.8	95.4	155.8		18.2
宁　夏	0	998	3.4	4.0	538.6	648.2	311.7	368.1
新　疆	2571	2469	8.0	8.5	2238.1	1741.3	1022.0	932.3
大兴安岭	207	292	0.1	0.0	20.1	14.5	34.5	32.8
军事管理区								

7—37 各地区主要林产品产量

单位:吨

地 区	生 漆		油桐籽		油茶籽	
	2005年	2006年	2005年	2006年	2005年	2006年
全国总计	**14316**	**20762**	**368688**	**382989**	**875022**	**919947**
北 京						
天 津						
河 北						
山 西						
内蒙古						
辽 宁						
吉 林						
黑龙江						
上 海						
江 苏					170	68
浙 江		2	162	134	43361	38234
安 徽	220	238	3208	3549	9743	8204
福 建	892	193	20928	20764	72597	75897
江 西	355	495	16160	12526	189020	230365
山 东						
河 南	955	1166	45802	53716	8079	8555
湖 北	4413	4513	10315	13376	9928	12313
湖 南	3022	8906	42523	43600	374516	368235
广 东	29		5193	5340	30470	31310
广 西	71	89	60372	64949	117363	124492
海 南						
重 庆	794	731	20041	16569	1991	1590
四 川	725	1335	30314	36748	2464	3578
贵 州	1328	1351	81669	81179	10558	12007
云 南	404	420	18883	18392	4618	4834
西 藏						
陕 西	1047	1265	12577	11605	144	265
甘 肃	61	58	541	542		
青 海						
宁 夏						
新 疆						

7－37 续表 1

单位:吨

地　区	乌柏籽		五倍籽		棕　片	
	2005 年	2006 年	2005 年	2006 年	2005 年	2006 年
全国总计	**30466**	**27122**	**20308**	**21696**	**60617**	**63033**
北　京						
天　津						
河　北						
山　西						
内蒙古						
辽　宁						
吉　林						
黑龙江						
上　海						
江　苏	9					
浙　江	13	97			754	753
安　徽	356	2511	5	30	1683	1368
福　建	1145	529	124	122	12162	12351
江　西	268	795	123	126	5140	4986
山　东						
河　南	2557	3887	1709	2713		
湖　北	10669	8945	814	1170	1830	1531
湖　南	6703	2000	10298	1582	9282	10227
广　东	253	208		9709	1640	1687
广　西	133	129	142	171	2616	2536
海　南					58	56
重　庆	3032	2515	1461	1142	2735	2528
四　川	1953	2162	1152	999	6290	7687
贵　州	2948	2814	1943	1716	4733	4743
云　南	147	133	153	101	8901	9214
西　藏						
陕　西	280	397	2289	2105	2761	3345
甘　肃			95	10	32	21
青　海						
宁　夏						
新　疆						

7—37 续表 2

单位:吨

地区	松脂		竹笋片	
	2005 年	2006 年	2005 年	2006 年
全国总计	**767134**	**908784**	**463154**	**470344**
北京				
天津				
河北				
山西				
内蒙古				
辽宁				
吉林				
黑龙江				
上海				
江苏			686	538
浙江	1940	1647	142267	148800
安徽	5433	7055	15865	14080
福建	72299	75089	153497	166494
江西	93164	97098	6921	7624
山东				
河南	266	308	30	32
湖北	8334	12028	3139	3560
湖南	32850	45622	20026	19551
广东	154593	141533	17825	8785
广西	301943	385539	18770	20428
海南	3836	11550	803	
重庆	4795	6642	5354	15533
四川	2911	4590	62190	48895
贵州	4882	8919	9542	8065
云南	79663	110527	5555	6496
西藏				
陕西	225	637	684	1457
甘肃				6
青海				
宁夏				
新疆				

注:竹笋干即为竹笋片。

7－37 续表 3

单位:吨

地　区	核　桃		板　栗		紫　胶	
	2005 年	2006 年	2005 年	2006 年	2005 年	2006 年
全国总计	**499074**	**475455**	**1031857**	**1139661**	**1897**	**3848**
北　京	13787	13185	21853	22321		
天　津	442	478	312	349		
河　北	47032	46044	107079	134895		
山　西	53432	19199	62	234		
内蒙古						
辽　宁	25576	17604	42326	48295		
吉　林	2888	2575	288	602		
黑龙江						
上　海						
江　苏	151	3	20535	12812		
浙　江			60428	61782		
安　徽	6300	2751	68786	83483		
福　建	112	75	49134	56621	119	116
江　西	3255	214	25706	26400	2	71
山　东	20465	28618	218095	230322		
河　南	25339	28889	112351	139043		
湖　北	9051	8538	128099	128282		
湖　南	3761	7053	35545	37857	101	
广　东			8637	9892	342	376
广　西	339	418	45951	52980		
海　南						
重　庆	3272	2519	5991	5988		5
四　川	59272	61112	14105	14976	126	1131
贵　州	6840	8106	12286	12602	54	15
云　南	91200	106499	21277	24626	1135	2100
西　藏	622	678				
陕　西	63790	56326	30778	32882	18	34
甘　肃	29675	26292	2209	2417		
青　海	86	99	24			
宁　夏	627	22				
新　疆	31761	38158				

7—38 主要牲畜出栏量和畜产品产量及增长情况

指　标	单　位	1999年	2000年	2005年	2006年	2006年为2005年百分比(%)
一、牲畜出栏量						
1.大牲畜出栏						
牛	万头	3766.2	3964.8	5287.6	5602.9	106.0
马	万头	136.1	146.1	156.7	153.8	98.2
驴	万头	194.3	201.7	217.1	223.1	102.8
骡	万头	59.2	65.3	60.2	61.2	101.7
骆驼	万头	6.7	6.7	6.5	7.3	111.5
2.猪	万头	50749.0	52673.3	66098.6	68050.4	103.0
3.羊	万只	18820.4	20472.7	30804.5	32967.6	107.0
4.家禽	亿只	74.3	81.0	98.6	101.8	103.2
5.兔	万只	22103.0	25878.2	37840.4	40367.7	106.7
二、肉类总产量	万吨	5820.7	6125.4	7743.1	8051.4	104.0
#猪牛羊肉产量	万吨	4647.4	4838.2	6157.6	6416.8	104.2
1.猪肉产量	万吨	3890.7	4031.4	5010.6	5197.2	103.7
平均每头产肉量	千克/头	76.7	76.5	75.8	76.4	100.8
2.牛肉产量	万吨	505.4	532.8	711.5	750.0	105.4
平均每头产肉量	千克/头	134.2	134.4	134.6	133.9	99.4
3.羊肉产量	万吨	251.3	274.0	435.5	469.7	107.9
平均每只产肉量	千克/只	13.5	13.4	14.1	14.2	101.0
4.禽肉产量	万吨	1115.5	1207.5	1464.3	1506.6	102.9
5.兔肉产量	万吨	31.0	37.0	51.1	54.5	106.7
三、其他畜产品产量						
奶类产量	万吨	806.9	919.1	2864.8	3302.5	115.3
#牛奶产量	万吨	717.6	827.4	2753.4	3193.4	116.0
山羊毛产量	吨	31849	33266	36904	40512	109.8
绵羊毛产量	吨	283152	292502	393172	388777	98.9
#细羊毛	吨	114103	117386	127862	131808	103.1
半细羊毛	吨	73700	84921	123068	116098	94.3
羊绒产量	吨	10180	11057	15435	16395	106.2
蜂蜜产量	万吨	23.0	24.6	29.3	33.3	113.4
禽蛋产量	万吨	2134.7	2243.3	2879.5	2945.6	102.3
蚕茧产量	吨	484702	547613	780202	882075	113.1
#桑蚕茧	吨	447261	500640	713044	820021	115.0
蚕茧	吨	37234	46782	67033	61536	91.8

7—39 各地区主要牲畜出栏量

单位:万头、万只

地　区	当年出栏猪	当年出栏牛	当年出栏羊	当年出栏家禽
全国总计	**68050.4**	**5602.9**	**32967.6**	**1017592.9**
北　京	382.8	20.1	190.9	14740.7
天　津	503.2	37.3	128.3	9412.3
河　北	4711.7	601.6	2659.0	73998.7
山　西	668.6	53.3	534.2	3921.9
内蒙古	1054.3	243.9	5011.1	15993.5
辽　宁	2324.9	303.1	720.2	57334.6
吉　林	1343.7	370.0	340.0	47420.0
黑龙江	1409.8	221.4	772.7	15267.1
上　海	252.7	0.1	44.8	5065.0
江　苏	2977.3	29.2	1578.3	61205.2
浙　江	1899.4	8.7	201.4	21955.4
安　徽	2667.3	245.6	1364.5	47642.7
福　建	1909.6	29.8	163.6	19487.6
江　西	2347.5	108.7	114.1	36807.1
山　东	4641.6	556.6	3840.4	180868.4
河　南	5957.8	755.1	4537.7	74950.1
湖　北	3419.5	112.9	392.6	38478.4
湖　南	6242.4	169.1	862.8	40925.4
广　东	3634.8	68.0	42.2	105161.2
广　西	3010.3	205.7	275.6	29160.0
海　南	478.1	34.6	100.1	9417.3
重　庆	1968.3	58.7	346.5	14876.4
四　川	7471.4	271.4	1409.1	50015.4
贵　州	1526.4	113.2	309.4	7951.0
云　南	2902.5	226.3	616.3	13860.1
西　藏	18.3	108.0	508.5	
陕　西	902.9	92.5	672.9	6581.1
甘　肃	745.0	135.1	908.4	3961.1
青　海	128.4	98.5	584.1	309.2
宁　夏	159.0	45.7	420.1	1420.8
新　疆	390.8	278.7	3318.1	9405.3

注:从2000年开始牲畜出栏使用抽样调查推算数。

7—40 各地区肉类总产量

单位:万吨

地　　区	肉类总产量	#猪牛羊肉			
			猪　　肉	牛　　肉	羊　　肉
全国总计	**8051.4**	**6416.8**	**5197.2**	**750.0**	**469.7**
北　　京	59.2	35.8	29.3	3.6	3.0
天　　津	59.5	46.2	37.2	6.2	2.8
河　　北	595.5	477.6	352.2	90.0	35.4
山　　西	72.5	65.9	51.1	7.2	7.7
内 蒙 古	255.1	214.8	95.6	38.2	81.0
辽　　宁	359.8	247.6	195.7	44.4	7.6
吉　　林	268.3	171.6	114.2	53.0	4.3
黑 龙 江	177.8	146.0	101.7	32.3	12.0
上　　海	28.6	16.9	16.3	0.0	0.6
江　　苏	351.4	242.1	218.7	5.4	18.0
浙　　江	170.0	134.8	129.9	1.3	3.6
安　　徽	353.8	278.7	226.7	34.4	17.6
福　　建	168.3	141.2	136.0	2.9	2.3
江　　西	249.1	197.8	185.3	10.7	1.7
山　　东	766.1	498.4	380.7	81.1	36.6
河　　南	736.5	630.7	470.3	109.3	51.2
湖　　北	326.9	276.6	254.0	16.1	6.5
湖　　南	539.7	481.2	449.6	18.5	13.0
广　　东	392.8	267.6	259.5	7.3	0.7
广　　西	266.4	219.9	197.4	18.5	4.1
海　　南	62.1	44.6	40.1	3.1	1.4
重　　庆	177.1	152.5	142.1	6.3	4.0
四　　川	690.8	591.9	541.3	29.6	21.0
贵　　州	175.0	160.6	140.8	13.8	6.0
云　　南	322.0	296.1	260.6	24.2	11.4
西　　藏	22.7	22.7	1.2	13.5	8.1
陕　　西	104.1	90.6	67.7	12.7	10.2
甘　　肃	89.3	82.6	53.6	14.6	14.4
青　　海	27.2	26.4	9.1	7.7	9.6
宁　　夏	26.7	23.9	10.5	6.2	7.2
新　　疆	157.0	133.8	28.8	38.0	67.0

注:从 2000 年开始肉类产量使用抽样调查推算数。

7—41 各地区其他畜产品产量

单位:万吨

地区	奶类		#牛奶		蜂蜜		禽蛋	
	2005年	2006年	2005年	2006年	2005年	2006年	2005年	2006年
全国总计	**2864.8**	**3302.5**	**2753.4**	**3193.4**	**29.3**	**33.3**	**2879.5**	**2945.6**
北京	64.2	62.0	64.2	61.9	0.3	0.3	16.0	15.2
天津	63.4	68.3	63.4	68.3	0.0	0.0	23.5	23.1
河北	348.6	417.0	340.3	407.6	0.8	0.9	459.0	465.1
山西	73.8	83.4	71.3	81.1	0.3	0.3	56.9	52.4
内蒙古	696.9	877.5	691.0	869.2	0.5	0.4	46.2	50.3
辽宁	78.8	97.4	74.9	93.7	0.2	0.4	224.0	237.4
吉林	30.0	35.0	29.4	34.5	0.8	0.8	100.0	101.0
黑龙江	444.2	464.6	440.2	460.3	1.1	1.3	102.7	107.6
上海	23.8	22.1	23.8	22.1	0.0	0.1	8.4	6.8
江苏	57.9	59.8	56.6	58.4	0.7	0.7	182.0	185.5
浙江	26.7	25.5	26.7	25.5	7.9	8.6	44.5	42.0
安徽	11.0	12.8	11.0	12.8	1.1	1.3	122.1	123.6
福建	19.8	17.4	19.4	17.0	0.9	0.8	43.9	44.9
江西	12.5	13.9	12.5	13.9	1.1	0.9	42.1	43.3
山东	221.0	238.6	187.1	215.8	0.8	0.8	441.8	430.5
河南	108.5	154.1	104.0	147.7	2.7	5.0	375.3	400.8
湖北	12.2	13.9	12.2	13.9	0.8	0.9	121.3	124.8
湖南	6.9	7.3	6.9	7.3	1.0	1.0	92.1	95.3
广东	11.9	12.5	11.6	12.2	1.4	1.4	33.2	34.7
广西	5.4	6.3	5.4	6.3	0.8	0.8	17.7	18.8
海南	0.1	0.1	0.1	0.1	0.1	0.1	2.7	2.6
重庆	8.6	8.3	8.6	8.3	0.6	0.7	39.1	36.9
四川	59.0	62.5	58.6	62.0	3.5	3.9	157.2	171.7
贵州	3.8	4.1	3.8	4.1	0.2	0.2	11.1	12.2
云南	32.7	38.7	30.9	36.4	0.6	0.7	19.0	20.5
西藏	27.0	27.6	21.2	21.6	0.0	0.0	0.4	0.3
陕西	141.7	157.4	113.3	127.4	0.3	0.3	48.7	49.9
甘肃	31.7	36.4	31.2	35.9	0.1	0.1	14.5	14.8
青海	25.0	25.6	23.6	23.8	0.1	0.1	1.4	1.5
宁夏	57.9	64.7	57.9	64.7	0.1	0.1	7.8	6.3
新疆	159.8	187.8	152.2	179.8	0.5	0.6	25.0	25.8

7—42 牲畜年末存栏头数及增减情况

指　　标	单位	1999年	2000年	2005年	2006年	2006年为2005年百分比(%)
一、大牲畜头数	万头	15024.8	15151.5	15947.5	15766.2	98.9
#役畜	万头	7403.8	7449.8	6565.1	6224.4	94.8
1.牛	万头	12698.3	12866.3	14043.5	13944.2	99.3
#黄牛	万头	9436.6	9656.5	10016.6	9864.8	98.5
乳牛	万头	442.8	488.9	1216.1	1363.2	112.1
水牛	万头	2258.7	2275.8	2216.7	2168.1	97.8
2.马	万头	891.4	876.6	740.0	719.5	97.2
3.驴	万头	934.8	922.7	777.2	730.6	94.0
4.骡	万头	467.3	453.0	360.4	345.1	95.8
5.骆驼	万头	33.0	32.6	26.6	26.9	101.3
二、猪	万头	43144.2	44681.5	50334.8	49440.7	98.2
三、羊	万只	27925.8	29031.9	37265.9	36896.6	99.0
山羊	万只	14816.3	15715.9	19876.1	19700.5	99.1
绵羊	万只	13109.5	13316.0	17389.9	17196.1	98.9
四、家禽	亿只	45.5	46.4	53.3	53.6	100.6
五、兔	万只	15789.3	17781.7	21764.1	21314.9	97.9

注：因部分省数据调整，2005年全国牛存栏数改为14043.5万头。

7—43 各地区牲畜年末存栏情况

单位:万头

地　区	大牲畜	牛	黄　牛	水　牛
全国总计	**15766.2**	**13944.2**	**9864.8**	**2168.1**
北　京	25.3	23.4	7.3	
天　津	41.1	39.3	21.0	
河　北	983.9	829.9	605.4	
山　西	292.7	231.0	198.0	
内蒙古	841.9	630.9	329.3	
辽　宁	515.7	370.7	341.4	
吉　林	684.4	600.0	583.5	
黑龙江	585.9	542.3	406.7	
上　海	5.6	5.6		0.1
江　苏	71.3	64.3	31.6	16.4
浙　江	31.5	31.4	16.0	7.8
安　徽	309.5	308.5	231.3	71.5
福　建	100.2	100.2	62.4	31.9
江　西	356.2	356.2	231.6	121.1
山　东	880.1	832.7	739.7	0.5
河　南	1558.6	1496.2	1408.7	50.0
湖　北	369.7	367.6	187.3	170.1
湖　南	588.1	583.4	361.4	218.9
广　东	363.4	363.2	166.6	191.6
广　西	771.4	726.6	319.3	403.8
海　南	138.6	138.6	57.0	81.5
重　庆	168.5	164.9	113.4	49.3
四　川	1258.2	1147.7	890.4	226.9
贵　州	895.3	814.6	545.0	260.4
云　南	962.1	782.4	497.1	264.7
西　藏	703.4	651.0	112.9	
陕　西	341.1	311.3	257.3	1.8
甘　肃	629.3	431.0	411.9	
青　海	434.6	389.4	370.2	
宁　夏	122.4	107.1	81.1	
新　疆	736.3	502.9	279.9	

7—43 续表 1 单位:万头

地　区	马	驴	骡
全国总计	**719.5**	**730.6**	**345.1**
北　京	0.2	1.3	0.5
天　津	0.3	1.2	0.4
河　北	29.0	90.2	34.9
山　西	3.5	30.1	28.1
内 蒙 古	69.8	89.0	42.6
辽　宁	26.8	95.6	22.6
吉　林	53.2	16.8	14.5
黑 龙 江	32.2	7.5	3.9
上　海			
江　苏	0.6	5.5	0.9
浙　江	0.1	0.0	0.0
安　徽	0.3	0.6	0.2
福　建			
江　西			
山　东	8.0	32.6	6.8
河　南	16.6	31.2	14.5
湖　北	1.5	0.5	0.1
湖　南	4.1	0.5	0.2
广　东	0.2		
广　西	40.4	0.1	4.3
海　南			
重　庆	2.3	0.2	1.0
四　川	91.1	9.3	10.1
贵　州	78.0	0.2	2.5
云　南	78.8	34.0	66.9
西　藏	41.6	9.2	1.7
陕　西	1.1	20.1	8.6
甘　肃	24.3	112.1	59.5
青　海	23.1	7.6	13.8
宁　夏	0.3	10.5	4.4
新　疆	92.1	124.9	2.1

7—43 续表 2

单位:万头、万只

地　区	猪	羊	山　羊	绵　羊
全国总计	**49440.7**	**36896.6**	**19700.5**	**17196.1**
北　京	184.4	103.2	23.7	79.5
天　津	262.5	73.3	18.7	54.6
河　北	3006.4	2425.5	991.8	1433.7
山　西	479.3	1140.7	476.9	663.8
内蒙古	750.4	5594.4	1862.2	3732.3
辽　宁	1560.7	818.5	422.5	395.9
吉　林	647.2	450.0	70.0	380.0
黑龙江	1506.1	996.8	346.7	650.1
上　海	127.7	28.3	26.9	1.4
江　苏	1827.0	1186.5	1167.5	19.0
浙　江	1120.3	198.3	93.9	104.4
安　徽	1498.0	819.8	817.7	2.1
福　建	1332.6	132.3	132.3	0.0
江　西	1510.9	92.1	92.1	0.0
山　东	2778.5	2918.1	2308.3	609.8
河　南	4678.7	4308.5	3813.8	494.7
湖　北	2453.7	319.3	318.6	0.7
湖　南	4379.8	694.1	693.9	0.1
广　东	2239.5	37.7	37.7	
广　西	2612.5	263.7	263.7	
海　南	399.5	93.0	93.0	
重　庆	1608.3	348.3	348.2	0.1
四　川	5757.0	1590.5	1162.3	428.1
贵　州	2195.6	464.1	444.6	19.5
云　南	2618.2	937.5	838.9	98.6
西　藏	32.0	1702.8	636.8	1066.0
陕　西	698.3	1000.5	786.7	213.8
甘　肃	708.6	1573.4	344.7	1228.8
青　海	105.6	1780.6	333.9	1446.8
宁　夏	117.7	445.3	78.2	367.1
新　疆	243.9	4359.5	654.3	3705.2

7—44 水产品产量和养殖面积

年份	水产品总产量（万吨）	内陆水产品（万吨）	♯人工养殖	海水产品（万吨）	♯人工养殖	水产品养殖面积（千公顷）内陆养殖	海水养殖
1952	166.6	60.6	14.0	106.0	6.0		
1957	311.6	117.9	57.0	193.7	12.0	1054.7	60.0
1962	228.3	78.5	31.0	149.8	9.0	1600.0	50.0
1965	298.4	97.0	51.0	201.4	10.0	1979.3	83.3
1970	318.5	90.4	58.0	228.1	18.0	2721.3	83.3
1975	441.2	106.5	75.0	334.7	28.0	3244.0	112.0
1978	465.3	105.9	76.2	359.5	45.0	2722.8	100.6
1979	430.5	111.6	81.3	318.9	41.6	2737.8	116.5
1980	449.7	124.0	90.1	325.7	44.4	2864.1	133.6
1981	460.6	137.3	101.4	323.2	45.8	2880.3	138.5
1982	515.5	156.2	120.7	359.3	49.5	3050.6	162.5
1983	545.8	184.1	142.8	361.7	54.5	3082.6	186.7
1984	619.3	225.0	181.1	394.4	63.9	3259.5	242.6
1985	705.2	285.4	237.8	419.7	71.2	3687.5	277.0
1986	823.6	348.2	294.4	475.4	85.8	3787.9	325.2
1987	955.3	407.2	347.2	548.2	110.1	3859.3	369.3
1988	1060.9	455.2	389.8	605.7	142.4	3894.9	409.5
1989	1151.7	490.5	417.0	661.2	157.6	3812.3	423.1
1990	1237.0	523.7	445.4	713.3	162.4	3829.8	428.9
1991	1350.8	550.7	459.2	800.1	190.5	3827.5	449.3
1992	1557.1	623.5	533.4	933.7	242.4	3975.7	499.1
1993	1823.0	747.0	644.1	1076.0	308.7	4132.6	586.3
1994	2143.2	901.7	785.0	1241.5	345.7	4429.9	653.5
1995	2517.2	1078.0	940.8	1439.1	412.3	4669.4	715.9
1996	3288.1	1275.2	1099.0	2012.9	763.9	4832.3	822.1
1997	3601.8	1425.4	1236.7	2176.4	791.0	4962.9	937.9
1998	3906.5	1549.8	1321.4	2356.7	860.0	5064.2	1004.4
1999	4122.4	1650.5	1422.7	2471.9	974.3	5182.1	1095.0
2000	4278.5	1739.7	1513.4	2538.7	1061.3	5264.8	1243.2
2001	4381.3	1809.6	1595.0	2571.7	1131.1	5399.4	1286.9
2002	4564.5	1918.2	1693.0	2646.3	1212.8	5509.7	1344.7
2003	4704.6	2018.8	1772.0	2685.7	1253.3	5609.4	1532.2
2004	4901.8	2134.0	1892.0	2767.8	1316.7	5723.3	1623.8
2005	5107.6	2269.3	2010.5	2838.3	1384.8	5863.7	1694.5
2006	5290.4	2402.7	2148.3	2887.7	1445.6	6018.4	1774.1

7—45 水产品产量和养殖面积及增减情况

指　标	单位	1990年	1995年	2000年	2005年	2006年	2006年为2005年百分比(%)
一、水产品总产量	**吨**	**12370203**	**25171794**	**42784845**	**51076437**	**52904031**	**103.6**
1.按海水、内陆分							
海水产品产量	吨	7132915	14391297	25387389	28383331	28876758	101.7
内陆水产品产量	吨	5237288	10780497	17397456	22693106	24027273	105.9
2.按生产性质分							
捕捞产量	吨	6291908	11641237	17038176	17123330	16964527	99.1
养殖产量	吨	6078295	13530557	25746669	33953107	35939504	105.9
3.按品种分							
鱼类	吨	9280816	17767539	26060480	30695418	31620316	103.0
虾蟹类	吨	1165054	2121365	3853954	4867096	5242361	107.7
贝类	吨	1549061	4127896	10849816	12141715	12610161	103.9
藻类	吨	275186	749140	1221988	1541652	1534626	99.5
其他类	吨	100086	405854	798607	1830556	1896567	103.6
二、水产养殖面积	**千公顷**	**4258.7**	**5385.3**	**6508.1**	**7558.2**	**7792.5**	**103.1**
1.海水养殖面积	千公顷	428.9	715.9	1243.2	1694.5	1774.1	104.7
浅海养殖	千公顷		131.8	326.0	721.8	799.7	110.8
滩涂养殖	千公顷		424.6	686.5	295.7	666.5	225.4
陆基养殖	千公顷		159.5	230.8	677.0	307.8	45.5
2.内陆养殖面积	千公顷	3829.8	4669.4	5264.8	5863.7	6018.4	102.6
池塘养殖	千公顷		1857.9	2212.6	2469.2	2531.0	102.5
湖泊养殖	千公顷		824.2	879.1	956.9	978.2	102.2
河沟养殖	千公顷		347.4	379.8	386.6	391.8	101.3
水库养殖	千公顷		1515.7	1620.0	1811.8	1909.6	105.4
其他养殖	千公顷		124.2	173.3	239.2	207.7	86.8
三、稻田养殖面积	**千公顷**				**1496.5**	**1592.6**	**106.4**

7—46 海水产品和内陆水产品产量

单位：吨

指　　标	1990年	1995年	2000年	2005年	2006年	2006年为2005年百分比(%)
海水产品产量	**7132915**	**14391297**	**25387389**	**28383331**	**28876758**	**101.7**
一、海洋捕捞产量	**5508862**	**10268373**	**14774524**	**14535484**	**14420359**	**99.2**
鱼类		7436501	9902931	9860826	9658444	97.9
虾蟹类		1732445	2626967	2409410	2470957	102.6
贝类		823691	1779621	929319	903832	97.3
藻类		10637	20429	30367	31822	104.8
其他类		265099	444576	1305562	1355304	103.8
二、海水养殖产量	**1624053**	**4122924**	**10612865**	**13847847**	**14456399**	**104.4**
鱼类		144937	426957	658928	715275	108.6
虾蟹类		115901	343940	828511	937563	113.2
贝类		3099099	8607050	10674762	11135933	104.3
藻类		738503	1201559	1511285	1502804	99.4
其他类		24484	33359	174361	164824	94.5
内陆水产品产量	**5237288**	**10780497**	**17397456**	**22693106**	**24027273**	**105.9**
一、内陆捕捞产量	**783046**	**1372864**	**2263652**	**2587846**	**2544168**	**98.3**
鱼类		1080666	1703586	1885513	1788914	94.9
虾蟹类		137195	254844	327333	371451	113.5
贝类		125496	256281	332631	340982	102.5
其他类		29507	48941	42369	42821	101.1
二、内陆养殖产量	**4454242**	**9407633**	**15133804**	**20105260**	**21483105**	**106.9**
鱼类		9105435	14027006	18290151	19457683	106.4
虾蟹类		135824	628203	1301842	1462390	112.3
贝类		79610	206864	205003	229414	111.9
其他类		86764	271731	308264	333618	108.2

7－47 各地区水产品产量

（按来源分）

单位：吨

地　区	水产品总产量		捕捞产量		养殖产量	
	2005年	2006年	2005年	2006年	2005年	2006年
全国总计	**51076437**	**52904031**	**17123330**	**16964527**	**33953107**	**35939504**
北　京	64258	62438			64258	62438
天　津	338115	344051	50163	44339	287952	299712
河　北	989461	1080000	396242	410246	593219	669754
山　西	37542	43606	1433	1792	36109	41814
内蒙古	82608	86546	29254	29536	53354	57010
辽　宁	4253388	4398404	1562820	1516998	2690568	2881406
吉　林	118930	130763	24911	24528	94019	106235
黑龙江	445970	471184	50762	55259	395208	415925
上　海	353539	387860	153151	200239	200388	187621
江　苏	3886555	4050118	911901	911288	2974654	3138830
浙　江	4837669	4853393	3235886	3212192	1601783	1641201
安　徽	1775721	1866663	378756	351746	1396965	1514917
福　建	6022167	6000951	2306663	2256937	3715504	3744014
江　西	1686648	1804855	248929	234091	1437719	1570764
山　东	7361381	7459075	2803602	2702161	4557779	4756914
河　南	516780	614314	34569	37819	482211	576495
湖　北	3182065	3313870	450484	427126	2731581	2886744
湖　南	1792164	1846585	185190	168509	1606974	1678076
广　东	6952346	7240012	1850739	1817530	5101607	5422482
广　西	2841935	2964388	958934	958838	1883001	2005550
海　南	1500129	1659915	1104054	1189831	396075	470084
重　庆	250568	226129	13005	12185	237563	213944
四　川	982490	1082567	69112	76143	913378	1006424
贵　州	94589	113356	12250	15024	82339	98332
云　南	238488	292411	25844	29422	212644	262989
西　藏	93	528	92	441	1	87
陕　西	73593	79489	6065	4708	67528	74781
甘　肃	15675	16464	1270	1135	14405	15329
青　海	878	2045	62	60	816	1985
宁　夏	58319	67355	385	926	57934	66429
新　疆	79320	84344	13749	13126	65571	71218
水产总公司	243053	260352	243053	260352		

7—48 各地区水产品产量

（按类别分）

单位：吨

地　区	水产品总产量	鱼　类	虾蟹类	贝　类	藻　类	其他类
全国总计	**52904031**	**31620316**	**5242361**	**12610161**	**1534626**	**1896567**
北　京	62438	61532	605			301
天　津	344051	277028	51939	6106		8978
河　北	1080000	626202	124281	288928		40589
山　西	43606	42795	282			529
内蒙古	86546	82991	3298			257
辽　宁	4398404	1502261	399850	1910075	342760	243458
吉　林	130763	129853	744	166		
黑龙江	471184	460031	9070	547		1536
上　海	387860	270684	90647	301		26228
江　苏	4050118	2515999	763643	646277	19202	104997
浙　江	4853393	2639993	1034552	772847	41187	364814
安　徽	1866663	1482157	237242	106000		41264
福　建	6000951	2426609	388475	2513743	502331	169793
江　西	1804855	1605511	91981	72829		34534
山　东	7459075	2736098	571269	3294151	538673	318884
河　南	614314	592945	16223	1099		4047
湖　北	3313870	3095615	151457	46779		20019
湖　南	1846585	1758817	30345	31002		26421
广　东	7240012	4284499	751656	1966014	46912	190931
广　西	2964388	1688755	300442	874403	275	100513
海　南	1659915	1272798	205197	70875	43286	67759
重　庆	226129	222685	664	1750		1030
四　川	1082567	1065288	6029	5301		5949
贵　州	113356	110740	2036	469		111
云　南	292411	285172	5988	493		758
西　藏	528	448				80
陕　西	79489	79244	149			96
甘　肃	16464	16422	30			12
青　海	2045	1902	23			120
宁　夏	67355	67185	170			0
新　疆	84344	83349	744			245
水产总公司	260352	134708	3330			122314

7—49 各地区海水产品产量

（按来源分）

单位:吨

地区	海水产品产量		海洋捕捞产量		海水养殖产量	
	2005年	2006年	2005年	2006年	2005年	2006年
全国总计	**28383331**	**28876758**	**14535484**	**14420359**	**13847847**	**14456399**
北京						
天津	48953	49284	38038	32827	10915	16457
河北	571808	618499	310753	313734	261055	304765
山西						
内蒙古						
辽宁	3641624	3705615	1520371	1481696	2121253	2223919
吉林						
黑龙江						
上海	150307	194404	149567	193987	740	417
江苏	1134311	1190755	582813	584386	551498	606369
浙江	4023680	4005231	3142573	3119084	881107	886147
安徽						
福建	5318809	5288478	2221438	2169678	3097371	3118800
江西						
山东	6261128	6309106	2680834	2574098	3580294	3735008
河南						
湖北						
湖南						
广东	3979516	4105176	1720459	1685640	2259057	2419536
广西	1739581	1769508	845786	839773	893795	929735
海南	1270561	1380350	1079799	1165104	190762	215246
重庆						
四川						
贵州						
云南						
西藏						
陕西						
甘肃						
青海						
宁夏						
新疆						
水产总公司	243053	260352	243053	260352		

7—50　各地区海水产品产量

（按类别分）

单位：吨

地　　区	海水产品产量	鱼类	虾蟹类	贝类	藻类	其他类
全国总计	**28876758**	**10373719**	**3408520**	**12039765**	**1534626**	**1520128**
北　　京						
天　　津	49284	19208	18399	4572		7105
河　　北	618499	201784	96378	283422		36915
山　　西						
内 蒙 古						
	3705615	872972	348995	1909541	342760	231347
辽　　宁						
吉　　林						
黑 龙 江	194404	154663	15284			24457
	1190755	360158	186259	559129	19202	66007
上　　海	4005231	2072271	897340	726530	41187	267903
江　　苏						
浙　　江	5288478	1816829	352325	2463648	502331	153345
安　　徽						
福　　建	6309106	1669542	504666	3283032	538673	313193
江　　西						
山　　东						
河　　南	4105176	1524103	497015	1890739	46912	146407
湖　　北	1769508	539461	285215	853136	275	91421
湖　　南	1380350	1008020	203314	66016	43286	59714
广　　东						
广　　西						
海　　南						
重　　庆						
四　　川						
贵　　州						
云　　南						
西　　藏						
陕　　西	260352	134708	3330			122314
甘　　肃						
青　　海						
宁　　夏						
新　　疆						
水产总公司						

7—51 各地区内陆水产品产量

(按来源分)

单位:吨

地区	内陆水产品产量		内陆捕捞产量		内陆养殖产量	
	2005 年	2006 年	2005 年	2006 年	2005 年	2006 年
全国总计	**22693106**	**24027273**	**2587846**	**2544168**	**20105260**	**21483105**
北京	64258	62438			64258	62438
天津	289162	294767	12125	11512	277037	283255
河北	417653	461501	85489	96512	332164	364989
山西	37542	43606	1433	1792	36109	41814
内蒙古	82608	86546	29254	29536	53354	57010
辽宁	611764	692789	42449	35302	569315	657487
吉林	118930	130763	24911	24528	94019	106235
黑龙江	445970	471184	50762	55259	395208	415925
上海	203232	193456	3584	6252	199648	187204
江苏	2752244	2859363	329088	326902	2423156	2532461
浙江	813989	848162	93313	93108	720676	755054
安徽	1775721	1866663	378756	351746	1396965	1514917
福建	703358	712473	85225	87259	618133	625214
江西	1686648	1804855	248929	234091	1437719	1570764
山东	1100253	1149969	122768	128063	977485	1021906
河南	516780	614314	34569	37819	482211	576495
湖北	3182065	3313870	450484	427126	2731581	2886744
湖南	1792164	1846585	185190	168509	1606974	1678076
广东	2972830	3134836	130280	131890	2842550	3002946
广西	1102354	1194880	113148	119065	989206	1075815
海南	229568	279565	24255	24727	205313	254838
重庆	250568	226129	13005	12185	237563	213944
四川	982490	1082567	69112	76143	913378	1006424
贵州	94589	113356	12250	15024	82339	98332
云南	238488	292411	25844	29422	212644	262989
西藏	93	528	92	441	1	87
陕西	73593	79489	6065	4708	67528	74781
甘肃	15675	16464	1270	1135	14405	15329
青海	878	2045	62	60	816	1985
宁夏	58319	67355	385	926	57934	66429
新疆	79320	84344	13749	13126	65571	71218

7—52 各地区内陆水产品产量

（按类别分）

单位：吨

地区	内陆水产品产量	鱼类	虾蟹类	贝类	其他类
全国总计	**24027273**	**21246597**	**1833841**	**570396**	**376439**
北京	62438	61532	605		376439
天津	294767	257820	33540	1534	
河北	461501	424418	27903	5506	301
山西	43606	42795	282		1873
内蒙古	86546	82991	3298		3674
辽宁	692789	629289	50855	534	529
吉林	130763	129853	744	166	257
黑龙江	471184	460031	9070	547	12111
上海	193456	116021	75363	301	
江苏	2859363	2155841	577384	87148	1536
浙江	848162	567722	137212	46317	1771
安徽	1866663	1482157	237242	106000	38990
福建	712473	609780	36150	50095	96911
江西	1804855	1605511	91981	72829	41264
山东	1149969	1066556	66603	11119	16448
河南	614314	592945	16223	1099	34534
湖北	3313870	3095615	151457	46779	5691
湖南	1846585	1758817	30345	31002	4047
广东	3134836	2760396	254641	75275	20019
广西	1194880	1149294	15227	21267	26421
海南	279565	264778	1883	4859	44524
重庆	226129	222685	664	1750	9092
四川	1082567	1065288	6029	5301	8045
贵州	113356	110740	2036	469	1030
云南	292411	285172	5988	493	5949
西藏	528	448			111
陕西	79489	79244	149		758
甘肃	16464	16422	30		80
青海	2045	1902	23		96
宁夏	67355	67185	170		12
新疆	84344	83349	744	6	120

7—53 各地区水产养殖面积

单位：千公顷

地 区	水产品养殖面积		内陆养殖面积		海水养殖面积	
	2005 年	2006 年	2005 年	2006 年	2005 年	2006 年
全国总计	**7558.2**	**7792.5**	**5863.7**	**6018.4**	**1694.5**	**1774.1**
北 京	19.7	19.5	19.7	19.5		
天 津	41.7	43.4	36.9	37.9	4.8	5.5
河 北	165.1	189.1	74.7	86.8	90.4	102.3
山 西	18.3	18.6	18.3	18.6		
内 蒙 古	120.2	128.4	120.2	128.4		
辽 宁	616.5	680.5	167.2	194.7	449.3	485.8
吉 林	201.2	211.6	201.2	211.6		
黑 龙 江	395.2	402.9	395.2	402.9		
上 海	41.1	33.6	41.0	33.5	0.1	0.1
江 苏	813.6	821.3	640.6	640.7	173.0	180.7
浙 江	317.6	321.0	205.2	212.0	112.4	109.1
安 徽	598.0	614.7	598.0	614.7		
福 建	253.2	252.8	100.5	100.5	152.7	152.3
江 西	374.3	380.3	374.3	380.3		
山 东	688.7	700.7	281.4	280.5	407.4	420.3
河 南	230.0	233.9	230.0	233.9		
湖 北	666.7	683.7	666.7	683.7		
湖 南	481.7	464.5	481.7	464.5		
广 东	604.7	620.8	380.3	386.2	224.4	234.6
广 西	265.0	279.2	203.0	214.9	62.0	64.3
海 南	64.4	70.0	46.3	50.8	18.1	19.2
重 庆	69.7	71.4	69.7	71.4		
四 川	200.9	205.7	200.9	205.7		
贵 州	43.2	45.8	43.2	45.8		
云 南	86.0	95.5	86.0	95.5		
西 藏						
陕 西	26.7	43.0	26.7	43.0		
甘 肃	18.9	20.3	18.9	20.3		
青 海	42.8	46.4	42.8	46.4		
宁 夏	17.1	19.4	17.1	19.4		
新 疆	76.0	74.2	76.0	74.2		

7—53 续表　　　　单位：千公顷

地　　区	海水养殖			内陆养殖				
	浅海养殖	滩涂养殖	陆基养殖	池塘养殖	湖泊养殖	河沟养殖	水库养殖	其他养殖
全国总计	**799.7**	**666.5**	**307.8**	**2531.0**	**978.2**	**391.8**	**1909.6**	**207.7**
北　京				5.5			13.9	0.1
天　津			5.5	30.0	1.5	0.5	5.8	0.0
河　北	38.8	32.7	30.8	32.6	6.5	1.3	44.9	1.6
山　西				3.2	1.3	0.3	13.6	0.2
内蒙古				8.6	63.0	2.4	54.3	0.1
辽　宁	334.0	99.5	52.3	49.3	0.0	1.0	111.7	32.8
吉　林				21.7	66.3	0.2	123.1	0.4
黑龙江				136.5	129.6	11.4	119.1	6.4
上　海		0.1		22.7	0.8	4.8		5.1
江　苏	16.6	139.1	24.9	348.8	107.7	108.9	27.2	48.1
浙　江	17.2	56.2	35.6	67.4		44.6	94.1	5.9
安　徽				232.5	199.7	78.0	86.6	18.0
福　建	62.6	65.1	24.6	38.8	0.9	6.6	50.5	3.8
江　西				133.0	88.1	14.2	140.8	4.2
山　东	226.5	131.2	62.6	144.6	19.7	7.7	104.0	4.5
河　南				106.5	4.1	7.0	115.3	0.9
湖　北				343.7	177.5	22.1	108.0	32.3
湖　南				244.3	63.7	14.8	112.6	29.1
广　东	84.6	101.8	48.3	260.0		2.9	118.8	4.5
广　西	17.2	29.5	17.6	80.3		10.7	120.3	3.6
海　南	2.2	11.3	5.6	21.2	0.0	0.1	29.3	0.3
重　庆				34.0		12.6	23.5	1.3
四　川				95.7	5.6	26.6	76.0	1.8
贵　州				5.8	0.4	2.1	36.5	1.1
云　南				32.4	14.0	1.2	47.9	0.1
西　藏				0.0				
陕　西				9.1	7.5	0.0	25.4	1.0
甘　肃				3.2	0.1	0.1	16.5	0.3
青　海				0.1	4.2		42.1	
宁　夏				8.4	9.4	0.3	1.2	0.1
新　疆				10.9	6.8	9.6	46.7	0.2

8

农村市场与物价

8—1 农村主要物价总指数

（上年＝100）

年份	农村居民消费价格指数	农业生产资料价格指数	农产品生产价格总指数
1952			101.7
1957			105.0
1962			99.4
1965			99.2
1970			100.1
1975			102.1
1978		99.9	103.9
1979		100.4	122.1
1980		101	107.1
1981		101.7	105.9
1982		101.9	102.2
1983		103	104.4
1984		108.9	104.0
1985	107.6	104.8	108.6
1986	106.1	101.1	106.4
1987	106.2	107.0	112.0
1988	117.5	116.2	123.0
1989	119.3	118.9	115.0
1990	104.5	105.5	97.4
1991	102.3	102.9	98.0
1992	104.7	103.7	103.4
1993	113.7	114.1	113.4
1994	123.4	121.6	139.9
1995	117.5	127.4	119.9
1996	107.9	108.4	104.2
1997	102.5	99.5	95.5
1998	99.0	94.5	92.0
1999	98.5	95.8	87.8
2000	99.9	99.1	96.4
2001	100.8	99.1	103.1
2002	99.6	100.5	99.7
2003	101.6	101.4	104.4
2004	104.8	110.6	113.1
2005	102.2	108.3	101.4
2006	101.5	101.5	101.2

注：农产品生产价格总指数2000年以前为农副产品收购价格指数。

8—2 各地区农村商品零售价格分类指数

（上年价格=100）

地区	总指数	一、食品	1.粮食	2.淀粉	3.干豆类及豆制品	4.油脂
全国总计	**101.4**	**102.4**	**102.4**	**103.5**	**101.0**	**98.4**
北京						
天津						
河北	101.5	102.4	103.2	99.2	98.0	98.0
山西	101.2	102.4	100.9	103.2	102.7	99.8
内蒙古	101.2	102.3	102.3	104.7	98.5	96.4
辽宁	101.9	102.9	102.9	100.8	101.3	98.2
吉林	101.9	103.3	102.2	108.1	102.8	101.0
黑龙江	103.4	105.2	106.1	100.0	99.1	95.6
上海	0.0	0.0	0.0	0.0	0.0	0.0
江苏	101.3	102.6	103.1	105.5	100.3	97.3
浙江	101.0	101.7	102.7	103.6	101.0	98.9
安徽	100.9	101.3	102.5	119.6	102.6	97.4
福建	101.0	102.7	103.2	103.4	101.3	99.2
江西	101.4	101.4	100.9	108.6	101.0	97.2
山东	100.9	102.5	102.7	106.9	99.3	99.3
河南	101.1	102.2	101.0	94.1	100.1	98.6
湖北	101.6	101.9	103.4	99.9	100.8	96.5
湖南	101.4	101.4	102.3	95.8	103.3	94.1
广东	101.6	102.7	102.3	106.3	102.4	101.7
广西	99.8	101.2	100.5	101.8	98.0	101.5
海南	102.3	102.7	105.8	98.4	100.9	99.0
重庆	0.0	0.0	0.0	0.0	0.0	0.0
四川	101.9	103.3	100.8	102.2	102.9	100.0
贵州	101.6	102.2	101.7	106.6	102.6	93.3
云南	101.7	102.5	101.5	99.4	101.4	97.5
西藏	100.8	105.0	102.2	91.4	104.0	99.8
陕西	102.2	103.7	103.2	107.0	100.4	99.3
甘肃	102.0	103.3	101.5	109.7	103.8	98.7
青海	101.1	102.8	104.1	100.1	101.6	93.6
宁夏	101.8	104.2	100.2	116.8	100.4	98.0
新疆	103.5	105.2	102.6	99.6	99.3	99.8

8—2 续表 1

地　　区	5. 肉禽及其制品	6. 蛋	7. 水产品	8. 菜	9. 调味品	10. 糖
全国总计	**97.2**	**96.4**	**100.7**	**108.8**	**102.3**	**114.3**
北　京						
天　津						
河　北	96.5	94.6	100.4	110.9	102.2	109.5
山　西	95.1	91.5	96.5	111.7	102.4	116.1
内蒙古	97.6	94.7	99.3	111.9	100.3	114.5
辽　宁	96.2	93.8	101.7	110.0	101.5	112.0
吉　林	96.9	94.8	95.2	111.2	99.1	108.8
黑龙江	95.8	97.9	100.5	114.8	100.0	100.1
上　海	0.0	0.0	0.0	0.0	0.0	0.0
江　苏	96.1	97.4	104.3	108.7	100.8	119.3
浙　江	95.3	95.0	100.6	105.6	102.9	110.1
安　徽	96.0	96.4	97.2	104.2	100.4	109.0
福　建	98.1	96.7	104.0	106.8	101.7	117.8
江　西	95.0	99.4	96.0	109.5	105.2	114.7
山　东	95.9	96.2	102.0	107.7	103.4	110.6
河　南	96.5	96.3	101.3	110.5	102.8	115.3
湖　北	97.6	94.3	95.3	107.6	101.6	118.1
湖　南	97.1	98.1	97.0	111.0	103.3	110.6
广　东	97.9	96.5	101.5	107.1	100.8	113.6
广　西	94.0	96.7	98.7	109.3	103.1	116.3
海　南	99.1	103.8	105.6	97.6	105.0	116.6
重　庆	0.0	0.0	0.0	0.0	0.0	0.0
四　川	101.1	103.0	98.8	110.0	102.9	120.2
贵　州	101.3	98.4	100.1	114.8	106.6	112.8
云　南	100.1	99.8	98.5	105.1	101.3	113.3
西　藏	108.2	101.5	100.2	113.8	99.8	102.4
陕　西	100.5	95.5	97.9	110.2	103.0	113.2
甘　肃	96.5	88.1	99.6	113.3	102.8	117.7
青　海	94.7	93.6	95.8	114.7	106.1	117.9
宁　夏	97.6	90.7	99.9	115.4	101.5	115.5
新　疆	99.0	95.2	97.2	117.2	105.5	116.4

8—2 续表 2

地　区	11. 干鲜瓜果	12. 糕点饼干面包	13. 液体乳及乳制品	14. 在外用膳食品	15. 其他食品	二、饮料、烟酒
全国总计	**119.5**	**101.0**	**100.9**	**101.5**	**101.0**	**100.5**
北　京						
天　津						
河　北	121.5	101.3	101.3	100.8	101.0	101.1
山　西	125.9	101.4	101.3	103.4	101.7	100.7
内蒙古	115.5	99.5	100.8	101.4	101.4	99.8
辽　宁	119.3	100.6	100.8	100.7	101.6	99.7
吉　林	120.6	101.3	101.9	99.4	100.4	100.8
黑龙江	139.1	100.0	99.9	100.3	100.0	100.0
上　海	0.0	0.0	0.0	0.0	0.0	0.0
江　苏	124.2	101.5	101.9	100.6	100.3	99.8
浙　江	113.6	101.0	100.3	102.7	100.4	99.3
安　徽	118.7	100.2	100.7	101.8	104.6	100.3
福　建	117.7	101.5	100.8	101.0	102.4	99.7
江　西	118.5	100.7	101.0	101.2	100.0	99.7
山　东	125.3	101.1	100.6	101.3	101.2	100.8
河　南	120.8	100.1	100.3	100.5	100.7	100.9
湖　北	119.9	102.1	101.7	101.2	100.7	100.2
湖　南	118.9	100.9	100.3	100.2	99.7	101.4
广　东	116.1	100.9	100.8	102.1	102.4	101.5
广　西	120.1	102.7	105.2	101.8	105.9	98.9
海　南	119.1	103.4	99.3	101.5	102.4	101.6
重　庆	0.0	0.0	0.0	0.0	0.0	0.0
四　川	119.9	99.2	99.5	102.4	98.7	100.8
贵　州	111.4	99.0	100.5	102.6	105.9	99.5
云　南	113.0	104.0	99.8	102.4	101.7	101.3
西　藏	114.9	94.4	100.9	102.8	100.0	99.2
陕　西	117.6	100.2	100.8	101.3	103.3	101.6
甘　肃	116.8	100.4	101.7	100.9	100.0	98.9
青　海	114.3	96.6	98.5	102.2	99.2	100.0
宁　夏	125.1	100.9	100.2	103.1	102.5	100.0
新　疆	119.2	100.7	99.5	101.1	99.8	100.8

8—2 续表 3

地　区	1.茶及饮料	2.烟草	3.酒	三、服装、鞋帽	1.服装	2.鞋袜帽
全国总计	**100.9**	**100.1**	**100.7**	**99.6**	**99.3**	**100.5**
北　京						
天　津						
河　北	100.0	100.3	102.4	99.0	98.6	99.8
山　西	100.5	99.9	103.5	100.0	98.4	104.3
内蒙古	99.1	100.0	99.7	100.0	99.7	101.0
辽　宁	101.1	99.7	98.9	98.8	97.7	100.2
吉　林	99.8	104.2	98.5	99.9	99.8	100.3
黑龙江	99.9	100.0	100.0	101.0	100.6	101.6
上　海	0.0	0.0	0.0	0.0	0.0	0.0
江　苏	100.7	99.3	99.9	100.0	99.9	100.3
浙　江	100.6	96.9	101.8	97.2	97.0	98.1
安　徽	100.9	100.2	100.3	97.8	97.0	99.3
福　建	98.6	100.0	100.2	99.6	99.7	98.8
江　西	100.6	98.4	100.9	101.3	101.3	101.8
山　东	100.9	101.1	100.6	96.4	94.8	98.1
河　南	100.6	100.5	101.4	99.7	99.6	100.0
湖　北	101.1	99.3	100.7	99.2	97.9	102.2
湖　南	101.0	101.9	100.6	102.5	102.2	103.3
广　东	102.2	101.8	100.5	100.9	101.4	100.7
广　西	101.5	97.6	98.8	96.8	95.6	99.4
海　南	103.0	99.7	102.9	100.5	100.5	100.7
重　庆	0.0	0.0	0.0	0.0	0.0	0.0
四　川	102.6	100.2	101.7	102.3	103.1	101.3
贵　州	99.7	100.1	98.1	104.6	105.9	103.3
云　南	102.6	102.2	98.6	100.1	100.4	99.8
西　藏	101.4	97.7	99.8	99.7	100.2	100.0
陕　西	101.5	101.5	101.9	102.1	101.8	102.9
甘　肃	101.9	100.0	96.4	102.6	100.5	106.9
青　海	100.9	99.7	100.0	95.6	94.0	98.8
宁　夏	100.8	100.6	98.6	101.6	100.1	105.5
新　疆	103.5	99.2	100.6	98.9	100.0	96.7

8—2续表4

地　区	3.其他	四、纺织品	1.衣着材料	2.床上用品	五、家用电器及音像器材	1.家庭设备
全国总计	**99.3**	**100.3**	**100.7**	**100.0**	**98.6**	**101.1**
北　京						
天　津						
河　北	99.6	100.1	101.2	99.2	97.6	98.8
山　西	98.1	98.9	99.0	98.7	98.2	101.7
内蒙古	99.6	99.8	100.6	98.7	97.5	99.6
辽　宁	100.3	101.3	102.9	99.8	97.5	98.7
吉　林	98.0	99.4	99.0	99.9	96.5	97.5
黑龙江	100.0	100.0	100.0	100.0	101.4	102.9
上　海	0.0	0.0	0.0	0.0	0.0	0.0
江　苏	99.2	100.5	101.1	100.1	99.5	101.9
浙　江	96.1	98.7	99.5	98.0	98.3	100.5
安　徽	99.7	100.7	102.5	98.8	100.3	101.4
福　建	102.2	99.9	100.7	99.4	99.3	101.0
江　西	99.6	101.9	104.5	99.7	98.1	101.7
山　东	102.5	100.4	100.6	100.2	97.9	100.3
河　南	99.0	100.7	100.5	100.9	98.9	102.8
湖　北	99.8	100.4	100.7	100.2	101.3	103.8
湖　南	100.3	101.7	102.2	101.4	98.0	101.9
广　东	97.5	100.7	101.2	100.4	98.6	100.1
广　西	99.7	98.9	95.8	100.9	95.7	99.0
海　南	100.0	99.7	99.7	99.7	99.8	102.0
重　庆	0.0	0.0	0.0	0.0	0.0	0.0
四　川	98.0	100.4	100.6	100.3	98.2	102.2
贵　州	99.1	100.3	101.5	99.8	99.8	100.0
云　南	98.1	99.7	99.1	100.1	97.6	99.3
西　藏	93.6	99.5	98.3	100.3	98.5	98.7
陕　西	100.8	100.8	102.0	99.5	99.4	102.4
甘　肃	101.6	102.3	100.1	105.0	97.6	99.1
青　海	97.9	98.9	99.4	98.4	97.9	99.5
宁　夏	97.8	99.4	100.1	99.0	97.2	101.6
新　疆	100.0	99.6	99.8	99.4	99.9	101.2

8—2 续表 5

地　　区	2. 文娱用耐用消费品	3. 音像器材	六、文化办公用品	七、日用品	1. 日用百货	2. 日用杂品
全国总计	**96.2**	**96.3**	**98.8**	**100.6**	**100.4**	**101.1**
北　　京						
天　　津						
河　　北	96.2	98.4	98.4	100.5	100.7	101.3
山　　西	94.2	85.4	98.8	101.6	101.1	103.8
内 蒙 古	94.8	100.0	98.9	100.9	101.5	100.2
辽　　宁	96.1	100.0	97.5	99.9	99.8	99.8
吉　　林	95.2	97.7	99.6	99.7	100.0	98.8
黑 龙 江	99.7	100.0	99.4	99.9	100.0	99.4
上　　海	0.0	0.0	0.0	0.0	0.0	0.0
江　　苏	96.1	95.7	98.7	100.6	100.4	101.0
浙　　江	95.4	98.4	98.3	100.3	100.1	101.6
安　　徽	98.9	99.9	98.2	100.5	100.6	100.4
福　　建	97.0	99.8	98.2	100.6	101.3	100.2
江　　西	94.6	100.0	99.5	100.9	101.3	99.9
山　　东	95.2	97.4	98.8	100.5	99.8	100.5
河　　南	93.1	99.5	100.4	100.2	100.3	100.4
湖　　北	97.3	99.8	98.8	100.6	100.5	100.7
湖　　南	96.5	98.2	97.0	102.8	104.1	103.7
广　　东	97.4	97.5	97.3	99.9	99.5	99.4
广　　西	91.5	99.0	95.6	97.4	88.5	100.2
海　　南	97.2	95.8	98.3	101.6	101.3	106.4
重　　庆	0.0	0.0	0.0	0.0	0.0	0.0
四　　川	97.9	78.3	100.9	102.3	102.9	104.0
贵　　州	99.9	98.6	100.4	98.5	98.7	101.4
云　　南	95.3	100.4	98.4	100.0	99.9	100.1
西　　藏	98.5	96.6	94.2	95.7	94.4	96.3
陕　　西	96.0	99.1	98.9	102.0	104.7	101.1
甘　　肃	95.8	98.2	100.6	100.6	101.3	101.4
青　　海	96.2	100.1	99.1	99.6	101.1	99.7
宁　　夏	92.5	100.3	98.3	100.5	100.6	100.0
新　　疆	98.4	99.3	99.1	100.5	101.0	99.5

8—2 续表 6

地　区	3.洗涤用品	4.其他日用品	八、体育娱乐用品	1.体育用品	2.娱乐用品	九、交通、通信用品
全国总计	**100.9**	**100.0**	**99.2**	**99.5**	**99.0**	**94.9**
北　京						
天　津						
河　北	100.5	99.4	99.2	99.4	99.0	95.9
山　西	102.3	100.0	99.5	101.4	98.2	94.8
内蒙古	101.7	100.1	98.7	99.0	98.5	98.0
辽　宁	100.7	98.5	98.0	98.9	97.2	96.3
吉　林	99.5	100.1	98.4	97.2	99.5	97.9
黑龙江	100.0	100.0	100.0	100.0	100.0	96.3
上　海	0.0	0.0	0.0	0.0	0.0	0.0
江　苏	100.8	100.1	98.9	98.8	98.9	95.2
浙　江	100.1	99.5	99.2	99.6	98.9	95.7
安　徽	101.5	99.5	100.1	100.6	99.6	93.9
福　建	100.8	99.6	98.9	99.2	98.6	90.9
江　西	101.6	100.0	100.1	100.8	99.6	94.3
山　东	101.6	100.3	99.5	100.0	98.9	93.7
河　南	100.3	99.6	99.7	99.8	99.6	90.8
湖　北	100.8	100.3	99.6	100.2	99.1	95.9
湖　南	101.9	100.6	99.6	99.3	99.8	94.9
广　东	100.5	100.3	100.0	100.4	99.4	94.1
广　西	104.0	101.2	96.0	93.7	98.3	92.1
海　南	100.1	99.7	100.1	100.1	100.0	90.0
重　庆	0.0	0.0	0.0	0.0	0.0	0.0
四　川	101.5	100.1	99.9	100.5	99.8	99.0
贵　州	96.0	98.9	97.1	95.8	100.0	100.1
云　南	100.0	99.9	99.0	100.3	97.5	95.6
西　藏	97.5	94.8	95.0	94.5	95.7	95.4
陕　西	100.5	100.2	100.7	100.8	100.5	93.8
甘　肃	100.1	99.8	99.5	99.8	99.2	97.4
青　海	98.6	99.2	92.3	96.3	88.8	95.9
宁　夏	99.7	101.6	96.9	96.4	97.8	92.4
新　疆	101.2	100.1	99.2	98.6	99.7	96.4

8—2 续表 7

地　　区	1.交通运输机械	2.通讯器材	十、家具	十一、化妆品	十二、金银珠宝	十三、中西药品及医疗保健用品
全国总计	**98.8**	**90.2**	**100.5**	**100.5**	**121.1**	**99.1**
北　　京						
天　　津						
河　　北	99.5	90.5	99.9	100.4	133.3	98.5
山　　西	100.3	84.6	102.8	98.2	116.8	98.5
内 蒙 古	102.8	94.4	98.0	99.8	123.3	99.8
辽　　宁	99.9	90.7	99.9	99.8	122.7	99.2
吉　　林	99.4	96.3	96.3	98.9	112.3	99.8
黑 龙 江	101.4	93.0	100.0	100.0	115.7	99.4
上　　海	0.0	0.0	0.0	0.0	0.0	0.0
江　　苏	97.6	93.0	100.7	100.7	116.5	97.0
浙　　江	97.8	88.5	100.6	99.6	120.2	99.5
安　　徽	99.4	83.7	102.2	100.7	122.7	97.5
福　　建	97.7	80.7	99.1	99.8	119.4	96.0
江　　西	101.5	87.7	101.3	100.6	134.0	96.3
山　　东	99.5	87.3	100.4	99.9	128.3	100.5
河　　南	99.0	85.2	99.5	100.3	119.0	99.3
湖　　北	101.3	91.8	98.7	100.5	122.5	102.0
湖　　南	100.1	90.0	100.6	102.3	125.1	96.1
广　　东	95.9	92.2	102.3	100.0	116.2	100.4
广　　西	97.7	82.7	99.6	101.4	117.8	100.0
海　　南	98.3	76.4	107.8	100.0	116.8	99.7
重　　庆	0.0	0.0	0.0	0.0	0.0	0.0
四　　川	100.1	97.7	101.0	107.7	116.8	98.6
贵　　州	100.2	99.6	99.7	91.8	109.9	102.8
云　　南	100.4	90.8	100.4	100.5	122.2	96.6
西　　藏	97.5	93.8	98.4	95.5	96.3	103.5
陕　　西	100.9	87.7	99.9	100.4	125.4	99.1
甘　　肃	102.8	93.8	100.8	106.1	107.7	101.0
青　　海	100.2	91.9	98.8	96.2	119.7	99.1
宁　　夏	100.4	84.9	95.4	98.8	124.4	98.4
新　　疆	99.9	92.7	99.7	98.8	117.9	100.2

8—2 续表 8

地　区	1. 医疗器具及用品	2. 中药材及中成药	3. 西药	4. 保健器具及用品	十四、书报杂志及电子出版物	1. 教材及参考书	2. 书报杂志
全国总计	**97.2**	**99.7**	**98.7**	**99.7**	**99.9**	**99.5**	**100.6**
北　京							
天　津							
河　北	95.1	99.3	98.1	100.2	99.6	98.9	100.7
山　西	98.3	98.0	99.3	92.4	99.3	98.3	100.3
内蒙古	100.1	99.6	99.9	99.8	100.7	101.0	100.8
辽　宁	98.5	99.7	98.7	101.3	100.5	100.7	100.5
吉　林	103.0	101.1	98.3	100.1	103.4	106.7	103.4
黑龙江	93.9	100.0	100.0	100.0	100.0	100.0	100.0
上　海	0.0	0.0	0.0	0.0	0.0	0.0	0.0
江　苏	98.9	98.6	95.4	98.0	98.8	98.8	99.7
浙　江	97.8	100.6	98.7	100.4	99.4	98.6	100.2
安　徽	99.1	98.7	96.2	100.2	102.8	106.4	100.0
福　建	98.3	96.1	95.0	99.0	100.1	100.3	100.3
江　西	99.4	95.1	96.2	99.9	100.4	98.5	102.7
山　东	96.6	103.1	99.6	99.4	100.6	100.2	102.0
河　南	95.8	101.5	98.1	99.2	99.6	98.3	100.8
湖　北	98.4	98.6	104.4	100.6	99.3	98.8	100.1
湖　南	97.7	91.7	98.5	99.5	101.6	103.8	99.5
广　东	100.3	100.6	100.3	100.3	98.3	96.1	100.3
广　西	94.3	102.7	98.2	102.3	99.7	98.6	100.2
海　南	99.7	100.2	99.7	98.3	100.1	100.7	99.7
重　庆	0.0	0.0	0.0	0.0	0.0	0.0	0.0
四　川	96.1	101.1	97.6	96.7	99.4	99.4	100.2
贵　州	100.2	109.2	99.4	99.3	100.9	99.6	103.3
云　南	92.9	98.3	95.7	98.6	100.4	100.4	100.6
西　藏	100.6	100.1	108.7	100.2	98.6	100.5	99.9
陕　西	97.6	100.0	98.6	99.4	99.0	98.0	100.4
甘　肃	99.8	100.4	101.6	101.3	102.2	99.6	105.6
青　海	100.6	99.5	98.9	98.0	99.6	99.0	100.5
宁　夏	88.0	98.2	99.0	99.5	100.2	100.2	100.4
新　疆	97.2	100.1	100.8	100.8	100.5	101.0	101.1

8—2 续表 9

地　区	3.电子音像制品	十五、燃料	1.煤炭及制　品	2.石油及制　品	十六、建筑材料及五金电料	1.建筑装璜材料	2.五　金电　料
全国总计	**99.3**	**112.0**	**105.9**	**114.9**	**103.0**	**103.0**	**103.0**
北　京							
天　津							
河　北	99.5	111.3	108.4	113.7	102.6	103.1	100.5
山　西	99.7	110.0	104.1	113.3	104.1	104.4	102.8
内蒙古	100.1	111.9	110.9	112.7	100.6	100.1	101.8
辽　宁	99.9	113.4	108.7	115.8	104.1	105.8	99.8
吉　林	99.2	113.2	110.6	114.4	102.2	103.3	99.6
黑龙江	100.0	115.1	111.6	118.4	105.2	105.7	103.8
上　海	0.0	0.0	0.0	0.0	0.0	0.0	0.0
江　苏	97.8	113.3	102.8	115.4	104.2	103.5	107.1
浙　江	99.2	113.2	102.2	115.0	105.5	104.4	109.3
安　徽	99.8	112.7	102.0	117.5	101.2	100.4	103.8
福　建	99.3	114.1	104.4	115.5	102.5	102.1	104.4
江　西	99.5	109.7	101.6	115.0	103.1	102.8	105.1
山　东	99.4	109.8	104.0	114.2	103.2	103.4	102.7
河　南	99.8	111.1	104.3	116.9	103.8	104.6	100.2
湖　北	99.1	112.7	106.5	115.0	103.7	103.3	105.0
湖　南	101.0	108.2	99.9	114.7	103.2	103.6	100.0
广　东	99.0	113.6	107.1	114.9	99.8	99.6	101.0
广　西	101.3	113.1	107.8	114.0	100.4	99.8	102.7
海　南	99.6	114.8	113.6	114.9	110.7	110.2	113.1
重　庆	0.0	0.0	0.0	0.0	0.0	0.0	0.0
四　川	98.5	107.5	102.7	112.1	101.3	101.5	100.5
贵　州	99.6	113.4	112.7	114.0	100.5	100.5	100.2
云　南	100.2	113.7	113.7	113.7	106.0	107.0	102.6
西　藏	95.0	110.5	102.1	114.0	99.8	101.0	95.6
陕　西	98.5	112.6	110.0	113.6	103.4	104.0	102.1
甘　肃	101.5	109.3	105.6	113.2	103.0	102.7	103.8
青　海	99.0	112.3	107.1	116.5	100.1	100.2	99.8
宁　夏	99.6	112.4	109.5	116.3	100.3	100.6	99.5
新　疆	99.2	119.1	119.9	118.3	106.4	104.6	110.9

8－3 各地区农村居民消费价格分类指数

（以上年价格为100）

地　区	居民消费价格指数	一、食品	1.粮食	2.淀粉	3.干豆类及豆制品	4.油脂
全国总计	**101.5**	**102.1**	**102.9**	**104.3**	**101.1**	**98.3**
北　京						
天　津						
河　北	101.7	102.5	103.3	101.7	99.6	97.8
山　西	102.5	102.4	101.3	104.1	103.4	100.0
内蒙古	102.0	102.4	102.4	104.3	99.0	96.8
辽　宁	101.6	102.0	103.0	101.5	102.8	98.4
吉　林	102.0	102.9	105.0	109.5	102.9	102.2
黑龙江	102.4	103.4	104.0	99.5	98.9	99.6
上　海	0.0	0.0	0.0	0.0	0.0	0.0
江　苏	101.7	102.6	103.1	105.3	101.1	97.5
浙　江	101.0	101.7	103.0	104.5	100.6	99.3
安　徽	100.9	101.4	103.4	114.6	102.8	98.0
福　建	100.3	102.4	103.7	104.1	101.3	99.2
江　西	101.6	100.7	101.3	107.1	101.0	97.4
山　东	101.0	101.9	103.3	108.7	98.3	99.0
河　南	101.5	101.3	101.8	92.6	100.2	99.8
湖　北	101.9	101.8	103.5	100.2	100.9	96.4
湖　南	101.2	100.7	102.3	95.7	103.5	94.3
广　东	101.6	102.4	103.1	105.5	102.2	101.8
广　西	100.9	101.2	100.6	102.3	98.0	102.6
海　南	102.3	102.2	105.0	98.3	101.2	99.7
重　庆	0.0	0.0	0.0	0.0	0.0	0.0
四　川	102.3	102.8	101.8	101.5	104.1	95.9
贵　州	102.0	102.2	100.9	112.7	104.1	95.2
云　南	101.8	102.8	101.5	101.5	100.7	98.2
西　藏	102.4	104.8	102.4	90.9	103.7	99.2
陕　西	100.4	103.2	103.4	107.0	100.5	97.8
甘　肃	101.4	103.2	102.5	118.4	105.0	99.8
青　海	101.1	102.4	103.4	101.6	102.1	94.3
宁　夏	102.3	104.2	100.2	119.7	101.2	98.8
新　疆	102.0	102.1	102.8	100.0	97.1	98.4

8—3 续表 1

地区	5.肉禽及其制品	(1)食用畜肉及副产品	(2)禽	(3)加工肉禽	6.蛋	7.水产品
全国总计	**97.0**	**96.1**	**96.4**	**100.2**	**96.0**	**100.6**
北京						
天津						
河北	96.5	95.5	98.6	97.7	94.3	101.0
山西	95.4	93.2	92.9	100.5	92.7	97.6
内蒙古	97.8	96.2	96.0	102.6	94.9	99.4
辽宁	96.0	95.6	93.1	100.7	93.8	100.2
吉林	93.5	92.3	94.7	97.9	93.7	94.1
黑龙江	96.3	94.2	98.6	97.3	97.3	100.3
上海	0.0	0.0	0.0	0.0	0.0	0.0
江苏	96.1	95.6	93.3	100.4	96.8	104.3
浙江	95.4	94.1	95.7	100.3	95.1	100.5
安徽	95.6	94.2	96.8	102.4	97.2	96.9
福建	98.3	97.4	100.9	99.0	96.9	104.0
江西	94.5	94.7	93.0	96.4	99.7	95.6
山东	95.1	93.8	95.8	98.0	95.7	102.0
河南	95.9	93.5	100.8	102.7	96.9	100.7
湖北	98.7	99.3	95.5	101.1	94.0	94.8
湖南	97.2	96.4	96.5	101.4	98.1	94.3
广东	97.6	98.6	94.1	98.6	95.6	100.9
广西	93.6	95.6	86.2	99.2	96.6	99.9
海南	99.3	99.7	100.0	97.0	101.4	106.2
重庆	0.0	0.0	0.0	0.0	0.0	0.0
四川	100.8	99.7	102.4	102.5	99.9	98.8
贵州	101.5	100.1	101.2	103.0	96.9	100.7
云南	100.3	98.9	101.9	103.9	99.9	99.1
西藏	109.5	113.3	102.3	104.3	101.8	100.2
陕西	101.8	103.2	100.1	101.2	95.4	98.0
甘肃	98.1	94.4	98.1	101.8	88.9	99.6
青海	95.8	95.9	91.4	97.8	94.5	95.1
宁夏	97.4	97.1	99.0	98.2	90.2	100.8
新疆	98.2	96.2	105.2	104.4	93.9	98.1

8—3 续表 2

地　　区	(1)鱼	(2)其他水产品	8. 菜	9. 调味品	10. 糖	11. 茶及饮料
全国总计	**97.3**	**108.1**	**108.4**	**102.5**	**113.4**	**100.8**
北　京						
天　津						
河　北	99.4	107.2	110.7	101.9	113.9	100.1
山　西	95.8	104.5	110.7	104.0	110.9	100.4
内蒙古	99.0	101.5	112.7	100.6	115.2	99.6
辽　宁	98.5	107.1	109.9	101.4	110.5	101.3
吉　林	93.4	100.2	112.3	99.5	107.8	99.9
黑龙江	100.5	99.4	114.6	100.9	102.7	98.2
上　海	0.0	0.0	0.0	0.0	0.0	0.0
江　苏	97.1	118.2	108.8	100.8	119.7	100.4
浙　江	94.8	107.7	105.6	103.2	109.9	100.6
安　徽	95.4	100.9	104.3	100.6	109.4	101.1
福　建	103.0	105.2	107.0	100.6	114.4	99.1
江　西	92.4	104.5	109.7	105.4	114.2	100.4
山　东	100.4	106.5	107.5	103.0	110.1	100.6
河　南	100.4	104.8	110.9	102.5	112.2	100.3
湖　北	91.7	106.4	107.5	101.7	117.9	101.0
湖　南	92.9	107.5	111.4	103.4	110.7	101.0
广　东	99.3	105.4	106.9	100.8	114.2	100.8
广　西	97.9	104.5	109.0	105.2	116.5	101.5
海　南	101.8	115.8	98.3	104.6	116.7	103.1
重　庆	0.0	0.0	0.0	0.0	0.0	0.0
四　川	97.4	106.5	111.2	102.7	116.3	101.4
贵　州	97.9	111.7	116.0	107.2	113.6	101.9
云　南	97.7	105.5	105.7	101.7	115.4	102.0
西　藏	99.8	101.8	110.2	99.8	102.8	102.2
陕　西	96.8	102.9	109.5	103.4	111.7	101.4
甘　肃	99.6	99.5	110.9	102.2	117.3	102.4
青　海	99.1	91.1	116.1	105.4	114.7	100.9
宁　夏	100.7	101.5	116.5	102.5	114.4	101.0
新　疆	96.8	101.4	107.3	104.3	117.3	104.6

8—3 续表 3

地　　区	(1)茶叶	(2)饮料	12. 干鲜瓜果	13. 糕点饼干	14. 液体乳及乳 制 品	15. 在外用膳食品
全国总计	**101.4**	**100.4**	**119.9**	**101.0**	**100.8**	**101.4**
北　　京						
天　　津						
河　　北	100.7	99.8	123.7	101.3	100.6	100.7
山　　西	100.7	100.3	125.9	100.1	100.0	103.7
内 蒙 古	99.7	99.5	114.9	99.7	100.9	101.6
辽　　宁	105.9	99.3	118.7	100.7	100.8	101.0
吉　　林	99.7	100.0	122.8	101.1	100.9	99.5
黑 龙 江	95.6	100.0	124.1	100.3	98.1	101.4
上　　海	0.0	0.0	0.0	0.0	0.0	0.0
江　　苏	100.4	100.4	124.6	101.1	101.4	100.9
浙　　江	100.6	100.6	115.3	101.7	100.1	102.4
安　　徽	100.5	101.6	120.9	100.1	101.3	101.6
福　　建	99.7	98.6	117.7	101.2	101.0	101.8
江　　西	101.2	100.0	120.1	100.7	100.5	101.7
山　　东	100.0	101.1	126.0	100.9	100.6	101.2
河　　南	101.3	100.1	123.5	100.2	100.4	100.0
湖　　北	102.1	100.4	119.2	102.1	101.8	101.2
湖　　南	101.3	100.7	118.7	100.8	100.5	100.1
广　　东	100.7	100.8	115.9	100.8	100.7	102.5
广　　西	100.5	101.9	119.7	102.8	106.4	101.9
海　　南	117.0	99.4	119.7	103.2	99.7	101.2
重　　庆	0.0	0.0	0.0	0.0	0.0	0.0
四　　川	104.4	99.4	121.5	100.5	100.0	101.9
贵　　州	102.6	101.5	116.8	99.9	100.3	102.1
云　　南	105.2	100.1	114.4	105.2	99.8	102.4
西　　藏	103.2	101.2	114.3	94.5	100.8	103.0
陕　　西	103.2	100.2	117.7	100.2	101.5	101.2
甘　　肃	106.4	99.3	117.0	99.1	101.0	101.1
青　　海	103.6	98.8	111.1	96.0	98.9	102.1
宁　　夏	101.2	100.9	125.2	101.6	100.5	103.6
新　　疆	106.8	102.5	112.1	100.8	99.1	101.5

8—3续表4

地　区	16.其他食品	二、烟酒及饮料	1.烟草	2.酒	3.吸烟、饮酒用品	三、衣着
全国总计	**101.2**	**100.3**	**100.1**	**100.6**	**100.3**	**99.6**
北　京						
天　津						
河　北	100.8	100.8	100.5	101.1	101.7	98.9
山　西	100.7	101.1	100.0	103.7	102.3	99.7
内蒙古	100.7	99.8	100.2	99.4	100.0	101.3
辽　宁	101.8	99.4	99.9	98.5	100.3	98.2
吉　林	100.2	100.2	101.4	99.0	100.2	99.5
黑龙江	101.4	100.8	101.2	100.6	100.0	101.6
上　海	0.0	0.0	0.0	0.0	0.0	0.0
江　苏	100.3	100.1	99.3	101.2	99.9	100.4
浙　江	100.4	98.7	97.0	102.0	100.7	97.3
安　徽	102.3	100.0	100.1	99.9	100.8	97.6
福　建	101.3	100.2	100.1	100.3	100.0	99.5
江　西	99.9	100.0	98.8	101.7	99.9	101.4
山　东	101.1	100.4	100.6	100.3	100.0	96.9
河　南	101.3	100.8	100.5	101.3	99.9	99.7
湖　北	100.7	99.8	99.3	100.8	100.8	99.3
湖　南	99.7	101.2	101.7	100.5	99.9	103.0
广　东	102.6	101.6	102.5	100.2	100.2	101.2
广　西	104.6	97.5	97.7	97.0	98.4	98.1
海　南	102.3	101.0	99.8	102.5	103.3	101.6
重　庆	0.0	0.0	0.0	0.0	0.0	0.0
四　川	101.9	102.0	102.4	101.1	100.4	101.6
贵　州	105.3	99.7	100.2	98.3	100.4	104.6
云　南	101.7	100.8	101.7	98.4	101.3	100.6
西　藏	100.0	98.6	97.5	100.0	99.4	99.8
陕　西	102.9	101.7	101.7	101.8	100.4	101.9
甘　肃	100.0	97.5	99.6	93.7	97.9	102.3
青　海	99.5	99.4	99.4	99.3	99.4	96.4
宁　夏	101.8	99.9	100.5	98.1	100.0	100.6
新　疆	99.9	100.2	99.4	100.9	100.0	99.6

8—3 续表 5

地　区	1. 服装	(1)男式服装	(2)女式服装	(3)儿童服装	2. 衣着材料	3. 鞋袜帽
全国总计	**99.1**	**98.7**	**98.7**	**100.6**	**100.8**	**100.4**
北　京						
天　津						
河　北	98.4	98.1	97.7	100.1	100.0	99.8
山　西	97.6	98.4	96.5	98.8	98.3	105.1
内蒙古	101.4	100.7	100.8	103.1	100.8	101.0
辽　宁	97.3	96.9	97.0	99.1	104.9	99.0
吉　林	99.5	100.4	98.8	99.4	99.0	100.2
黑龙江	101.3	100.3	100.8	102.9	100.0	102.8
上　海	0.0	0.0	0.0	0.0	0.0	0.0
江　苏	100.5	100.6	100.5	100.3	100.5	99.9
浙　江	96.7	95.6	97.4	97.9	99.8	98.1
安　徽	97.0	96.4	97.4	97.0	102.8	98.2
福　建	99.6	101.2	97.6	101.5	100.1	99.2
江　西	100.9	100.0	101.1	101.7	104.3	101.7
山　东	95.3	94.9	94.7	97.5	100.5	97.9
河　南	99.4	100.0	99.3	98.9	100.3	100.0
湖　北	98.0	97.9	98.0	98.0	101.0	102.3
湖　南	102.8	101.8	103.3	103.0	103.0	103.5
广　东	101.3	100.6	101.6	102.5	101.1	101.0
广　西	96.5	98.5	94.2	98.7	94.8	102.2
海　南	102.0	100.1	99.6	108.1	99.8	100.6
重　庆	0.0	0.0	0.0	0.0	0.0	0.0
四　川	102.2	102.8	102.6	101.1	100.3	100.8
贵　州	105.5	101.9	105.9	108.6	100.7	103.7
云　南	100.7	99.4	99.8	104.5	100.5	100.2
西　藏	100.1	98.2	98.7	104.2	97.9	99.8
陕　西	101.5	100.1	101.6	102.9	103.5	102.2
甘　肃	101.1	97.4	99.4	107.1	99.7	105.7
青　海	94.2	95.2	93.0	95.8	99.1	98.9
宁　夏	99.2	97.9	99.0	103.6	100.8	104.2
新　疆	100.0	99.3	98.7	104.1	99.9	98.1

8—3 续表 6

地　区	(1)鞋	(2)袜子	(3)帽子	4.衣着加工服务费	四、家庭设备用品及维修服务	1.耐　用消费品
全国总计	**100.4**	**100.3**	**100.6**	**101.3**	**101.0**	**100.6**
北　京						
天　津						
河　北	100.1	99.1	98.2	101.0	99.4	98.6
山　西	106.2	101.6	102.3	107.0	102.4	101.4
内蒙古	101.2	100.8	98.7	102.5	100.1	99.5
辽　宁	98.6	101.2	100.2	101.6	99.3	98.4
吉　林	100.3	99.3	100.9	97.4	98.3	97.4
黑龙江	103.7	100.0	100.0	100.0	101.3	101.5
上　海	0.0	0.0	0.0	0.0	0.0	0.0
江　苏	99.7	101.1	100.5	101.6	101.1	101.6
浙　江	98.0	98.6	99.1	100.7	101.5	100.4
安　徽	98.1	98.3	102.4	100.8	101.5	101.9
福　建	99.0	99.9	99.1	102.2	101.5	101.0
江　西	102.5	98.0	100.7	101.8	101.2	101.5
山　东	97.7	99.3	99.3	99.9	100.1	100.0
河　南	100.0	100.3	99.7	101.6	101.0	101.1
湖　北	102.7	99.8	102.8	104.2	101.5	101.9
湖　南	103.7	101.1	108.0	102.7	104.3	101.2
广　东	100.6	104.2	99.6	100.6	101.3	101.3
广　西	101.8	105.6	100.7	117.2	101.5	99.8
海　南	100.4	101.8	100.0	100.8	103.2	104.8
重　庆	0.0	0.0	0.0	0.0	0.0	0.0
四　川	100.7	101.2	100.5	101.3	101.4	101.4
贵　州	104.8	97.7	110.6	100.0	101.1	99.9
云　南	100.3	99.9	98.6	102.0	99.9	99.8
西　藏	99.7	99.1	101.7	100.0	98.9	98.4
陕　西	102.8	100.2	102.5	102.4	101.0	100.4
甘　肃	107.2	100.9	103.7	101.7	100.9	99.0
青　海	99.2	100.0	96.6	102.6	99.3	99.5
宁　夏	105.2	96.9	103.4	104.6	98.1	96.7
新　疆	97.8	99.0	100.3	103.1	100.3	100.5

8—3 续表 7

地　　区	(1)家具	(2)家庭设备	2.室内装饰品	3.床上用品	4.家庭日用杂品	5.家庭服务及加工维修服务费
全国总计	**100.3**	**100.8**	**100.0**	**99.9**	**101.2**	**105.0**
北　　京						
天　　津						
河　　北	98.9	98.3	98.7	99.1	100.5	102.0
山　　西	102.8	100.5	99.1	98.3	103.9	109.2
内 蒙 古	98.9	100.1	99.8	99.2	100.5	103.6
辽　　宁	99.6	97.8	99.3	100.1	100.0	102.9
吉　　林	96.1	98.6	97.1	99.8	99.4	98.6
黑 龙 江	100.1	102.5	102.0	100.0	100.6	106.8
上　　海	0.0	0.0	0.0	0.0	0.0	0.0
江　　苏	100.8	101.9	101.4	99.7	100.4	101.4
浙　　江	100.0	100.5	99.2	97.8	101.2	112.1
安　　徽	102.2	101.8	101.8	99.0	101.0	102.6
福　　建	99.4	101.6	100.6	99.7	99.7	113.3
江　　西	100.9	101.9	99.7	99.6	101.3	103.0
山　　东	100.2	99.9	99.4	100.0	99.8	101.8
河　　南	99.5	102.5	99.7	101.4	100.8	101.4
湖　　北	98.6	103.7	102.2	100.0	101.0	102.1
湖　　南	100.8	101.5	100.9	100.6	107.4	111.9
广　　东	102.7	100.1	100.4	100.4	100.0	104.7
广　　西	100.2	99.5	100.0	100.2	103.0	108.0
海　　南	106.4	101.9	97.5	99.0	102.7	107.4
重　　庆	0.0	0.0	0.0	0.0	0.0	0.0
四　　川	101.4	101.4	99.6	101.0	101.7	102.1
贵　　州	99.4	100.2	96.4	100.4	102.2	100.9
云　　南	100.4	99.2	100.2	100.1	98.2	105.7
西　　藏	98.5	98.3	98.3	100.7	98.9	97.9
陕　　西	99.7	101.4	100.3	100.0	101.0	106.1
甘　　肃	100.3	97.1	100.9	103.3	101.7	101.6
青　　海	99.6	99.3	99.7	99.2	98.7	100.0
宁　　夏	94.5	100.7	99.2	98.6	99.2	103.5
新　　疆	99.7	101.0	100.3	99.9	100.7	98.0

8—3续表8

地　区	五、医疗保健和个人用品	1.医疗保健	(1)医疗器具及用品	(2)中药材及中成药	(3)西药	(4)保健器具及用品
全国总计	**101.5**	**100.6**	**96.9**	**99.6**	**98.8**	**100.0**
北　京						
天　津						
河　北	101.1	99.3	93.8	100.1	98.3	100.6
山　西	106.6	105.8	95.2	103.3	101.2	93.0
内蒙古	100.8	99.3	100.1	98.4	99.1	99.8
辽　宁	101.7	100.1	97.8	101.0	98.2	101.1
吉　林	100.1	99.7	104.1	101.1	98.4	100.4
黑龙江	100.2	99.1	90.5	100.4	98.9	99.6
上　海	0.0	0.0	0.0	0.0	0.0	0.0
江　苏	102.0	101.2	99.2	98.5	95.5	98.2
浙　江	102.0	101.7	97.1	100.8	98.7	100.7
安　徽	99.5	98.3	99.6	99.7	96.3	100.8
福　建	99.7	97.7	100.4	97.1	96.3	99.7
江　西	101.8	99.0	99.0	95.6	95.6	100.2
山　东	101.2	100.6	95.8	103.7	99.7	99.1
河　南	101.2	100.5	94.1	101.3	98.3	99.4
湖　北	106.5	108.7	98.3	98.4	105.0	100.7
湖　南	99.2	97.2	98.0	90.8	98.4	99.1
广　东	101.0	100.3	99.7	100.6	100.2	100.7
广　西	105.5	106.5	90.9	94.3	97.2	99.7
海　南	100.6	98.9	99.4	100.5	99.0	98.2
重　庆	0.0	0.0	0.0	0.0	0.0	0.0
四　川	102.0	101.2	99.8	101.0	98.9	98.9
贵　州	99.5	97.4	100.0	104.3	100.3	99.9
云　南	102.4	102.3	96.9	99.5	95.3	98.5
西　藏	102.1	104.3	100.6	99.9	111.7	101.2
陕　西	101.0	99.4	95.1	100.6	98.7	98.9
甘　肃	103.2	103.4	99.7	100.7	101.8	100.6
青　海	102.5	101.8	101.4	98.7	101.7	99.3
宁　夏	100.1	99.2	94.7	98.9	99.2	99.3
新　疆	101.3	100.9	98.8	99.1	101.6	100.8

8—3 续表 9

地　　区	(5)医疗保健服务费	2.个人用品及服务	(1)化妆美容用品	(2)清洁化妆用品	(3)个人饰品	(4)个人服务
全国总计	**103.6**	**103.4**	**100.0**	**99.9**	**109.4**	**103.0**
北　　京						
天　　津						
河　　北	99.9	105.6	99.5	99.8	115.7	101.5
山　　西	112.0	108.5	103.5	97.8	113.7	111.5
内 蒙 古	100.0	104.0	99.4	101.2	106.8	104.2
辽　　宁	101.3	105.6	99.0	99.9	112.8	103.9
吉　　林	99.2	101.3	94.3	98.7	110.2	100.4
黑 龙 江	100.5	104.6	101.2	100.3	110.1	103.1
上　　海	0.0	0.0	0.0	0.0	0.0	0.0
江　　苏	108.2	103.6	100.3	100.2	111.2	104.4
浙　　江	107.3	102.9	98.9	94.1	115.3	104.3
安　　徽	99.1	102.4	100.2	100.0	110.4	100.3
福　　建	98.9	103.9	99.6	99.7	112.9	101.7
江　　西	106.4	106.5	102.0	102.9	107.8	110.5
山　　东	100.7	102.4	100.5	100.4	107.1	100.8
河　　南	101.6	102.9	99.9	100.1	107.2	102.4
湖　　北	123.2	101.8	100.3	101.4	106.3	100.5
湖　　南	101.5	103.2	98.7	101.7	114.5	100.7
广　　东	100.2	102.6	100.1	99.4	108.5	103.6
广　　西	138.1	103.5	101.2	103.5	101.4	107.1
海　　南	98.6	104.2	100.0	100.2	111.6	100.2
重　　庆	0.0	0.0	0.0	0.0	0.0	0.0
四　　川	103.4	103.3	101.9	100.7	106.4	103.2
贵　　州	92.2	101.3	101.4	98.6	103.0	101.4
云　　南	123.7	102.6	101.5	102.7	105.7	101.1
西　　藏	100.9	99.9	98.0	102.1	100.1	99.6
陕　　西	100.5	105.3	101.2	100.7	108.8	105.5
甘　　肃	107.1	102.8	99.5	100.1	101.6	105.0
青　　海	102.8	104.8	90.7	96.2	108.8	102.5
宁　　夏	99.6	102.9	100.0	99.0	113.0	101.8
新　　疆	100.9	102.2	100.0	99.9	105.6	103.6

8—3 续表 10

地　区	六、交通和通信	1. 交通	(1)交通工具	(2)车用燃料及零配件	(3)车辆使用及维修费	(4)市内公共交通费
全国总计	**101.3**	**104.4**	**99.3**	**112.4**	**102.1**	**107.5**
北　京						
天　津						
河　北	101.3	104.6	100.6	111.1	104.1	102.8
山　西	102.1	107.3	100.6	114.6	108.6	117.3
内 蒙 古	103.0	104.6	101.5	107.1	102.2	107.8
辽　宁	101.5	104.7	100.2	112.2	99.5	104.6
吉　林	100.2	102.9	99.0	108.6	99.1	101.9
黑 龙 江	102.5	105.1	102.1	113.8	104.4	101.0
上　海	0.0	0.0	0.0	0.0	0.0	0.0
江　苏	101.6	104.1	99.1	113.3	101.4	105.5
浙　江	100.8	103.8	97.6	113.6	103.1	112.7
安　徽	99.8	105.6	100.4	113.5	99.3	113.9
福　建	99.8	103.9	99.0	114.6	100.3	104.1
江　西	102.0	106.0	101.6	111.2	101.7	109.6
山　东	100.1	102.5	98.5	112.5	100.6	103.5
河　南	100.4	103.9	99.3	114.0	100.2	105.1
湖　北	104.0	108.6	100.8	112.8	101.5	108.1
湖　南	101.4	104.5	100.8	111.5	101.4	107.9
广　东	100.9	103.6	97.6	111.3	103.1	112.0
广　西	98.0	99.7	86.6	110.8	105.4	104.4
海　南	99.8	104.4	100.0	114.8	100.6	104.1
重　庆	0.0	0.0	0.0	0.0	0.0	0.0
四　川	104.1	105.5	101.9	111.8	101.0	105.0
贵　州	102.0	103.3	98.7	107.8	101.6	110.7
云　南	101.1	105.5	99.2	111.4	102.0	104.9
西　藏	102.5	104.4	97.4	114.1	98.1	100.0
陕　西	102.2	105.3	101.3	114.4	101.0	102.2
甘　肃	105.2	108.6	101.3	109.8	103.0	115.6
青　海	103.2	104.9	100.3	113.4	101.5	106.1
宁　夏	102.4	107.2	102.5	114.4	112.5	109.8
新　疆	102.5	104.4	101.5	111.2	100.7	101.4

8—3 续表 11

地　　区	(5)城市间交通费	2.通信	(1)通信工具	(2)通信服务	七、娱乐教育文化用品及服务	1.文娱用耐用消费品及服务
全国总计	**107.8**	**97.2**	**87.6**	**100.3**	**98.6**	**96.1**
北　　京						
天　　津						
河　　北	110.4	97.9	89.1	100.3	100.2	96.0
山　　西	111.4	95.7	74.4	100.6	100.1	93.5
内 蒙 古	109.4	99.4	95.9	101.1	101.9	97.0
辽　　宁	108.2	97.9	88.4	100.2	100.2	96.2
吉　　林	105.8	97.7	95.6	99.0	101.7	95.5
黑 龙 江	104.7	98.8	95.7	100.0	100.0	99.6
上　　海	0.0	0.0	0.0	0.0	0.0	0.0
江　　苏	109.4	99.4	90.5	101.9	98.8	95.6
浙　　江	104.7	96.7	85.5	100.2	97.7	94.8
安　　徽	105.8	94.4	78.2	100.3	100.9	97.8
福　　建	104.3	95.4	78.6	99.1	92.6	97.2
江　　西	108.1	97.1	87.0	100.5	99.4	95.3
山　　东	107.6	96.5	86.9	100.3	100.3	95.7
河　　南	109.2	96.3	83.5	100.1	99.5	94.5
湖　　北	119.2	98.7	91.7	101.0	98.0	97.7
湖　　南	106.5	94.9	84.5	100.0	99.4	96.6
广　　东	103.6	97.6	88.0	100.5	97.0	97.1
广　　西	103.9	95.8	80.8	100.5	99.6	91.7
海　　南	102.0	92.3	77.9	97.9	100.3	97.5
重　　庆	0.0	0.0	0.0	0.0	0.0	0.0
四　　川	107.1	99.8	97.3	100.7	100.5	98.5
贵　　州	104.5	100.0	98.1	100.7	100.3	99.2
云　　南	115.3	96.8	88.8	100.1	97.2	92.8
西　　藏	101.9	99.2	95.7	101.0	100.3	99.0
陕　　西	110.6	95.5	84.6	98.3	88.6	97.6
甘　　肃	120.9	98.4	96.0	98.9	92.1	97.6
青　　海	112.4	96.0	89.1	99.4	95.6	93.0
宁　　夏	104.2	95.9	84.4	100.5	99.5	93.3
新　　疆	109.5	99.1	94.5	100.3	100.7	98.9

8—3续表12

地 区	2.教育	(1)教材及参考书	(2)学杂托幼费	3.文化娱乐	(1)文化娱乐用品	(2)书报杂志
全国总计	**98.5**	**99.6**	**98.4**	**100.9**	**99.8**	**100.6**
北 京						
天 津						
河 北	100.7	98.5	101.0	100.9	100.1	101.1
山 西	101.3	99.5	101.4	99.0	99.8	100.2
内蒙古	102.8	98.3	102.9	100.0	99.8	100.2
辽 宁	101.1	101.1	101.1	100.1	99.4	100.3
吉 林	104.1	102.6	104.3	103.6	99.7	103.5
黑龙江	100.1	100.6	100.1	100.0	99.7	100.4
上 海	0.0	0.0	0.0	0.0	0.0	0.0
江 苏	98.7	98.9	98.7	100.9	100.1	99.5
浙 江	96.3	98.5	96.2	101.6	99.3	100.2
安 徽	102.0	103.6	101.8	99.9	100.1	100.0
福 建	87.2	99.7	85.9	100.2	99.4	100.7
江 西	99.8	98.0	100.0	101.0	100.6	102.1
山 东	101.8	100.4	102.0	102.6	100.1	101.2
河 南	100.2	98.4	100.4	100.4	100.4	100.3
湖 北	97.5	99.1	97.3	100.4	101.1	99.9
湖 南	100.2	105.5	99.7	99.5	100.1	99.2
广 东	95.2	98.3	94.5	99.2	100.1	100.4
广 西	103.6	97.8	104.5	102.4	92.5	100.0
海 南	101.2	101.2	101.2	98.7	97.7	99.7
重 庆	0.0	0.0	0.0	0.0	0.0	0.0
四 川	100.9	99.7	101.0	99.8	99.4	99.7
贵 州	100.0	99.5	100.0	103.7	100.9	104.3
云 南	97.4	100.6	96.5	101.3	100.1	100.1
西 藏	100.6	100.4	100.7	99.9	97.6	100.0
陕 西	84.5	97.7	83.5	101.1	100.7	100.6
甘 肃	89.3	89.3	89.3	103.3	100.1	108.9
青 海	95.9	98.5	95.9	99.7	99.2	100.2
宁 夏	100.8	100.5	100.8	100.7	101.9	99.5
新 疆	100.8	101.0	100.8	100.3	99.5	101.4

8—3 续表 13

地　区	(3)文娱费	4. 旅游	八、居住	1. 建房及装修材料	2. 租房	3. 自有住房	4. 水电燃料
全国总计	**103.0**	**102.1**	**104.6**	**103.9**	**103.8**	**103.3**	**105.8**
北　京							
天　津							
河　北	104.1	101.8	104.8	104.5	104.5	100.6	105.9
山　西	97.3	103.5	105.4	106.9	100.5	102.1	105.3
内蒙古	100.5	99.7	103.1	100.3	103.2	102.6	106.9
辽　宁	101.6	100.7	105.8	105.3	102.1	106.5	106.5
吉　林	110.1	101.9	106.4	104.8	100.8	105.0	108.4
黑龙江	100.2	100.6	105.2	105.1	100.4	100.1	109.3
上　海	0.0	0.0	0.0	0.0	0.0	0.0	0.0
江　苏	102.7	102.5	104.1	103.8	102.3	102.4	105.2
浙　江	104.6	108.2	104.6	104.9	102.4	105.1	104.4
安　徽	99.6	99.2	103.7	101.8	100.0	102.9	106.2
福　建	100.9	104.5	103.8	103.3	100.6	102.1	104.7
江　西	100.3	101.4	106.2	103.9	123.0	104.1	105.5
山　东	112.0	100.4	104.0	103.9	102.8	102.7	104.7
河　南	100.4	100.5	105.4	105.0	102.2	100.6	107.0
湖　北	100.0	100.9	104.4	103.7	100.1	106.2	105.2
湖　南	97.7	100.0	103.6	104.2	100.0	102.8	103.3
广　东	97.6	101.4	104.9	102.0	100.6	105.1	108.0
广　西	114.6	92.8	103.3	99.4	108.4	104.3	105.3
海　南	100.0	103.3	109.4	113.9	100.7	102.0	104.2
重　庆	0.0	0.0	0.0	0.0	0.0	0.0	0.0
四　川	100.7	104.6	102.5	101.7	102.4	103.1	103.5
贵　州	120.1	102.7	104.2	101.7	109.3	99.7	108.0
云　南	104.8	99.7	107.0	108.5	109.3	104.5	105.8
西　藏	103.2	102.4	106.0	101.6	104.8	106.2	108.8
陕　西	103.9	103.0	104.6	103.9	103.1	102.8	106.1
甘　肃	102.5	101.7	105.4	102.3	101.9	106.8	108.8
青　海	101.1	99.0	103.1	102.6	100.2	101.0	105.4
宁　夏	99.8	106.7	105.7	102.0	102.0	102.4	110.8
新　疆	100.1	104.0	106.0	104.1	102.0	100.9	112.2

8—4 各地区农业生产资料价格分类指数

（上年价格=100）

地　区	农业生产资料价格指数	一、农用手工工具	二、饲料	三、产品畜	四、半机械化农具
全国总计	**101.5**	**106.2**	**101.1**	**88.0**	**101.8**
北　京					
天　津					
河　北	101.6	100.8	100.0	83.2	99.9
山　西	103.6	107.3	99.9	74.5	100.5
内蒙古	101.1	100.1	102.9	89.4	100.2
辽　宁	100.5	104.6	101.8	76.6	100.2
吉　林	97.2	106.1	94.8	84.0	105.7
黑龙江	101.9	102.3	100.0	78.7	102.9
上　海	0.0	0.0	0.0	0.0	0.0
江　苏	101.7	102.4	97.3	90.3	130.4
浙　江	99.6	105.2	98.1	83.9	100.3
安　徽	100.0	108.4	99.9	95.7	104.6
福　建	100.9	104.6	101.8	96.6	100.1
江　西	101.1	106.1	100.3	88.3	100.6
山　东	103.0	106.2	104.3	90.1	103.1
河　南	101.2	100.2	99.1	89.1	99.4
湖　北	101.4	110.8	104.1	79.1	102.7
湖　南	100.7	119.8	103.5	85.1	103.4
广　东	102.6	104.1	100.4	101.9	102.7
广　西	101.0	102.4	99.6	105.3	110.4
海　南	100.7	101.9	100.9	75.9	103.5
重　庆	0.0	0.0	0.0	0.0	0.0
四　川	103.3	108.9	101.5	94.5	104.0
贵　州	105.4	107.1	102.3	105.9	113.0
云　南	102.8	105.5	103.7	99.3	100.2
西　藏	100.4	101.6	101.2	100.4	97.2
陕　西	100.7	102.0	101.2	78.7	101.9
甘　肃	104.4	112.6	107.6	79.8	101.7
青　海	102.1	97.7	102.4	83.3	100.0
宁　夏	100.8	101.8	101.6	71.3	103.2
新　疆	102.5	109.3	96.6	100.1	102.9

8—4 续表 1

地　区	五、机械化农具	六、化学肥料	七、农药及农药械	1. 化学农药	2. 农药器械
全国总计	**101.5**	**100.1**	**101.6**	**101.5**	**102.4**
北　京					
天　津					
河　北	100.5	101.0	100.4	100.7	100.0
山　西	100.0	103.2	102.2	101.5	104.9
内蒙古	100.3	101.0	100.6	100.6	100.4
辽　宁	100.0	100.6	101.6	101.7	100.5
吉　林	100.3	95.7	97.1	96.4	102.0
黑龙江	103.2	102.8	97.6	96.9	103.2
上　海	0.0	0.0	0.0	0.0	0.0
江　苏	100.9	99.7	101.9	101.9	101.1
浙　江	103.5	99.0	99.8	99.7	100.8
安　徽	102.7	97.8	97.8	98.2	94.3
福　建	101.0	99.3	104.7	105.2	100.1
江　西	101.0	101.4	99.7	99.8	99.0
山　东	103.1	100.2	105.4	105.4	105.4
河　南	101.8	99.4	103.9	103.6	105.2
湖　北	102.8	99.7	102.8	102.1	108.5
湖　南	99.5	99.2	101.9	101.8	106.0
广　东	100.2	101.5	103.2	103.3	102.9
广　西	103.7	97.0	98.7	98.4	100.3
海　南	100.1	102.8	99.8	99.7	100.5
重　庆	0.0	0.0	0.0	0.0	0.0
四　川	101.5	103.1	99.0	98.7	100.5
贵　州	100.1	102.1	97.6	99.7	94.2
云　南	101.4	99.3	101.2	101.8	98.8
西　藏	99.1	99.5	100.6	100.5	100.9
陕　西	101.8	98.5	103.3	103.7	100.7
甘　肃	101.1	105.7	101.6	102.9	94.6
青　海	100.2	99.2	102.7	102.9	102.1
宁　夏	102.1	100.0	99.2	99.0	101.0
新　疆	100.2	104.7	101.3	101.6	100.6

8—4 续表 2

地　区	八、农用机油	九、其他农业生产资料	1. 农用种子	2. 其他	十、农业生产服务
全国总计	**113.4**	**105.8**	**106.5**	**104.6**	**107.8**
北　京					
天　津					
河　北	115.1	107.7	109.5	103.6	110.4
山　西	109.3	113.7	118.2	104.1	114.9
内蒙古	109.2	101.3	101.5	101.1	100.4
辽　宁	114.3	103.4	102.0	106.5	109.1
吉　林	110.7	106.3	107.5	103.5	100.0
黑龙江	116.6	98.4	99.2	97.7	100.3
上　海	0.0	0.0	0.0	0.0	0.0
江　苏	114.3	107.3	111.2	102.5	105.9
浙　江	111.7	102.6	102.4	103.0	104.0
安　徽	114.2	102.4	103.3	101.3	103.5
福　建	109.5	104.7	105.4	103.5	102.5
江　西	115.2	103.3	103.7	102.8	102.6
山　东	112.0	101.9	99.6	104.6	116.2
河　南	113.2	106.2	104.8	109.3	104.1
湖　北	117.2	105.1	104.5	106.8	107.3
湖　南	113.9	105.1	106.3	102.6	115.1
广　东	113.5	104.7	104.3	105.3	104.5
广　西	116.1	97.3	91.2	105.9	103.4
海　南	116.7	110.1	115.9	99.4	106.8
重　庆	0.0	0.0	0.0	0.0	0.0
四　川	112.4	109.3	111.7	105.6	110.4
贵　州	109.0	129.3	133.4	103.3	101.8
云　南	121.9	108.9	110.3	106.9	100.1
西　藏	102.4	100.2	99.7	100.7	100.0
陕　西	114.9	106.9	106.4	107.5	103.8
甘　肃	119.3	104.5	105.7	103.6	102.8
青　海	120.5	100.3	98.1	103.2	104.3
宁　夏	123.5	105.0	106.0	103.0	112.0
新　疆	114.9	100.3	98.6	101.7	100.6

8—5 农产品生产价格指数

指　标	2003年	2004年	2005年	2006年
农产品生产价格总指数	**104.4**	**113.1**	**101.4**	**101.2**
种植业产品	107.4	115.9	101.6	104.5
谷物	102.3	128.1	99.2	102.1
小麦	103.0	131.2	96.4	100.1
稻谷	99.9	136.3	101.6	102.0
玉米	104.6	116.9	98.0	103.0
豆类	120.6	120.2	95.7	99.3
油料	119.4	116.6	91.3	104.8
棉花	135.3	79.5	111.8	97.1
糖料	90.5	104.9	111.6	121.1
蔬菜	110.4	105.2	107.2	109.3
水果	102.0	97.4	107.4	111.4
林业产品	107.0	104.6	104.8	112.8
牧业产品	101.8	111.1	100.5	94.3
猪(毛重)	102.9	112.8	97.7	90.6
牛(毛重)	101.7	103.9	101.7	100.6
羊(毛重)	96.3	103.7	101.7	101.8
家禽(毛重)	101.0	111.3	105.6	97.2
蛋类	101.1	112.6	106.4	96.0
奶类	103.7	103.7	99.6	102.9
渔业产品	100.3	110.2	104.7	103.9
海水鱼类	104.0	109.2	104.2	109.7
淡水鱼类	98.7	111.5	106.2	99.9

8—6 各地区农产品生产价格指数

地　区	总指数	一.种植业产品	二、林业产品	三、畜牧业产品	四、渔业产品
全国总计	**101.2**	**104.5**	**112.8**	**94.3**	**103.9**
北　京	99.1	100.6	122.6	97.5	100.5
天　津	103.4	104.7	102.6	99.4	102.7
河　北	100.2	102.3	118.8	97.1	97.7
山　西	100.2	101.0	102.0	98.7	96.4
内蒙古	103.6	105.4	107.7	101.1	102.5
辽　宁	105.8	110.2	101.8	97.6	104.1
吉　林	104.6	106.0	0.0	99.0	99.3
黑龙江	100.0	100.8	0.0	96.2	101.2
上　海	101.9	104.1	0.0	94.4	107.5
江　苏	99.9	102.7	103.8	94.0	103.6
浙　江	102.7	101.1	118.5	100.5	103.1
安　徽	99.3	100.9	107.9	94.3	108.4
福　建	102.7	105.5	103.8	98.5	103.3
江　西	101.4	103.9	106.0	96.5	101.5
山　东	103.4	103.2	104.3	99.7	111.6
河　南	100.9	104.1	104.4	95.1	104.7
湖　北	99.5	103.6	108.9	92.4	102.4
湖　南	100.7	101.9	104.2	99.9	100.9
广　东	102.6	106.1	109.9	99.2	98.7
广　西	106.8	116.1	102.2	100.1	101.1
海　南	105.6	107.9	117.0	96.7	103.3
重　庆	93.6	100.4	106.4	89.8	101.7
四　川	102.7	104.4	99.1	101.2	102.1
贵　州	101.4	103.4	103.6	98.7	110.2
云　南	106.6	108.4	123.3	100.0	94.0
陕　西	103.2	104.8	124.9	98.4	90.7
甘　肃	102.6	104.0	113.5	99.6	101.2
青　海	104.5	108.3	0.0	101.7	0.0
宁　夏	101.2	103.2		99.1	96.6
新　疆	98.4	98.8	100.5	96.9	101.2

8—7 各地区主要农产品分品种生产价格指数

地区	一、种植业产品	谷物	小麦	稻谷	玉米	豆类
全国总计	**104.5**	**102.1**	**100.1**	**102.0**	**103.0**	**99.3**
北京	100.6	100.6	97.5	0.0	102.4	106.7
天津	104.7	102.5	99.7	0.0	104.4	97.8
河北	102.3	101.6	98.8	104.6	103.4	98.2
山西	101.0	101.6	99.5	0.0	102.2	100.3
内蒙古	105.4	106.9	101.3	106.6	108.0	99.2
辽宁	110.2	110.8	0.0	106.5	112.5	104.5
吉林	106.0	107.4	0.0	103.3	108.9	100.8
黑龙江	100.8	105.6	90.6	102.0	109.3	96.0
上海	104.1	104.7	100.6	105.1	0.0	118.1
江苏	102.7	99.9	101.1	97.4	101.1	99.2
浙江	101.1	99.4	103.9	99.3	104.1	97.9
安徽	100.9	100.1	101.0	99.0	100.2	96.0
福建	105.5	103.5	0.0	103.1	115.9	103.0
江西	103.9	102.5	0.0	102.5	0.0	104.8
山东	103.2	100.0	99.0	103.7	100.1	91.5
河南	104.1	101.1	99.7	106.8	102.1	97.7
湖北	103.6	104.5	108.8	102.4	97.0	104.9
湖南	101.9	101.6	0.0	101.6	100.5	104.2
广东	106.1	102.9	0.0	103.7	111.5	101.7
广西	116.1	105.2	0.0	102.9	105.9	100.5
海南	107.9	97.0	0.0	96.5	106.4	103.7
重庆	100.4	97.3	95.1	97.8	94.9	101.0
四川	104.4	101.3	98.3	102.1	101.1	97.2
贵州	103.4	101.1	99.3	101.3	101.0	100.2
云南	108.4	99.1	92.3	101.5	96.1	98.0
陕西	104.8	100.5	99.4	102.8	101.2	98.6
甘肃	104.0	103.6	104.2	0.0	104.2	102.0
青海	108.3	103.9	103.8	0.0	0.0	103.8
宁夏	103.2	103.6	99.4	103.7	108.0	97.6
新疆	98.8	99.0	99.1	102.0	100.7	100.5

8-7续表1

地区	大豆	薯类	油料	花生	油菜籽	棉花	糖料
全国总计	**99.2**	**109.7**	**104.8**	**103.9**	**102.8**	**97.1**	**121.1**
北京	107.4	131.7	100.4	100.4	0.0	0.0	0.0
天津	97.8	0.0	120.0	0.0	0.0	102.6	0.0
河北	98.2	105.6	102.2	103.2	96.8	98.1	0.0
山西	98.0	106.2	106.1	104.6	108.7	97.5	98.5
内蒙古	97.3	119.6	102.4	113.1	102.3	0.0	110.9
辽宁	104.5	110.7	110.6	110.6	0.0	0.0	0.0
吉林	97.8	98.3	101.8	101.8	0.0	0.0	0.0
黑龙江	96.0	110.7	105.8	0.0	0.0	0.0	103.2
上海	118.1	100.0	0.0	0.0	0.0	0.0	0.0
江苏	101.0	113.7	106.4	115.8	97.8	93.2	100.0
浙江	100.1	103.1	98.1	98.6	101.2	99.7	0.0
安徽	95.6	102.8	103.6	106.8	101.5	100.9	100.5
福建	103.7	106.5	106.2	106.5	101.5	0.0	126.7
江西	101.3	106.4	106.9	106.9	99.5	101.9	115.6
山东	91.5	107.0	103.8	103.8	107.1	102.0	0.0
河南	97.7	94.3	100.1	101.4	92.7	105.2	0.0
湖北	104.9	104.5	104.8	103.7	105.3	99.2	102.8
湖南	101.5	107.5	103.1	106.8	106.2	98.9	93.7
广东	104.7	97.9	106.9	106.9	0.0	0.0	129.9
广西	100.5	100.4	113.4	113.5	97.3	0.0	120.2
海南	97.7	101.5	109.2	109.6	0.0	0.0	120.2
重庆	100.0	101.1	102.8	100.6	104.0	0.0	0.0
四川	94.8	112.4	105.6	104.8	106.0	104.2	100.1
贵州	100.2	105.0	102.5	103.6	102.3	0.0	0.0
云南	99.2	110.9	93.0	105.1	91.0	0.0	144.3
陕西	97.4	112.9	103.7	102.9	103.9	93.4	0.0
甘肃	101.8	109.0	100.2	0.0	100.4	100.7	0.0
青海	99.8	133.4	105.7	0.0	105.7	0.0	0.0
宁夏	97.6	118.7	109.5				
新疆	100.6	104.9	100.9	94.0	104.6	95.7	106.8

8—7 续表 2

地区	麻类	烟叶	蔬菜	水果	茶叶
全国总计	**94.6**	**99.7**	**109.3**	**111.4**	**107.0**
北京	0.0	0.0	99.2	98.0	0.0
天津	0.0	0.0	105.3	102.9	0.0
河北	0.0	0.0	103.9	106.4	0.0
山西	0.0	100.0	100.2	100.5	0.0
内蒙古	0.0	117.7	109.9	65.6	0.0
辽宁	0.0	75.6	108.3	113.1	0.0
吉林	0.0	114.3	103.7	110.2	0.0
黑龙江	0.0	98.7	95.6	125.4	0.0
上海	0.0	0.0	107.1	100.6	0.0
江苏	100.0	100.0	105.8	101.2	99.7
浙江	0.0	0.0	99.6	103.0	98.7
安徽	0.0	0.0	105.6	98.2	103.1
福建	0.0	106.5	105.7	115.7	100.4
江西	0.0	100.6	106.4	106.6	104.4
山东	92.3	104.2	105.3	103.9	0.0
河南	0.0	104.9	115.1	121.3	0.0
湖北	101.7	103.5	106.2	97.6	102.1
湖南	88.3	95.1	108.6	101.2	108.5
广东	100.0	107.6	103.6	105.9	97.4
广西	79.1	107.3	105.3	109.7	105.6
海南	0.0	0.0	112.3	109.0	0.0
重庆	96.6	101.8	102.5	101.3	0.0
四川	96.4	106.1	109.1	101.7	107.3
贵州	0.0	103.4	106.6	100.9	104.1
云南	79.2	100.8	103.1	102.9	109.5
陕西	0.0	99.2	111.4	105.8	104.5
甘肃	0.0	79.6	104.6	104.8	0.0
青海	0.0	0.0	111.4	0.0	0.0
宁夏			103.8	85.7	
新疆	0.0	0.0	113.8	0.0	0.0

8—7 续表 3

地　区	二、林产品	三、畜产品	＃猪	＃家禽	＃蛋类	＃奶类
全国总计	**112.8**	**94.3**	**90.6**	**97.2**	**96.0**	**102.9**
北　京	122.6	97.5	87.6	100.7	94.6	103.5
天　津	102.6	99.4	98.6	99.2	98.7	99.4
河　北	118.8	97.1	93.2	94.1	92.7	102.8
山　西	102.0	98.7	94.2	100.5	99.3	111.1
内蒙古	107.7	101.1	94.1	98.1	93.0	100.6
辽　宁	101.8	97.6	95.2	88.5	94.2	93.7
吉　林	0.0	99.0	98.3	98.4	97.2	0.0
黑龙江	0.0	96.2	93.9	94.3	104.2	102.2
上　海	0.0	94.4	88.0	0.0	94.3	99.9
江　苏	103.8	94.0	0.0	101.0	99.5	102.9
浙　江	118.5	100.5	97.6	110.6	98.7	88.3
安　徽	107.9	94.3	87.3	97.1	94.6	100.9
福　建	103.8	98.5	98.2	98.9	98.8	100.3
江　西	106.0	96.5	95.1	103.9	105.2	0.0
山　东	104.3	99.7	99.6	99.8	97.7	98.8
河　南	104.4	95.1	88.4	103.2	98.0	0.0
湖　北	108.9	92.4	89.9	100.0	94.6	0.0
湖　南	104.2	99.9	99.7	102.3	97.2	107.7
广　东	109.9	99.2	98.8	99.3	103.9	100.0
广　西	102.2	100.1	99.8	103.1	107.7	0.0
海　南	117.0	96.7	99.2	91.6	98.1	0.0
重　庆	106.4	89.8	86.9	100.2	98.9	0.0
四　川	99.1	101.2	99.8	101.6	102.5	100.1
贵　州	103.6	98.7	98.1	100.1	98.7	94.4
云　南	123.3	100.0	99.1	102.6	102.1	102.9
陕　西	124.9	98.4	99.7	96.7	96.7	101.5
甘　肃	113.5	99.6	98.0	100.2	99.8	102.3
青　海	0.0	101.7	94.2	104.4	91.0	101.2
宁　夏		99.1	91.8	102.4	92.5	103.0
新　疆	100.5	96.9	99.3	98.5	98.3	102.5

8—7 续表 4

地　　区	四、渔业产品	海水水产品	#海水鱼类	内陆水域水产品	#淡水鱼类
全国总计	**103.9**	**107.6**	**109.6**	**100.5**	**99.9**
北　　京	100.5	0.0	0.0	100.5	99.5
天　　津	102.7	0.0	0.0	102.7	102.8
河　　北	97.7	97.3	0.0	98.5	98.5
山　　西	96.4	0.0	0.0	96.4	96.4
内 蒙 古	102.5	0.0	0.0	102.5	102.5
辽　　宁	104.1	101.2	95.8	109.7	109.7
吉　　林	99.3	0.0	0.0	99.3	99.2
黑 龙 江	101.2	0.0	0.0	101.2	101.2
上　　海	107.5	114.4	116.7	97.1	97.3
江　　苏	103.6	108.9	107.5	100.4	100.9
浙　　江	103.1	100.7	100.1	106.7	103.2
安　　徽	108.4	0.0	0.0	108.4	105.5
福　　建	103.3	105.4	105.1	96.8	97.1
江　　西	101.5	0.0	0.0	101.5	101.5
山　　东	111.6	113.5	115.5	103.2	103.2
河　　南	104.7	0.0	0.0	104.7	104.7
湖　　北	102.4	0.0	0.0	102.4	101.7
湖　　南	100.9	0.0	0.0	100.9	98.0
广　　东	98.7	104.1	103.6	97.1	96.6
广　　西	101.1	106.5	108.2	99.5	99.5
海　　南	103.3	103.4	103.9	102.5	102.2
重　　庆	101.7	0.0	0.0	101.7	101.7
四　　川	102.1	0.0	0.0	102.1	101.8
贵　　州	110.2	0.0	0.0	110.2	110.2
云　　南	94.0	0.0	0.0	94.0	93.5
陕　　西	90.7	0.0	0.0	90.7	90.7
甘　　肃	101.2	0.0	0.0	101.2	101.2
青　　海	0.0	0.0	0.0	0.0	0.0
宁　　夏	96.6			96.6	96.6
新　　疆	101.2	0.0	0.0	101.2	101.2

8—8 主要农产品集贸市场价格指数

(以上年为 100)

指　　标	2001 年	2004 年	2005 年	2006 年
籼　　稻	104.7	140.4	99.5	100.5
优质籼稻	105.1	137.9	99.6	101.8
粳　　稻	102.9	143.3	103.8	102.9
小　　麦	107.1	133.3	99.5	97.7
玉　　米	122.8	122.6	93.3	104.6
大　　豆	96.4	131.0	92.6	97.0
棉花(籽棉)	106.7	116.6	91.0	108.5
花 生 仁		120.7	97.7	103.8
油 菜 籽		119.0	93.6	99.2
活　　猪	105.3	138.0	95.4	89.7
仔　　猪	106.8	153.6	101.7	72.3
猪　　肉	105.3	130.6	95.9	91.9
牛　　肉	102.6	108.1	107.1	104.7
羊　　肉	100.1	105.0	107.0	105.4
活　　鸡		114.7	103.6	94.9
鸡　　蛋	104.3	119.1	103.3	94.8
草　　鱼	99.8	125.7	103.6	97.2
鲤　　鱼	97.3	127.0	97.4	94.8
带　　鱼		108.5	103.7	101.6
大 白 菜		98.7	119.4	109.7
黄　　瓜		98.1	113.8	109.6
西 红 柿		98.9	109.7	113.8
红富士苹果		103.8	100.5	135.2
香　　蕉		112.2	94.2	110.0

9

农产品进出口

9—1 海关出口主要农产品数量

单位:万头、万吨

年 份	活 猪	大 米	棉花(原棉)	蔬 菜	水 果	水产品
1980	316	109	1.0	34	24.2	11.2
1981	318	59		47	19.9	11.6
1982	324	47		51	20.8	10.3
1983	321	58	6.0	54	19.6	10.5
1984	308	116	19.0	52	17.4	12.4
1985	296	101	35.0	51	21.4	12.0
1986	310	95	56.0	64	22.4	16.7
1987	302	102	75.0	64	24.4	21.8
1988	303	70	47.0	77	29.8	28.7
1989	297	32	27.0	82	25.2	29.4
1990	300	33	17.0	98	22.6	35.8
1991	285	69	20.0	104	16.0	37.8
1992	290	95	14.0	138	14.6	44.0
1993	272	143	15.0	137	32.0	48.0
1994	270	152	11.0	154	39.2	57.0
1995	253	5	2.0	158	39.8	61.0
1996	240	26	0.4	167	56.0	64.0
1997	227	94	0.1	167	68.0	72.0
1998	219	375	4.5	201	66.0	79.0
1999	196	271	23.6	225	73.0	109.0
2000	203	295	29.2	245	82.0	120.0
2001	196	186	5.2	298	81.0	154.0
2002	188	199	15.0	360	113.0	163.0
2003	188	262	11.2	432	146.0	158.0
2004	197	91	0.9	470	175.0	177.0
2005	176	69	0.5	520	200.0	176.0
2006	172	125	1.3	568	198.0	194.0

注:水果 1996 年及以后为干、鲜水果及坚果数据。

9－2 海关进口主要农产品数量

单位:万吨

年 份	小 麦	玉 米	大 豆	棉花(原棉)	食用植物油
1980	1057	163.8	56.5	88.5	9.2
1981	1300	67.6	56.8	80.1	4.4
1982	1380	156.9	36.2	47.3	5.6
1983	1111	211.0	…	23.0	3.5
1984	987	5.5	…	4.0	1.4
1985	541	9.1	0.1	…	3.5
1986	611	58.8	29.1	…	19.8
1987	1320	154.2	27.3	0.6	51.1
1988	1455	10.9	15.2	3.5	21.4
1989	1488	6.8	0.1	51.9	105.6
1990	1253	36.9	0.1	41.7	112.3
1991	1237	0.1	0.1	37.1	61.2
1992	1058	…	12.1	28.0	42.0
1993	642	…	9.9	1.0	24.0
1994	730	0.1	5.2	50.0	163.0
1995	1159	518.1	29.4	74.0	213.0
1996	825	44.1	111.4	65.0	263.1
1997	186	…	280.1	75.0	274.6
1998	149	25.1	319.7	20.0	205.5
1999	45	7.0	431.7	5.0	208.0
2000	88	…	1041.6	4.7	179.0
2001	69	…	1394.0	6.0	165.0
2002	63	1.0	1131.0	18.0	319.0
2003	45	…	2074.0	87.0	541.0
2004	726	…	2023.0	191.0	676.0
2005	354	…	2659.0	257.0	621.0
2006	61	7	2827.0	364.0	671.0

9—3 海关出口农副产品及加工品数量

指 标	单位	1995 年	2000 年	2005 年	2006 年	2006 年为 2005 年 百分比(%)
活猪	万头	253.0	203.0	176.0	172.0	97.7
活家禽	万只	5263.0	4890.0	2502.0	1899.0	75.9
鲜、冻牛肉	万吨	2.0	2.0	2.0	3.0	150.0
鲜、冻猪肉	万吨	15.0	5.0	25.0	27.0	108.0
冻鸡	万吨	24.9	35.7	9.0	5.3	58.9
鲜、冻兔肉	吨	20187.0	22563.0	8925.0	10251.0	114.9
鲜蛋	百万个	358.0	757.0	921.0	942.0	102.3
水产品	万吨	61.0	120.0	176.0	194.0	110.2
谷物及谷物粉	万吨	64.0	1378.0	1014.0	605.0	59.7
其中:大米	万吨	5.0	295.0	69.0	125.0	181.2
小麦及粉	万吨	1159.0	88.0	60.0	151.0	251.7
玉米	万吨	11.0	1047.0	864.0	310.0	35.9
棉花(原棉)	万吨	2.2	29.2	0.5	1.3	262.0
蔬菜	万吨	158.0	245.0	520.0	568.0	109.2
鲜、干水果及坚果	万吨	49.0	82.0	200.0	198.0	99.0
其中:橘、橙	万吨	13.2	19.1	42.6	38.6	90.6
鲜苹果	万吨	10.9	29.8	82.4	80.4	97.6
食糖	万吨	48.0	41.4	35.8	15.4	43.0
天然蜂蜜	万吨	8.7	10.3	8.8	8.1	91.5
茶叶	万吨	16.7	22.8	28.7	28.7	100.2
辣椒干	万吨	3.6	5.4	7.0	7.0	99.8
猪肉罐头	万吨	6.4	3.8	5.2	5.8	111.4
蘑菇罐头	万吨	19.0	20.4	32.3	31.8	98.5
烤烟	万吨	5.7	9.4	11.2	10.8	96.3
生丝	万吨	1.3	1.3	1.1	0.7	61.1
山羊绒	吨	1829.0	3123.0	3662.0	3273.0	89.4
兔毛	吨	4395.0	4990.0	1988.0	2400.0	120.7
猪鬃	吨	10511.0	12398.0			
肠衣	吨	44971.0	52316.0	63094.0	69841.0	110.7
填充用羽毛羽绒	吨	23345.0	36882.0	36466.0	31274.0	85.8
药材	万吨	13.7	17.6	20.3	20.0	98.5
食用油籽	万吨	121.0	76.0	102.0	86.0	84.3
其中:大豆	万吨	38.0	21.0	40.0	39.0	97.5
花生和花生仁	万吨	39.0	40.0	45.0	32.0	71.1
食用植物油	万吨	51.0	11.2	22.8	40.0	175.4

注:1995 年鲜、干水果及坚果仅包括鲜、干水果。

9－4 海关出口农副产品及加工品金额

单位:万美元

指　标	1995年	2000年	2005年	2006年	2006年为2005年百分比(%)
活猪	27771	23045	22686	22519	99.3
活家禽	12534	10411	3740	3165	84.6
鲜、冻牛肉	3391	2353	4150	6416	154.6
鲜、冻猪肉	24535	6862	40612	40088	98.7
冻鸡	55656	51302	11145	6794	61.0
鲜冻兔肉	4765	4581	2106	2296	109.1
鲜蛋	1667	1712	4352	4260	97.9
水产品	208728	226755	434677	473951	109.0
谷物及谷物粉		169417	151856	115436	76.0
其中:大米	1624	56105	23234	41727	179.6
玉米		105170	110753	42171	38.1
棉花(原棉)	4680	30579	791	2373	299.9
蔬菜	157130	157691	330200	397951	120.5
鲜、干水果及坚果	18175	34836	90489	109470	121.0
＃橘、橙	5570	4537	12834	13736	107.0
鲜苹果	4530	9656	30631	37255	121.6
食糖	18710	8359	11077	6080	54.9
天然蜂蜜	8748	8412	8763	10527	120.1
茶叶	27475	34717	48431	54692	112.9
辣椒干	5872	3446	10041	10442	104.0
猪肉罐头	11853	5845	8397	9561	113.9
烤烟	7732	13206	21776	25030	114.9
生丝	30055	27159	24455	19839	81.1
山羊绒	13987	252266	24765	24154	97.5
兔毛	7109	6177	3714	4416	118.9
猪鬃	6541	8396			
肠衣		31508	50816	54491	107.2
填充用羽毛羽绒	28142	30710	35784	30926	86.4
药材	43610	20795	28745	32575	113.3
食用油籽	39460	39428	66246	53147	80.2
其中:大豆		6414	16958	14589	86.0
花生和花生仁	25687	23175	31959	24384	76.3
食用植物油	20935	6702	17207	26987	156.8

注:鲜、干水果及坚果1990、1995年为水果数据。

9—5 海关进口农副产品及加工品数量

指　标	单位	1990年	1995年	2000年	2005年	2006年	2006年为2005年百分比(%)
冻鱼	万吨			89	158	173	109.6
鲜、干水果及坚果	万吨				116	130	111.3
其中:香蕉	万吨			59	36	39	108.8
谷物及谷物粉	万吨			315	627	359	57.3
其中:玉米	万吨					7	
小麦及粉	万吨	1253	1159	88	354	61	17.2
＃小麦粉	万吨				3	3	100.0
大麦	万吨	65	127	197	218	214	98.2
稻谷和大米	万吨			24	52	73	140.4
大豆	万吨	…	29	1042	2659	2827	106.3
食用植物油	万吨	112	213	179	621	671	108.1
＃豆油	万吨				169	154	91.1
棕榈油	万吨				284	420	147.9
菜子油和芥子油	万吨				18	4	22.2
其他植物油	万吨	119	160	23	42	55	131.0
食糖	万吨	113	295	64	139	137	98.6
饲料用鱼粉	万吨				158	98	62.0
豆饼、豆粕	吨				202562	674177	332.8
配制的动物饲料	吨				107328	90188	84.0
纸烟	万条				1340	1391	103.8
天然橡胶(包括胶乳)	万吨				141	161	114.2
合成橡胶(包括胶乳)	万吨				109	130	119.2
原木	万立方米				2937	3215	109.5
锯材	万立方米				597	607	101.7
纸浆	万吨				759	796	104.9
羊毛(包括羊毛条)	万吨	3	28	30	25	28	111.4
棉花(原棉)	万吨	42	74	5	257	364	141.6
肥料	万吨	1626	1991	1189	1397	1129	80.8
化肥	万吨				410	343	83.7
尿素	万吨				7	4	57.1
氮磷钾复合肥料	万吨				229	195	85.2
磷酸氢二胺	万吨				175	144	82.3
氯化钾	万吨				883	705	79.8
硫酸钾	万吨				19	25	131.6
农药	吨				36752	43163	117.4

9—6 海关进口农副产品及加工品金额

单位:万美元

指标	1990年	1995年	2000年	2005年	2006年	2006年为2005年百分比(%)
冻鱼			68437	219429	241408	110.0
鲜、干水果及坚果				62691	68090	108.6
其中:香蕉			16926	9997	11625	116.3
谷物及谷物粉	235297	358153	59375	140887	83886	59.5
其中:玉米				148	1206	816.8
小麦	215653	202639	14737	77287	11931	15.4
#小麦粉				1073	1156	107.7
大麦	10909	24054	31330	42944	40609	94.6
稻谷和大米			11271	19945	29368	147.2
大豆	32	7549	227024	777879	748887	96.3
食用植物油	52829	145482	62714	281508	315254	112.0
#豆油				90777	79979	88.1
棕榈油				119927	189582	158.1
菜子油和芥子油				10421	2829	27.1
其他植物油	41904	97673	12773	28040	32454	115.7
食糖	37880	89758	11533	38327	54867	143.2
饲料用鱼粉				108265	93849	86.7
豆饼、豆粕				4932	15126	306.7
配制的动物饲料				12107	11663	96.3
纸烟				5186	4963	95.7
天然橡胶(包括胶乳)				185466	302937	163.3
合成橡胶(包括胶乳)				179810	237172	131.9
原木				324356	392927	121.1
锯材				150779	168851	112.0
纸浆				372551	439227	117.9
羊毛(包括羊毛条)	14606	94414	103731	131797	126226	95.8
棉花(原棉)	71079	137782	7411	319709	486864	152.3
肥料	260313	374150	173006	305143	248440	81.4
化肥				103905	88101	84.8
尿素				1272	598	47.0
氮磷钾复合肥料				52896	47811	90.4
磷酸氢二胺				49738	39693	79.8
氯化钾				182414	145545	79.8
硫酸钾				4331	5804	134.0
农药				18222	21279	116.8

9—7 各地区出口农产品数量

单位:吨

地区	大米	小麦及粉	玉米	大豆	棉花(原棉)	食用植物油	食糖
全国总计	**1253041**	**1509734**	**3099197**	**394750**	**12956**	**400318**	**154389**
北京	43597	21069	14	3848	28	1893	4
天津	116	5724	190	2514	380	5539	36
河北	2617	6678	60941	15103	1	7841	2
山西			36457	27			
内蒙古	8071	65533	443984	5069		783	8065
辽宁	68529	28970	467277	75961		67420	167
吉林	83622	11159	1839059	47183		4539	42
黑龙江	673921	938067	206389	222257		3263	55
上海	22	3698		73	4730	20515	345
江苏	35560	35017		2692		74754	
浙江	4726			87		248	15
安徽	34017	46264	4	1454		1100	
福建		5885		1		79	18226
江西	241817						11
山东	951	191500	24858	6492	5035	107520	15
河南		11375		1419		1464	
湖北	2438		2	115		23357	172
湖南	950	35					8
广东	4508	136279	20023	9037	1539	79559	123222
广西	3291	805		628		9	1393
海南	6						
重庆	886					4	1
四川	11958			78		8	2
贵州		1					
云南	7806	328		295			1900
西藏		5					
陕西		109		325		98	
甘肃				8			5
青海							
宁夏				63			
新疆	23632	1233		19	1243	325	705

9－8 各地区进口农产品数量

单位：吨

地　区	大米	小麦及粉	玉　米	大　豆	棉花（原棉）	食用植物油	食　糖
全国总计	**729915**	**612771**	**65358**	**28269968**	**3641444**	**6715352**	**1365406**
北　京	16466	130007	48	571321	292010	250433	323253
天　津	4129	14856	205	991555	123746	1180155	7991
河　北		1450		2016158	260529	56370	8565
山　西			1	30283	761	1144	
内蒙古					658		3207
辽　宁	2	802	138	1382036	24793	49688	27749
吉　林		1	15	172026	5055	48	739
黑龙江		200	10		8527	5880	348
上　海	891	3916	1538	298608	347059	321248	7194
江　苏	8102	13672	1	6433518	555348	1947020	2081
浙　江	13375	286	666	1597787	182484	219175	5965
安　徽					27608	16916	977
福　建	29546	41278	1	2211010	32001	206322	190086
江　西					10403	1747	365
山　东		24218	52000	4039096	1361352	436462	395512
河　南	1183			830563	73954	2400	
湖　北	598			15000	78451	8724	
湖　南	2542			60044	11462	1995	3323
广　东	620117	381890	3913	4493046	145134	1822917	367771
广　西	2254		357	2554340	15182	100685	16611
海　南			472	1		45056	79
重　庆				272959	1227	6883	
四　川	602			149458	5550	10666	
贵　州					576		
云　南	30109		5980		50	7958	2106
西　藏		180			118	525	
陕　西				151161	18263	7933	
甘　肃						7000	
青　海					480		
宁　夏							
新　疆		14	14		58663	3	1485

10

农产品成本与收益

10—1 平均每一农业劳动力生产的主要农产品

单位：千克

年 份	粮 食	棉 花	油 料	鲜 蛋	水产品
1952	947	7.5	24.2		9.6
1955	1001	8.3	26.3		12.7
1960	862	6.4	11.7		18.3
1965	842	9.1	15.7		12.9
1970	874	8.3	13.7		11.6
1975	970	8.1	15.4		15.0
1978	1059	7.5	18.1		16.2
1979	1163	7.7	22.5		15.1
1980	1106	9.3	26.5		15.5
1981	1095	10.0	34.4		15.5
1982	1161	11.8	38.7	8.9	16.9
1983	1251	15.0	34.1	10.4	17.6
1984	1311	20.1	38.3	13.4	19.9
1985	1221	13.4	50.8	16.9	22.7
1986	1255	11.3	47.2	17.8	26.4
1987	1281	13.5	48.6	18.8	30.4
1988	1232	13.0	41.3	21.8	33.2
1989	1245	11.6	40.5	22.0	35.2
1990	1325	13.4	47.9	23.6	36.7
1991	1260	16.4	47.4	26.7	38.8
1992	1269	12.9	47.0	29.2	44.6
1993	1357	11.1	53.6	35.1	54.2
1994	1350	13.2	60.3	44.9	65.0
1995	1435	14.7	69.2	51.5	77.4
1996	1562	13.0	68.4	60.8	87.1
1997	1528	14.2	66.7	65.7	111.3
1998	1574	13.8	71.1	62.0	120.1
1999	1551	11.7	79.4	65.1	125.8
2000	1407	13.4	89.9	68.3	130.2
2001	1387	16.3	87.8	72.0	134.3
2002	1419	15.3	89.9	76.4	141.7
2003	1362	15.4	88.9	82.4	148.8
2004	1518	20.4	99.1	88.1	158.5
2005	1598	18.9	101.6	95.1	168.6
2006					

10—2 各地区平均每一农业劳动力生产的主要农产品

(2005年)

单位:千克

地区	粮食	棉花	油料	糖料	猪牛羊肉	水产品
全国总计	**1598.2**	**18.9**	**101.6**	**312.1**	**203.3**	**168.6**
北京	1630.0	3.6	42.8		681.0	110.3
天津	1717.8	104.4	16.2		561.1	422.4
河北	1648.2	36.6	96.9	27.1	290.5	62.8
山西	1530.8	16.1	33.3	6.2	97.4	5.9
内蒙古	3157.1	0.3	232.0	262.6	367.8	15.7
辽宁	2544.5	0.4	53.7	9.2	350.7	619.9
吉林	5168.9	0.3	109.0	14.7	327.1	23.8
黑龙江	4408.3		86.4	221.0	202.8	63.6
上海	1695.7	2.9	111.6	233.6	300.8	569.0
江苏	2585.0	29.4	197.0	20.3	220.8	354.4
浙江	1009.8	2.7	62.1	111.5	161.7	599.6
安徽	1463.0	18.2	152.0	12.0	148.8	99.7
福建	1010.9		38.8	131.9	195.7	851.2
江西	1837.9	9.1	79.6	81.9	196.3	176.4
山东	1853.9	40.1	172.2		229.1	348.4
河南	1440.3	21.3	141.3	7.9	184.9	16.2
湖北	1972.7	34.0	266.3	38.9	252.5	288.3
湖南	1363.9	10.1	71.8	51.1	237.7	91.3
广东	912.2		50.4	728.6	172.8	454.6
广西	985.2	0.1	41.9	3414.6	136.9	188.3
海南	796.6		44.4	1452.0	214.8	781.0
重庆	1481.8		54.2	14.5	194.4	31.8
四川	1370.9	1.1	99.2	56.8	240.0	41.9
贵州	901.2		66.4	53.0	121.0	7.4
云南	895.4		21.4	836.8	163.1	14.1
西藏	1094.2		71.8		251.4	0.1
陕西	1094.3	8.2	47.6	0.3	94.0	7.7
甘肃	1097.9	14.5	66.0	19.1	99.4	2.1
青海	715.8		244.5		193.0	0.7
宁夏	2106.7		85.8		156.5	41.0
新疆	2565.2	548.4	113.9	1226.5	352.0	23.2

10—3 全国种植业产品成本与收益

指　　标	单位	三种粮食平均		稻　　谷	
		2005 年	2006 年	2005 年	2006 年
每亩					
主产品产量	千克	393.10	403.90	431.00	436.30
产值合计	元	547.60	599.86	686.02	720.60
主产品产值	元	529.48	581.46	669.40	703.63
副产品产值	元	18.12	18.40	16.62	16.97
总成本	元	425.02	444.90	493.31	518.23
生产成本	元	363.00	376.65	426.99	441.54
物质与服务费用	元	211.63	224.75	242.45	255.21
人工成本	元	151.37	151.90	184.54	186.33
家庭用工折价	元	140.00	140.10	162.49	163.93
雇工费用	元	11.37	11.80	22.05	22.40
土地成本	元	62.02	68.25	66.32	76.69
流转地租金	元	5.80	6.64	9.56	12.00
自营地折租	元	56.22	61.61	56.76	64.69
净利润	元	122.58	154.96	192.71	202.37
现金成本	元	228.80	243.19	274.06	289.61
现金收益	元	318.80	356.67	411.96	430.99
成本利润率	%	28.84	34.83	39.06	39.05
每 50 公斤主产品					
平均出售价格	元	67.35	71.98	77.66	80.64
总成本	元	52.27	53.39	55.84	57.99
生产成本	元	44.65	45.20	48.34	49.41
净利润	元	15.08	18.59	21.82	22.65
现金成本	元	28.14	29.18	31.02	32.41
现金收益	元	39.21	42.80	46.64	48.23
附：					
每亩用工数量	日	9.59	8.68	11.39	10.37
每亩主产品出售数量	千克	186.20	213.20	175.40	199.50
每亩主产品出售产值	元	241.44	299.60	274.06	322.50
商品率	%	55.90	64.50	50.70	57.10
每亩补贴收入	元	9.84	16.58	12.83	20.31
每亩成本外支出	元	2.76	1.87	4.03	2.97

10－3 续表 1

指　　标	单位	小　麦		玉　米	
		2005 年	2006 年	2005 年	2006 年
每亩					
主产品产量	千克	325.80	351.80	422.60	423.50
产值合计	元	468.96	522.46	487.82	556.53
主产品产值	元	449.68	503.88	469.35	536.88
副产品产值	元	19.28	18.58	18.47	19.65
总成本	元	389.61	404.77	392.28	411.77
生产成本	元	337.69	350.17	324.46	338.32
物质与服务费用	元	216.35	230.56	176.08	188.38
人工成本	元	121.34	119.61	148.38	149.94
家庭用工折价	元	118.73	115.93	138.92	140.61
雇工费用	元	2.61	3.68	9.46	9.33
土地成本	元	51.92	54.60	67.82	73.45
流转地租金	元	2.27	2.35	5.58	5.57
自营地折租	元	49.65	52.25	62.24	67.88
净利润	元	79.35	117.69	95.54	144.76
现金成本	元	221.23	236.59	191.12	203.28
现金收益	元	247.73	285.87	296.70	353.25
成本利润率	%	20.37	29.08	24.36	35.16
每 50 公斤主产品					
平均出售价格	元	69.01	71.61	55.53	63.39
总成本	元	57.33	55.48	44.65	46.90
生产成本	元	49.69	48.00	36.93	38.54
净利润	元	11.68	16.13	10.88	16.49
现金成本	元	32.56	32.43	21.76	23.15
现金收益	元	36.45	39.18	33.77	40.24
附：					
每亩用工数量	日	7.91	7.01	9.49	8.67
每亩主产品出售数量	千克	134.00	174.90	249.10	265.10
每亩主产品出售产值	元	182.82	248.37	267.43	327.93
商品率	%	47.30	54.70	69.70	81.80
每亩补贴收入	元	8.32	15.64	8.36	13.78
每亩成本外支出	元	2.44	1.89	1.81	0.75

10—3 续表 2

指　　标	单位	高　　粱		大　　豆	
		2005 年	2006 年	2005 年	2006 年
每亩					
主产品产量	千克	432.70	402.20	132.20	128.40
产值合计	元	496.63	478.38	352.02	335.37
主产品产值	元	477.12	461.05	339.42	322.95
副产品产值	元	19.51	17.33	12.60	12.42
总成本	元	351.61	370.78	270.54	267.53
生产成本	元	253.14	272.16	195.32	191.58
物质与服务费用	元	151.49	161.75	113.79	109.71
人工成本	元	101.65	110.41	81.53	81.87
家庭用工折价	元	94.71	100.89	72.98	74.19
雇工费用	元	6.94	9.52	8.55	7.68
土地成本	元	98.47	98.62	75.22	75.95
流转地租金	元	13.16	10.99	12.99	10.58
自营地折租	元	85.31	87.63	62.23	65.37
净利润	元	145.02	107.60	81.48	67.84
现金成本	元	171.59	182.26	135.33	127.97
现金收益	元	325.04	296.12	216.69	207.40
成本利润率	%	41.24	29.02	30.12	25.36
每 50 公斤主产品					
平均出售价格	元	55.13	57.32	128.37	125.76
总成本	元	39.03	44.43	98.66	100.32
生产成本	元	28.10	32.61	71.23	71.84
净利润	元	16.10	12.89	29.71	25.44
现金成本	元	19.05	21.84	49.35	47.99
现金收益	元	36.08	35.48	79.02	77.77
附：					
每亩用工数量	日	6.50	6.31	5.11	4.65
每亩主产品出售数量	千克	325.70	287.20	106.30	106.20
每亩主产品出售产值	元	348.56	325.50	268.46	263.58
商品率	%	85.80	88.20	85.20	88.60
每亩补贴收入	元	12.03	16.12	8.64	15.68
每亩成本外支出	元	1.83	0.09	1.10	0.57

10－3 续表 3

指　　标	单位	两种油料平均		花　生		油菜籽	
		2005 年	2006 年	2005 年	2006 年	2005 年	2006 年
每亩							
主产品产量	千克	163.70	174.40	199.80	217.60	127.50	131.10
产值合计	元	486.06	595.47	677.33	876.82	294.78	314.11
主产品产值	元	474.83	583.03	663.34	859.76	286.31	306.30
副产品产值	元	11.23	12.44	13.99	17.06	8.47	7.81
总成本	元	384.58	407.76	473.74	503.92	295.31	311.35
生产成本	元	335.45	354.87	415.88	441.73	254.92	267.76
物质与服务费用	元	166.62	177.80	225.28	241.11	107.86	114.40
人工成本	元	168.83	177.07	190.60	200.62	147.06	153.36
家庭用工折价	元	162.64	173.39	181.15	195.20	144.13	151.42
雇工费用	元	6.19	3.68	9.45	5.42	2.93	1.94
土地成本	元	49.13	52.89	57.86	62.19	40.39	43.59
流转地租金	元	3.15	3.36	2.93	2.92	3.37	3.80
自营地折租	元	45.98	49.53	54.93	59.27	37.02	39.79
净利润	元	101.48	187.71	203.59	372.90	－0.53	2.76
现金成本	元	175.96	184.84	237.66	249.45	114.16	120.14
现金收益	元	310.10	410.63	439.67	627.37	180.62	193.97
成本利润率	%	26.39	46.03	42.98	74.00	－0.17	0.89
每 50 公斤主产品							
平均出售价格	元	145.03	167.15	166.00	197.56	112.28	116.82
总成本	元	114.75	114.46	116.10	113.54	112.48	115.79
生产成本	元	100.09	99.61	101.92	99.53	97.10	99.58
净利润	元	30.28	52.69	49.90	84.02	－0.20	1.03
现金成本	元	52.50	51.89	58.25	56.20	43.48	44.68
现金收益	元	92.53	115.26	107.75	141.36	68.80	72.14
附：							
每亩用工数量	日	10.91	10.40	12.27	11.75	9.55	9.04
每亩主产品出售数量	千克	95.90	111.20	108.10	136.50	83.70	85.80
每亩主产品出售产值	元	267.26	368.15	348.40	536.84	186.11	199.46
商品率	%	68.80	71.60	63.50	71.50	74.00	71.60
每亩补贴收入	元	1.20	5.33	1.57	6.36	0.82	4.29
每亩成本外支出	元	3.52	2.87	1.42	1.08	5.62	4.65

10—3 续表 4

指　　标	单位	棉　　花		烤　　烟	
		2005 年	2006 年	2005 年	2006 年
每亩					
主产品产量	千克	74.80	85.10	133.70	137.40
产值合计	元	1122.86	1206.07	1393.67	1381.26
主产品产值	元	977.70	1032.33	1387.74	1374.66
副产品产值	元	145.16	173.74	5.93	6.60
总成本	元	791.50	870.35	1255.21	1320.96
生产成本	元	692.92	765.64	1172.12	1224.69
物质与服务费用	元	295.49	323.03	539.11	567.62
人工成本	元	397.43	442.61	633.01	657.07
家庭用工折价	元	361.54	398.67	597.62	612.29
雇工费用	元	35.89	43.94	35.39	44.78
土地成本	元	98.58	104.71	83.09	96.27
流转地租金	元	7.16	6.70	8.73	11.85
自营地折租	元	91.42	98.01	74.36	84.42
净利润	元	331.36	335.72	138.46	60.30
现金成本	元	338.54	373.67	583.23	624.25
现金收益	元	784.32	832.40	810.44	757.01
成本利润率	%	41.86	38.57	11.03	4.56
每 50 公斤主产品					
平均出售价格	元	653.54	606.54	518.98	500.24
总成本	元	460.68	437.70	467.42	478.40
生产成本	元	403.30	385.05	436.48	443.54
净利润	元	192.86	168.84	51.56	21.84
现金成本	元	197.04	187.92	217.19	226.08
现金收益	元	456.50	418.62	301.79	274.16
附：					
每亩用工数量	日	24.86	25.04	40.67	38.03
每亩主产品出售数量	千克	69.00	77.90	132.50	136.30
每亩主产品出售产值	元	902.84	940.16	1377.34	1364.42
商品率	%	96.00	96.80	99.30	99.60
每亩补贴收入	元	1.67	4.01	137.25	178.37
每亩成本外支出	元	5.53	5.10	2.67	1.70

10—3 续表 5

指　标	单位	熟红麻		苎　麻	
		2005 年	2006 年	2005 年	2006 年
每亩					
主产品产量	千克	111.10	217.20	153.40	163.10
产值合计	元	342.18	559.27	1332.97	1196.12
主产品产值	元	314.35	542.27	1313.53	1173.68
副产品产值	元	27.83	17.00	19.44	22.44
总成本	元	351.57	386.19	863.88	860.74
生产成本	元	317.95	352.57	832.55	829.38
物质与服务费用	元	119.51	148.25	132.96	172.37
人工成本	元	198.44	204.32	699.59	657.01
家庭用工折价	元	198.44	204.32	683.91	645.41
雇工费用	元	0.00	0.00	15.68	11.60
土地成本	元	33.62	33.62	31.33	31.36
流转地租金	元	0.00	0.00	1.81	1.46
自营地折租	元	33.62	33.62	29.52	29.90
净利润	元	−9.39	173.08	469.09	335.38
现金成本	元	119.51	148.25	150.45	185.43
现金收益	元	222.67	411.02	1182.52	1010.69
成本利润率	%	−2.66	44.82	54.30	38.96
每 50 公斤主产品					
平均出售价格	元	141.47	124.83	428.14	359.80
总成本	元	145.35	86.20	277.47	258.92
生产成本	元	131.45	78.69	267.41	249.48
净利润	元	−3.88	38.63	150.67	100.88
现金成本	元	49.41	33.09	48.32	55.78
现金收益	元	92.06	91.74	379.82	304.02
附：					
每亩用工数量	日	12.97	12.09	45.29	38.55
每亩主产品出售数量	千克	105.70	217.20	149.40	158.60
每亩主产品出售产值	元	299.03	542.27	1280.46	1139.73
商品率	%	95.30	100.00	100.00	96.20
每亩补贴收入	元	0.00	3.60	0.00	5.68
每亩成本外支出	元	0.00	0.00	0.82	19.22

10—3 续表 6

指　　标	单位	甘　　蔗		甜　　菜	
		2005 年	2006 年	2005 年	2006 年
每亩					
主产品产量	千克	4612.00	5022.40	2665.80	2947.30
产值合计	元	1220.44	1334.25	721.81	803.03
主产品产值	元	1198.42	1312.28	707.82	788.03
副产品产值	元	22.02	21.97	13.99	15.00
总成本	元	827.33	934.77	485.65	597.16
生产成本	元	726.87	829.77	393.86	482.75
物质与服务费用	元	361.29	424.15	228.08	293.44
人工成本	元	365.58	405.62	165.78	189.31
家庭用工折价	元	231.34	238.29	119.03	123.71
雇工费用	元	134.24	167.33	46.75	65.60
土地成本	元	100.46	105.00	91.79	114.41
流转地租金	元	7.74	8.08	15.83	12.76
自营地折租	元	92.72	96.92	75.96	101.65
净利润	元	393.11	399.48	236.16	205.87
现金成本	元	503.27	599.56	290.66	371.80
现金收益	元	717.17	734.69	431.15	431.23
成本利润率	%	47.52	42.74	48.63	34.47
每 50 公斤主产品					
平均出售价格	元	12.99	13.06	13.28	13.37
总成本	元	8.81	9.15	8.94	9.94
生产成本	元	7.74	8.12	7.25	8.04
净利润	元	4.18	3.91	4.34	3.43
现金成本	元	5.36	5.87	5.35	6.19
现金收益	元	7.63	7.19	7.93	7.18
附：					
每亩用工数量	日	21.44	20.04	9.57	9.32
每亩主产品出售数量	千克	4550.90	4881.40	2643.30	2942.70
每亩主产品出售产值	元	1177.46	1283.00	700.75	787.60
商品率	%	98.90	98.80	100.00	100.00
每亩补贴收入	元	3.78	9.67	7.40	13.64
每亩成本外支出	元	2.25	1.33	1.41	0.15

10－3 续表 7

指　标	单位	桑蚕茧		绿毛茶		苹　果	
		2005 年	2006 年	2005 年	2006 年	2005 年	2006 年
每亩							
主产品产量	千克	106.80	114.40	51.40	50.30	1826.50	1941.90
产值合计	元	2098.27	2821.08	1544.27	1719.63	2817.55	3243.56
主产品产值	元	2055.08	2782.48	1537.79	1708.48	2815.18	3234.29
副产品产值	元	43.19	38.60	6.48	11.15	2.37	9.27
总成本	元	1372.40	1515.98	1258.89	1227.65	1283.69	1606.77
生产成本	元	1277.82	1424.19	1161.98	1128.42	1163.82	1487.55
物质与服务费用	元	447.65	496.96	555.11	560.04	559.15	735.41
人工成本	元	830.17	927.23	606.87	568.38	604.67	752.14
家庭用工折价	元	801.26	877.62	184.82	118.81	501.53	581.02
雇工费用	元	28.91	49.61	422.05	449.57	103.14	171.12
土地成本	元	94.58	91.79	96.91	99.23	119.87	119.22
流转地租金	元	11.89	11.89	10.52	10.50	2.84	10.27
自营地折租	元	82.69	79.90	86.39	88.73	117.03	108.95
净利润	元	725.87	1305.10	285.38	491.98	1533.86	1636.79
现金成本	元	488.45	558.46	987.68	1020.11	665.13	916.80
现金收益	元	1609.82	2262.62	556.59	699.52	2152.42	2326.76
成本利润率	%	52.89	86.09	22.67	40.07	119.49	101.87
每 50 公斤主产品							
平均出售价格	元	962.12	1216.12	1495.90	1698.29	77.06	83.28
总成本	元	629.29	653.51	1219.46	1212.42	35.11	41.25
生产成本	元	585.92	613.94	1125.58	1114.42	31.83	38.19
净利润	元	332.83	562.61	276.44	485.87	41.95	42.03
现金成本	元	223.97	240.74	956.74	1007.45	18.19	23.54
现金收益	元	738.15	975.38	539.16	690.84	58.87	59.74
附：							
每亩用工数量	日	53.87	53.73	30.43	22.28	39.82	41.64
每亩主产品出售数量	千克	105.30	114.20	49.30	48.00	1652.30	1794.90
每亩主产品出售产值	元	2031.60	2778.04	1458.69	1586.73	2554.15	3012.77
商品率	%	100.00	99.80	97.30	96.50	91.80	94.80
每亩补贴收入	元	3.36	2.19	0.02	0.09	0.14	0.84
每亩成本外支出	元	5.21	4.48	0.32	2.96	0.52	3.42

10—4　全国饲养业产品成本与收益

指　标	单位	生猪平均		规模养猪平均		农户散养生猪	
		2005年	2006年	2005年	2006年	2005年	2006年
每头(百只、亩)							
主产品产量	千克	105.90	106.10	103.40	102.70	108.40	109.50
产值合计	元	814.38	848.69	814.52	819.01	814.24	878.36
主产品产值	元	798.18	830.61	801.87	804.43	794.49	856.78
副产品产值	元	16.20	18.08	12.65	14.58	19.75	21.58
总成本	元	773.90	755.46	743.77	728.74	803.79	782.06
生产成本	元	772.61	754.61	741.20	727.05	803.78	782.05
物质与服务费用	元	661.13	637.48	685.51	667.88	636.67	606.97
人工成本	元	111.48	117.13	55.69	59.17	167.11	175.08
家庭用工折价	元	100.52	106.64	33.97	38.19	166.92	175.08
雇工费用	元	10.96	10.49	21.72	20.98	0.19	0.00
土地成本	元	1.29	0.85	2.57	1.69	0.01	0.01
净利润	元	40.48	93.23	70.75	90.27	10.45	96.30
成本利润率	%	5.23	12.34	9.51	12.39	1.30	12.31
耗粮数量	千克	183.00	184.00	182.90	186.70	183.00	181.30
每50公斤主产品							
平均出售价格	元	376.86	391.43	387.75	391.64	366.46	391.22
总成本	元	358.13	348.43	354.07	348.47	361.76	348.33
生产成本	元	357.53	348.04	352.85	347.67	361.75	348.32
净利润	元	18.73	43.00	33.68	43.17	4.70	42.89
耗粮数量	千克	86.38	86.71	88.43	90.90	84.40	82.79
附:							
每核算单位用工数量	日	7.11	6.74	3.29	3.12	10.92	10.36
平均饲养天数	日	158.00	160.00	142.00	141.00	174.00	179.00

10—4 续表 1

指　　标	单位	蛋鸡平均		肉鸡平均	
		2005 年	2006 年	2005 年	2006 年
每头(百只、亩)					
主产品产量	千克	1544.20	1561.20	196.90	208.70
产值合计	元	8956.77	9000.25	1504.32	1772.07
主产品产值	元	7782.03	7770.32	1488.02	1748.23
副产品产值	元	1174.74	1229.93	16.30	23.84
总成本	元	8219.68	7935.85	1441.93	1519.18
生产成本	元	8211.77	7925.97	1436.92	1514.48
物质与服务费用	元	7772.92	7453.45	1364.71	1427.32
人工成本	元	438.85	472.52	72.21	87.16
家庭用工折价	元	360.47	404.25	50.03	64.90
雇工费用	元	78.38	68.27	22.18	22.26
土地成本	元	7.91	9.88	5.01	4.70
净利润	元	737.09	1064.40	62.39	252.89
成本利润率	%	8.97	13.41	4.33	16.65
耗粮数量	千克	2670.10	2534.20	335.40	359.90
每 50 公斤主产品					
平均出售价格	元	251.98	248.86	377.86	418.84
总成本	元	231.24	219.43	362.19	359.07
生产成本	元	231.02	219.16	360.93	357.96
净利润	元	20.74	29.43	15.67	59.77
耗粮数量	千克	86.46	81.16	85.16	86.22
附:					
每核算单位用工数量	日	26.86	26.56	4.16	4.73
平均饲养天数	日	352.00	350.00	65.00	68.00

10—4 续表 2

指　　标	单位	奶牛平均		淡水鱼农户精养	
		2005 年	2006 年	2005 年	2006 年
每头(百只、亩)					
主产品产量	千克	5243.60	5250.20	704.40	884.80
产值合计	元	10864.74	11160.91	5215.66	7636.32
主产品产值	元	9829.59	10179.37	5007.20	7097.90
副产品产值	元	1035.15	981.54	208.46	538.42
总成本	元	8751.91	9029.91	4174.34	5763.96
生产成本	元	8721.91	9003.58	3900.04	5478.47
物质与服务费用	元	7729.76	7954.85	3357.89	4402.23
人工成本	元	992.15	1048.73	542.15	1076.24
家庭用工折价	元	561.51	618.03	484.71	993.50
雇工费用	元	430.64	430.70	57.44	82.74
土地成本	元	30.00	26.33	274.30	285.49
净利润	元	2112.83	2131.00	1041.32	1872.36
成本利润率	%	24.14	23.60	24.95	32.48
耗粮数量	千克	1919.30	1988.40	604.80	828.90
每 50 公斤主产品					
平均出售价格	元	93.73	96.94	355.42	401.10
总成本	元	75.50	78.43	284.46	302.75
生产成本	元	75.24	78.20	265.77	287.76
净利润	元	18.23	18.51	70.96	98.35
耗粮数量	千克	18.30	18.94	42.93	46.84
附:					
每核算单位用工数量	日	51.96	50.23	24.84	44.98
平均饲养天数	日	365.00	365.00	282.00	292.00

11

农村居民收入与消费

11—1 农村居民纯收入

单位:元/人

年 份	纯收入合计	工资性收入	家庭经营纯收入	财产性纯收入	转移性纯收入
1949	43.8				
1952	57.0				
1954	64.1	2.4	56.4		5.3
1956	72.9	45.5	17.0		10.4
1957	73.0	43.4	21.5		8.1
1962	99.1	52.3	38.2		8.7
1963	101.3	54.6	35.7		11.1
1964	102.3	55.1	35.7		11.5
1965	107.2	63.2	33.3		10.7
1976	113.1	78.4	26.2		8.5
1977	117.1	76.1	32.8		8.2
1978	133.6	88.3	35.8		9.5
1979	160.2	100.7	44.0		15.5
1980	191.3	106.4	62.6		22.4
1981	223.4	113.8	84.5		25.1
1982	270.1	142.9	102.8		24.5
1983	309.8	57.5	227.7		24.6
1984	355.3	66.5	261.7		27.2
1985	397.6	72.2	296.0		29.5
1986	423.8	81.6	313.3		28.9
1987	462.6	95.5	345.5		21.6
1988	544.9	117.8	403.2		24.0
1989	601.5	136.5	434.6		30.5
1990	686.3	138.8	518.6		29.0
1991	708.6	151.9	523.6		33.0
1992	784.0	184.4	561.6		38.0
1993	921.6	194.5	678.5	7.0	41.6
1994	1221.0	263.0	881.9	28.6	47.6
1995	1577.7	353.7	1125.8	41.0	57.3
1996	1926.1	450.8	1362.5	42.6	70.2
1997	2090.1	514.6	1472.7	23.6	79.3
1998	2162.0	573.6	1466.0	30.4	92.0
1999	2210.3	630.3	1448.4	31.6	100.2
2000	2253.4	702.3	1427.3	45.0	78.8
2001	2366.4	771.9	1459.6	47.0	87.9
2002	2475.6	840.2	1486.5	50.7	98.2
2003	2622.2	918.4	1541.3	65.8	96.8
2004	2936.4	998.5	1745.8	76.6	115.5
2005	3254.9	1174.5	1844.5	88.5	147.4
2006	3587.0	1374.8	1931.0	100.5	180.8

注:1992 年以前的转移性收入包括财产性收入。

11—2 农村居民生活消费支出

单位:元/人

年 份	生活消费支出	食品支出	衣着支出	居住支出	家庭设备用品及服务支出	交通和通讯支出	文教娱乐用品及服务支出	医疗保健支出	其他商品及服务支出
1954	59.6	40.9	7.8	7.2					
1956	66.6	45.4	8.8	6.4					
1957	70.9	46.6	9.5	8.6					
1962	92.2	56.1	7.7	17.3					
1963	93.9	59.4	8.8	14.9					
1964	93.6	62.8	8.6	12.5					
1965	95.1	65.1	10.0	10.6					
1978	116.1	78.6	14.7	12.0					
1979	134.5	86.0	17.6	16.0					
1980	162.2	100.2	20.0	22.5	4.1	0.6	8.3	3.4	3.2
1981	190.8	114.1	23.8	31.6	4.2	0.6	10.1	4.2	2.2
1982	220.2	133.5	25.0	35.6	9.4	0.6	7.5	4.7	4.0
1983	248.3	147.6	28.0	42.0	14.0	3.6	5.7	4.4	3.0
1984	273.8	162.3	28.9	48.4	14.8	3.4	8.2	5.0	2.7
1985	317.4	183.4	30.8	57.9	16.2	5.6	12.4	7.7	3.6
1986	357.0	201.5	33.0	70.3	19.6	6.2	14.4	8.7	3.3
1987	398.3	222.1	34.2	79.8	21.5	8.2	18.5	10.7	3.4
1988	476.7	257.4	41.1	96.3	30.0	8.9	25.7	13.4	3.9
1989	535.4	293.4	44.5	105.2	32.4	8.5	30.6	16.4	4.3
1990	584.6	343.8	45.4	101.4	30.9	8.4	31.4	19.0	4.3
1991	619.8	357.1	51.1	102.3	35.3	10.3	36.4	22.3	5.0
1992	659.0	379.3	52.5	104.9	36.7	12.2	43.8	24.2	5.5
1993	769.7	446.8	55.3	106.8	44.7	17.4	58.4	27.2	13.1
1994	1016.8	598.5	70.3	142.3	55.5	24.0	75.1	32.1	19.0
1995	1310.4	768.2	89.8	182.2	68.5	33.8	102.4	42.5	23.1
1996	1572.1	885.5	113.8	219.1	84.2	47.1	132.5	58.3	31.7
1997	1617.2	890.3	109.4	233.2	85.4	53.9	148.2	62.5	34.3
1998	1590.3	849.6	98.1	239.6	81.9	60.7	159.4	68.1	32.9
1999	1577.4	829.0	92.0	232.7	82.3	68.7	168.3	70.0	34.3
2000	1670.1	820.5	96.0	258.3	75.5	93.1	186.7	87.6	52.5
2001	1741.1	830.7	98.7	279.1	77.0	110.0	192.6	96.6	56.4
2002	1834.3	848.4	105.0	300.2	80.4	128.5	210.3	103.9	57.7
2003	1943.3	886.0	110.3	308.4	81.7	162.5	235.7	115.8	43.0
2004	2184.7	1031.9	120.2	324.3	89.2	192.6	247.6	130.6	48.3
2005	2555.4	1162.2	148.6	370.2	111.4	245.0	295.5	168.1	54.5
2006	2829.0	1217.0	168.0	469.0	126.6	288.8	305.1	191.5	63.1

注:1979年以前生活消费支出中的各细项均为其中项。

11—3 农村居民主要食品消费量

单位:千克/人

年份	粮食合计	细粮	粗粮	蔬菜	食用油	植物油	动物油
1954	221.7	95.1	126.7	70.7	1.3	1.1	0.2
1956	246.5	126.0	120.5	91.0	1.5	1.3	0.3
1957	227.0	110.1	116.9	102.3	1.6	1.3	0.3
1962	189.3	91.7	97.6	199.7	1.0	0.8	0.2
1963	208.0	94.4	113.6	134.9	1.2	0.9	0.3
1964	212.7	106.0	106.7	126.4	1.3	0.9	0.4
1965	226.5	113.0	113.5	130.0	1.5	1.1	0.4
1977	234.7	113.4	121.3	134.0	1.8	1.2	0.7
1978	247.8	122.5	125.3	141.5	2.0	1.3	0.7
1979	256.7	139.4	117.3	131.2	2.4	1.5	0.9
1980	257.2	162.9	94.2	127.2	2.5	1.4	1.1
1981	256.1	172.4	83.7	124.0	3.1	1.9	1.2
1982	260.0	191.8	68.1	132.0	3.4	2.1	1.4
1983	259.9	196.3	63.6	131.0	3.5	2.2	1.3
1984	266.5	209.1	57.5	140.0	4.0	2.5	1.5
1985	257.5	208.8	48.6	131.1	4.0	2.6	1.4
1986	259.3	212.2	47.1	133.7	4.2	2.6	1.6
1987	259.4	211.4	48.0	130.4	4.7	3.1	1.6
1988	259.5	210.7	48.8	130.1	4.8	3.3	1.5
1989	262.3	213.5	48.8	133.4	4.8	3.3	1.5
1990	262.1	215.0	47.1	134.0	5.2	3.5	1.6
1991	255.6	213.8	41.8	127.0	5.7	3.9	1.8
1992	250.5	210.6	39.9	129.1	5.9	4.1	1.8
1993	251.8	221.0	30.8	107.4	5.7	4.1	1.6
1994	257.6	212.0	45.6	107.9	5.7	4.1	1.6
1995	256.1	210.7	45.3	104.6	5.8	4.3	1.6
1996	256.2	206.5	49.7	106.3	6.1	4.5	1.6
1997	250.7	208.9	41.8	107.2	6.2	4.7	1.4
1998	248.9	209.0	39.9	109.0	6.1	4.6	1.5
1999	247.5	206.2	41.3	108.9	6.2	4.6	1.6
2000	250.2	207.1	43.1	106.7	7.1	5.5	1.6
2001	238.6	199.7	38.9	109.3	7.0	5.5	1.5
2002	236.5	199.4	37.1	110.6	7.5	5.8	1.8
2003	222.4	192.5	29.9	107.4	6.3	5.3	1.0
2004	218.3	189.8	28.5	106.6	5.3	4.3	1.0
2005	208.9	181.8	27.1	102.3	6.0	4.9	1.1
2006	205.6	178.0	27.6	100.5	5.8	4.7	1.1

11—3 续表 单位:千克/人

年 份	猪牛羊肉	猪 肉	牛羊肉	家 禽	禽蛋及制品	水产品	食糖	酒
1954	4.6	3.7	0.9		0.8	1.4	0.4	0.8
1956	4.2	3.1	1.1		0.7	1.2	0.5	0.5
1957	4.5	3.5	1.1		0.8	1.1	0.5	0.5
1962	2.7	1.8	0.9		0.5	1.4	0.6	0.6
1963	4.2	3.0	1.2		0.8	1.4	0.4	0.5
1964	4.4	3.5	0.9		0.9	1.3	0.7	0.6
1965	4.8	3.8	1.0		0.9	1.3	0.7	0.6
1977	5.3	4.8	0.5	0.2	0.7	0.8	0.7	1.2
1978	5.8	5.2	0.6	0.3	0.8	0.8	0.7	1.2
1979	6.5	6.1	0.4	0.3	0.9	0.7	0.8	1.4
1980	7.7	7.3	0.5	0.7	1.2	1.1	1.1	1.9
1981	8.7	8.2	0.5	0.7	1.3	1.3	1.1	2.3
1982	9.1	8.4	0.7	0.8	1.4	1.3	1.2	2.7
1983	10.0	9.3	0.7	0.8	1.6	1.6	1.3	3.2
1984	10.6	9.9	0.7	0.9	1.8	1.7	1.3	3.5
1985	11.0	10.3	0.7	1.0	2.1	1.6	1.5	4.4
1986	11.8	11.1	0.7	1.1	2.1	1.9	1.6	5.0
1987	11.7	11.0	0.7	1.2	2.3	2.0	1.7	5.5
1988	10.7	10.1	0.7	1.3	2.3	1.9	1.4	5.9
1989	11.0	10.3	0.7	1.3	2.4	2.1	1.5	6.0
1990	11.3	10.5	0.8	1.3	2.4	2.1	1.5	6.1
1991	12.2	11.2	1.0	1.3	2.7	2.2	1.4	6.4
1992	11.8	10.9	1.0	1.5	2.9	2.3	1.5	6.6
1993	11.7	10.9	0.8	1.6	2.9	2.8	1.4	6.5
1994	11.0	10.2	0.8	1.6	3.0	3.0	1.3	6.0
1995	11.3	10.6	0.7	1.8	3.2	3.4	1.3	6.5
1996	12.9	11.9	1.1	1.9	3.4	3.7	1.4	7.1
1997	12.7	11.5	1.3	2.4	4.1	3.8	1.4	7.1
1998	13.2	11.9	1.3	2.3	4.1	3.7	1.4	7.0
1999	13.9	12.7	1.2	2.5	4.3	3.8	1.5	7.0
2000	14.4	13.3	1.1	2.8	4.8	3.9	1.3	7.0
2001	14.5	13.4	1.2	2.9	4.7	4.1	1.4	7.1
2002	14.9	13.7	1.2	2.9	4.7	4.4	1.6	7.5
2003	15.0	13.8	1.3	3.2	4.8	4.3	1.2	7.7
2004	14.8	13.5	1.3	3.1	4.6	4.5	1.1	7.8
2005	17.1	15.6	1.5	3.7	4.7	4.9	1.1	9.6
2006	17.0	15.5	1.6	3.5	5.0	5.0	1.1	10.0

11—4 农村居民家庭基本情况

指　　标	单位	1990年	1995年	2000年	2005年	2006年	2006年为下列各年%	
							1990年	2005年
调查户数	户	66960	67340	68116	68190	68190	101.8	100.0
调查户常住人口	人	321429	301878	286162	277759	276460	86.0	99.5
平均每户常住人口	人	4.80	4.48	4.20	4.07	4.05	84.4	99.4
平均每户劳动力	人	2.92	2.88	2.76	2.82	2.83	96.9	100.4
平均每人经营耕地面积	亩	2.10	2.17	1.98	2.08	2.11	100.4	101.4
平均每人经营山地面积	亩	0.42	0.44	0.28	0.32	0.31	73.8	96.9
平均每户生产性固定资产原值	元	1258.06	2774.27	4673.06	7155.55	7647.09	607.8	106.9
平均每人全年收入								
总收入	元	990.38	2337.87	3146.21	4631.21	5025.08	507.4	108.5
#工资性收入	元	138.80	353.70	702.30	1174.53	1374.80	990.5	117.1
家庭经营收入	元	815.79	1877.42	2251.28	3164.43	3309.95	405.7	104.6
纯收入	元	686.31	1577.74	2253.42	3254.93	3587.04	522.7	110.2
#工资性收入	元	138.80	353.70	702.30	1174.53	1374.80	990.5	117.1
家庭经营收入	元	518.55	1125.79	1427.27	1844.53	1930.96	372.4	104.7
现金收入	元	676.67	1595.56	2381.60	3915.51	4301.93	635.8	109.9
#工资性收入	元	136.43	352.88	700.41	1173.09	1373.80	1007.0	117.1
家庭经营收入	元	481.19	1116.73	1498.81	2472.34	2609.41	542.3	105.5
平均每人全年支出								
总支出	元	903.47	2138.33	2652.42	4126.91	4485.44	496.5	108.7
#家庭经营费用支出	元	241.09	621.71	654.27	1189.70	1242.31	515.3	104.4
费税支出	元	38.66	88.65	95.52	13.08	10.93	28.3	83.6
生活消费支出	元	584.63	1310.36	1670.13	2555.40	2829.02	483.9	110.7
财产性和转移性支出	元	18.80	55.28	168.60	237.60	263.54	1401.8	110.9
现金支出	元	639.06	1545.81	2140.37	3567.31	3931.76	615.2	110.2
#家庭经营费用现金支出	元	162.90	454.74	544.49	1052.53	1104.07	677.8	104.9
费税支出	元	33.37	76.96	89.81	12.91	10.86	32.5	84.1
生活消费现金支出	元	374.74	859.43	1284.74	2134.58	2415.47	644.6	113.2
财产性和转移性支出	元	47.59	92.36	157.42	236.16	261.73	550.0	110.8

11—5 农村居民总收入和纯收入

单位:元/人

指 标	1990 年	1995 年	2000 年	2005 年	2006 年	2006 年为下列各年%	
						1990 年	2005 年
一、总收入	990.38	2337.87	3146.21	4631.21	5025.08	507.4	108.5
工资性收入	138.80	353.70	702.30	1174.53	1374.80	990.5	117.1
家庭经营收入	815.79	1877.42	2251.28	3164.43	3309.95	405.7	104.6
财产性收入		40.98	45.04	88.45	100.50		113.6
转移性收入	35.79	65.77	147.59	203.81	239.82	670.1	117.7
二、纯收入	686.31	1577.74	2253.42	3254.93	3587.04	522.7	110.2
(一)工资性收入	138.80	353.70	702.30	1174.53	1374.80	990.5	117.1
(二)家庭经营纯收入	518.55	1125.79	1427.27	1844.53	1930.96	372.4	104.7
1. 第一产业收入	456.04	956.46	1090.67	1469.60	1521.30	333.6	103.5
农业收入	344.59	799.44	833.93	1097.71	1159.56	336.5	105.6
林业收入	7.53	13.52	22.44	45.77	54.97	730.1	120.1
牧业收入	96.81	127.81	207.35	283.60	265.58	274.3	93.6
渔业收入	7.11	15.69	26.95	42.52	41.19	579.3	96.9
2. 第二产业收入	21.33	48.16	99.40	108.26	121.67	570.4	112.4
工业收入	9.15	13.63	52.67	61.13	68.49	748.5	112.0
建筑业收入	12.18	34.53	46.73	47.12	53.18	436.6	112.9
3. 第三产业收入	41.18	121.17	237.20	266.67	287.99	699.3	108.0
交通、运输和邮电业收入	13.45	27.76	63.63	84.19	88.21	655.8	104.8
批发零售贸易、餐饮业收入	12.69	34.26	78.54	108.55	118.15	931.1	108.8
社会服务业收入	6.55	17.18	28.09	32.61	35.14	536.5	107.8
文教卫生业收入			6.86	10.13	12.50		123.3
其他家庭经营收入	8.49	41.97	60.08	31.19	33.99	400.4	109.0
(三)财产性和转移性收入	28.96	98.25	123.85	235.87	281.28	971.3	119.3

11—6 各地区农村居民纯收入

单位:元/人

地区	1990年	1995年	2000年	2005年	2006年	2006年为下列各年%	
						1990年	2005年
全国总计	**686.31**	**1577.74**	**2253.42**	**3254.93**	**3587.04**	**522.7**	**110.2**
北京	1297.05	3223.65	4604.55	7346.26	8275.47	638.0	112.6
天津	1069.04	2406.38	3622.40	5579.87	6227.94	582.6	111.6
河北	621.67	1668.73	2478.86	3481.64	3801.82	611.5	109.2
山西	603.51	1208.30	1905.60	2890.66	3180.92	527.1	110.0
内蒙古	607.15	1208.38	2038.20	2988.87	3341.88	550.4	111.8
辽宁	836.17	1756.50	2355.59	3690.21	4090.40	489.2	110.8
吉林	803.52	1609.60	2022.50	3263.99	3641.13	453.1	111.6
黑龙江	759.86	1766.27	2148.22	3221.27	3552.43	467.5	110.3
上海	1907.32	4245.61	5596.38	8247.77	9138.65	479.1	110.8
江苏	959.06	2456.86	3595.09	5276.29	5813.23	606.1	110.2
浙江	1099.04	2966.19	4253.67	6659.95	7334.81	667.4	110.1
安徽	539.16	1302.82	1934.57	2640.96	2969.08	550.7	112.4
福建	764.41	2048.59	3230.48	4450.36	4834.75	632.5	108.6
江西	669.90	1537.36	2135.30	3128.89	3459.53	516.4	110.6
山东	680.18	1715.09	2659.20	3930.55	4368.33	642.2	111.1
河南	526.95	1231.97	1985.82	2870.58	3261.03	618.8	113.6
湖北	670.80	1511.22	2268.59	3099.20	3419.35	509.7	110.3
湖南	664.24	1425.16	2197.16	3117.74	3389.62	510.3	108.7
广东	1043.03	2699.24	3654.48	4690.49	5079.78	487.0	108.3
广西	639.45	1446.14	1864.51	2494.67	2770.46	433.3	111.1
海南	696.22	1519.71	2182.26	3004.03	3255.53	467.6	108.4
重庆			1892.45	2809.32	2873.83		102.3
四川	557.76	1158.29	1903.60	2802.78	3002.38	538.3	107.1
贵州	435.14	1086.62	1374.16	1876.96	1984.62	456.1	105.7
云南	540.86	1010.97	1478.60	2041.79	2250.46	416.1	110.2
西藏	649.71	1200.31	1330.81	2077.90	2434.96	374.8	117.2
陕西	530.80	962.89	1443.86	2052.63	2260.19	425.8	110.1
甘肃	430.98	880.34	1428.67	1979.88	2134.05	495.2	107.8
青海	559.78	1029.77	1490.49	2151.46	2358.37	421.3	109.6
宁夏	578.13	998.75	1724.30	2508.89	2760.14	477.4	110.0
新疆	683.47	1136.45	1618.08	2482.15	2737.28	400.5	110.3

11－7 各地区农村居民纯收入

（按收入来源分）

单位:元/人

地区	纯收入	工资性收入	家庭经营纯收入	财产性收入	转移性收入
全国总计	**3587.04**	**1374.80**	**1930.96**	**100.50**	**180.78**
北京	8275.47	5047.39	1957.09	678.81	592.19
天津	6227.94	3247.92	2707.35	126.37	146.29
河北	3801.82	1514.68	2039.64	107.72	139.78
山西	3180.92	1374.34	1622.86	74.51	109.21
内蒙古	3341.88	590.70	2406.21	84.81	260.16
辽宁	4090.40	1499.47	2210.84	141.80	238.30
吉林	3641.13	605.11	2556.70	187.74	291.58
黑龙江	3552.43	654.86	2521.51	145.69	230.38
上海	9138.65	6685.98	767.71	558.17	1126.80
江苏	5813.23	3104.77	2271.37	178.51	258.58
浙江	7334.81	3575.14	3084.28	311.60	363.80
安徽	2969.08	1184.11	1617.76	52.78	114.43
福建	4834.75	1855.53	2481.62	113.52	384.09
江西	3459.53	1441.34	1863.50	35.13	119.57
山东	4368.33	1671.54	2409.78	127.60	159.40
河南	3261.03	1022.74	2108.26	40.37	89.66
湖北	3419.35	1199.16	2095.15	25.91	99.13
湖南	3389.62	1449.65	1743.39	42.49	154.09
广东	5079.78	2906.15	1693.64	220.87	259.12
广西	2770.46	972.32	1705.73	22.45	69.96
海南	3255.53	555.72	2486.94	49.44	163.43
重庆	2873.83	1309.91	1349.57	27.29	187.07
四川	3002.38	1219.51	1586.54	52.84	143.50
贵州	1984.62	715.49	1112.81	36.93	119.38
云南	2250.46	441.81	1631.60	82.19	94.85
西藏	2434.96	568.39	1410.51	156.00	300.06
陕西	2260.19	848.26	1219.33	52.56	140.04
甘肃	2134.05	637.37	1291.85	52.56	152.27
青海	2358.37	653.30	1374.36	100.66	230.05
宁夏	2760.14	823.09	1662.07	53.35	221.63
新疆	2737.28	254.07	2323.01	58.69	101.51

11—8 农村居民生活消费支出及构成

指 标	1990 年	1995 年	2000 年	2005 年	2006 年	2006 年为下列各年%	
						1990 年	2005 年
生活消费支出(元/人)	584.63	1310.36	1670.13	2555.40	2829.02	483.9	110.7
一、食品支出	343.76	768.19	820.52	1162.16	1216.99	354.0	104.7
二、衣着支出	45.44	89.79	95.95	148.57	168.04	369.8	113.1
三、居住支出	101.37	182.21	258.34	370.16	468.96	462.6	126.7
四、家庭设备用品及服务支出	30.90	68.48	75.45	111.44	126.56	409.6	113.6
五、交通和通讯支出	8.42	33.76	93.13	244.98	288.76	3429.5	117.9
六、文教娱乐用品及服务支出	31.38	102.39	186.71	295.48	305.13	972.4	103.3
七、医疗保健支出	19.02	42.48	87.57	168.09	191.51	1006.9	113.9
八、其他商品及服务支出	4.34	23.06	52.46	54.52	63.07	1453.3	115.7
生活消费支出构成(%)	100.00	100.00	100.00	100.00	100.00		
一、食品支出	58.80	58.62	49.13	45.48	43.02		
二、衣着支出	7.77	6.85	5.75	5.81	5.94		
三、居住支出	17.34	13.91	15.47	14.49	16.58		
四、家庭设备用品及服务支出	5.29	5.23	4.52	4.36	4.47		
五、交通和通讯支出	1.44	2.58	5.58	9.59	10.21		
六、文教娱乐用品及服务支出	5.37	7.81	11.18	11.56	10.79		
七、医疗保健支出	3.25	3.24	5.24	6.58	6.77		
八、其他商品及服务支出	0.74	1.76	3.14	2.13	2.23		

11—9 农村居民生活消费现金支出及构成

指 标	1990年	1995年	2000年	2005年	2006年	2006年为下列各年%	
						1990年	2005年
生活消费支出(元/人)	374.74	859.43	1284.74	2134.58	2415.47	644.6	113.2
一、食品支出	155.85	353.22	464.26	770.69	835.48	536.1	108.4
二、衣着支出	44.03	88.66	95.18	147.94	167.34	380.1	113.1
三、居住支出	81.15	147.86	231.06	342.33	438.31	540.1	128.0
四、家庭设备用品及服务支出	30.74	68.08	74.37	110.92	126.07	410.1	113.7
五、交通和通讯支出	8.41	33.73	93.13	244.98	288.76	3433.5	117.9
六、文教娱乐用品及服务支出	31.33	102.35	186.71	295.48	305.13	973.9	103.3
七、医疗保健支出	18.98	42.47	87.57	168.09	191.51	1009.0	113.9
八、其他商品及服务支出	4.25	23.06	52.46	54.14	62.87	1479.4	116.1
生活消费支出构成(%)	100.00	100.00	100.00	100.00	100.00		
一、食品支出	41.59	41.10	36.14	36.10	34.59		
二、衣着支出	11.75	10.32	7.41	6.93	6.93		
三、居住支出	21.66	17.20	17.98	16.04	18.15		
四、家庭设备用品及服务支出	8.20	7.92	5.79	5.20	5.22		
五、交通和通讯支出	2.24	3.92	7.25	11.48	11.95		
六、文教娱乐用品及服务支出	8.36	11.91	14.53	13.84	12.63		
七、医疗保健支出	5.06	4.94	6.82	7.87	7.93		
八、其他商品及服务支出	1.13	2.68	4.08	2.54	2.60		

11—10 各地区农村居民生活消费支出

单位:元/人

地区	生活消费支出	服务性支出	1.食品支出	2.衣着支出	3.居住支出
全国总计	**2829.02**	**866.73**	**1216.99**	**168.04**	**468.96**
北京	5724.50	2310.34	1878.95	451.63	859.37
天津	3341.06	1052.25	1212.62	265.30	664.43
河北	2495.33	740.60	915.50	167.87	531.66
山西	2253.25	702.47	867.65	227.61	305.02
内蒙古	2771.97	939.21	1082.07	184.60	352.85
辽宁	3066.87	914.25	1162.53	242.98	509.66
吉林	2700.66	778.39	1082.28	191.16	343.97
黑龙江	2618.19	731.59	923.70	198.96	560.00
上海	8006.00	2651.76	3023.53	417.57	1658.07
江苏	4135.21	1388.75	1728.99	223.26	641.06
浙江	6057.16	2016.58	2218.88	368.68	1202.02
安徽	2420.94	757.27	1045.19	138.37	378.65
福建	3591.40	1006.75	1621.92	213.31	563.85
江西	2676.60	863.42	1312.28	131.02	373.42
山东	3143.80	1022.95	1191.32	198.12	548.05
河南	2229.28	617.80	911.48	159.77	443.59
湖北	2732.46	827.51	1278.88	146.69	377.28
湖南	3013.32	1053.28	1463.33	137.69	420.96
广东	3885.97	1184.67	1887.17	151.15	633.99
广西	2413.93	746.49	1196.07	79.91	424.88
海南	2232.19	572.38	1191.09	75.15	252.34
重庆	2205.21	653.71	1150.98	113.28	254.17
四川	2395.04	685.64	1216.19	133.30	328.58
贵州	1627.07	378.61	838.42	88.56	265.54
云南	2195.64	538.00	1071.13	93.62	435.87
西藏	2002.24	266.06	965.83	184.85	467.79
陕西	2181.00	737.17	850.20	138.59	340.63
甘肃	1855.49	518.01	865.99	97.23	251.79
青海	2178.95	456.18	938.50	170.81	366.36
宁夏	2246.97	538.42	929.15	159.10	414.65
新疆	2032.36	610.79	810.74	187.03	371.56

11－10续表　　　　单位:元/人

地　区	4.家庭设备用品及服务支出	5.交通和通讯支出	6.文教娱乐用品及服务支出	7.医疗保健支出	8.其他商品及服务支出
全国总计	**126.56**	**288.76**	**305.13**	**191.51**	**63.07**
北　京	303.46	698.14	844.08	575.80	113.06
天　津	122.41	441.32	315.59	263.24	56.14
河　北	115.84	285.70	265.38	166.34	47.03
山　西	98.29	224.23	339.75	142.66	48.03
内蒙古	98.02	361.83	398.47	232.76	61.38
辽　宁	112.22	337.08	354.59	267.86	79.94
吉　林	105.11	295.99	346.79	256.28	79.07
黑龙江	79.26	267.05	279.69	253.84	55.68
上　海	481.04	779.88	919.94	549.44	176.52
江　苏	199.48	465.17	544.14	232.30	100.80
浙　江	288.25	664.81	731.65	459.39	123.47
安　徽	116.80	237.15	290.74	165.02	49.02
福　建	167.33	431.40	333.55	162.26	97.79
江　西	105.68	250.93	287.51	159.14	56.62
山　东	158.73	352.19	408.84	221.80	64.75
河　南	105.08	220.83	198.58	140.55	49.38
湖　北	135.53	246.07	292.34	172.44	83.24
湖　南	129.80	249.70	341.70	196.54	73.60
广　东	148.60	443.46	303.37	197.00	121.23
广　西	110.09	239.48	198.17	123.91	41.45
海　南	87.86	205.68	238.47	110.92	70.68
重　庆	117.98	186.57	189.73	159.68	32.83
四　川	114.13	203.63	196.64	160.31	42.26
贵　州	64.91	122.47	138.13	76.76	32.28
云　南	83.81	157.25	177.89	138.16	37.91
西　藏	125.14	104.30	64.27	54.37	35.69
陕　西	94.88	216.66	296.07	195.61	48.36
甘　肃	78.69	174.60	228.43	127.35	31.41
青　海	94.69	255.82	118.66	192.77	41.33
宁　夏	104.32	226.41	168.85	187.60	56.89
新　疆	73.04	209.46	157.00	189.69	33.85

11—11 各地区农村居民生活消费支出构成

单位：%

地区	生活消费支出	食品支出	衣着支出	居住支出	家庭设备用品及服务支出	交通和通讯支出	文教娱乐用品及服务支出	医疗保健支出	其他商品及服务支出
全国总计	**100**	**43.02**	**5.94**	**16.58**	**4.47**	**10.21**	**10.79**	**6.77**	**2.23**
北京	100	32.82	7.89	15.01	5.30	12.20	14.75	10.06	1.98
天津	100	36.29	7.94	19.89	3.66	13.21	9.45	7.88	1.68
河北	100	36.69	6.73	21.31	4.64	11.45	10.64	6.67	1.88
山西	100	38.51	10.10	13.54	4.36	9.95	15.08	6.33	2.13
内蒙古	100	39.04	6.66	12.73	3.54	13.05	14.37	8.40	2.21
辽宁	100	37.91	7.92	16.62	3.66	10.99	11.56	8.73	2.61
吉林	100	40.07	7.08	12.74	3.89	10.96	12.84	9.49	2.93
黑龙江	100	35.28	7.60	21.39	3.03	10.20	10.68	9.70	2.13
上海	100	37.77	5.22	20.71	6.01	9.74	11.49	6.86	2.20
江苏	100	41.81	5.40	15.50	4.82	11.25	13.16	5.62	2.44
浙江	100	36.63	6.09	19.84	4.76	10.98	12.08	7.58	2.04
安徽	100	43.17	5.72	15.64	4.82	9.80	12.01	6.82	2.02
福建	100	45.16	5.94	15.70	4.66	12.01	9.29	4.52	2.72
江西	100	49.03	4.90	13.95	3.95	9.37	10.74	5.95	2.12
山东	100	37.89	6.30	17.43	5.05	11.20	13.00	7.06	2.06
河南	100	40.89	7.17	19.90	4.71	9.91	8.91	6.30	2.22
湖北	100	46.80	5.37	13.81	4.96	9.01	10.70	6.31	3.05
湖南	100	48.56	4.57	13.97	4.31	8.29	11.34	6.52	2.44
广东	100	48.56	3.89	16.31	3.82	11.41	7.81	5.07	3.12
广西	100	49.55	3.31	17.60	4.56	9.92	8.21	5.13	1.72
海南	100	53.36	3.37	11.30	3.94	9.21	10.68	4.97	3.17
重庆	100	52.19	5.14	11.53	5.35	8.46	8.60	7.24	1.49
四川	100	50.78	5.57	13.72	4.77	8.50	8.21	6.69	1.76
贵州	100	51.53	5.44	16.32	3.99	7.53	8.49	4.72	1.98
云南	100	48.78	4.26	19.85	3.82	7.16	8.10	6.29	1.73
西藏	100	48.24	9.23	23.36	6.25	5.21	3.21	2.72	1.78
陕西	100	38.98	6.35	15.62	4.35	9.93	13.57	8.97	2.22
甘肃	100	46.67	5.24	13.57	4.24	9.41	12.31	6.86	1.69
青海	100	43.07	7.84	16.81	4.35	11.74	5.45	8.85	1.90
宁夏	100	41.35	7.08	18.45	4.64	10.08	7.51	8.35	2.53
新疆	100	39.89	9.20	18.28	3.59	10.31	7.73	9.33	1.67

11—12 各地区农村居民生活消费现金支出

单位:元/人

地　区	生活消费现金支出	服务性支出	1.食品支出	2.衣着支出	3.居住支出
全国总计	**2415.47**	**866.73**	**835.48**	**167.34**	**438.31**
北　京	5681.09	2310.34	1836.31	451.63	859.33
天　津	3261.91	1052.25	1133.62	265.16	664.43
河　北	2246.29	740.60	685.98	167.75	512.50
山　西	2039.80	702.47	659.02	227.43	300.56
内蒙古	2378.60	939.21	726.06	184.07	316.74
辽　宁	2740.97	914.25	866.55	242.96	479.84
吉　林	2398.45	778.39	818.37	189.90	306.94
黑龙江	2365.23	731.59	747.54	198.85	483.31
上　海	7807.08	2651.76	2824.99	417.57	1657.68
江　苏	3658.19	1388.75	1283.17	222.59	610.53
浙　江	5819.70	2016.58	2001.40	368.52	1182.44
安　徽	2050.09	757.27	697.37	138.18	355.93
福　建	3217.66	1006.75	1310.07	213.26	504.67
江　西	2111.73	863.42	777.45	130.06	344.34
山　东	2867.30	1022.95	916.49	197.11	548.00
河　南	1875.98	617.80	596.73	159.46	405.70
湖　北	2099.64	827.51	686.75	144.26	340.37
湖　南	2444.90	1053.28	918.18	137.66	398.01
广　东	3421.56	1184.67	1498.49	151.11	558.80
广　西	1917.97	746.49	752.23	79.91	372.76
海　南	1759.26	572.38	768.24	75.15	202.27
重　庆	1600.58	653.71	577.76	113.27	223.51
四　川	1816.09	685.64	675.71	132.85	292.49
贵　州	1167.92	378.61	392.85	88.56	253.00
云　南	1597.26	538.00	530.84	93.61	378.06
西　藏	1435.41	266.06	500.57	175.18	384.06
陕　西	1938.60	737.17	612.12	138.33	336.57
甘　肃	1365.33	518.01	381.12	97.23	247.41
青　海	1657.87	456.18	450.66	160.51	348.33
宁　夏	1824.87	538.42	523.86	159.10	397.84
新　疆	1696.40	610.79	494.47	182.85	358.29

11—12 续表 单位:元/人

地区	4. 家庭设备用品及服务支出	5. 交通和通讯支出	6. 文教娱乐用品及服务支出	7. 医疗保健支出	8. 其他商品及服务支出
全国总计	**126.07**	**288.76**	**305.13**	**191.51**	**62.87**
北京	303.46	698.14	844.08	575.80	112.33
天津	122.41	441.32	315.59	263.24	56.14
河北	115.82	285.70	265.38	166.34	46.82
山西	98.26	224.23	339.75	142.66	47.88
内蒙古	97.95	361.83	398.47	232.76	60.72
辽宁	112.15	337.08	354.59	267.86	79.94
吉林	105.11	295.99	346.79	256.28	79.07
黑龙江	79.26	267.05	279.69	253.84	55.68
上海	481.04	779.88	919.94	549.44	176.52
江苏	199.48	465.17	544.14	232.30	100.80
浙江	288.02	664.81	731.65	459.39	123.47
安徽	116.76	237.15	290.74	165.02	48.95
福建	167.33	431.40	333.55	162.26	95.13
江西	105.68	250.93	287.51	159.14	56.62
山东	158.71	352.19	408.84	221.80	64.15
河南	104.75	220.83	198.58	140.55	49.37
湖北	134.17	246.07	292.34	172.44	83.24
湖南	129.51	249.70	341.70	196.54	73.60
广东	148.10	443.46	303.37	197.00	121.23
广西	110.09	239.48	198.17	123.91	41.45
海南	87.85	205.68	238.47	110.92	70.68
重庆	117.24	186.57	189.73	159.68	32.83
四川	112.21	203.63	196.64	160.31	42.25
贵州	64.91	122.47	138.13	76.76	31.23
云南	83.75	157.25	177.89	138.16	37.71
西藏	117.00	104.30	64.27	54.37	35.65
陕西	94.88	216.66	296.07	195.61	48.36
甘肃	77.78	174.60	228.43	127.35	31.41
青海	90.12	255.82	118.66	192.77	41.00
宁夏	104.32	226.41	168.85	187.60	56.89
新疆	70.79	209.46	157.00	189.69	33.85

11—13 农村居民家庭年末主要耐用消费品拥有量

（平均每百户）

指　标	单位	1990年	1995年	2000年	2005年	2006年	2006年为下列各年%	
							1990年	2005年
洗衣机	台	9.1	16.9	28.6	40.2	43.0	471.3	107.0
电风扇	台	41.4	89.0	122.6	146.4	152.1	367.7	103.9
电冰箱	台	1.2	5.2	12.3	20.1	22.5	1842.6	111.7
抽油烟机	台		0.6	2.8	6.0	7.0		117.6
吸尘器	台		0.3	0.4	0.8	0.9		114.8
自行车	辆	118.3	147.0	120.5	98.4	98.7	83.4	100.4
摩托车	辆	0.9	4.9	21.9	40.7	44.6	5010.1	109.6
彩色电视机	台	4.7	16.9	48.7	84.1	89.4	1894.7	106.4
黑白电视机	台	39.7	63.8	53.0	21.8	17.5	43.9	80.2
录放像机	台		1.1	3.3	3.0	3.0		99.0
收录机	台	17.8	28.3	21.6	11.0	10.3	57.7	93.6
照相机	部	0.7	1.4	3.1	4.1	4.2	597.1	103.2

11—14 农村居民家庭新建住房和居住情况

指　标	单位	1990年	1995年	2000年	2005年	2006年	2006年为下列各年%	
							1990年	2005年
一、年内新建住房情况								
新建住房面积	平方米/人	0.82	0.78	0.87	0.83	0.84	102.4	101.2
＃砖木结构	平方米/人	0.47	0.37	0.36	0.29	0.27	57.4	93.1
钢筋混凝土结构	平方米/人	0.23	0.33	0.47	0.51	0.54	234.8	105.9
新建住房造价	元/平方米	92.32	200.30	260.23	373.31	392.93	425.6	105.3
二、年末居住情况								
住房面积	平方米/人	17.83	21.01	24.82	29.68	30.65	171.9	103.3
＃砖木结构	平方米/人	9.84	11.91	13.61	14.12	14.59	148.3	103.3
钢筋混凝土结构	平方米/人	1.22	3.10	6.15	11.17	11.79	966.4	105.6
住房价值	元/平方米	44.60	101.64	187.41	267.76	287.76	645.2	107.5

11—15 各地区农村居民家庭年末主要耐用消费品拥有量

（平均每百户）

地 区	自行车(辆)		摩托车(辆)		洗衣机(台)	
	2005年	2006年	2005年	2006年	2005年	2006年
全国总计	**98.37**	**98.74**	**40.70**	**44.59**	**40.20**	**42.98**
北 京	196.00	186.00	45.33	37.33	97.07	95.47
天 津	182.83	181.50	53.50	55.00	94.17	95.67
河 北	174.38	177.93	58.17	61.50	74.17	77.24
山 西	102.81	108.00	39.29	53.90	69.29	69.52
内蒙古	60.97	61.17	49.56	60.49	36.12	46.50
辽 宁	104.29	105.66	45.40	50.05	63.71	68.04
吉 林	67.50	65.19	43.75	50.31	59.06	65.06
黑龙江	72.59	72.41	34.02	37.01	65.22	67.68
上 海	173.50	176.67	72.00	73.67	85.67	89.00
江 苏	162.15	159.71	52.74	61.53	67.88	77.18
浙 江	130.89	127.37	62.63	64.48	51.70	54.19
安 徽	114.32	111.84	34.65	40.94	32.71	37.00
福 建	68.13	62.64	75.22	80.82	46.21	49.89
江 西	96.90	95.71	43.39	48.33	7.02	7.39
山 东	169.26	168.67	65.21	68.95	40.90	49.57
河 南	133.38	136.19	39.14	43.36	55.67	62.36
湖 北	79.09	80.55	39.15	45.00	26.39	30.12
湖 南	50.03	51.11	29.86	33.03	27.30	29.76
广 东	109.65	111.60	86.88	89.73	29.49	31.88
广 西	86.06	88.57	57.14	62.21	6.80	6.41
海 南	48.06	43.61	77.22	85.28	3.89	5.83
重 庆	14.06	13.89	12.56	15.78	21.50	27.67
四 川	42.98	44.93	24.85	27.85	40.85	45.43
贵 州	7.46	8.48	14.02	15.85	29.91	33.79
云 南	30.96	30.88	16.25	22.96	21.25	24.67
西 藏	32.29	37.08	12.71	17.08	6.46	10.21
陕 西	110.00	113.42	35.81	38.11	53.38	57.84
甘 肃	102.50	100.89	37.06	42.78	39.06	41.89
青 海	39.33	37.00	52.83	56.83	44.00	45.83
宁 夏	120.33	121.67	63.50	67.33	44.50	49.33
新 疆	80.97	83.42	45.42	49.29	28.26	32.32

11—15 续表 1

地区	黑白电视机(台)		彩色电视机(台)		收录机(台)	
	2005 年	2006 年	2005 年	2006 年	2005 年	2006 年
全国总计	**21.77**	**17.45**	**84.10**	**89.43**	**10.98**	**10.28**
北京	4.40	2.13	130.67	133.20	22.40	21.60
天津	1.33	1.67	116.50	118.00	18.67	17.67
河北	14.60	12.64	102.14	106.24	11.10	10.83
山西	21.86	10.52	82.33	98.38	17.10	12.90
内蒙古	14.76	12.86	87.09	90.49	16.17	14.66
辽宁	9.05	5.29	102.28	106.67	8.94	10.21
吉林	10.38	5.94	97.94	99.31	9.63	7.44
黑龙江	11.70	7.54	97.01	101.16	10.22	10.13
上海	21.33	18.83	157.33	166.83	27.00	25.17
江苏	31.41	24.56	104.71	118.12	11.76	11.85
浙江	20.89	16.41	133.63	141.52	14.89	12.26
安徽	32.23	27.19	84.65	91.84	7.68	7.13
福建	13.85	8.96	109.67	114.84	6.76	5.93
江西	35.39	29.67	82.33	90.04	3.92	3.22
山东	19.21	15.14	90.98	98.36	12.00	11.55
河南	26.52	20.93	81.69	88.76	6.33	5.45
湖北	27.42	20.94	83.18	92.12	4.59	4.55
湖南	33.59	28.38	73.62	80.92	5.05	5.08
广东	8.28	5.70	103.91	108.44	9.77	6.99
广西	29.22	25.97	80.91	87.19	5.54	5.54
海南	3.47	2.36	77.36	85.14	11.39	8.61
重庆	24.94	21.78	79.22	84.00	3.72	4.28
四川	30.93	25.98	81.80	86.40	6.73	6.45
贵州	12.99	10.49	66.79	74.02	2.41	1.70
云南	15.46	12.92	70.46	77.54	8.33	7.58
西藏	2.50	1.04	48.54	57.29	49.17	49.38
陕西	22.48	19.41	88.20	94.19	7.12	7.75
甘肃	19.67	13.94	86.44	89.44	31.44	28.94
青海	12.67	10.83	81.17	86.50	35.17	31.33
宁夏	22.50	20.17	92.67	98.67	17.00	17.00
新疆	35.16	32.06	61.81	68.32	41.55	44.13

11—15 续表 2

地　区	照相机(架)		电风扇(台)		电冰箱(台)	
	2005 年	2006 年	2005 年	2006 年	2005 年	2006 年
全国总计	**4.05**	**4.18**	**146.35**	**152.08**	**20.10**	**22.48**
北　京	33.07	30.40	153.47	152.40	100.00	100.80
天　津	10.00	10.00	136.50	139.50	78.67	79.67
河　北	3.50	3.60	161.00	162.45	30.64	32.62
山　西	4.81	5.05	58.19	59.14	14.43	17.57
内蒙古	2.82	3.64	17.52	21.12	12.86	20.58
辽　宁	6.14	6.30	58.73	60.95	28.04	32.22
吉　林	2.56	2.50	20.81	22.69	14.44	17.56
黑龙江	2.63	2.59	19.33	22.59	16.34	19.33
上　海	18.00	21.50	306.17	298.67	89.00	93.67
江　苏	6.71	8.50	241.50	246.38	36.03	50.88
浙　江	9.22	10.19	294.07	298.30	66.48	71.44
安　徽	3.06	2.84	202.84	208.81	21.71	26.87
福　建	5.49	5.11	194.34	202.69	38.13	45.93
江　西	1.84	1.76	176.41	185.47	10.53	12.33
山　东	7.00	6.86	175.50	180.88	28.60	33.62
河　南	2.14	1.71	170.57	178.00	13.48	15.50
湖　北	1.88	1.76	179.36	194.18	14.82	19.18
湖　南	1.89	2.24	199.68	206.33	13.73	16.54
广　东	6.52	6.95	289.77	302.81	24.73	27.54
广　西	1.60	1.73	241.52	250.09	6.67	8.61
海　南	1.53	0.56	125.28	132.36	7.36	7.92
重　庆	1.28	1.06	156.28	162.00	13.56	20.11
四　川	2.58	2.68	170.45	183.00	12.33	14.73
贵　州	0.63	0.49	44.73	49.73	8.79	10.40
云　南	1.83	2.17	8.71	9.13	6.92	7.50
西　藏	2.50	1.04	0.42	0.42	4.58	6.88
陕　西	1.98	2.43	88.74	92.97	8.02	9.68
甘　肃	2.78	2.39	26.33	27.78	7.06	7.22
青　海	2.50	2.33	4.00	4.50	18.00	20.50
宁　夏	3.17	2.33	25.50	27.67	10.17	12.33
新　疆	3.23	3.55	17.03	22.45	20.13	25.10

11—15 续表 3

地 区	录放像机(台)		抽油烟机(台)		吸尘器(台)	
	2005 年	2006 年	2005 年	2006 年	2005 年	2006 年
全国总计	**3.00**	**2.97**	**5.98**	**7.03**	**0.82**	**0.95**
北 京	8.80	9.47	42.00	44.13	5.47	4.93
天 津	4.33	7.50	19.83	21.83	6.17	6.83
河 北	2.83	3.14	3.81	4.88	0.48	0.50
山 西	1.95	2.24	2.57	3.81	0.24	0.10
内蒙古	0.68	0.68	1.55	1.65	0.24	0.44
辽 宁	4.44	5.19	7.35	7.62	1.48	1.64
吉 林	1.88	1.94	1.06	0.75	0.13	
黑龙江	1.16	0.89	5.31	5.49	0.22	0.31
上 海	13.50	14.17	60.00	64.67	20.83	24.33
江 苏	6.76	5.65	12.65	21.85	3.00	4.41
浙 江	10.52	10.19	37.41	40.74	4.11	4.00
安 徽	2.35	2.42	2.19	2.42	0.03	0.06
福 建	3.96	4.01	9.62	12.03	0.93	1.43
江 西	2.20	1.92	1.80	2.41	0.04	0.12
山 东	2.95	3.19	6.00	6.74	0.43	0.52
河 南	0.88	0.60	0.48	0.74	0.10	0.17
湖 北	0.82	0.76	3.12	3.73	0.15	0.09
湖 南	0.89	1.38	1.51	1.62	0.08	0.11
广 东	5.00	3.71	15.94	17.11	0.55	0.51
广 西	0.48	1.00	1.08	1.04		0.04
海 南	8.06	7.22	0.97	0.56	0.14	0.14
重 庆	1.83	3.50	1.33	1.44	0.33	0.11
四 川	2.60	1.73	0.88	1.23	0.05	
贵 州	0.58	0.40	1.07	1.21	0.18	0.18
云 南	2.38	2.50	0.75	1.08	0.04	
西 藏	3.13	6.25				
陕 西	0.95	1.04	0.63	0.90	0.09	0.09
甘 肃	1.50	0.78	0.78	0.50	0.06	0.06
青 海	2.17	1.00	1.33	0.50		
宁 夏			1.17	1.17		
新 疆	9.29	9.23	1.23	1.16	0.06	0.13

11—16 各地区农村居民年内新建住房情况

地区	年内新建住房造价(元/平方米)		年内新建住房面积(平方米/人)					
					砖木结构		钢筋混凝土结构	
	2005年	2006年	2005年	2006年	2005年	2006年	2005年	2006年
全国总计	**373.31**	**392.93**	**0.83**	**0.84**	**0.29**	**0.27**	**0.51**	**0.54**
北京	1140.51	751.88	0.98	0.90	0.34	0.70	0.51	0.18
天津	1035.38	609.70	0.73	0.21	0.39	0.19	0.34	
河北	415.49	411.51	0.74	0.55	0.36	0.32	0.38	0.22
山西	357.70	400.17	0.42	0.35	0.16	0.09	0.26	0.26
内蒙古	324.01	283.63	0.41	0.39	0.35	0.38	0.04	0.01
辽宁	518.50	624.85	0.36	0.31	0.27	0.18	0.09	0.13
吉林	460.04	486.54	0.47	0.40	0.45	0.37	0.02	0.02
黑龙江	497.54	584.89	0.53	0.60	0.49	0.54	0.03	0.02
上海	811.61	2451.42	0.73	0.26	0.05	0.17	0.68	0.09
江苏	662.14	613.36	0.85	0.68	0.19	0.10	0.66	0.58
浙江	627.70	621.42	1.04	1.45	0.09	0.10	0.93	1.36
安徽	372.12	383.35	1.03	0.92	0.19	0.08	0.84	0.85
福建	378.74	369.45	0.93	1.10	0.21	0.31	0.68	0.79
江西	260.64	267.83	1.48	1.70	0.10	0.02	1.39	1.66
山东	369.36	459.83	1.03	1.25	0.62	0.71	0.41	0.54
河南	324.65	341.67	1.48	1.44	0.48	0.54	1.00	0.88
湖北	292.04	294.95	0.97	1.05	0.19	0.14	0.78	0.90
湖南	261.30	323.80	0.82	0.99	0.41	0.36	0.41	0.62
广东	459.57	433.11	0.57	0.83	0.02	0.01	0.55	0.83
广西	296.05	319.92	1.10	0.77	0.03	0.02	1.04	0.75
海南	460.39	400.71	0.76	0.65	0.34	0.31	0.42	0.34
重庆	237.88	288.29	0.45	0.22	0.18	0.06	0.27	0.16
四川	291.15	319.33	0.57	0.48	0.19	0.15	0.35	0.33
贵州	236.55	284.82	0.69	0.55	0.22	0.09	0.47	0.42
云南	299.37	406.74	0.26	0.69	0.08	0.14	0.10	0.51
西藏	212.08	472.33	0.59	1.38	0.16	0.08		0.17
陕西	313.54	356.15	0.75	0.76	0.17	0.22	0.51	0.48
甘肃	314.17	368.59	0.53	0.33	0.29	0.19	0.18	0.08
青海	312.55	311.41	0.86	0.61	0.63	0.36	0.18	0.22
宁夏	277.71	297.01	1.03	0.89	0.84	0.70	0.07	0.04
新疆	225.89	215.67	1.37	1.43	1.04	1.09	0.08	0.05

11—17 各地区农村居民居住情况

地区	年末住房价值（元/平方米）		年末住房面积（平方米/人）					
					砖木结构		钢筋混凝土结构	
	2005 年	2006 年	2005 年	2006 年	2005 年	2006 年	2005 年	2006 年
全国总计	**267.76**	**287.76**	**29.68**	**30.65**	**14.12**	**14.59**	**11.17**	**11.79**
北京	650.32	727.29	36.43	39.83	28.00	32.55	7.68	6.60
天津	659.85	795.77	26.03	27.55	22.84	23.47	3.19	3.54
河北	294.58	307.62	28.35	29.13	21.10	22.15	6.11	5.82
山西	276.96	280.14	24.15	24.96	16.24	16.87	5.52	5.85
内蒙古	167.29	199.36	19.65	20.11	11.79	12.13	0.15	0.23
辽宁	343.42	356.08	25.09	25.20	20.46	20.36	4.30	4.41
吉林	270.28	279.22	20.10	20.68	16.06	17.11	0.63	0.52
黑龙江	331.97	367.19	20.37	20.91	13.90	15.18	1.06	0.75
上海	988.82	1237.17	56.56	59.99	24.68	26.84	31.63	32.93
江苏	400.65	412.29	38.59	40.80	16.63	16.13	21.58	24.54
浙江	416.14	435.64	56.65	57.72	18.09	18.91	36.86	37.02
安徽	238.86	249.08	27.02	27.97	14.04	13.67	12.37	13.67
福建	315.69	377.56	40.00	42.35	11.42	11.93	21.23	23.61
江西	188.38	198.83	34.10	35.91	11.52	10.74	19.94	22.33
山东	283.98	306.30	29.64	30.69	20.72	21.20	7.45	8.02
河南	213.83	226.99	27.21	28.44	15.72	16.08	10.37	11.15
湖北	171.74	187.97	36.05	36.77	14.46	14.51	18.32	19.42
湖南	177.85	184.65	38.38	39.28	22.77	21.97	13.56	14.92
广东	376.90	379.21	25.71	26.60	5.28	5.20	19.06	19.94
广西	205.78	214.92	28.67	29.60	6.48	6.32	18.15	19.35
海南	269.64	278.85	21.82	22.05	16.18	16.13	5.48	5.85
重庆	170.26	178.16	32.91	34.30	15.86	18.45	9.75	9.34
四川	173.44	189.76	34.61	34.67	14.81	17.12	11.44	10.17
贵州	142.95	157.40	23.50	23.84	11.43	11.65	7.32	7.65
云南	179.47	189.35	25.24	25.79	4.73	4.90	3.99	4.58
西藏	189.70	206.66	19.14	20.96	1.87	2.83	0.35	0.91
陕西	216.13	223.20	26.01	26.93	10.29	11.31	9.45	9.66
甘肃	182.43	183.97	18.71	19.12	6.56	6.56	1.07	1.08
青海	157.84	157.91	17.95	18.53	4.71	4.91	0.99	0.94
宁夏	185.76	193.90	21.03	21.64	11.15	11.90	0.95	0.90
新疆	160.97	168.41	21.13	21.95	6.48	7.63	0.98	1.14

11—18 农村居民主要食品消费量

指　　标	单位	1990 年	1995 年	2000 年	2005 年	2006 年	2006 年为下列各年百分比(%)	
							1990 年	2005 年
粮食(原粮)	千克/人	262.08	256.07	250.23	208.85	205.62	78.5	98.5
#细粮	千克/人	215.02	210.74	207.10	181.80	178.04	82.8	97.9
食用油	千克/人	5.17	5.80	7.06	6.01	5.84	113.0	97.2
蔬菜及制品	千克/人	134.00	104.62	106.74	102.28	100.53	75.0	98.3
猪肉	千克/人	10.54	10.58	13.28	15.62	15.46	146.7	99.0
牛肉	千克/人	0.41	0.36	0.52	0.64	0.67	163.4	104.7
羊肉	千克/人	0.39	0.35	0.61	0.83	0.90	230.8	108.3
家禽	千克/人	1.25	1.83	2.81	3.67	3.51	280.8	95.6
禽蛋及制品	千克/人	2.41	3.22	4.77	4.71	5.00	207.5	106.2
奶及奶制品	千克/人	1.08	0.64	1.06	2.86	3.15	291.7	110.1
水产品	千克/人	2.13	3.36	3.92	4.94	5.01	235.2	101.4
食糖	千克/人	1.50	1.28	1.28	1.13	1.09	72.7	96.5
卷烟	盒/人	27.98	24.60	23.86	24.98	24.64	88.1	98.6
酒	千克/人	6.14	6.53	7.02	9.59	9.97	162.4	104.0

11－19 各地区农村居民主要食品消费量

单位:千克/人

地区	粮食(原粮)		食用植物油		蔬菜及制品		猪肉	
	2005年	2006年	2005年	2006年	2005年	2006年	2005年	2006年
全国总计	**208.85**	**205.62**	**4.90**	**4.72**	**102.28**	**100.53**	**15.62**	**15.46**
北京	128.61	109.35	9.18	8.60	92.41	91.46	13.20	14.71
天津	152.65	140.50	9.11	9.00	79.00	66.21	9.85	11.19
河北	200.00	189.42	6.28	6.63	57.70	61.61	7.15	7.58
山西	214.90	200.59	5.41	6.02	80.72	78.81	5.08	5.82
内蒙古	207.43	196.41	3.89	2.87	76.93	77.94	20.75	20.18
辽宁	195.35	193.03	6.43	5.88	173.58	171.78	16.91	18.46
吉林	175.02	200.49	6.35	6.03	138.09	140.65	13.22	12.53
黑龙江	183.03	166.93	9.06	8.45	112.64	114.73	8.72	8.55
上海	145.49	160.04	8.45	7.96	70.59	68.71	17.92	18.19
江苏	207.22	217.16	4.61	4.91	108.87	113.26	12.77	12.77
浙江	184.28	180.02	4.51	4.56	82.03	83.34	16.74	16.78
安徽	213.46	209.59	5.25	5.13	78.70	76.28	10.12	10.14
福建	190.36	200.16	3.08	3.38	90.48	89.98	18.41	18.51
江西	243.94	253.74	5.62	5.16	136.40	130.96	15.31	14.84
山东	194.20	199.13	6.94	7.43	72.86	77.48	7.86	8.38
河南	210.91	210.65	4.25	4.32	100.75	99.63	5.46	6.38
湖北	214.80	212.79	2.98	2.89	152.47	143.75	20.63	20.91
湖南	237.95	230.36	4.29	3.28	140.07	134.33	20.12	19.57
广东	228.28	213.84	5.35	4.34	122.02	115.72	20.42	24.08
广西	189.45	183.42	3.02	2.70	101.68	104.76	15.22	14.99
海南	188.79	207.45	1.40	1.45	71.19	63.68	17.84	17.50
重庆	215.62	204.33	3.39	2.24	152.33	144.67	30.08	30.29
四川	220.98	209.15	3.75	3.26	155.89	147.35	31.03	29.29
贵州	186.35	184.19	2.17	1.65	135.51	134.44	30.21	28.94
云南	192.17	199.72	1.84	1.17	98.30	93.08	27.92	30.18
西藏	262.02	279.72	4.51	5.78	23.03	24.23	2.02	2.38
陕西	205.22	193.90	6.31	6.72	54.01	57.47	7.58	7.37
甘肃	261.64	260.15	3.56	3.69	43.57	39.10	14.87	14.10
青海	232.46	220.81	3.27	3.37	43.63	42.69	9.94	11.24
宁夏	233.26	212.33	4.66	6.35	82.68	76.55	7.74	8.01
新疆	235.37	225.15	10.79	10.72	67.89	63.78	0.67	0.60

11—19 续表 1

单位:千克/人

地　区	牛羊肉		家　禽		禽蛋及制品		鱼虾贝蟹	
	2005年	2006年	2005年	2006年	2005年	2006年	2005年	2006年
全国总计	**1.47**	**1.57**	**3.67**	**3.51**	**4.71**	**5.00**	**4.56**	**4.62**
北　京	4.21	4.53	2.93	2.57	9.32	9.23	4.63	5.05
天　津	2.21	2.17	0.65	0.64	8.94	9.53	7.21	8.34
河　北	0.84	0.82	0.75	0.56	6.27	6.97	2.35	2.40
山　西	0.46	0.56	0.41	0.38	5.74	6.01	0.56	0.58
内蒙古	5.50	5.57	2.25	1.63	4.29	4.51	1.47	1.58
辽　宁	0.95	0.75	2.08	1.77	8.58	9.35	5.24	5.70
吉　林	1.20	0.94	4.29	3.66	8.60	8.20	3.84	4.03
黑龙江	0.86	0.81	3.32	2.88	5.74	5.90	3.63	3.34
上　海	1.55	1.83	8.90	7.72	7.66	7.68	16.85	18.29
江　苏	1.30	1.30	5.65	5.51	6.38	6.91	9.41	9.89
浙　江	1.03	1.09	6.45	5.90	4.59	4.76	13.32	13.46
安　徽	0.58	0.57	4.64	4.03	4.69	5.01	5.01	5.04
福　建	0.47	0.60	6.16	6.15	3.40	3.62	12.10	12.12
江　西	0.30	0.39	3.75	3.59	3.50	3.27	4.98	5.14
山　东	0.62	0.61	2.66	2.49	10.44	10.81	4.19	4.09
河　南	0.97	0.81	1.57	1.60	8.48	10.10	1.23	1.30
湖　北	0.44	0.53	3.02	2.91	4.14	4.15	7.86	8.27
湖　南	0.45	0.40	4.61	4.47	3.38	3.36	5.91	5.67
广　东	0.49	0.53	10.08	10.67	2.76	2.77	13.19	12.66
广　西	0.22	0.23	9.19	8.91	1.05	1.09	3.98	3.67
海　南	0.64	1.09	10.02	10.05	1.23	1.47	14.56	14.49
重　庆	0.21	0.10	3.82	3.34	6.53	6.87	2.21	2.31
四　川	0.55	0.64	4.40	4.09	4.84	4.91	2.06	2.18
贵　州	0.33	0.27	1.69	1.80	1.28	1.41	0.31	0.44
云　南	0.60	0.87	2.93	3.01	1.67	1.86	1.03	1.27
西　藏	15.92	16.19	0.09		0.64	0.42	0.01	
陕　西	0.44	0.41	0.43	0.42	2.21	2.61	0.32	0.31
甘　肃	1.69	2.03	0.81	0.86	1.66	1.75	0.19	0.26
青　海	10.83	13.83	0.56	0.80	0.54	0.85	0.31	0.23
宁　夏	5.50	5.40	2.50	2.78	2.17	3.02	0.43	0.56
新　疆	11.55	12.94	1.70	1.39	1.00	1.21	0.40	0.40

11—19 续表 2

单位:千克/人

地区	食糖		卷烟(盒/人)		酒	
	2005 年	2006 年	2005 年	2006 年	2005 年	2006 年
全国总计	**1.13**	**1.09**	**24.98**	**24.64**	**9.59**	**9.97**
北　京	1.27	1.14	37.55	40.37	21.25	21.37
天　津	0.41	0.45	29.26	30.74	10.81	10.43
河　北	0.77	0.76	20.59	19.50	9.16	9.19
山　西	0.96	0.97	28.98	29.16	3.40	3.64
内蒙古	1.08	1.07	26.42	26.54	13.53	14.28
辽　宁	0.70	0.79	20.59	20.40	13.73	13.60
吉　林	0.72	0.65	21.29	22.41	14.83	16.15
黑龙江	0.84	0.79	21.33	20.18	17.45	17.66
上　海	1.92	1.86	49.44	50.66	18.23	18.31
江　苏	1.19	1.21	27.69	26.83	11.24	12.13
浙　江	1.64	1.54	37.50	37.95	25.16	26.11
安　徽	1.16	1.09	27.77	26.93	12.72	13.36
福　建	1.95	1.74	29.95	29.07	18.56	18.30
江　西	1.02	0.96	26.35	25.06	9.72	10.65
山　东	0.57	0.89	24.41	25.48	17.25	14.66
河　南	1.06	1.11	21.95	21.63	5.97	6.53
湖　北	0.97	0.95	30.53	30.98	10.17	11.93
湖　南	1.19	1.11	28.61	27.76	5.18	5.60
广　东	1.89	1.50	24.87	23.10	3.72	3.56
广　西	1.18	1.04	15.90	15.38	7.33	7.68
海　南	1.10	1.07	20.83	20.11	4.82	5.01
重　庆	1.95	1.91	31.93	32.37	10.40	12.26
四　川	1.45	1.40	26.18	25.30	8.29	9.50
贵　州	0.85	0.78	23.79	23.24	6.26	6.47
云　南	1.21	1.12	26.86	26.31	6.72	7.52
西　藏	3.18	2.77	12.93	13.25	1.24	2.02
陕　西	0.75	0.69	28.19	27.60	3.57	3.76
甘　肃	0.75	0.75	22.25	22.86	4.88	5.27
青　海	1.51	1.46	15.40	14.01	2.96	3.24
宁　夏	1.38	1.32	15.25	15.24	2.97	3.08
新　疆	0.45	0.45	3.19	3.18	1.27	1.22

11—20 各地区农村居民家庭纯收入构成

（按人均纯收入分组）

单位：%

地　　区	纯收入合计	工资性收入	家庭经营纯收入	财产性纯收入	转移性纯收入
全国总计	**100**	**38.33**	**53.83**	**2.80**	**5.04**
4000元以上地区	100	53.65	35.50	4.45	6.40
上　　海	100	73.16	8.40	6.11	12.33
北　　京	100	60.99	23.65	8.20	7.16
浙　　江	100	48.74	42.05	4.25	4.96
天　　津	100	52.15	43.47	2.03	2.35
江　　苏	100	53.41	39.07	3.07	4.45
广　　东	100	57.21	33.34	4.35	5.10
福　　建	100	38.38	51.33	2.35	7.94
山　　东	100	38.26	55.16	2.92	3.65
辽　　宁	100	36.66	54.05	3.47	5.83
3000—4000元地区	100	31.17	61.74	2.27	4.83
河　　北	100	39.84	53.65	2.83	3.68
吉　　林	100	16.62	70.22	5.16	8.01
黑 龙 江	100	18.43	70.98	4.10	6.49
江　　西	100	41.66	53.87	1.02	3.46
湖　　北	100	35.07	61.27	0.76	2.90
湖　　南	100	42.77	51.43	1.25	4.55
内 蒙 古	100	17.68	72.00	2.54	7.78
河　　南	100	31.36	64.65	1.24	2.75
海　　南	100	17.07	76.39	1.52	5.02
山　　西	100	43.21	51.02	2.34	3.43
四　　川	100	40.62	52.84	1.76	4.78
2000—3000元地区	100	30.11	61.00	2.58	6.31
安　　徽	100	39.88	54.49	1.78	3.85
重　　庆	100	45.58	46.96	0.95	6.51
广　　西	100	35.10	61.57	0.81	2.53
宁　　夏	100	29.82	60.22	1.93	8.03
新　　疆	100	9.28	84.87	2.14	3.71
西　　藏	100	23.34	57.93	6.41	12.32
青　　海	100	27.70	58.28	4.27	9.75
陕　　西	100	37.53	53.95	2.33	6.20
云　　南	100	19.63	72.50	3.65	4.21
甘　　肃	100	29.87	60.54	2.46	7.14
2000元以下地区	100	36.05	56.07	1.86	6.02
贵　　州	100	36.05	56.07	1.86	6.02

11—21 四大地区农村居民家庭基本情况

指　　标	单位	全国合计	东部地区	中部地区	西部地区	东北地区
一、常住人口	人/户	4.05	3.90	4.08	4.31	3.55
整、半劳动力	人/户	2.83	2.76	2.91	2.88	2.64
平均每个劳动力负担人口	人	1.43	1.41	1.40	1.49	1.35
整、半劳动力占常住人口比重	%	69.86	70.72	71.33	66.94	74.35
二、年末生产性固定资产原值	元/户	7647.09	8800.37	5331.02	7707.02	10698.19
三、年内新建住房面积	平方米/人	0.84	0.89	1.12	0.65	0.45
＃砖木结构	平方米/人	0.27	0.29	0.24	0.24	0.38
钢筋混凝土结构	平方米/人	0.54	0.60	0.87	0.32	0.05
楼房	平方米/人	0.52	0.56	0.89	0.30	0.02
年末住房面积	平方米/人	30.65	35.89	32.49	26.34	22.17
＃砖木结构	平方米/人	14.59	17.44	15.89	10.42	17.34
钢筋混凝土结构	平方米/人	11.79	16.88	14.65	7.09	1.82
四、总收入	元/人	5025.08	6753.73	4440.81	3926.67	6181.26
纯收入	元/人	3587.04	5188.23	3283.16	2588.37	3744.88
现金收入	元/人	4301.93	6189.85	3678.62	3108.10	5392.87
五、总支出	元/人	4485.44	5602.28	3886.06	3702.87	5788.28
＃家庭经营费用支出	元/人	1242.31	1325.33	992.71	1175.87	2152.55
购置生产性固定资产支出	元/人	139.63	132.54	110.86	141.79	267.48
税费支出	元/人	10.93	16.06	11.47	6.45	8.65
生活消费支出	元/人	2829.02	3806.23	2559.88	2192.08	2781.14
现金支出	元/人	3931.76	5211.21	3335.70	2983.68	5323.01
六、主要食品消费量						
粮食	千克/人	205.62	195.39	219.38	208.05	184.68
蔬菜	千克/人	100.53	86.67	111.98	95.12	139.89
食用油	千克/人	5.84	6.55	5.70	4.99	7.47
肉禽及其制品	千克/人	22.31	23.27	17.68	26.18	17.72

11—22 按人均纯收入五等分分组的农村居民收入与消费

指　　标	单位	低收入户	中下收入户	中等收入户	中上收入户	高收入户
一、纯收入	元/人	1182.46	2222.03	3148.50	4446.59	8474.79
工资性收入	元/人	386.03	814.13	1230.54	1806.96	3495.24
家庭经营收入	元/人	698.85	1265.72	1731.32	2356.46	4172.00
财产性收入	元/人	19.90	32.64	51.81	91.07	359.36
转移性收入	元/人	77.67	109.52	134.84	192.10	448.20
二、现金收入	元/人	1658.67	2544.88	3588.87	5190.20	10275.30
三、生活消费支出	元/人	1624.73	2039.13	2567.92	3230.35	5276.75
四、主要耐用消费品拥有量						
彩电	台/百户	80.64	88.26	94.02	101.26	118.89
冰箱	台/百户	11.71	14.80	19.68	28.35	53.85
洗衣机	台/百户	33.92	39.46	45.75	51.78	65.75

12

农村文化、教育、卫生及其他事业

12—1 农村普通中学、小学的学生与教师数

指　标	单位	1995年	2000年	2003年	2004年	2005年	2006年
一、高中							
学校数	所	3112	2629	2288	2454	2180	2160
班数	万个	2.3	2.9	3.6	4.3	4.0	4.0
毕业生数	万人	33.1	39.2	47.8	62.1	65.7	67.6
招生数	万人	44.7	64.4	81.4	96.0	88.0	82.4
学生数	万人	113.2	157.8	210.4	255.1	233.7	232.1
专任教师	万人	9.4	10.4	11.4	13.6	12.4	12.7
二、初中							
学校数	所	45626	39313	37251	38095	36405	35283
班数	万个	50.9	60.1	54.5	54.7	49.5	45.9
毕业生数	万人	684.6	903.8	937.4	1015.2	975.1	940.2
招生数	万人	1017.3	1265.9	1063.6	1024.3	882.5	809.6
学生数	万人	2659.8	3428.5	3160.4	3168.3	2784.7	2563.7
专任教师	万人	149.9	168.2	157.8	163.3	153.4	149.9
三、小学							
学校数	万所	55.9	44.0	36.0	33.7	31.7	29.5
班数	万个	309.4	274.6	245.8	235.1	222.6	211.0
毕业生数	万人	1328.7	1567.6	1523.4	1456.2	1331.0	1215.6
招生数	万人	1791.1	1253.7	1192.4	1130.3	1067.9	1081.4
学生数	万人	9306.2	8503.7	7689.2	7378.6	6947.8	6676.1
教职工数	万人	419.9	398.3	391.5	390.9	383.3	377.7
其中:专任教师	万人	382.7	367.8	364.6	363.8	356.9	352.1

注:高中包括完全中学在内。

12－2 农民成人教育基本情况

指　　标	单位	1995年	2000年	2003年	2004年	2005年	2006年
一、农民高等学校							
学校数	所	4	3	2	3	3	2
毕业生数	人	203	400	316	474	26	1845
招生数	人	484	400		2053	978	1116
学生数	人	966	800	1000	2136	3086	2130
专任教师	人	146	100	200	171	130	130
二、农民中等专业学校							
学校数	所	453	381				
毕业生数	人	55670	69926				
招生数	人	87020	58742				
学生数	人	191769	164793				
专任教师	人	10055	11673				
三、农民技术培训学校							
学校数	万所	38.5	48.6	21.5	19.2	16.7	15.1
毕业生数	万人	7035.4	9047.1	5765.5	5127.2	4793.2	4520.6
招生数	万人	5437.3	7744.7				
在校学生	万人	4948.7	6209.6	4549.4	4684.2	3729.3	3842.4
专任教师	万人	13.6	14.6	11.0	10.6	10.9	10.3
四、农民中学							
学校数	所	3821	2622	2760	2502	2582	2071
毕业生数	万人	38.4	19.5	70.2	73.5	75.1	79.7
招生数	万人	34.1	18.6				
学生数	万人	40.7	25.2	63.3	57.9	53.7	53.3
专任教师	万人	0.9	0.8	0.8	0.8	0.8	0.6
五、农民小学							
学校数	万所	16.7	16.0	8.2	6.8	6.1	5.4
毕业生数	万人	754.0	493.5	385.5	355.3	297.7	273.3
招生数	万人	669.4	442.6				
学生数	万人	763.7	473.5	375.0	380.1	307.5	263.2
专任教师	万人	5.6	4.5	4.7	4.3	4.4	4.1

12—3 农村乡(镇)卫生院、床位和卫生人员

指 标	单位	1995年	2000年	2003年	2004年	2005年	2006年
一、乡(镇)卫生院	个	51797	49229	44279	41626	40907	39975
中心卫生院	个	10098	9631	10031	10003	10025	10178
乡卫生院	个	41699	39598	34248	31623	30882	29797
二、床位	张	733064	734807	672741	668863	678240	696231
中心卫生院	张	289581	285638	272340	274431	281456	296189
乡卫生院	张	443483	449169	400401	394432	396784	400042
三、人员	人	1051752	1169826	1057463	1026099	1012006	1000112
中心卫生院	人	373601	422753	418502	415707	415474	421625
乡卫生院	人	678151	747073	638961	610392	596532	578487
人员中:							
卫生技术人员	人	918870	1026244	905984	881142	870500	859945

12—4 村卫生室及人员数

指 标	1985	1990	1995	2000	2004	2005	2006
行政村数(万个)	94.1	74.3	73.7	73.5	65.3	62.9	62.5
设置卫生室的村数占行政村%	87.4	86.2	88.9	89.8	80.7	85.8	88.1
村卫生室数(万个)	77.8	80.4	80.4	70.9	55.2	58.3	60.9
村办	30.6	26.6	29.7	30.1	29.8	31.4	33.4
联营	8.9	8.7	9.1	9.0	2.7	3.9	3.7
乡卫生院设点	3.0	3.0	3.6	4.7	4.2	3.2	3.5
私人办	32.4	38.2	35.5	25.5	16.7	18.0	18.7
其他	3.0	3.9	2.3	1.6	1.9	1.8	1.7
乡村医生和卫生员数(万人)	129.3	123.2	133.1	131.9	88.3	91.7	95.7
其中:乡村医生	64.3	77.7	95.6	102.0	82.6	86.4	90.6
平均每村乡村医生和卫生员(人)	1.80	1.64	1.81	1.81	1.37	1.46	1.53
每千农业人口乡村医生和卫生员(人)	1.55	1.38	1.48	1.44	1.02	1.05	1.10
农村接生员(万人)	51.4	47.1	35.9	25.6			

12－5 各地区乡(镇)卫生院、床位数和卫生人员数

地 区	卫生院(个)	床 位(张)	卫生人员数(人)
全国总计	**39975**	**696231**	**1000112**
北 京	162	3786	6444
天 津	183	2231	5000
河 北	1965	37656	43137
山 西	1544	22155	28433
内蒙古	1325	13148	18901
辽 宁	1008	22057	23839
吉 林	779	12355	24367
黑龙江	925	13009	21572
上 海	49	4640	3078
江 苏	1379	52581	73862
浙 江	2018	19819	41077
安 徽	1864	38390	51777
福 建	917	18144	21728
江 西	1528	20086	31415
山 东	1669	54689	79769
河 南	2088	54013	83487
湖 北	1140	31708	65796
湖 南	2369	39359	62757
广 东	1357	37551	68104
广 西	1279	22042	34043
海 南	309	4740	7711
重 庆	1061	17445	25427
四 川	4994	59465	68817
贵 州	1451	15327	18867
云 南	1408	24728	23730
西 藏	666	2560	1906
陕 西	1707	20651	26723
甘 肃	1342	13583	15502
青 海	397	2125	2590
宁 夏	238	1756	3243
新 疆	854	14432	17010

12—6 各地区村卫生室和人员情况

地　区	村卫生室（个）	设置卫生室的村占总村数%	乡村医生和卫生员（人）	每千农业人口乡村医生和卫生员数(人)
全国总计	**609128**	**88.1**	**957459**	**1.10**
北　京	2762	69.8	4019	1.37
天　津	2380	62.2	5178	1.36
河　北	52907	100.0	73038	1.51
山　西	22123	78.5	46318	2.02
内蒙古	13066	100.0	17731	1.24
辽　宁	21345	100.0	25834	1.20
吉　林	8594	93.3	13188	0.90
黑龙江	12548	100.0	22482	1.15
上　海	1642	88.2	1919	0.99
江　苏	12656	73.1	36720	0.90
浙　江	16438	49.9	15561	0.47
安　徽	22372	100.0	46271	0.90
福　建	17470	100.0	29452	1.27
江　西	22809	100.0	35280	1.08
山　东	56779	69.9	101813	1.68
河　南	61336	100.0	104788	1.31
湖　北	24226	93.8	41200	1.11
湖　南	38227	86.3	39827	0.76
广　东	24810	100.0	32753	0.84
广　西	22637	100.0	35407	0.89
海　南	2108	82.9	2471	0.48
重　庆	10539	100.0	21299	0.91
四　川	51247	100.0	73707	1.11
贵　州	19660	100.0	26072	0.79
云　南	13608	100.0	35478	0.99
西　藏	3473	60.4	3167	1.41
陕　西	25280	91.8	32679	1.20
甘　肃	13781	81.9	17448	0.88
青　海	4180	100.0	4804	1.34
宁　夏	2793	100.0	4149	1.09
新　疆	5332	60.5	7406	0.65

注:北京、天津、浙江等地区部分村的基本医疗服务由社区卫生服务站和诊所提供。

12—7 农村文化机构

指　　标	单位	1995年	2000年	2003年	2004年	2005年	2006年
一、乡镇文化站	个	41633	39348	35138	34879	34593	32706
二、农村集镇文化中心	个	12484	22171	21621	31864	19866	21831
三、群众业余演出团(队)	个	35429	36151	37659	49080	68641	58409
四、文化专业户	万户	22.8	18.0	13.9	38.9	39.4	49.9
五、民间职业剧团	个	7191	2940	2600	3184	2773	4365

12—8 农村老年收养性福利机构情况

指　　标	单位	1995年	2000年	2003年	2004年	2005年	2006年
一、老年收养性福利机构个数	个	23201	25576	24343	26442	29681	31373
工作人员数	人	60651	74142	81263	82016	88745	100481
二、年末收养人数	人	316713	428108	503506	594417	679037	919649
#老人	人	296034	412465	485146	573235	658783	891215

12—9 农村社会救济费和自然灾害救济费

指　　标	单位	1995年	2000年	2003年	2004年	2005年	2006年
一、农村社会救济费	万元	30425	87321	238222	378803	798604	1477733
二、自然灾害救济费	万元	234755	352024	529365	511066	625798	790086
生活救济费	万元	170602	274826	398350	320901	375322	432829
灾民抢救转移安置费	万元	18504	30560	110125	35301	49638	45508
救灾储备	万元	22676	9735	20891	38594	41057	27185
灾民倒房重建	万元					159781	284565
三、占民政事业费支出总额比重							
农村社会救济费	%	2.9	4.0	4.1	6.6	11.1	16.1
自然灾害救济费	%	22.7	15.0	10.6	8.9	8.7	8.6

12—10 各地区农村文化机构

地区	乡镇文化站(个)	集镇文化中心(个)	农村文化专业户(户)
全国总计	**32706**	**21831**	**499261**
北京	187	60	4756
天津	126	123	10618
河北	1900	906	26923
山西	1167	651	7780
内蒙古	831	363	4108
辽宁	950	594	37481
吉林	624	318	4574
黑龙江	758	721	8435
上海	149	137	7167
江苏	1145	1265	22126
浙江	1203	843	38882
安徽	1270	357	4999
福建	914	564	9118
江西	1229	710	18100
山东	1474	1675	61498
河南	2017	3841	19984
湖北	1019	630	17760
湖南	2284	1212	23922
广东	1230	735	13546
广西	1127	609	15704
海南	200	134	965
重庆	961	536	9880
四川	3249	2045	43282
贵州	1284	391	8330
云南	1360	600	15163
西藏	165	29	11557
陕西	1460	595	11139
甘肃	1022	412	26701
青海	208	89	283
宁夏	189	136	2216
新疆	1004	550	12264

12—11 各地区农村五保供养情况

地 区	单位数（个）	年在院总人天数	年末在院人数（人）	女性	老人
全国总计	**31373**	**315913061**	**919649**	**217992**	**891215**
北 京	152	1616392	6319	2169	5941
天 津	127	715970	2186	455	2122
河 北	1283	9640107	30236	4917	29320
山 西	622	1230584	5587	770	5541
内 蒙 古	618	3610346	12353	1259	11411
辽 宁	827	6883961	32889	4824	30169
吉 林	422	3679989	12830	2822	11951
黑 龙 江	592	6462459	25822	2906	24094
上 海	236	5537773	19438	11489	18060
江 苏	789	10823841	35804	8821	35304
浙 江	1078	13221373	54970	10118	54430
安 徽	1269	8865528	30746	5779	29783
福 建	526	1500755	4865	1286	4829
江 西	1337	9853828	56180	17962	51465
山 东	1730	59363074	182864	44300	182048
河 南	2122	15638500	60418	12492	59454
湖 北	1777	25138348	105084	32546	100274
湖 南	1275	8618103	38037	8946	37755
广 东	1422	7205039	27531	8047	27223
广 西	6432	16916638	61095	10306	60333
海 南	183	465437	1790	820	1756
重 庆	1363	9611042	37090	7344	35921
四 川	2239	80368271	39493	6271	38343
贵 州	808	2247568	7247	2116	6884
云 南	375	1939135	4040	1285	3792
西 藏	109	393206	1109	600	1099
陕 西	500	1658158	5912	1139	5703
甘 肃	548	844546	4145	798	4031
青 海	133	279805	7131	3328	6143
宁 夏	123	138753	1493	358	1369
新 疆	356	1444532	4945	1719	4667

12—12 各地区农村社会救济费和自然灾害救济费

单位:万元

地 区	农村社会救济费	农村最低生活保障线救济费	农村居民最低生活保障人数(人)	自然灾害救济费
全国总计	**1477733.4**	**434860.2**	**15931447**	**790085.9**
部本级				8864.7
北 京	22125.1	6185.3	75863	1635.7
天 津	7649.5	1750.7	37280	1202.9
河 北	41156.2	16115.4	665151	17576.8
山 西	37315.1	12606.9	715044	15471.6
内蒙古	29657.9	13322.4	427541	18192.3
辽 宁	57929.0	20491.1	518503	14962.9
吉 林	31458.7	14982.9	685146	18890.2
黑龙江	58385.9	17900.5	730143	16271.1
上 海	47661.8	9470.1	125322	3580.0
江 苏	120268.7	46266.5	1049593	17129.5
浙 江	114361.3	40584.8	496451	34822.4
安 徽	56864.7	6304.0	270966	16712.3
福 建	46346.7	27390.8	674006	57422.2
江 西	86246.2	22567.2	1046557	58733.6
山 东	71269.7	17873.2	481614	17570.2
河 南	101898.9	37998.9	1990449	21185.8
湖 北	56064.0	4362.5	151289	21576.4
湖 南	57622.8	10822.0	492657	51733.7
广 东	118004.6	52185.2	1339024	97336.7
广 西	18960.7	1791.8	369542	29471.5
海 南	8131.3	4562.7	153430	6688.3
重 庆	31615.4	1276.1	42936	19764.4
四 川	98522.2	20928.8	1580278	40938.9
贵 州	34790.0	2424.1	76845	23969.7
云 南	26275.7	2425.8	147377	30049.5
西 藏	7390.0	42.6	2319	7867.1
陕 西	35784.1	18354.3	940726	14698.9
甘 肃	13614.0	1704.5	581216	26307.8
青 海	6022.9	9.5		9786.6
宁 夏	9436.3	1347.9	37846	14071.6
新 疆	24904.0	811.7	26333	55600.6

13

国有农场

13—1 农垦系统国有农场基本情况

指　　标	单位	2003 年	2005 年	2006 年	2006 年比 2005 年增加	
					绝对数	%
一、农场数	个	1967	1923	1896	－27.0	－1.4
二、职工人数	万人	353.7	335.9	329.3	－6.6	－2.0
三、耕地面积	千公顷	4690.1	5038.1	5187.0	148.9	3.0
四、农用机械总动力	亿瓦	129.9	146.3	153.9	7.6	5.2
大中型农用拖拉机	万台	7.0	8.0	9.0	1.0	12.9
小型及手扶拖拉机	万台	24.5	27.0	28.6	1.6	5.9
农用排灌动力机械	万台	17.7	19.2	20.4	1.2	6.3
联合收割机	万台	1.8	2.0	2.3	0.3	15.0
农用化肥施用量(折纯量)	万吨	143.9	159.6	173.1	13.5	8.5
农场用电量	亿千瓦时	64.2	72.4	95.7	23.3	32.2
五、农业总产值						
按当年价格计算	亿元	846.3	1118.6	1252.7	134.1	9.2
六、主要农产品产量						
粮食总产量	万吨	1342.6	1859.0	2055.6	196.6	10.6
棉花总产量	万吨	103.4	124.7	141.7	17.0	13.6
油料总产量	万吨	71.9	66.9	64.6	－2.3	－3.4
肉类总产量	万吨	108.4	145.8	167.5	21.7	14.9

13－2 各地区农垦系统国有农场基本情况

地 区	农场数(个)		职工人数(万人)		耕地面积(千公顷)	
	2005年	2006年	2005年	2006年	2005年	2006年
全国总计	**1923**	**1896**	**335.9**	**329.3**	**5038.1**	**5187.0**
北 京	13	13	1.5	1.4	1.8	1.6
天 津	15	15	0.6	0.6	3.0	2.9
河 北	30	30	7.3	7.3	80.3	82.9
山 西	26	25	0.5	0.5	7.6	6.2
内蒙古	105	105	14.2	12.6	599.9	594.0
辽 宁	120	115	24.1	24.0	134.2	137.9
吉 林	112	99	7.9	6.8	86.5	105.8
黑龙江	107	106	40.5	38.7	2269.3	2336.9
上 海	16	16	3.0	3.1	21.9	21.5
江 苏	23	22	7.9	7.7	65.1	65.6
浙 江	63	63	0.5	0.4	4.8	4.7
安 徽	25	23	4.8	4.2	33.0	33.9
福 建	115	115	3.6	3.9	10.4	11.2
江 西	154	154	29.0	31.3	49.1	52.7
山 东	18	18	0.7	0.6	10.3	9.9
河 南	96	95	3.7	4.0	23.5	25.3
湖 北	52	53	40.3	42.2	132.5	135.6
湖 南	78	78	14.7	13.4	60.6	67.6
广 东	50	48	6.9	6.8	33.7	33.7
广 西	48	48	3.9	3.9	27.9	28.2
海 南	92	92	21.2	21.1	37.3	38.1
重 庆	14	15	0.5	0.5	0.4	4.7
四 川	51	49	0.5	0.7	0.9	0.9
贵 州	47	47	0.7	0.6	2.0	2.2
云 南	46	46	10.6	10.3	12.1	11.9
陕 西	11	12	1.3	0.6	9.0	8.6
甘 肃	16	16	3.0	2.7	42.9	43.6
青 海	19	18	0.7	0.5	14.8	14.8
宁 夏	18	17	3.0	2.5	38.4	38.6
新 疆	343	343	79.2	76.4	1225.1	1265.6

13—2 续表 1

地　　区	农业机械总动力(万千瓦)		大中型拖拉机(台)		农用载重汽车(辆)	
	2005 年	2006 年	2005 年	2006 年	2005 年	2006 年
全国总计	**1463. 1**	**1538. 9**	**79976**	**90255**	**57299**	**61775**
北　　京	1. 5	1. 0	61	95	5	8
天　　津	1. 1	1. 1	31	27	30	32
河　　北	50. 9	53. 6	1046	1085	6240	6502
山　　西	1. 7	1. 8	52	59	100	75
内 蒙 古	113. 6	121. 4	4991	5072	5488	5227
辽　　宁	67. 9	68. 2	1653	1465	12401	12391
吉　　林	49. 6	50. 6	1356	1449	1156	1552
黑 龙 江	434. 0	472. 7	26780	34350	2613	2935
上　　海	7. 4	7. 8	744	805	13	16
江　　苏	37. 3	39. 3	2237	2404	619	619
浙　　江	4. 0	3. 4	81	70	48	46
安　　徽	31. 6	33. 4	1765	1873	1063	1069
福　　建	7. 7	7. 5	104	99	609	544
江　　西	19. 7	19. 8	403	533	675	779
山　　东	5. 0	5. 0	218	217	187	157
河　　南	17. 2	18. 4	648	673	256	283
湖　　北	95. 3	101. 1	3517	3732	4807	5191
湖　　南	70. 6	63. 2	1831	1366		1296
广　　东	12. 1	13. 5	461	491	357	443
广　　西	15. 1	16. 1	740	837	557	540
海　　南	30. 8	31. 4	575	506	14	12
重　　庆	0. 1	0. 1				
四　　川	0. 1	0. 1			3	
贵　　州	3. 3	2. 6	52	86	132	132
云　　南	23. 6	18. 9	456	422	803	1099
陕　　西	3. 3	3. 2	78	180	358	361
甘　　肃	16. 4	17. 5	806	938	1624	1005
青　　海	5. 8	4. 3	189	194	271	271
宁　　夏	16. 1	17. 3	1369	1277	1402	1574
新　　疆	320. 3	344. 7	27732	29950	15468	17616

13—2 续表 2

地 区	化肥施用量(万吨)		现价农业总产值(万元)	
	2005 年	2006 年	2005 年	2006 年
全国总计	**159.6**	**173.1**	**11185718**	**12526920**
北 京	…	0.1	62226	65004
天 津	0.1	0.1	32638	33078
河 北	2.2	2.1	335053	360830
山 西	0.2	0.2	11888	9933
内蒙古	7.6	7.6	466104	456705
辽 宁	5.3	6.8	636403	694456
吉 林	3.7	4.3	114489	134172
黑龙江	31.1	33.9	2801293	3124023
上 海	1.0	1.0	100099	105008
江 苏	5.7	6.3	262191	277841
浙 江	0.7	0.6	71226	68512
安 徽	2.1	2.4	102785	113185
福 建	3.5	3.5	133183	144473
江 西	4.0	4.0	191378	240105
山 东	0.6	0.6	31679	36870
河 南	1.7	1.8	58044	64558
湖 北	12.4	13.3	705633	777363
湖 南	7.7	8.4	383371	403833
广 东	6.6	7.2	281238	307789
广 西	4.1	4.3	188905	260240
海 南	8.6	7.4	667535	777783
重 庆	…	…	1963	2894
四 川	…	0.1	7852	8074
贵 州	0.3	0.3	15928	9926
云 南	2.1	2.4	244415	347922
陕 西	0.6	0.4	17933	23340
甘 肃	1.7	2.1	63501	72148
青 海	0.3	0.3	9604	9605
宁 夏	2.5	2.7	90857	107353
新 疆	43.6	48.9	3096304	3489897

13—3 农垦系统国有农场种植业生产情况

指　　标	单位	2000年	2004年	2005年	2006年	2006年比2005年增加	
						绝对数	%
农作物总播种面积	千公顷	4755.8	5019.0	5145.0	5509.0	364.0	7.1
一、粮食播种面积	千公顷	3163.9	3199.0	3375.8	3677.3	301.5	8.9
每公顷产量	千克	4631.0	5209.0	5507.0	5590.0	83.0	1.5
总产量	万吨	1465.2	1666.2	1859.0	2055.6	196.6	10.6
1.谷物	万吨	1252.1	1417.5	1614.1	1843.4	229.3	14.2
其中:稻谷	万吨	818.6	838.7	907.7	1056.7	149.0	16.4
小麦	万吨	255.0	197.3	256.5	267.1	10.6	4.1
玉米	万吨	147.4	337.0	389.4	417.1	27.7	7.1
2.豆类	万吨	200.6	226.3	224.5	188.0	—36.5	—16.3
其中:大豆	万吨	184.8	202.4	194.4	163.1	—31.3	—16.1
3.薯类	万吨	12.6	22.4	20.4	24.1	3.7	18.1
二、棉花播种面积	千公顷	527.3	666.4	649.4	674.0	24.6	3.8
每公顷产量	千克	1577.0	1760.0	1920.0	2102.0	182.0	9.5
总产量	吨	831595	1162787	1246856	1416886	170030	13.6
三、油料播种面积	千公顷	461.2	394.6	371.2	361.7	—9.5	—2.6
每公顷产量	千克	1545	1653	1803	1786	—17	—0.9
总产量	吨	712461	652104	669441	646086	—23355	—3.5
四、糖料播种面积	千公顷	103.6	101.7	100.5	116.5	16.0	16.0
每公顷产量	千克	56927.0	67744.0	66416.0	70441.0	4025.0	6.1
总产量	吨	5894802	6887232	6675180	8208541	1533361	23.0
五、麻类播种面积	千公顷	9.4	69.6	53.6	41.1	—12.5	—23.3
每公顷产量	千克	3175	3833	4566	5346	780	17.1
总产量	吨	29689	266825	244871	219907	—24964	—10.2

13－4 各地区农垦系统国有农场农作物主要产品产量

地区	粮食（万吨）	棉花（吨）	油料（吨）	糖料（吨）	麻类（吨）
全国总计	**2055.6**	**1416886**	**646086**	**8208541**	**219907**
北京	0.1				
天津	1.8	2032	7		
河北	34.2	26105	1879	3313	
山西	1.7	177	272	921	
内蒙古	132.3	924	191373	61033	3957
辽宁	108.4		3079	3296	
吉林	68.6		15326	450	
黑龙江	1132.4		119821	758524	188043
上海	19.5	462			
江苏	83.7	6501	3889		
浙江	1.1	110	119		
安徽	26.4	11072	6314		
福建	6.7		4085	36746	
江西	42.6	4842	17184	6015	1
山东	4.3	5723	369		
河南	17.6	3672	16181		
湖北	62.3	87572	77510	5171	230
湖南	38.6	33870	25295	253613	12043
广东	4.5		8847	2041146	
广西	0.8		2296	1995273	35
海南	12.7		5829	447386	2
重庆	0.0		11		
四川	0.1		636		
贵州	0.7		740	71	
云南	2.6		345	517289	
陕西	3.7	4990	2708		
甘肃	12.2	8150	8156	3150	591
青海	0.9		7660		
宁夏	27.0	23	6096		
新疆	208.0	1220661	120059	2075144	15005

13—5 农垦系统国有农场茶、桑、果、林业生产情况

指　　标	单位	2000年	2004年	2005年	2006年	2006年比2005年增加	
						绝对数	%
一、年末实有茶园面积	千公顷	34.1	30.6	30.3	30.9	0.6	2.0
茶叶总产量	万吨	3.9	3.9	4.6	4.8	0.2	4.3
二、年末实有桑园面积	千公顷	3.9	2.1	1.6	1.9	0.3	18.8
三、年末实有果园面积	千公顷	193.6	231.3	241.3	263.6	22.3	9.2
水果总产量	万吨	118.6	163.1	178.8	209.6	30.8	17.2
其中:苹果	万吨	24.1	22.6	25.4	28.1	2.7	10.6
梨	万吨	27.1	24.3	28.7	33.0	4.3	15.0
柑桔	万吨	11.8	22.9	20.6	26.3	5.7	27.7
四、年末实有橡胶园面积	千公顷	382.3	412.4	424.2	446.1	21.9	5.2
当年橡胶平均开割面积	千公顷		302.5	312.2	317.3	5.1	1.6
每公顷产干胶	千克	1172.0	1150.0	1024.5	1020.7	−3.8	−0.4
全年干胶总产量	万吨	34.7	39.0	32.0	32.4	0.4	1.3
五、当年造林面积	千公顷	75.8	126.2	84.5	62.9	−21.6	−25.6
用材林	千公顷	21.4	31.9	19.6	17.3	−2.3	−11.7
经济林	千公顷	6.1	15.1	10.4	10.1	−0.3	−2.9
防护林	千公顷	47.3	76.5	51.0	36.9	−14.1	−27.6
薪炭林	千公顷	0.3	1.5	3.0	0.8	−2.2	−73.3
特种用材林	千公顷	0.7	1.1	0.4	0.8	0.4	100.0

13－6 各地区农垦系统国有农场茶、果、干胶、林业生产情况

地　　区	茶叶（吨）	水果（吨）	苹果（吨）	梨（吨）	干胶（吨）	造林面积（公顷）
全国总计	**47706**	**2096492**	**280730**	**329845**	**323896**	**62936**
北　京		3480	2997	46		
天　津		715	182	118		
河　北		21812	6260	3502		6883
山　西		3438	2847	201		11
内蒙古		10844	2586	4030		9503
辽　宁		80511	42816	8389		5113
吉　林		14292	3085	8115		1997
黑龙江		10138		273		3457
上　海	3	2099		88		115
江　苏	8	2675	20	337		438
浙　江	5154	15095		3657		1
安　徽	10686	18870		17595		7
福　建	4239	91747		1401		890
江　西	2534	42853		2562		3882
山　东		814	45			117
河　南	8	24030	9034	10627		143
湖　北	905	82544	873	29293		2588
湖　南	3006	79375	6	5764		4994
广　东	1741	272126			22326	243
广　西	2718	123067		205	862	717
海　南	1111	276644			159666	2468
重　庆	6	910	1	68		
四　川	1949	2161	217	214		1
贵　州	3712	6471	3702	213		91
云　南	9926	92987		75	141042	100
陕　西		8149	3680	298		25
甘　肃		34893	11263	16998		983
青　海						804
宁　夏		45685	20593	1903		878
新　疆		728067	170523	213873		16487

13—7 农垦系统国有农场畜牧业、渔业生产情况

指　　标	单位	2000年	2004年	2005年	2006年	2006年比2005年增加	
						绝对数	%
一、大牲畜年末头数	万头	214.6	281.9	305.0	319.4	14.4	4.7
＃役畜	万头	55.0	49.0	29.1	31.4	2.3	7.9
牛	万头	173.1	248.4	270.7	283.8	13.1	4.8
＃良种及改良奶牛	万头	51.0	93.2	109.5	110.3	0.8	0.7
马	万匹	25.8	19.8	19.9	21.1	1.2	6.0
驴	万头	9.8	9.2	9.1	9.0	－0.1	－1.1
骡	万头	1.8	1.3	1.8	1.9	0.1	5.6
骆驼	万头	4.1	3.3	3.5	3.7	0.2	5.7
二、猪年末头数	万头	478.1	652.3	722.8	786.9	64.1	8.9
三、羊年末只数	万只	1104.7	1575.8	1591.6	1625.1	33.5	2.1
山羊	万只	216.3	420.9	371.0	362.0	－9.0	－2.4
绵羊	万只	888.4	1154.9	1220.6	1263.1	42.5	3.5
四、家禽年末只数	万只	4918.2	6396.5	6704.1	6201.2	－502.9	－7.5
五、兔年末只数	万只	74.3	110.4	105.7	85.6	－20.1	－19.0
六、畜产品产量							
肉猪出栏头数	万头	643.5	957.3	1126.7	1275.2	148.5	13.2
猪牛羊肉产量	万吨	68.3	102.2	121.4	139.6	18.2	15.0
其中:猪肉产量	万吨	51.1	74.1	88.2	102.8	14.6	16.6
牛奶产量	万吨	116.5	210.2	245.5	271.7	26.2	10.7
禽蛋产量	万吨	20.4	21.4	22.4	22.6	0.2	0.9
鹿茸产量	吨	41.5	72.7	78.6	90.4	11.8	15.0
羊毛产量	吨	20866	27356	29179	32158	2979	10.2
七、水产品产量	万吨	49.1	70.8	79.5	87.1	7.6	9.6

13—8 各地区农垦系统国有农场畜牧业、渔业生产情况

地　区	大牲畜年末头数（万头）	牛年末头数（万头）	其中:奶牛	猪年末头数（万头）	羊年末只数（万只）	家禽年末只数（万只）
全国总计	**319.4**	**283.8**	**110.3**	**786.9**	**1625.1**	**6201.2**
北　京	3.2	3.2	3.2	2.3		60.0
天　津	2.2	2.2	2.2			2.8
河　北	9.5	9.3	8.9	23.4	7.4	180.2
山　西	1.1	1.1	1.0	0.2	2.9	6.4
内蒙古	36.3	32.6	20.3	20.7	278.7	172.6
辽　宁	9.4	7.1	2.5	49.5	9.1	927.0
吉　林	4.1	3.3	0.8	12.2	14.2	182.0
黑龙江	82.0	81.6	32.3	190.4	148.5	1140.2
上　海	2.7	2.7	2.7	7.4		10.1
江　苏	0.5	0.5	0.4	4.0	1.4	236.8
浙　江	0.2	0.2	0.2	32.6		3.5
安　徽	0.8	0.8	0.6	1.8	0.3	54.1
福　建	1.6	1.6	0.4	26.1	1.1	194.2
江　西	3.1	3.1	0.3	32.5	0.9	206.9
山　东	0.2	0.2	0.2	0.3	1.7	32.9
河　南	0.7	0.7	0.1	13.1	1.8	42.6
湖　北	8.9	8.9	1.8	60.9	3.7	567.4
湖　南	2.4	2.4	0.0	72.2	2.5	338.1
广　东	3.4	3.4	1.0	22.4	0.1	249.2
广　西	1.0	1.0	0.2	57.1	0.1	186.3
海　南	12.4	12.5	0.0	36.1	19.2	530.5
重　庆	0.1	0.1	0.1	0.0		12.1
四　川	13.8	13.1	0.7	0.3	2.9	0.5
贵　州	0.8	0.8	0.6	0.6	0.2	3.4
云　南	2.2	2.2	0.5	6.6	0.4	73.1
陕　西	0.3	0.3	0.2	0.6	1.3	2.2
甘　肃	0.9	0.9	0.3	0.7	16.4	27.8
青　海	1.0	0.9	0.6	0.6	11.4	0.7
宁　夏	2.2	2.2	1.8	3.4	7.9	20.7
新　疆	112.6	85.2	26.7	108.9	1091.0	737.1

13—8 续表

地　区	肉猪出栏头数（万头）	肉类总产量（吨）	牛奶产量（吨）	水产品产量（吨）
全国总计	**1275.2**	**1674625**	**2716775**	**871376**
北　京	3.5	13184	141996	15
天　津		850	90987	7511
河　北	42.8	44815	233824	82854
山　西	0.2	513	31213	3
内蒙古	17.6	62160	358168	3848
辽　宁	70.1	116262	89814	200930
吉　林	22.1	24228	14667	1304
黑龙江	320.9	388803	943621	22310
上　海	12.0	8201	104947	10661
江　苏	16.6	38486	14391	26327
浙　江	49.6	32721	4950	5472
安　徽	3.4	5667	19152	3701
福　建	41.0	35305	9660	27131
江　西	53.5	45483	8954	31516
山　东	0.7	6294	5219	4097
河　南	19.5	15351	1724	4295
湖　北	111.1	110508	64898	256606
湖　南	173.4	176558	2540	76701
广　东	40.1	43092	32555	23253
广　西	77.8	73737	4103	12424
海　南	50.1	73960		36109
重　庆	0.0	2005	756	305
四　川	0.1	1835	16582	624
贵　州	0.4	427	20069	47
云　南	5.8	6890	22	4019
陕　西	0.5	587	4077	49
甘　肃	1.5	2913	1587	
青　海	0.3	1652	3113	6
宁　夏	4.6	6315	58760	6460
新　疆	136.1	335823	434426	22798

14

区域农村经济

14—1—1 黄淮海地区农村经济情况

指　　标	单位	2000 年	2004 年	2005 年	2006 年
县个数	个	318	318	318	318
年末总人口	万人	21175	21382	21511	21739
行政区域土地面积	万平方公里				37
农业机械总动力	万千瓦	18924	22467	24233	
农村用电量	亿千瓦时	409	597	704	
第一产业增加值	亿元	3357	4483	4925	5306
农业	亿元	2275	2730	2994	3257
林业	亿元	87	103	111	120
牧业	亿元	755	1264	1392	1458
渔业	亿元	240	290	325	348
农作物总播种面积	千公顷	31671	31036	32139	32510
粮食作物播种面积	千公顷	22064	19874	21599	22309
粮食总产量	万吨	11037	11061	11860	13024
棉花播种面积	千公顷	1670	2768	2339	2303
棉花产量	万吨	179	279	247	266
油料播种面积	千公顷	3016	2788	2698	2539
油料产量	万吨	925	892	874	879
糖料播种面积	千公顷	6	4	7	4
糖料产量	万吨	36	23	26	22
肉类总产量	万吨	1400	1807	1932	1968
奶类产量	万吨	143	446	531	630
水产品产量	万吨	725	808	867	890
普通中学专任教师数	万人	72	83	85	86
小学专任教师数	万人	102	99	98	98
普通中学在校学生数	万人	1497	1638	1600	1560
小学在校学生数	万人	2454	1946	1825	1781
医院、卫生院数	所	8481	6823	6873	6921
医院、卫生院床位数	床	304509	330680	354961	378732
医院、卫生院技术人员数	人	422422	430984	443901	464959
地方财政一般预算收入	亿元	402	612	758	945
地方财政一般预算支出	亿元	616	1270	1620	2050
年末金融机构各项贷款余额	亿元	5974	8672	9203	10999

注：黄淮海地区包括北京市、天津市、河北省、江苏省、安徽省、山东省、河南省等 7 个省、市的 318 个县(市)。

14—1—2　长江中下游地区农村经济情况

指　　标	单位	2000 年	2004 年	2005 年	2006 年
县个数	个	446	446	446	446
年末总人口	万人	25948	26021	26076	26170
行政区域土地面积	万平方公里				86
农业机械总动力	万千瓦	9126	10836	11721	
农村用电量	亿千瓦时	583	1048	1237	
第一产业增加值	亿元	3976	4989	5452	5823
农业	亿元	2268	2731	2933	3180
林业	亿元	247	281	317	346
牧业	亿元	871	1176	1313	1339
渔业	亿元	589	714	799	848
农作物总播种面积	千公顷	33839	33562	33416	33680
粮食作物播种面积	千公顷	20623	19848	20083	20447
粮食总产量	万吨	11417	11302	11498	12104
棉花播种面积	千公顷	895	1009	975	1009
棉花产量	万吨	97	130	112	137
油料播种面积	千公顷	4713	4484	4486	4214
油料产量	万吨	846	925	908	880
糖料播种面积	千公顷	256	334	336	345
糖料产量	万吨	1483	2133	2007	2180
肉类总产量	万吨	1437	1729	1826	1873
奶类产量	万吨	15	55	62	60
水产品产量	万吨	1247	1456	1503	1543
普通中学专任教师数	万人	82	97	96	100
小学专任教师数	万人	117	104	101	101
普通中学在校学生数	万人	1526	1764	1695	1634
小学在校学生数	万人	2602	2027	1936	1896
医院、卫生院数	所	13588	13112	12698	12437
医院、卫生院床位数	床	424524	435266	443292	464063
医院、卫生院技术人员数	人	571156	593354	587930	599323
地方财政一般预算收入	亿元	639	1163	1478	1799
地方财政一般预算支出	亿元	916	2017	2504	3083
年末金融机构各项贷款余额	亿元	8190	15296	17018	20854

注：长江中下游地区包括上海市、江苏省、浙江省、安徽省、福建省、江西省、河南省、湖北省、湖南省、广东省、广西壮族自治区等 11 个省、区、市的 446 个县(市)。

14—1—3　黄土高原地区农村经济情况

指　　标	单位	2000年	2004年	2005年	2006年
县个数	个	212	212	212	212
年末总人口	万人	6879	6957	6958	7011
行政区域土地面积	万平方公里				38
农业机械总动力	万千瓦	3256	4169	4420	
农村用电量	亿千瓦时	112	110	126	
第一产业增加值	亿元	511	756	838	929
农业	亿元	360	494	534	603
林业	亿元	28	36	39	41
牧业	亿元	120	208	235	250
渔业	亿元	4	5	6	7
农作物总播种面积	千公顷	9805	9410	9528	9624
粮食作物播种面积	千公顷	7959	7089	7316	7404
粮食总产量	万吨	2171	2544	2479	2659
棉花播种面积	千公顷	75	169	138	162
棉花产量	万吨	7	17	15	17
油料播种面积	千公顷	774	809	740	707
油料产量	万吨	93	115	112	105
糖料播种面积	千公顷	5	2	2	2
糖料产量	万吨	9	4	4	4
肉类总产量	万吨	176	229	261	269
奶类产量	万吨	63	142	172	194
水产品产量	万吨	8	11	12	15
普通中学专任教师数	万人	24	30	30	31
小学专任教师数	万人	37	38	38	38
普通中学在校学生数	万人	415	535	540	545
小学在校学生数	万人	865	776	732	703
医院、卫生院数	所	5052	4534	4574	4466
医院、卫生院床位数	床	126367	133083	136171	140598
医院、卫生院技术人员数	人	152780	159733	163146	163509
地方财政一般预算收入	亿元	110	172	228	345
地方财政一般预算支出	亿元	216	479	608	835
年末金融机构各项贷款余额	亿元	1756	2673	2742	3104

注：黄土高原地区包括河北省、山西省、河南省、陕西省、甘肃省、宁夏回族自治区等6个省、区、市的212个县(市)。

14—1—4 民族地区农村经济情况

指　标	单位	2000年	2004年	2005年	2006年
县个数	个	636	636	636	636
年末总人口	万人	15158	15538	15638	15761
行政区域土地面积	万平方公里				591
农业机械总动力	万千瓦	5807	7291	7757	
农村用电量	亿千瓦时	118	143	157	
第一产业增加值	亿元	2039	2767	3093	3352
农业	亿元	1293	1563	1743	1913
林业	亿元	129	189	200	202
牧业	亿元	548	874	985	1058
渔业	亿元	69	83	92	97
农作物总播种面积	千公顷	25528	25001	25812	26675
粮食作物播种面积	千公顷	16815	15691	16124	16656
粮食总产量	万吨	6152	6517	6929	7061
棉花播种面积	千公顷	997	781	908	1025
棉花产量	万吨	154	130	163	190
油料播种面积	千公顷	2394	2047	2023	1980
油料产量	万吨	339	323	344	339
糖料播种面积	千公顷	791	964	936	1078
糖料产量	万吨	4281	6260	6015	7102
肉类总产量	万吨	882	1165	1280	1379
奶类产量	万吨	236	657	850	1007
水产品产量	万吨	156	199	211	236
普通中学专任教师数	万人	43	50	52	54
小学专任教师数	万人	80	80	79	80
普通中学在校学生数	万人	762	916	919	922
小学在校学生数	万人	1717	1534	1492	1482
医院、卫生院数	所	13084	11762	12169	11935
医院、卫生院床位数	床	276900	287404	299861	312428
医院、卫生院技术人员数	人	357406	341334	349250	351211
地方财政一般预算收入	亿元	278	406	512	634
地方财政一般预算支出	亿元	646	1348	1647	2044
年末金融机构各项贷款余额	亿元	3699	5221	5651	6401

注：民族地区包括河北省、内蒙古自治区、辽宁省、吉林省、黑龙江省、浙江省、湖北省、湖南省、广东省、广西壮族自治区、海南省、重庆市、四川省、贵州省、云南省、西藏自治区、甘肃省、青海省、宁夏回族自治区、新疆维吾尔自治区等20个省、区、市的636个县(市、旗)。

14—1—5 扶贫工作重点县农村经济情况

指　　标	单位	2000 年	2004 年	2005 年	2006 年
县个数	个	582	582	582	582
年末总人口	万人	21642	22177	22344	22560
行政区域土地面积	万平方公里				241
农业机械总动力	万千瓦	7109	9172	9942	
农村用电量	亿千瓦时	139	179	203	
第一产业增加值	亿元	2086	2893	3207	3477
农业	亿元	1262	1610	1762	1936
林业	亿元	151	195	213	226
牧业	亿元	596	931	1050	1122
渔业	亿元	76	95	109	120
农作物总播种面积	千公顷	33772	33388	34126	34703
粮食作物播种面积	千公顷	24518	23261	23876	24292
粮食总产量	万吨	8126	8989	9236	9694
棉花播种面积	千公顷	562	640	569	610
棉花产量	万吨	59	64	64	77
油料播种面积	千公顷	3482	3237	3310	3193
油料产量	万吨	474	527	551	548
糖料播种面积	千公顷	318	329	317	366
糖料产量	万吨	1261	1642	1561	1818
肉类总产量	万吨	1042	1306	1417	1500
奶类产量	万吨	91	315	421	497
水产品产量	万吨	150	182	198	221
普通中学专任教师数	万人	58	70	73	77
小学专任教师数	万人	110	108	107	108
普通中学在校学生数	万人	1097	1418	1427	1436
小学在校学生数	万人	2613	2362	2280	2252
医院、卫生院数	所	16297	13437	13313	13092
医院、卫生院床位数	床	294334	300269	304792	319906
医院、卫生院技术人员数	人	408757	389272	389891	387460
地方财政一般预算收入	亿元	250	335	398	511
地方财政一般预算支出	亿元	660	1405	1741	2214
年末金融机构各项贷款余额	亿元	3826	4839	5145	5802

注：扶贫工作重点县包括河北省、山西省、内蒙古自治区、吉林省、黑龙江省、安徽省、江西省、河南省、湖北省、湖南省、广西壮族自治区、海南省、重庆市、四川省、贵州省、云南省、陕西省、甘肃省、青海省、宁夏回族自治区、新疆维吾尔自治区等 21 个省、区、市的 582 个县(市、旗)。

14—1—6　丘陵地区农村经济情况

指　标	单位	2000 年	2004 年	2005 年	2006 年
县个数	个	531	531	531	531
年末总人口	万人	28004	28220	28232	28387
行政区域土地面积	万平方公里				204
农业机械总动力	万千瓦	11035	13477	14587	
农村用电量	亿千瓦时	404	621	734	
第一产业增加值	亿元	4050	5362	5875	6268
农业	亿元	2374	2886	3101	3334
林业	亿元	148	199	210	224
牧业	亿元	1028	1578	1786	1854
渔业	亿元	500	615	670	707
农作物总播种面积	千公顷	39720	40334	40897	42121
粮食作物播种面积	千公顷	28202	28032	28769	29925
粮食总产量	万吨	12654	13626	14132	14536
棉花播种面积	千公顷	360	351	307	310
棉花产量	万吨	36	38	34	41
油料播种面积	千公顷	4255	4178	4075	3897
油料产量	万吨	761	862	855	813
糖料播种面积	千公顷	508	599	601	676
糖料产量	万吨	2477	3859	3895	4395
肉类总产量	万吨	1778	2309	2529	2663
奶类产量	万吨	137	454	618	728
水产品产量	万吨	1316	1508	1567	1624
普通中学专任教师数	万人	87	102	102	105
小学专任教师数	万人	130	122	120	120
普通中学在校学生数	万人	1661	1885	1820	1792
小学在校学生数	万人	2961	2410	2313	2275
医院、卫生院数	所	16794	13808	13770	13326
医院、卫生院床位数	床	460137	468533	479775	499502
医院、卫生院技术人员数	人	606542	608303	609293	621597
地方财政一般预算收入	亿元	547	834	1042	1312
地方财政一般预算支出	亿元	875	1911	2344	2975
年末金融机构各项贷款余额	亿元	7541	10534	11396	13395

注：丘陵地区包括北京市、天津市、河北省、山西省、内蒙古自治区、辽宁省、吉林省、黑龙江省、江苏省、浙江省、安徽省、福建省、江西省、山东省、河南省、湖北省、湖南省、广东省、广西壮族自治区、海南省、重庆市、四川省、贵州省、云南省、西藏自治区、陕西省、甘肃省、新疆维吾尔自治区等 28 个省、区、市的 531 个县(市、旗)。

14—1—7 山区县农村经济情况

指　　标	单位	2000 年	2004 年	2005 年	2006 年
县个数	个	895	895	895	895
年末总人口	万人	29608	30128	30311	30489
行政区域土地面积	万平方公里				428
农业机械总动力	万千瓦	9208	11368	12409	
农村用电量	亿千瓦时	287	420	476	
第一产业增加值	亿元	3627	4690	5187	5568
农业	亿元	2155	2574	2809	3026
林业	亿元	342	424	475	501
牧业	亿元	899	1320	1486	1562
渔业	亿元	232	282	320	331
农作物总播种面积	千公顷	38198	37500	37573	38137
粮食作物播种面积	千公顷	26931	24890	25125	25525
粮食总产量	万吨	10609	10389	10622	10818
棉花播种面积	千公顷	81	90	85	90
棉花产量	万吨	7	10	10	11
油料播种面积	千公顷	3445	3417	3441	3404
油料产量	万吨	545	628	641	649
糖料播种面积	千公顷	406	443	417	464
糖料产量	万吨	2117	2571	2341	2769
肉类总产量	万吨	1522	1920	2095	2187
奶类产量	万吨	127	247	295	329
水产品产量	万吨	571	641	671	703
普通中学专任教师数	万人	89	104	107	110
小学专任教师数	万人	151	144	143	142
普通中学在校学生数	万人	1587	1898	1885	1868
小学在校学生数	万人	3302	2914	2833	2799
医院、卫生院数	所	23128	20034	19950	19565
医院、卫生院床位数	床	488868	511551	531929	552985
医院、卫生院技术人员数	人	636714	629309	632017	642428
地方财政一般预算收入	亿元	518	768	944	1188
地方财政一般预算支出	亿元	1124	2264	2758	3456
年末金融机构各项贷款余额	亿元	6856	9907	10547	12357

注：山区地区包括北京市、河北省、山西省、内蒙古自治区、辽宁省、吉林省、黑龙江省、浙江省、安徽省、福建省、江西省、山东省、河南省、湖北省、湖南省、广东省、广西壮族自治区、海南省、重庆市、四川省、贵州省、云南省、西藏自治区、陕西省、甘肃省、青海省、宁夏回族自治区、新疆维吾尔自治区等 28 个省、区、市的 895 个县(市、旗)。

14—1—8 平原地区农村经济情况

指　　标	单位	2000 年	2004 年	2005 年	2006 年
县个数	个	646	646	646	646
年末总人口	万人	36492	36808	37011	37304
行政区域土地面积	万平方公里				263
农业机械总动力	万千瓦	24050	28474	30727	
农村用电量	亿千瓦时	909	1497	1673	
第一产业增加值	亿元	5822	7831	8547	9210
农业	亿元	3805	4613	5014	5482
林业	亿元	137	180	191	197
牧业	亿元	1297	2119	2321	2413
渔业	亿元	583	742	826	887
农作物总播种面积	千公顷	57053	56038	57462	58450
粮食作物播种面积	千公顷	38136	36148	38096	39238
粮食总产量	万吨	19042	20497	21700	23393
棉花播种面积	千公顷	3310	4389	4060	4198
棉花产量	万吨	407	522	507	573
油料播种面积	千公顷	5959	5094	5093	4793
油料产量	万吨	1339	1244	1242	1240
糖料播种面积	千公顷	426	363	330	410
糖料产量	万吨	2082	2154	1926	2448
肉类总产量	万吨	2246	2938	3138	3246
奶类产量	万吨	338	971	1176	1319
水产品产量	万吨	1263	1538	1635	1703
普通中学专任教师数	万人	117	137	140	143
小学专任教师数	万人	176	168	166	165
普通中学在校学生数	万人	2274	2628	2606	2575
小学在校学生数	万人	4052	3373	3188	3093
医院、卫生院数	所	18308	15762	15694	15634
医院、卫生院床位数	床	598635	637174	666725	708273
医院、卫生院技术人员数	人	828435	822510	842978	865079
地方财政一般预算收入	亿元	807	1363	1775	2235
地方财政一般预算支出	亿元	1222	2633	3323	4156
年末金融机构各项贷款余额	亿元	13878	22042	23826	28377

注：平原地区包括北京市、天津市、河北省、山西省、内蒙古自治区、辽宁省、吉林省、黑龙江省、上海市、江苏省、浙江省、安徽省、福建省、江西省、山东省、河南省、湖北省、湖南省、广东省、广西壮族自治区、海南省、重庆市、四川省、贵州省、陕西省、甘肃省、宁夏回族自治区、新疆维吾尔自治区等 28 个省、区、市的 646 个县(市、旗)。

14—1—9 陆地边境县农村经济情况

指　　标	单位	2000 年	2004 年	2005 年	2006 年
县个数	个	129	129	129	129
年末总人口	万人	1931	1965	1976	2014
行政区域土地面积	万平方公里				191
农业机械总动力	万千瓦	973	1263	1279	
农村用电量	亿千瓦时	19	21	24	
第一产业增加值	亿元	293	408	457	498
农业	亿元	170	204	231	260
林业	亿元	27	52	61	59
牧业	亿元	79	115	122	129
渔业	亿元	17	26	30	33
农作物总播种面积	千公顷	3992	3910	4090	4367
粮食作物播种面积	千公顷	2674	2652	2799	2998
粮食总产量	万吨	980	972	1060	1182
棉花播种面积	千公顷	113	81	84	95
棉花产量	万吨	17	13	14	16
油料播种面积	千公顷	448	356	324	312
油料产量	万吨	68	49	54	51
糖料播种面积	千公顷	210	239	225	269
糖料产量	万吨	1095	1437	1365	1706
肉类总产量	万吨	102	133	142	148
奶类产量	万吨	52	96	121	133
水产品产量	万吨	41	58	63	69
普通中学专任教师数	万人	7	7	8	8
小学专任教师数	万人	13	12	12	12
普通中学在校学生数	万人	101	117	117	115
小学在校学生数	万人	210	175	169	170
医院、卫生院数	所	2072	1898	2089	1924
医院、卫生院床位数	床	52031	51968	53012	55717
医院、卫生院技术人员数	人	65775	58304	58148	60394
地方财政一般预算收入	亿元	45	60	83	102
地方财政一般预算支出	亿元	119	240	308	388
年末金融机构各项贷款余额	亿元	804	930	919	981

注:陆地边境县包括内蒙古自治区、辽宁省、吉林省、黑龙江省、广西壮族自治区、云南省、西藏自治区、甘肃省、新疆维吾尔自治区等 9 个省、区 129 个县(市、旗)。

14—1—10 沿海开放县农村经济情况

指　　标	单位	2000 年	2004 年	2005 年	2006 年
县个数	个	198	198	198	198
年末总人口	万人	14261	14161	14298	14298
行政区域土地面积	万平方公里				32
农业机械总动力	万千瓦	7039	7736	8200	
农村用电量	亿千瓦时	671	1317	1495	
第一产业增加值	亿元	2806	3454	3668	3894
农业	亿元	1558	1750	1809	1930
林业	亿元	97	124	125	114
牧业	亿元	449	628	696	711
渔业	亿元	702	876	941	984
农作物总播种面积	千公顷	15028	14269	13929	14000
粮食作物播种面积	千公顷	9876	8472	8579	8735
粮食总产量	万吨	5313	4764	4857	5143
棉花播种面积	千公顷	232	408	360	352
棉花产量	万吨	27	55	38	41
油料播种面积	千公顷	1425	1426	1335	1254
油料产量	万吨	378	409	391	376
糖料播种面积	千公顷	199	216	192	209
糖料产量	万吨	1257	1437	1282	1487
肉类总产量	万吨	794	982	1040	1062
奶类产量	万吨	77	211	252	258
水产品产量	万吨	1777	2047	2133	2197
普通中学专任教师数	万人	47	54	56	57
小学专任教师数	万人	64	60	60	59
普通中学在校学生数	万人	853	953	947	936
小学在校学生数	万人	1428	1257	1239	1203
医院、卫生院数	所	6595	5863	6012	5855
医院、卫生院床位数	床	266111	294783	316157	334808
医院、卫生院技术人员数	人	342531	366505	387972	406446
地方财政一般预算收入	亿元	529	1059	1446	1806
地方财政一般预算支出	亿元	685	1529	1913	2305
年末金融机构各项贷款余额	亿元	7805	14700	16795	20678

注:沿海开放县包括天津市、河北省、辽宁省、上海市、江苏省、浙江省、福建省、山东省、广东省、广西壮族自治区、海南省等 11 个省、区、市的 198 个县(市)。

14—1—11 粮食生产大县农村经济情况

指 标	单位	2000 年	2004 年	2005 年	2006 年
县个数	个	453	453	453	453
年末总人口	万人	32281	32399	32381	32576
行政区域土地面积	万平方公里				117
农业机械总动力	万千瓦	16782	20062	21598	
农村用电量	亿千瓦时	697	1110	1261	
第一产业增加值	亿元	5101	6781	7397	7907
农业	亿元	3168	3817	4138	4501
林业	亿元	163	215	235	247
牧业	亿元	1286	2027	2221	2283
渔业	亿元	483	611	673	707
农作物总播种面积	千公顷	48820	49251	50362	51465
粮食作物播种面积	千公顷	34734	34993	36347	37540
粮食总产量	万吨	17454	19618	20603	21787
棉花播种面积	千公顷	597	812	676	693
棉花产量	万吨	61	87	71	82
油料播种面积	千公顷	5338	4981	4993	4779
油料产量	万吨	1067	1133	1133	1116
糖料播种面积	千公顷	380	290	261	334
糖料产量	万吨	1632	1650	1509	1912
肉类总产量	万吨	2255	2982	3215	3341
奶类产量	万吨	247	663	797	888
水产品产量	万吨	1057	1243	1316	1368
普通中学专任教师数	万人	103	118	119	121
小学专任教师数	万人	150	138	136	136
普通中学在校学生数	万人	1951	2235	2180	2134
小学在校学生数	万人	3387	2763	2619	2556
医院、卫生院数	所	16557	13849	13820	13656
医院、卫生院床位数	床	512423	537728	563988	593422
医院、卫生院技术人员数	人	712939	700974	716919	741719
地方财政一般预算收入	亿元	665	1093	1362	1724
地方财政一般预算支出	亿元	1009	2146	2681	3375
年末金融机构各项贷款余额	亿元	10949	16277	17841	21249

注:粮食生产大县包括除西藏自治区以外的 30 个省、区、市的 453 个县(市、旗)。

14—2—1　西部大开发12省(区、市)农村基层组织和乡村从业人员

指　　标	单位	1990年	1995年	2000年	2004年	2005年
一、农村基层组织						
乡镇个数	个	23472	18804	18089	16059	15227
乡个数	个	20678	13814	11966	6571	9488
镇个数	个	2794	4990	6123	9488	6463
村民委员会个数	个	216788	217093	215024	190301	186207
二、乡村户数和人口						
乡村户数	万户	6329.0	6711.2	7030.5	7252.3	7309.4
乡村人口数	万人	26707.2	27434.7	27992.3	28397.9	28523.2
三、乡村从业人员	万人	12928.2	14075.7	14772.4	15368.3	15551.7
1.按性别分组						
男	万人	6738.7	7442.4	7821.6	8186.0	8290.4
女	万人	6189.5	6633.6	6950.8	7182.3	7261.3
2.按行业分组						
农林牧渔业	万人	11372.8	11397.4	11079.7	10610.7	10493.6
工业	万人	414.4	538.1	550.4	713.9	786.0
建筑业	万人	287.5	468.4	622.4	824.7	892.3
交通运输、仓储及邮电通讯业	万人	119.0	191.2	247.8	310.7	326.7
批发零售贸易、餐饮业	万人	146.6	244.3	374.8	583.5	634.8
其他非农行业	万人	587.9	1236.9	1897.3	2324.9	2418.3

注:西部大开发12省(区、市)包括内蒙古自治区、广西壮族自治区、重庆市、四川省、贵州省、云南省、西藏自治区、陕西省、甘肃省、青海省、宁夏回族自治区、新疆维吾尔自治区。

14—2—2 西部大开发12省(区、市)农业机械拥有量

指　标	单位	1990年	1995年	1999年	2000年	2004年	2005年
农用机械总动力合计	万千瓦	5906.2	7534.3	10106.9	10706.6	13448.0	14509.7
大中型拖拉机	万混合台	20.3	16.3	19.1	19.4	27.1	35.2
	万千瓦	727.2	630.3	700.7	720.1	896.6	1100.4
小型拖拉机	万台	152.3	192.8	233.4	234.5	270.5	271.5
	万千瓦	1469.4	1913.2	2415.0	2443.1	2826.9	2918.7
大中型拖拉机配套农具	万部	20.0	22.6	29.0	30.2	39.7	46.8
小型拖拉机配套农具	万部	108.9	165.2	238.2	253.0	330.1	350.1
农用排灌柴油机	万台	38.6	48.3	77.3	84.5	110.5	122.8
	万千瓦	306.6	345.6	513.9	542.4	741.1	790.5
农用排灌电动机	万台	44.6	54.7	84.5	89.8	130.0	144.8
	万千瓦	580.6	632.8	733.4	759.1	861.0	932.5
农用水泵	万台	78.0	97.9	139.5	164.9	248.6	264.6
喷滴管灌机械	万套	2.4	2.8		7.1	9.4	9.9
联合收割机	万台	0.8	1.2	2.2	2.5	3.6	4.0
	万千瓦	38.0	53.8	89.8	98.9	135.3	156.0
机动收割机	万台	0.2	0.1	0.4	0.6		
	万千瓦	4.0	1.7	2.1	2.6		
机动脱粒机	万台	34.7	56.9	101.5	115.7	179.2	210.7
农用载重汽车	万辆	14.3	19.2	22.8	22.5		
	万千瓦	1102.2	1573.0	1889.8	1842.3		
农用运输车	万辆	5.3	13.9	30.3	39.1		

14—2—3 西部大开发12省(区、市)农村电力和农田水利建设情况

指　标	单位	1990年	1995年	1999年	2000年	2004年	2005年
一、乡村办水电站	个	4897	15320	11045	10381	6786	6249
装机容量	万千瓦	102.5	161.7	177.1	179.5	213.8	238.0
发电量	亿千瓦		48.4	61.9	63.5	77.3	90.2
二、农村用电量	亿千瓦时	145.7	237.6	308.0	331.4	446.6	462.8
三、农田水利建设情况							
有效灌溉面积	千公顷	12685.9	13639.3	14824.5	15174.6	15581.3	15841.5
旱涝保收面积	千公顷	8865.1	9371.5	10072.3	10255.9	10519.6	10696.7
机电排灌面积	千公顷	3558.1	4503.6	5227.9	5348.2	5445.7	5740.2

14—2—4 西部大开发12省(区、市)农用化肥、农膜、柴油和农药使用量

指　标	单位	1990年	1995年	1999年	2000年	2004年	2005年
一、化肥施用量							
(按折纯法计算)	万吨	570.8	825.4	983.4	1008.6	1155.7	1210.1
氮肥	万吨	371.1	472.4	539.0	541.0	584.7	601.9
磷肥	万吨	105.5	161.2	176.7	182.6	196.1	206.4
钾肥	万吨	28.8	54.3	74.4	79.6	105.6	113.1
复合肥	万吨	65.4	137.8	187.1	205.4	261.9	288.3
二、农用塑料薄膜使用量	吨		219243	375940	396198	476750	505467
# 地膜使用量	吨		167323	292663	304539	350305	364878
地膜覆盖面积	千公顷		2573.7	4824.4	4983.7	5202.2	5526.4
三、农用柴油使用量	万吨		253.2	265.9	288.2	318.0	344.2
四、农药使用量	万吨		15.4	20.1	20.5	21.8	23.4

14—2—5 西部大开发12省(区、市)自然灾害情况

指　标	单位	1990年	1995年	1999年	2000年	2005年	2006年
一、受灾面积	千公顷	11692.0	14531.0	17504.5	15773.0	12786.1	17212.2
旱灾	千公顷	7209.3	8552.0	10869.0	11225.0	8248.3	11019.0
水灾	千公顷	2174.0	3182.0	2871.5	2509.0	3119.9	1671.7
风雹灾	千公顷	1560.7	1487.0	1321.0	1104.0	1119.0	2519.0
霜冻灾	千公顷	748.0	964.0	2437.0	935.0	750.3	1380.7
二、成灾面积	千公顷	5484.0	7680.0	9213.7	9358.0	7211.2	10661.5
旱灾	千公顷	3350.7	4573.0	5864.0	7032.0	4621.3	7169.1
水灾	千公顷	1080.0	1793.0	1534.1	1492.0	1728.8	842.4
风雹灾	千公顷	652.0	755.0	734.0	536.0	601.7	1586.3
霜冻灾	千公顷		496.0	1077.0	298.0	233.3	724.7
三、成灾面积占受灾							
面积的比重	%	46.9	52.9	52.6	59.3	56.4	61.9

14—2—6 西部大开发12省(区、市)农作物播种面积及构成

单位:千公顷

指　　标	1990年	1995年	1999年	2000年	2005年	2006年
农作物总播种面积	43507.7	45890.4	49540.6	49345.9	49957.8	50558.5
一、粮食作物	33668.5	33920.3	35891.3	34528.8	32806.6	32860.8
1.谷物		26225.8	27032.9	25756.1	23665.8	23471.7
稻谷	7823.5	7467.6	7430.3	7452.3	7345.0	7261.4
小麦	9302.8	9019.6	8834.5	7999.1	6320.7	6167.8
玉米	6458.5	6678.5	8185.6	7542.1	8231.3	8251.7
谷子	603.5	400.1	414.8	320.8	223.4	233.5
高粱	318.2	292.6	288.0	257.3	185.8	200.8
2.豆类		3407.1	3771.8	3617.6	3827.7	3665.9
#大豆	1333.0	1593.2	1922.0	1960.1	2093.7	1989.1
杂豆		1813.9	1849.7	1657.6	1734.0	1676.8
3.薯类	3743.9	4287.6	5086.6	5155.0	5313.1	5723.2
#马铃薯	1847.9	2181.3	2843.9	2920.0	3471.8	3527.5
二、油料作物	3300.3	3687.7	4059.9	4410.4	4212.0	4099.0
#花生	415.1	496.3	576.9	652.0	691.6	697.2
油菜籽	1820.0	2132.3	2262.1	2520.9	2576.5	2498.0
芝麻	39.9	38.6	47.5	61.7	41.6	40.9
胡麻籽	500.4	443.6	379.7	323.0	272.1	242.8
向日葵籽	312.5	404.1	609.6	609.2	536.2	524.2
三、棉花	682.8	981.1	1156.7	1154.3	1328.0	1459.2
四、麻类	102.1	85.0	53.9	55.2	131.1	105.7
#黄红麻	56.9	34.4	15.0	12.7	7.3	7.3
五、糖料	693.9	932.0	1056.0	945.4	1164.6	1321.9
甘蔗	492.6	673.5	887.5	818.8	1051.6	1172.7
甜菜	201.3	258.8	168.5	126.6	113.0	149.2
六、烟叶	761.7	942.8	790.7	814.4	823.3	801.5
#烤烟	631.1	856.6	703.6	719.6	755.8	726.7
七、药材	59.4	119.2	165.8	256.2	528.3	548.1
八、蔬菜、瓜类	1766.7	2538.1	3440.4	3929.9	4986.9	5434.9
九、其他农作物	2039.4	2684.5	2925.9	3252.5	3977.0	3927.4

14—2—6续表　　(以农作物总播种面积为100)　　单位:%

指　标	1990年	1995年	1999年	2000年	2005年	2006年
农作物总播种面积	100.0	100.0	100.0	100.0	100.0	100.0
一、粮食作物	77.4	73.9	72.4	70.0	65.7	65.0
1.谷物		57.1	54.6	52.2	47.4	46.4
稻谷	18.0	16.3	15.0	15.1	14.7	14.4
小麦	21.4	19.7	17.8	16.2	12.7	12.2
玉米	14.8	14.6	16.5	15.3	16.5	16.3
谷子	1.4	0.9	0.8	0.7	0.4	0.5
高粱	0.7	0.6	0.6	0.5	0.4	0.4
2.豆类		7.4	7.6	7.3	7.7	7.3
#大豆	3.1	3.5	3.9	4.0	4.2	3.9
杂豆		4.0	3.7	3.4	3.5	3.3
3.薯类	8.6	9.3	10.3	10.4	10.6	11.3
#马铃薯	4.2	4.8	5.7	5.9	6.9	7.0
二、油料作物	7.6	8.0	8.2	8.9	8.4	8.1
#花生	1.0	1.1	1.2	1.3	1.4	1.4
油菜籽	4.2	4.6	4.6	5.1	5.2	4.9
芝麻	0.1	0.1	0.1	0.1	0.1	0.1
胡麻籽	1.2	1.0	0.8	0.7	0.5	0.5
向日葵籽	0.7	0.9	1.2	1.2	1.1	1.0
三、棉花	1.6	2.1	2.3	2.3	2.7	2.9
四、麻类	0.2	0.2	0.1	0.1	0.3	0.2
#黄红麻	0.1	0.1	0.0	0.0	0.0	0.0
五、糖料	1.6	2.0	2.1	1.9	2.3	2.6
甘蔗	1.1	1.5	1.8	1.7	2.1	2.3
甜菜	0.5	0.6	0.3	0.3	0.2	0.3
六、烟叶	1.8	2.1	1.6	1.7	1.6	1.6
#烤烟	1.5	1.9	1.4	1.5	1.5	1.4
七、药材	0.1	0.3	0.3	0.5	1.1	1.1
八、蔬菜、瓜类	4.1	5.5	6.9	8.0	10.0	10.7
九、其他农作物	4.7	5.8	5.9	6.6	8.0	7.8

14—2—7 西部大开发12省(区、市)主要农作物产量

单位:万吨

指标	1990年	1995年	1999年	2000年	2005年	2006年
一、粮食作物	11168.3	11729.9	13375.9	12896.3	13438.7	12925.9
1.谷物		10135.3	11479.5	10920.3	11131.7	10704.6
稻谷	4506.9	4498.0	4783.2	4735.7	4586.3	4265.9
小麦	2512.2	2463.0	2516.0	2307.1	2037.8	2065.1
玉米	2372.9	2589.8	3661.3	3351.1	4094.6	3960.5
谷子	87.3	38.1	51.6	34.3	35.7	38.7
高粱	99.3	82.7	88.0	70.0	66.9	66.7
2.豆类		437.4	489.8	460.0	618.2	554.0
#大豆	166.6	187.2	242.8	250.4	330.7	292.9
杂豆		250.2	247.0	209.6	287.4	261.0
3.薯类	854.4	1157.3	1406.6	1516.0	1688.9	1667.3
#马铃薯	370.2	560.9	680.3	811.6	990.9	1085.2
二、油料作物	433.3	508.6	598.5	671.3	766.3	735.6
#花生	64.0	84.8	112.4	134.6	149.8	136.5
油菜籽	239.6	296.4	314.3	366.5	444.6	443.1
芝麻	2.1	2.4	3.8	5.4	4.3	4.0
胡麻籽	41.3	28.1	33.8	27.7	30.1	27.9
向日葵籽	67.0	83.9	116.6	116.5	124.1	112.8
三、棉花	67.1	117.1	149.8	160.5	209.1	242.4
四、麻类	17.0	12.9	9.4	10.5	44.9	29.1
#黄红麻	10.9	5.7	2.8	2.3	1.5	1.5
五、糖料	3013.1	4528.1	5551.8	5047.5	7355.3	8553.2
甘蔗	2423.7	3818.4	4972.9	5600.9	6782.5	7802.4
甜菜	589.4	709.7	578.8	446.6	572.8	750.8
六、烟叶	117.7	143.3	136.0	142.8	158.0	156.9
#烤烟	99.9	131.5	121.4	126.6	144.7	143.4
七、茶叶	13.8	16.5	18.6	19.1	29.1	33.5
八、水果	462.9	1070.3	1602.6	1613.4	3664.9	4108.5

14—2—8 西部大开发12省(区、市)主要农作物单位面积产量

单位:千克/公顷

指　标	1990年	1995年	1999年	2000年	2005年	2006年
一、粮食作物	3317.1	3458.1	3726.8	3734.9	4096.3	3933.5
1.谷物		3864.6	4246.5	4239.9	4703.7	4560.6
稻谷	5760.7	6023.4	6437.5	6354.7	6244.1	5874.7
小麦	2700.5	2730.7	2847.9	2884.2	3224.0	3348.2
玉米	3674.1	3877.8	4472.9	4443.2	4974.5	4799.6
谷子	1446.5	952.3	1244.7	1068.4	1596.6	1657.1
高粱	3120.7	2826.4	3056.0	2719.4	3600.6	3323.8
2.豆类		1283.8	1298.5	1271.7	1614.9	1511.2
#大豆	1249.8	1175.0	1263.3	1277.6	1579.5	1472.7
杂豆		1379.3	1335.1	1264.6	1657.7	1556.8
3.薯类	2282.1	2699.2	2765.4	2940.8	3178.7	2913.2
#马铃薯	2003.4	2571.4	2392.1	2779.4	2854.1	3076.4
二、油料作物	1313.0	1379.1	1474.1	1522.0	1819.3	1794.7
#花生	1543.1	1709.2	1949.2	2063.7	2165.8	1957.6
油菜籽	1316.4	1389.9	1389.3	1454.0	1725.8	1773.8
芝麻	538.0	615.4	806.0	886.3	1045.1	974.3
胡麻籽	825.0	634.1	889.6	857.4	1106.7	1150.9
向日葵籽	2142.7	2076.9	1912.2	1912.8	2314.5	2152.2
三、棉花	982.6	1193.5	1294.9	1390.2	1574.3	1661.0
四、麻类	1669.7	1520.1	1752.8	1902.1	3422.3	2751.3
#黄红麻	1916.5	1654.3	1867.9	1840.0	1982.6	1990.5
五、糖料	43425.3	48584.8	52574.1	53392.3	63157.6	64702.1
甘蔗	49202.2	56695.1	56031.9	56192.8	64494.7	66532.5
甜菜	29286.2	27422.1	34358.3	35276.4	50709.6	50316.5
六、烟叶	1544.7	1520.0	1719.9	1753.4	1918.7	1957.0
#烤烟	1583.4	1535.1	1725.8	1759.4	1914.3	1972.8

14—2—9 西部大开发12省(区、市)林业生产情况

单位:千公顷、万株、吨

指　　标	1990年	1995年	2000年	2004年	2005年	2006年
一、营林情况						
1.当年造林面积	2144.9	2183.7	2849.0	3062.8	1985.1	1277.3
按造林方式分:						
当年人工造林面积	1761.5	1894.0	2342.7	2619.9	1640.3	1093.3
当年飞机播种面积	383.4	289.7	506.3	443.0	344.9	184.0
按用途分:						
用材林	1262.0	785.9	540.3	268.4	208.5	171.0
经济林	278.3	710.1	711.5	193.3	154.3	242.9
防护林	500.5	623.8	1549.2	2568.0	1612.9	859.1
薪炭林	88.5	60.1	40.6	31.8	7.8	3.8
特种用材林	15.7	4.1	7.4	1.5	1.7	0.5
2.新封山育林面积	1577.9	1858.6	2779.7	1019.4	1674.1	996.4
3.迹地更新面积	160.5	173.4	422.4	83.9	111.3	97.5
4.零星(四旁)植树	155269	124739	101350	89720	64863	73234
5.育苗面积	55.1	49.8	79.8	80.9	72.1	63.6
6.幼林抚育作业面积(千公顷次)	3634.1	3953.7	3370.0	6369.0	7839.4	7024.3
7.成林抚育面积	1173.2	2281.6	2399.7	2951.2	3203.4	3288.3
二、主要林产品产量						
生漆	2076	2332	3786	5496	4430	5249
油桐籽	248892	294051	298754	241565	224397	229984
油茶籽	73923	103202	137637	136220	137138	146766
乌桕籽	16729	14959	9698	8158	8493	8150
五倍籽	3989	7977	4854	7624	7235	6244
棕片	21170	30428	29879	31424	28068	30074
松脂	184434	286008	278360	370430	394419	516854
竹笋干	9402	19771	34752	80684	102095	100880
核桃	94811	139110	179831	268399	287484	300229
板栗	16919	38062	75498	117947	132621	146471
紫胶(原胶)	798	2031	759	1383	1333	3285
木材(万立方米)	1650.3	2104.2	887.4	1237.8	1304.1	1686.8
竹材(万根)	1943.6	12738.6	7419.0	44866.5	37724.5	50653.0

14—2—10 西部大开发12省(区、市)畜牧业生产情况

指　　标	单位	1999年	2000年	2003年	2004年	2005年	2006年
一、牲畜出栏量							
1.大牲畜出栏							
牛	万头	1071.1	1171.0	1428.7	1579.8	1728.8	1877.6
马	万头	67.6	74.4	78.3	81.8	82.9	87.1
驴	万头	65.6	68.1	79.2	86.0	78.1	93.9
骡	万头	14.4	16.5	19.3	19.7	18.3	20.6
骆驼	万头	6.7	6.7	6.5	6.6	6.5	7.3
2.猪	万头	15371.9	16111.1	17202.4	17833.8	19393.4	20277.6
3.羊	万只	7228.5	7890.7	10314.1	11717.8	13177.1	14379.9
4.家禽	万只	120780.6	136585.6	118768.7	126901.8	146030.0	153533.8
5.兔	万只	6845.0	8226.0	12834.1	14717.6	16924.6	18716.3
二、肉类总产量	万吨	1639.2	1737.5	1882.4	1991.6	2171.6	2313.3
#猪牛羊肉产量	万吨	1434.7	1504.0	1660.9	1748.9	1900.9	2015.6
猪肉产量	万吨	1194.0	1239.4	1327.4	1370.1	1477.5	1548.6
牛肉产量	万吨	123.0	135.7	167.1	184.2	203.3	223.2
羊肉产量	万吨	117.7	128.8	166.4	194.5	220.1	243.8
禽肉产量	万吨	183.3	207.0	180.2	197.1	222.3	244.3
兔肉产量	万吨	9.2	11.1	18.0	20.5	23.4	25.9
三、其他畜产品产量	万吨						
奶类产量	万吨	320.1	356.7	735.5	988.8	1249.4	1497.0
#牛奶产量	万吨	281.0	315.7	681.2	938.4	1197.7	1439.5
山羊毛产量	吨	11718.0	12955.0	15685.0	16999.1	18223.1	21598.8
绵羊毛产量	吨	182044.0	183782.0	208624.2	237854.7	253941.8	256252.0
#细羊毛	吨	74101.0	74432.0	76085.0	85510.2	86535.1	94809.7
半细羊毛	吨	35706.0	38780.0	48646.2	52875.7	56099.5	56184.1
羊绒产量	吨	6983.7	7138.0	9260.0	9825.2	10402.5	11048.9
蜂蜜产量	万吨	5.0	5.1	6.6	6.8	7.2	7.8
禽蛋产量	万吨	244.4	264.9	338.3	359.7	388.2	409.0

14—2—11　西部大开发12省(区、市)牲畜年末存栏量

指　标	单位	1997年	2000年	2003年	2004年	2005年	2006年
一、大牲畜头数	万头	6814.4	7070.6	7326.1	7529.3	7751.0	7864.4
1.牛	万头	5489.9	5770.4	6099.0	6317.3	6651.6	6659.8
黄牛	万头	3716.9	3865.6	3956.4	4082.5	4158.1	4207.8
水牛	万头	1161.2	1223.6	1212.7	1226.8	1218.5	1206.9
2.马	万头	595.1	583.7	551.3	546.7	541.5	542.9
3.驴	万头	450.7	445.5	424.3	420.0	419.6	417.2
4.骡	万头	237.5	238.5	225.1	219.1	219.2	217.6
5.骆驼	万头	35.0	32.6	26.5	26.2	26.6	26.9
二、猪	万头	14788.5	16322.7	16786.1	17222.7	17730.1	17448.0
三、羊	万只	14797.0	15699.6	17746.4	19218.9	19778.1	20060.7
山羊	万只	5692.9	6081.2	6925.0	7356.6	7604.5	7754.4
绵羊	万只	9104.1	9618.4	10821.4	11862.4	12173.7	12306.3
四、家禽	万只	50701.6	63932.1	87921.8	93663.0	99470.5	111072.0

14—2—12　西部大开发12省(区、市)渔业生产情况

指　标	单位	1990年	1995年	2000年	2004年	2005年	2006年
一、水产品总产量	吨	716131	1730062	3587609	4389423	4718556	5015622
1.按海水、内陆分							
海水产品产量	吨	202672	645706	1594505	1658050	1739581	1769508
内陆水产品产量	吨	513459	1084356	1993104	2731373	2978975	3246114
2.按生产性质分							
捕捞产量	吨	283759	632198	1100582	1067395	1130022	1141544
养殖产量	吨	432372	1097864	2487027	3322028	3588534	3874078
3.按品种分							
鱼类	吨	673010	1459932	2509894	3166273	3456835.69	3704181
虾蟹类	吨	30234	81959	197308	259355	300065	319573
贝类	吨	12286	178552	820903	864506	877076	882422
藻类	吨	7	110	15	689	173	275
其他类	吨	594	9509	59489	98600	83893	109171
二、水产养殖面积	千公顷	602.2	723.9	823.3	931.3	966.6	1029.4
1.海水养殖面积	千公顷	5.4	41.0	61.4	61.9	62.0	64.3
浅海养殖	千公顷		16.4	16.5	18.0	17.4	17.2
港湾养殖	千公顷		4.0	3.4	34.1	31.5	29.5
滩涂养殖	千公顷		20.6	41.5	9.9	13.1	17.6
2.内陆养殖面积	千公顷	596.8	682.9	761.9	869.4	904.6	965.1
池塘养殖	千公顷		226.2	262.2	273.1	278.7	288.7
湖泊养殖	千公顷		88.4	102.7	103.0	108.4	110.8
河沟养殖	千公顷		21.9	35.9	58.1	58.3	65.7
水库养殖	千公顷		340.2	354.1	421.8	444.9	490.4
其他养殖	千公顷		6.2	7.0	13.5	14.3	9.5
三、稻田养殖面积	千公顷		561.7	577.8	693.4	699.4	681.1

14—2—13 西部大开发12省(区、市)按人口平均的主要农产品产量

单位：千克/人

指　　标	1990年	1995年	1999年	2000年	2005年	2006年
一、粮食作物	348.0	342.1	374.8	363.0	374.7	358.4
1.谷物		295.6	321.7	307.3	310.4	296.8
＃稻谷	140.4	131.2	134.0	133.3	127.9	118.3
小麦	78.3	71.8	70.5	64.9	56.8	57.3
玉米	73.9	75.5	102.6	94.3	114.2	109.8
谷子	2.7	1.1	1.4	1.0	1.0	1.1
高粱	3.1	2.4	2.5	2.0	1.9	1.9
2.豆类		12.8	13.7	12.9	17.2	15.4
＃大豆	5.2	5.5	6.8	7.0	9.2	8.1
杂豆		7.3	6.9	5.9	8.0	7.2
3.薯类	26.6	33.8	39.4	42.7	47.1	46.2
＃马铃薯	11.5	16.4	19.1	22.8	27.6	30.1
二、油料作物	13.5	14.8	16.8	18.9	21.4	20.4
＃花生	2.0	2.5	3.2	3.8	4.2	3.8
油菜籽	7.5	8.6	8.8	10.3	12.4	12.3
芝麻	0.1	0.1	0.1	0.2	0.1	0.1
胡麻籽	1.3	0.8	0.9	0.8	0.8	0.8
向日葵籽	2.1	2.4	3.3	3.3	3.5	3.1
三、棉花	2.1	3.4	4.2	4.5	5.8	6.7
四、麻类	0.5	0.4	0.3	0.3	1.3	0.8
＃黄红麻	0.3	0.2	0.1	0.1	0.0	0.0
五、糖料	93.9	132.1	155.6	142.1	205.1	237.1
甘蔗	75.5	111.4	139.3	157.6	189.1	216.3
甜菜	18.4	20.7	16.2	12.6	16.0	20.8
六、水果	14.4	31.2	44.9	45.4	102.2	113.9
七、烟叶	3.7	4.2	3.8	4.0	4.4	4.3
＃烤烟	3.1	3.8	3.4	3.6	4.0	4.0

14—2—14 西部大开发12省(区、市)按人口平均的畜产品、水产品产量

单位：千克/人

指　　标	1990年	1995年	2000年	2004年	2005年	2006年
一、猪牛羊肉产量	37.3	39.2	41.5	47.2	53.0	55.9
猪肉	31.4	32.8	34.6	37.0	41.2	42.9
牛肉	3.1	3.3	3.6	5.0	5.7	6.2
羊肉	2.8	3.1	3.4	5.3	6.1	6.8
二、奶类产量	7.5	8.5	9.3	26.7	34.8	41.5
＃牛奶产量	6.5	7.4	8.1	25.3	33.4	39.9
三、禽蛋产量	6.3	6.4	7.1	9.7	10.8	11.3
四、水产品产量	8	9.0	10.4	11.8	13.2	13.9
鱼类	5.7	6.3	7.3	8.6	9.6	10.3
虾蟹类	0.4	0.5	0.6	0.7	0.8	0.9

14—2—15 西部大开发12省(区、市)农林牧渔业总产值及构成

(按当年价计算)

指 标	1995年	2000年	2001年	2004年	2005年	2006年
一、绝对数(亿元)						
农林牧渔业总产值合计	4690.6	5753.0	5970.6	8654.9	9571.8	10380.1
#农业	2890.8	3478.8	3525.3	4582.1	5048.6	5487.3
林业	177.4	242.8	238.8	365.5	394.4	460.1
牧业	1516.5	1848.9	2012.7	3239.6	3609.1	3865.4
渔业	105.9	182.5	193.8	267.0	300.5	325.8
二、构成(%)						
(以农林牧渔业合计为100)	100.00	100.00	100.00	100.00	100.00	100.00
# 农业	61.63	60.47	59.04	52.94	52.75	52.86
林业	3.78	4.22	4.00	4.22	4.12	4.43
牧业	32.33	32.14	33.71	37.43	37.71	37.24
渔业	2.26	3.17	3.25	3.08	3.14	3.14
三、占全国的比重(%)						
农林牧渔业总产值合计	23.06	23.10	23.15	23.88	24.26	24.47
# 农业	24.32	25.10	24.63	25.26	25.74	25.46
林业	24.10	25.90	26.03	27.54	27.67	28.72
牧业	24.68	25.00	25.91	26.61	27.11	28.34
渔业	6.22	6.73	6.88	7.40	7.48	7.35

注:自2003年起农林牧渔业总产值执行新国民经济行业分类标准,包括农林牧渔服务业产值。

14—2—16　西部大开发12省(区、市)农林牧渔业中间消耗及构成

(按当年价格计算)

指　　标	1995年	2000年	2003年	2004年	2005年	2006年
一、绝对数(亿元)						
农林牧渔业合计	1728.4	2081.3	2619.0	3230.2	3610.9	3987.5
#农业	937.2	1148.8	1222.5	1462.8	1640.1	1817.6
林业	44.2	64.6	107.0	107.0	112.5	133.2
牧业	716.4	813.7	1130.5	1482.6	1661.0	1818.1
渔业	30.6	54.3	67.6	82.1	92.1	102.5
二、构成(%)						
(以农林牧渔业合计为100)	100.00	100.00	100.00	100.00	100.00	100.00
#农业	54.22	55.20	46.68	45.29	45.42	45.58
林业	2.56	3.10	4.09	3.31	3.11	3.34
牧业	41.45	39.10	43.17	45.90	46.00	45.59
渔业	1.77	2.60	2.58	2.54	2.55	2.57

14—2—17　西部大开发12省(区、市)农林牧渔业增加值及构成

(按当年价格计算)

指　　标	1995年	2000年	2001年	2004年	2005年	2006年
一、绝对数(亿元)						
农林牧渔业合计	2962.17	3671.6	3798.2	5424.7	5960.8	6392.7
# 农业	1953.57	2330.1	2353.3	3119.3	3408.5	3669.7
林业	133.21	178.2	175.1	258.5	282.0	326.9
牧业	800.05	1035.2	1133.6	1757.0	1948.1	2047.3
渔业	75.34	128.1	136.3	184.9	208.4	223.3
二、构成(%)						
(以农林牧渔业合计为100)	100.00	100.00	100.00	100.00	100.00	100.00
#农业	65.95	63.46	61.96	57.50	57.18	57.40
林业	4.50	4.86	4.61	4.77	4.73	5.11
牧业	27.01	28.19	29.84	32.39	32.68	32.03
渔业	2.54	3.49	3.59	3.41	3.50	3.49

14—2—18 西部大开发12省(区、市)农村住户基本情况

指　　标	单位	1990年	1995年	2000年	2005年	2006年
调查户常住人口	人/户	5.10	4.80	4.49	4.32	4.31
＃整、半劳动力人数	人/户	3.02	2.99	2.83	2.86	2.88
劳动力负担人口	人/劳动力	1.69	1.61	1.59	1.51	1.49
劳动力文化状况						
不识字或识字很少	人/百劳动力	28.63	20.21	13.97	10.42	9.88
小学程度	人/百劳动力	39.67	39.43	37.57	33.42	32.88
初中程度	人/百劳动力	26.34	33.20	39.69	45.92	46.78
高中程度	人/百劳动力	5.00	6.47	7.08	7.78	7.91
中专程度	人/百劳动力	0.32	0.59	1.36	1.82	1.81
大专及大专以上	人/百劳动力	0.04	0.10	0.33	0.64	0.74
年内新建住房面积	平方米/人	0.57	0.67	0.78	0.69	0.65
年内新建住房造价	元/平方米	57.39	158.57	208.81	278.13	322.20
年末住房面积	平方米/人	15.37	18.29	21.62	25.70	26.34
＃砖木结构面积	平方米/人	4.29	6.12	8.30	9.57	10.42
年末住房价值	元/平方米	25.32	57.13	130.46	179.18	190.96
经营耕地面积	亩/人	2.42	2.54	2.23	2.29	2.35
经营山地面积	亩/人	0.49	0.62	0.38	0.37	0.36
农产品出售量						
粮食	千克/人	107.81	107.13	158.06	212.35	214.86
棉花	千克/人	2.17	4.63	8.11	19.55	24.06
油料	千克/人	16.44	11.94	18.12	20.39	19.50
糖料	千克/人	101.01	105.75	172.30	187.41	198.34
蔬菜及制品	千克/人	57.68	61.38	97.80	134.06	134.70
水果	千克/人	11.13	21.22	38.26	59.75	58.40
猪肉	千克/人	15.21	24.17	27.07	31.86	32.54
牛羊肉	千克/人	2.27	2.11	7.21	10.95	11.30
奶及奶制品	千克/人	2.19	3.12	5.00	19.11	22.50
家禽	千克/人	1.88	2.06	2.40	4.25	3.32
禽蛋	千克/人	1.40	1.64	3.33	3.54	4.02

14—2—19　西部大开发12省(区、市)农村居民收入及构成

指　　标	1990年	1995年	2000年	2005年	2006年
一、总收入(元/人)	810.9	1789.3	2496.4	3646.0	3926.7
工资性收入	70.5	149.4	390.9	674.5	795.9
家庭经营收入	709.0	1554.2	1976.0	2770.9	2890.3
财产性收入		29.6	31.2	49.3	56.9
转移性收入	31.4	56.2	98.3	151.3	183.5
二、纯收入(元/人)	552.7	1116.8	1661.0	2378.9	2588.4
工资性收入	70.5	149.4	390.9	674.5	795.9
家庭经营收入	457.5	889.6	1182.4	1537.8	1588.8
财产性收入		29.6	31.2	49.3	56.9
转移性收入	24.7	48.3	56.4	117.3	146.8
三、现金收入(元/人)	494.7	1147.5	1722.5	2806.9	3108.1
工资性收入	70.2	149.1	390.3	673.8	795.4
家庭经营收入	373.4	891.8	1210.6	1947.0	2087.9
财产性收入		35.0	26.2	39.5	44.5
转移性收入	51.1	71.6	95.4	146.6	180.4
一、总收入构成(%)	100.0	100.0	100.0	100.0	100.0
工资性收入	8.7	8.3	15.7	18.5	20.3
家庭经营收入	87.4	86.9	79.2	76.0	73.6
财产性收入		1.7	1.3	1.4	1.4
转移性收入	3.9	3.1	3.9	4.2	4.7
二、纯收入构成(%)	100.0	100.0	100.0	100.0	100.0
工资性收入	12.8	13.4	23.5	28.4	30.7
家庭经营收入	82.7	79.7	71.2	64.6	61.4
财产性收入		2.6	1.9	2.1	2.2
转移性收入	4.5	4.3	3.4	4.9	5.7
三、现金收入构成(%)	100.0	100.0	100.0	100.0	100.0
工资性收入	14.2	13.0	22.7	24.0	25.6
家庭经营收入	75.5	77.7	70.3	69.4	67.2
财产性收入		3.1	1.5	1.4	1.4
转移性收入	10.3	6.2	5.5	5.2	5.8

14—2—20　西部大开发12省(区、市)农村居民支出及构成

指　　标	1990年	1995年	2000年	2005年	2006年
一、总支出(元/人)	742.33	1745.51	2211.35	3447.80	3702.87
家庭经营费用支出	210.39	564.32	643.59	1111.88	1175.87
购置生产性固定资产支出	20.58	62.60	63.64	134.79	140.09
建造生产性固定资产雇工支出				1.38	1.70
税费支出	23.01	59.01	79.45	7.25	6.45
生活消费支出	475.17	1022.95	1325.85	2022.88	2192.08
财产性和转移性支出	13.18	36.63	98.82	169.63	186.68
二、现金支出(元/人)	461.86	1144.43	1621.29	2709.74	2983.68
家庭经营费用支出	126.65	385.96	483.47	876.40	936.41
购买生产性固定资产支出	20.66	62.60	63.64	134.79	140.09
建造生产性固定资产雇工支出				1.38	1.70
税费支出	20.74	52.52	74.40	7.00	6.44
生活消费现金支出	263.12	586.90	907.03	1521.48	1713.29
财产性和转移性支出	30.69	56.45	92.75	168.70	185.75
一、总支出构成(%)	100.0	100.0	100.0	100.0	100.0
家庭经营费用支出	28.3	32.3	29.1	32.2	31.8
购置生产性固定资产支出	2.8	3.6	2.9	3.9	3.8
建造生产性固定资产雇工支出					
税费支出	3.1	3.4	3.6	0.2	0.2
生活消费支出	64.0	58.6	60.0	58.7	59.2
财产性和转移性支出	1.8	2.1	4.4	4.9	5.0
二、现金支出构成(%)	100.0	100.0	100.0	100.0	100.0
家庭经营费用支出	27.4	33.7	29.8	32.3	31.4
购买生产性固定资产支出	4.5	5.5	3.9	5.0	4.7
建造生产性固定资产雇工支出				0.1	0.1
税费支出	4.5	4.6	4.6	0.3	0.2
生活消费现金支出	57.0	51.3	55.9	56.1	57.4
财产性和转移性支出	6.6	4.9	5.7	6.2	6.2

14—2—21　西部大开发12省(区、市)农村居民生活消费支出

指　　标	1990年	1995年	2000年	2005年	2006年
生活消费支出(元/人)	475.17	1022.95	1325.85	2022.88	2192.08
一、食品支出	300.41	649.35	709.99	1007.17	1019.44
二、衣着支出	37.64	67.75	73.93	112.76	125.95
三、居住支出	68.18	120.81	186.01	265.54	347.49
四、家庭设备、用品及服务支出	21.38	48.19	53.67	82.55	95.41
五、交通和通讯支出	6.53	20.47	53.47	167.54	204.17
六、文教娱乐用品及服务支出	23.73	70.25	144.76	216.46	206.74
七、医疗保健支出	14.07	32.36	67.83	134.64	152.18
八、其他商品及服务支出	3.24	13.78	36.19	36.21	40.73
生活消费支出构成(%)	100.0	100.0	100.0	100.0	100.0
一、食品支出	63.2	63.5	53.5	49.8	46.5
二、衣着支出	7.9	6.6	5.6	5.6	5.7
三、居住支出	14.3	11.8	14.0	13.1	15.9
四、家庭设备、用品及服务支出	4.5	4.7	4.0	4.1	4.4
五、交通和通讯支出	1.4	2.0	4.0	8.3	9.3
六、文教娱乐用品及服务支出	5.0	6.9	10.9	10.7	9.4
七、医疗保健支出	3.0	3.2	5.1	6.7	6.9
八、其他商品及服务支出	0.7	1.3	2.7	1.8	1.9

14—2—22　西部大开发12省(区、市)农村居民生活消费现金支出

单位:元/人

指　　标	1990年	1995年	2000年	2005年	2006年
生活消费现金支出	263.12	586.90	907.03	1521.48	1713.29
一、食品支出	106.24	239.67	314.19	532.98	573.08
二、衣着支出	37.63	67.10	73.59	111.88	124.84
三、居住支出	50.52	95.24	163.37	240.60	317.38
四、家庭设备、用品及服务支出	21.21	48.03	53.62	81.71	94.37
五、交通和通讯支出	6.52	20.47	53.47	167.54	204.17
六、文教娱乐用品及服务支出	23.70	70.25	144.76	216.46	206.74
七、医疗保健支出	14.06	32.36	67.83	134.64	152.18
八、其他商品及服务支出	3.22	13.78	36.19	35.67	40.53

14—2—23 西部大开发12省(区、市)农村居民主要食品消费量

单位:千克/人

指 标	1990年	1995年	2000年	2005年	2006年
粮食	244.10	254.53	240.77	214.23	208.05
蔬菜	122.77	95.93	103.02	97.71	95.12
食用油	4.54	5.09	6.18	5.01	4.99
# 植物油	2.49	3.25	4.36	4.10	3.83
水果	5.98	9.62	14.79	10.61	10.45
猪肉	12.32	12.40	15.79	20.66	19.26
牛羊肉	1.51	1.27	2.09	2.77	3.03
奶及制品	3.11	1.55	2.30	3.97	3.86
家禽	0.96	1.25	1.98	3.05	2.90
蛋及制品	1.42	1.58	2.24	2.57	2.76
水产品	0.39	0.69	1.07	1.39	1.44
卷烟	20.99	20.94	21.13	22.26	21.94
食糖	1.50	1.06	1.20	1.18	1.11
酒	6.27	4.18	4.72	6.51	7.13
相当于全国平均水平(%)					
粮食	93.1	99.4	96.2	102.6	101.2
蔬菜	91.6	91.7	96.5	95.5	94.6
食用油	87.8	87.8	87.5	83.4	85.4
# 植物油	70.3	76.5	80.0	83.6	81.1
水果	101.5	73.9	80.8	88.2	87.8
猪肉	116.9	117.2	118.9	132.3	124.6
牛羊肉	188.8	178.9	171.3	188.2	193.2
奶及制品	288.0	242.2	217.0	138.6	122.5
家禽	76.2	68.3	70.5	83.3	82.6
蛋及制品	58.9	49.1	47.0	54.6	55.1
水产品	18.3	20.5	27.3	28.2	28.7
卷烟	75.0	85.1	88.6	89.1	89.0
食糖	74.0	81.5	93.8	104.6	102.2
酒	102.1	64.1	67.2	67.9	71.5

14—2—24 西部大开发12省(区、市)农村居民耐用消费品拥有量

(平均每百户)

指 标	1990年	1995年	2000年	2005年	2006年
自行车(辆)	79.81	131.71	77.20	57.94	59.12
电风扇(台)	12.87	39.15	64.97	89.16	94.69
洗衣机(台)	5.10	9.50	18.49	31.69	35.94
电冰箱(台)	0.08	0.92	4.63	10.55	13.38
摩托车(辆)	0.57	2.18	12.33	32.59	37.14
黑白电视机(台)	26.91	54.98	50.86	22.43	19.09
彩色电视机(台)	2.72	10.55	36.60	78.40	83.91
收录机(台)	15.83	27.21	25.14	13.45	13.10
照相机(架)	0.41	0.64	1.76	2.13	2.22

14—2—25 西部大开发12省(区、市)扶贫工作重点县基本情况及占全部扶贫工作重点县的比重

指　　标	单位	2000年	2004年	2005年	2006年
县个数	个	366	366	366	366
年末总人口	万人	11605	11902	11982	12104
行政区域土地面积	万平方公里				188
农业机械总动力	万千瓦	2949	3891	4228	
农村用电量	亿千瓦时	65	80	90	
第一产业增加值	亿元	1026	1423	1570	1699
农业	亿元	639	801	864	938
林业	亿元	71	97	104	115
牧业	亿元	303	471	542	586
渔业	亿元	14	20	22	23
农作物总播种面积	千公顷	18439	18138	18447	18803
粮食作物播种面积	千公顷	13770	12690	12935	13134
粮食总产量	万吨	4060	4419	4457	4464
棉花播种面积	千公顷	204	173	163	196
棉花产量	万吨	24	23	23	30
油料播种面积	千公顷	1413	1442	1444	1414
油料产量	万吨	155	206	208	201
糖料播种面积	千公顷	257	288	277	309
糖料产量	万吨	1115	1519	1435	1633
肉类总产量	万吨	530	698	770	825
奶类产量	万吨	64	198	268	322
水产品产量	万吨	23	35	39	50
普通中学专任教师数	万人	28	35	37	40
小学专任教师数	万人	59	60	60	61
普通中学在校学生数	万人	502	710	728	746
小学在校学生数	万人	1460	1361	1319	1310
医院、卫生院数	所	10508	8388	8364	8262
医院、卫生院床位数	床	153164	160063	163293	172131
医院、卫生院技术人员数	人	201185	189466	188461	189465
地方财政一般预算收入	亿元	125	190	231	295
地方财政一般预算支出	亿元	387	833	1019	1279
年末金融机构各项贷款余额	亿元	1781	2351	2587	2925

14—2—25 续表

单位：%

指　　标	2000 年	2004 年	2005 年	2006 年
县个数	62.9	62.9	62.9	62.9
年末总人口	53.6	53.7	53.6	53.7
行政区域土地面积				77.9
农业机械总动力	41.5	42.4	42.5	
农村用电量	46.9	44.6	44.2	
第一产业增加值	49.2	49.2	49.0	48.9
农业	50.6	49.8	49.0	48.5
林业	46.8	49.8	49.1	51.1
牧业	50.7	50.6	51.6	52.3
渔业	18.4	20.6	19.9	19.5
农作物总播种面积	54.6	54.3	54.1	54.2
粮食作物播种面积	56.2	54.6	54.2	54.1
粮食总产量	50.0	49.2	48.3	46.1
棉花播种面积	36.3	27.1	28.6	32.2
棉花产量	40.7	36.0	36.5	38.7
油料播种面积	40.6	44.6	43.6	44.3
油料产量	32.7	39.1	37.8	36.6
糖料播种面积	80.7	87.4	87.6	84.4
糖料产量	88.4	92.5	91.9	89.8
肉类总产量	50.9	53.4	54.4	55.0
奶类产量	70.4	62.8	63.8	64.7
水产品产量	15.4	19.5	19.8	22.4
普通中学专任教师数	47.9	49.2	50.8	51.4
小学专任教师数	53.5	55.1	55.6	56.0
普通中学在校学生数	45.8	50.1	51.0	52.0
小学在校学生数	55.9	57.6	57.8	58.2
医院、卫生院数	64.5	62.4	62.8	63.1
医院、卫生院床位数	52.0	53.3	53.6	53.8
医院、卫生院技术人员数	49.2	48.7	48.3	48.9
地方财政一般预算收入	50.1	56.5	58.2	57.8
地方财政一般预算支出	58.6	59.3	58.5	57.8
年末金融机构各项贷款余额	46.5	48.6	50.3	50.4

14—2—26 西部大开发12省(区、市)牧区、半牧区县基本情况及占全部牧区、半牧区县的比重

指　　标	单位	2000年	2004年	2005年	2006年
县个数	个	228	228	228	228
年末总人口	万人	2828	2887	2929	2931
行政区域土地面积	万平方公里				373
农业机械总动力	万千瓦	1607	1999	2202	
农村用电量	亿千瓦时	33	34	40	
第一产业增加值	亿元	438	638	714	772
农业	亿元	238	319	358	394
林业	亿元	19	29	26	27
牧业	亿元	178	270	305	324
渔业	亿元	4	5	5	5
农作物总播种面积	千公顷	6669	6660	6940	7193
粮食作物播种面积	千公顷	4678	4568	4697	4910
粮食总产量	万吨	1326	1601	1823	1869
棉花播种面积	千公顷	183	175	185	209
棉花产量	万吨	29	30	33	38
油料播种面积	千公顷	902	634	625	611
油料产量	万吨	110	91	108	99
糖料播种面积	千公顷	69	46	46	60
糖料产量	万吨	282	206	230	302
肉类总产量	万吨	206	275	307	338
奶类产量	万吨	129	265	325	371
水产品产量	万吨	6	6	8	9
普通中学专任教师数	万人	9	10	10	11
小学专任教师数	万人	18	18	17	17
普通中学在校学生数	万人	122	156	158	163
小学在校学生数	万人	296	278	275	277
医院、卫生院数	所	4616	4128	4337	4244
医院、卫生院床位数	床	61677	61283	65092	66967
医院、卫生院技术人员数	人	81746	75976	78604	80074
地方财政一般预算收入	亿元	60	96	143	188
地方财政一般预算支出	亿元	165	400	498	615
年末金融机构各项贷款余额	亿元	850	1171	1298	1527

14—2—26 续表 单位:%

指　　标	2000 年	2004 年	2005 年	2006 年
县个数	86.4	86.4	86.4	86.4
年末总人口	66.6	66.6	66.8	66.8
行政区域土地面积				95.8
农业机械总动力	67.0	65.4	63.7	
农村用电量	70.8	62.7	63.6	
第一产业增加值	70.8	67.5	65.9	65.7
农业	70.5	67.2	63.5	62.8
林业	75.8	74.2	67.6	69.3
牧业	73.0	67.7	69.2	69.6
渔业	31.3	35.0	35.2	34.4
农作物总播种面积	61.7	60.5	60.8	60.9
粮食作物播种面积	59.6	57.0	57.2	57.2
粮食总产量	60.8	52.5	48.5	48.2
棉花播种面积	98.9	99.0	99.0	99.1
棉花产量	99.7	99.4	99.2	99.2
油料播种面积	65.6	62.1	58.3	57.3
油料产量	73.3	64.8	61.5	58.3
糖料播种面积	50.9	69.4	64.7	60.6
糖料产量	75.7	83.0	75.9	72.5
肉类总产量	67.8	63.6	62.1	62.5
奶类产量	66.4	59.1	58.9	61.6
水产品产量	23.9	27.2	30.3	32.4
普通中学专任教师数	62.3	66.3	67.4	68.1
小学专任教师数	67.5	69.6	70.5	70.5
普通中学在校学生数	59.6	64.5	65.2	67.2
小学在校学生数	69.2	73.9	74.6	75.7
医院、卫生院数	81.4	82.4	83.2	83.2
医院、卫生院床位数	68.5	68.9	69.7	69.8
医院、卫生院技术人员数	65.4	66.1	67.1	68.1
地方财政一般预算收入	76.9	79.5	82.3	81.2
地方财政一般预算支出	76.5	79.6	78.7	78.3
年末金融机构各项贷款余额	56.9	62.5	65.7	68.7

14—2—27　西部大开发12省(区、市)民族县基本情况及占全部民族县的比重

指　标	单位	2000年	2004年	2005年	2006年
县个数	个	574	574	574	574
年末总人口	万人	13118	13459	13522	13679
行政区域土地面积	万平方公里				571
农业机械总动力	万千瓦	5175	6469	6817	
农村用电量	亿千瓦时	100	115	125	
第一产业增加值	亿元	1769	2391	2676	2913
农业	亿元	1139	1365	1519	1666
林业	亿元	101	148	156	163
牧业	亿元	474	762	866	937
渔业	亿元	55	63	69	72
农作物总播种面积	千公顷	22461	22028	22701	23525
粮食作物播种面积	千公顷	14636	13640	13965	14475
粮食总产量	万吨	5391	5554	5890	6008
棉花播种面积	千公顷	994	777	906	1023
棉花产量	万吨	153	130	163	190
油料播种面积	千公顷	2106	1806	1778	1736
油料产量	万吨	300	285	304	297
糖料播种面积	千公顷	769	946	921	1061
糖料产量	万吨	4199	6156	5947	7015
肉类总产量	万吨	756	1006	1104	1194
奶类产量	万吨	224	618	804	956
水产品产量	万吨	131	164	172	193
普通中学专任教师数	万人	36	42	44	47
小学专任教师数	万人	69	69	69	70
普通中学在校学生数	万人	648	791	796	807
小学在校学生数	万人	1497	1359	1323	1325
医院、卫生院数	所	11451	10223	10689	10515
医院、卫生院床位数	床	231120	244356	255376	266725
医院、卫生院技术人员数	人	294104	281625	290913	296203
地方财政一般预算收入	亿元	243	359	452	555
地方财政一般预算支出	亿元	555	1166	1427	1771
年末金融机构各项贷款余额	亿元	3033	4382	4794	5505

14—2—27 续表

单位:%

指　　标	2000 年	2004 年	2005 年	2006 年
县个数	90.3	90.3	90.3	90.3
年末总人口	86.5	86.6	86.5	86.8
行政区域土地面积				96.6
农业机械总动力	89.1	88.7	87.9	
农村用电量	84.6	80.7	79.4	
第一产业增加值	86.7	86.4	86.5	86.9
农业	88.1	87.3	87.1	87.1
林业	78.4	78.4	78.1	80.8
牧业	86.5	87.2	87.9	88.5
渔业	79.3	75.8	75.3	74.1
农作物总播种面积	88.0	88.1	87.9	88.2
粮食作物播种面积	87.0	86.9	86.6	86.9
粮食总产量	87.6	85.2	85.0	85.1
棉花播种面积	99.6	99.5	99.7	99.8
棉花产量	99.9	99.7	99.9	99.9
油料播种面积	88.0	88.2	87.9	87.7
油料产量	88.5	88.2	88.5	87.6
糖料播种面积	97.3	98.0	98.4	98.4
糖料产量	98.1	98.3	98.9	98.8
肉类总产量	85.8	86.3	86.2	86.5
奶类产量	95.0	93.9	94.6	94.9
水产品产量	84.0	82.6	81.7	81.8
普通中学专任教师数	83.5	84.9	85.6	85.9
小学专任教师数	85.3	86.6	87.1	87.5
普通中学在校学生数	85.0	86.4	86.7	87.6
小学在校学生数	87.2	88.5	88.6	89.4
医院、卫生院数	87.5	86.9	87.8	88.1
医院、卫生院床位数	83.5	85.0	85.2	85.4
医院、卫生院技术人员数	82.3	82.5	83.3	84.3
地方财政一般预算收入	87.5	88.5	88.3	87.6
地方财政一般预算支出	85.9	86.5	86.6	86.6
年末金融机构各项贷款余额	82.0	83.9	84.8	86.0

14—2—28　西部大开发12省(区、市)陆地边境县基本情况及占全部陆地边境县的比重

指　　　标	单位	2000年	2004年	2005年	2006年
县个数	个	102	102	102	102
年末总人口	万人	1424	1466	1477	1513
行政区域土地面积	万平方公里				174
农业机械总动力	万千瓦	708	926	859	
农村用电量	亿千瓦时	12	11	13	
第一产业增加值	亿元	212	288	321	349
农业	亿元	117	141	160	181
林业	亿元	20	35	40	37
牧业	亿元	68	95	101	107
渔业	亿元	6	8	9	9
农作物总播种面积	千公顷	2999	2702	2802	2948
粮食作物播种面积	千公顷	1830	1575	1646	1721
粮食总产量	万吨	651	607	657	721
棉花播种面积	千公顷	113	81	84	95
棉花产量	万吨	17	13	14	16
油料播种面积	千公顷	404	324	292	269
油料产量	万吨	63	45	49	46
糖料播种面积	千公顷	206	238	224	268
糖料产量	万吨	1086	1436	1363	1702
肉类总产量	万吨	84	106	112	117
奶类产量	万吨	48	86	111	122
水产品产量	万吨	18	21	23	24
普通中学专任教师数	万人	4	5	6	6
小学专任教师数	万人	9	9	9	9
普通中学在校学生数	万人	70	86	86	86
小学在校学生数	万人	166	140	137	138
医院、卫生院数	所	1578	1425	1642	1475
医院、卫生院床位数	床	35791	35489	37128	40147
医院、卫生院技术人员数	人	42775	39836	39531	41844
地方财政一般预算收入	亿元	30	44	62	76
地方财政一般预算支出	亿元	88	177	224	283
年末金融机构各项贷款余额	亿元	402	506	542	576

14—2—28 续表

单位:%

指　　标	2000 年	2004 年	2005 年	2006 年
县个数	79.1	79.1	79.1	79.1
年末总人口	73.7	74.6	74.7	75.1
行政区域土地面积				91.0
农业机械总动力	72.8	73.3	67.2	
农村用电量	64.3	53.1	53.5	
第一产业增加值	72.3	70.5	70.2	70.1
农业	68.9	69.2	69.2	69.6
林业	75.0	66.9	65.7	62.6
牧业	86.3	82.2	82.7	83.2
渔业	38.0	30.1	29.4	28.1
农作物总播种面积	75.1	69.1	68.5	67.5
粮食作物播种面积	68.5	59.4	58.8	57.4
粮食总产量	66.4	62.4	62.0	60.9
棉花播种面积	100.0	100.0	100.0	100.0
棉花产量	100.0	100.0	100.0	100.0
油料播种面积	90.1	91.0	90.2	86.3
油料产量	93.3	91.9	92.2	90.3
糖料播种面积	98.2	99.8	99.7	99.3
糖料产量	99.1	99.9	99.9	99.7
肉类总产量	82.3	79.7	79.2	78.8
奶类产量	92.6	90.4	91.5	91.6
水产品产量	42.7	37.0	36.7	34.7
普通中学专任教师数	65.3	70.1	72.0	72.9
小学专任教师数	73.9	76.6	78.3	77.9
普通中学在校学生数	69.2	73.4	73.6	75.2
小学在校学生数	78.9	79.7	81.1	81.2
医院、卫生院数	76.2	75.1	78.6	76.7
医院、卫生院床位数	68.8	68.3	70.0	72.1
医院、卫生院技术人员数	65.0	68.3	68.0	69.3
地方财政一般预算收入	67.7	73.7	74.6	74.5
地方财政一般预算支出	74.0	73.5	72.6	73.0
年末金融机构各项贷款余额	50.0	54.4	58.9	58.7

14—2—29　西部大开发12省(区、市)粮棉生产大县基本情况及占全部粮棉生产大县的比重

指　　标	单位	2000年	2004年	2005年	2006年
县个数	个	105	105	105	105
年末总人口	万人	7154	7154	7063	7137
行政区域土地面积	万平方公里				54
农业机械总动力	万千瓦	2324	2801	2939	
农村用电量	亿千瓦时	81	78	85	
第一产业增加值	亿元	944	1249	1381	1466
农业	亿元	665	758	829	873
林业	亿元	23	38	41	42
牧业	亿元	227	396	444	478
渔业	亿元	29	37	41	43
农作物总播种面积	千公顷	10867	10532	10645	11094
粮食作物播种面积	千公顷	7519	7170	7281	7585
粮食总产量	万吨	3556	3523	3732	3635
棉花播种面积	千公顷	621	415	416	479
棉花产量	万吨	94	64	67	79
油料播种面积	千公顷	1077	990	998	993
油料产量	万吨	210	207	225	213
糖料播种面积	千公顷	124	117	89	125
糖料产量	万吨	640	754	573	808
肉类总产量	万吨	445	590	637	692
奶类产量	万吨	64	173	205	240
水产品产量	万吨	54	73	77	84
普通中学专任教师数	万人	20	24	24	25
小学专任教师数	万人	30	29	28	29
普通中学在校学生数	万人	400	476	462	462
小学在校学生数	万人	780	652	604	591
医院、卫生院数	所	5399	3739	3787	3589
医院、卫生院床位数	床	108058	111069	114358	121712
医院、卫生院技术人员数	人	148181	129431	134079	136000
地方财政一般预算收入	亿元	104	134	145	176
地方财政一般预算支出	亿元	180	373	449	593
年末金融机构各项贷款余额	亿元	1662	2046	2071	2322

14—2—29 续表　　　　单位:%

指　　标	2000 年	2004 年	2005 年	2006 年
县个数	18.0	18.0	18.0	18.0
年末总人口	16.7	16.7	16.5	16.5
行政区域土地面积				34.8
农业机械总动力	9.9	10.0	9.7	
农村用电量	9.2	5.5	5.2	
第一产业增加值	13.9	13.8	14.0	13.9
农业	15.3	14.5	14.7	14.2
林业	11.9	14.7	14.5	14.2
牧业	14.0	15.5	15.8	16.5
渔业	4.5	4.6	4.6	4.5
农作物总播种面积	16.5	16.0	15.8	16.1
粮食作物播种面积	16.9	16.3	15.7	15.8
粮食总产量	15.6	14.2	14.2	13.0
棉花播种面积	22.9	12.6	14.0	15.9
棉花产量	29.1	16.8	19.2	20.2
油料播种面积	14.4	14.1	14.3	15.1
油料产量	12.8	12.3	13.5	13.1
糖料播种面积	30.5	38.2	32.3	35.8
糖料产量	36.3	43.6	36.4	40.5
肉类总产量	15.5	15.7	15.8	16.6
奶类产量	23.7	23.3	23.2	24.3
水产品产量	3.9	4.4	4.4	4.6
普通中学专任教师数	15.1	15.6	15.5	15.7
小学专任教师数	15.2	15.7	15.7	16.2
普通中学在校学生数	15.3	15.9	15.9	16.2
小学在校学生数	17.2	17.7	17.4	17.4
医院、卫生院数	26.1	21.3	21.7	20.9
医院、卫生院床位数	16.1	16.0	15.8	15.9
医院、卫生院技术人员数	15.9	14.1	14.3	14.1
地方财政一般预算收入	12.0	9.6	8.4	8.0
地方财政一般预算支出	13.9	13.7	13.1	13.7
年末金融机构各项贷款余额	12.0	9.8	9.1	8.6

14—2—30 西部大开发12省(区、市)黄土高原县基本情况及占全部黄土高原县的比重

指　　标	单位	2000年	2004年	2005年	2006年
县个数	个	113	113	113	113
年末总人口	万人	3626	3654	3657	3693
行政区域土地面积	万平方公里				24
农业机械总动力	万千瓦	1321	1679	1798	
农村用电量	亿千瓦时	45	36	40	
第一产业增加值	亿元	262	379	431	479
农业	亿元	189	256	289	325
林业	亿元	11	13	13	13
牧业	亿元	61	102	114	123
渔业	亿元	1	2	2	2
农作物总播种面积	千公顷	5806	5637	5627	5654
粮食作物播种面积	千公顷	4691	4129	4189	4200
粮食总产量	万吨	1130	1313	1324	1360
棉花播种面积	千公顷	22	63	53	66
棉花产量	万吨	2	6	6	6
油料播种面积	千公顷	464	570	518	499
油料产量	万吨	50	78	78	71
糖料播种面积	千公顷	4	2	2	2
糖料产量	万吨	6	4	3	3
肉类总产量	万吨	82	114	132	132
奶类产量	万吨	49	104	120	132
水产品产量	万吨	3	4	4	5
普通中学专任教师数	万人	12	15	15	16
小学专任教师数	万人	20	20	20	20
普通中学在校学生数	万人	208	288	292	300
小学在校学生数	万人	496	428	400	388
医院、卫生院数	所	2680	2465	2473	2382
医院、卫生院床位数	床	55513	61075	62577	64622
医院、卫生院技术人员数	人	70369	74360	74105	72293
地方财政一般预算收入	亿元	45	62	70	93
地方财政一般预算支出	亿元	109	217	272	360
年末金融机构各项贷款余额	亿元	767	1114	1083	1205

14—2—30 续表

单位:%

指　　标	2000 年	2004 年	2005 年	2006 年
县个数	53.3	53.3	53.3	53.3
年末总人口	52.7	52.5	52.6	52.7
行政区域土地面积				62.1
农业机械总动力	40.6	40.3	40.7	
农村用电量	39.8	33.0	31.3	
第一产业增加值	51.3	50.2	51.4	51.5
农业	52.5	51.8	54.1	53.9
林业	39.6	36.2	32.7	32.6
牧业	50.7	49.4	48.6	49.0
渔业	38.0	39.0	36.5	30.6
农作物总播种面积	59.2	59.9	59.1	58.7
粮食作物播种面积	58.9	58.2	57.3	56.7
粮食总产量	52.1	51.6	53.4	51.1
棉花播种面积	29.6	37.0	38.6	40.8
棉花产量	28.7	36.5	37.8	36.3
油料播种面积	60.0	70.4	70.1	70.7
油料产量	54.1	68.0	69.5	67.2
糖料播种面积	78.6	94.1	97.9	98.2
糖料产量	66.7	86.6	96.3	96.6
肉类总产量	46.8	49.8	50.4	49.2
奶类产量	77.8	72.9	70.0	68.1
水产品产量	42.4	38.3	35.8	30.7
普通中学专任教师数	47.6	50.1	50.0	51.7
小学专任教师数	52.8	53.1	52.9	53.5
普通中学在校学生数	50.0	53.8	54.2	55.0
小学在校学生数	57.3	55.1	54.7	55.2
医院、卫生院数	53.0	54.4	54.1	53.3
医院、卫生院床位数	43.9	45.9	46.0	46.0
医院、卫生院技术人员数	46.1	46.6	45.4	44.2
地方财政一般预算收入	40.6	36.1	30.8	26.9
地方财政一般预算支出	50.6	45.4	44.7	43.2
年末金融机构各项贷款余额	43.7	41.7	39.5	38.8

14—2—31　西部大开发12省(区、市)平原县基本情况及占全部平原县的比重

指　　标	单位	2000年	2004年	2005年	2006年
县个数	个	180	180	180	180
年末总人口	万人	5490	5620	5629	5698
行政区域土地面积	万平方公里				191
农业机械总动力	万千瓦	2809	3376	3453	
农村用电量	亿千瓦时	98	96	107	
第一产业增加值	亿元	812	1112	1269	1398
农业	亿元	594	711	811	900
林业	亿元	21	30	33	34
牧业	亿元	179	318	358	392
渔业	亿元	19	20	24	26
农作物总播种面积	千公顷	9066	8496	8726	8978
粮食作物播种面积	千公顷	5471	4974	5163	5252
粮食总产量	万吨	2717	2735	2904	3020
棉花播种面积	千公顷	1010	866	983	1120
棉花产量	万吨	155	141	173	201
油料播种面积	千公顷	972	668	644	611
油料产量	万吨	192	147	151	150
糖料播种面积	千公顷	149	135	114	157
糖料产量	万吨	791	839	705	961
肉类总产量	万吨	300	404	438	481
奶类产量	万吨	139	394	470	553
水产品产量	万吨	62	74	76	81
普通中学专任教师数	万人	19	23	24	25
小学专任教师数	万人	29	29	29	29
普通中学在校学生数	万人	323	406	404	409
小学在校学生数	万人	637	538	507	489
医院、卫生院数	所	4982	3899	3929	3973
医院、卫生院床位数	床	116346	131527	139873	151605
医院、卫生院技术人员数	人	157713	154388	157488	162396
地方财政一般预算收入	亿元	121	174	213	267
地方财政一般预算支出	亿元	209	428	524	691
年末金融机构各项贷款余额	亿元	2058	2783	2840	3208

14—2—31 续表

单位:%

指　　标	2000 年	2004 年	2005 年	2006 年
县个数	27.9	27.9	27.9	27.9
年末总人口	15.0	15.3	15.2	15.3
行政区域土地面积				72.7
农业机械总动力	11.7	11.9	11.2	
农村用电量	10.8	6.4	6.4	
第一产业增加值	13.9	14.2	14.8	15.2
农业	15.6	15.4	16.2	16.4
林业	15.0	16.5	17.4	17.3
牧业	13.8	15.0	15.4	16.2
渔业	3.2	2.7	2.9	2.9
农作物总播种面积	15.9	15.2	15.2	15.4
粮食作物播种面积	14.3	13.8	13.6	13.4
粮食总产量	14.3	13.3	13.4	12.9
棉花播种面积	30.5	19.7	24.2	26.7
棉花产量	38.2	26.9	34.1	35.1
油料播种面积	16.3	13.1	12.6	12.8
油料产量	14.3	11.8	12.2	12.1
糖料播种面积	34.9	37.3	34.6	38.3
糖料产量	38.0	38.9	36.6	39.3
肉类总产量	13.4	13.7	13.9	14.8
奶类产量	41.1	40.5	39.9	41.9
水产品产量	4.9	4.8	4.6	4.8
普通中学专任教师数	16.1	16.8	16.9	17.2
小学专任教师数	16.6	17.4	17.5	17.7
普通中学在校学生数	14.2	15.4	15.5	15.9
小学在校学生数	15.7	16.0	15.9	15.8
医院、卫生院数	27.2	24.7	25.0	25.4
医院、卫生院床位数	19.4	20.6	21.0	21.4
医院、卫生院技术人员数	19.0	18.8	18.7	18.8
地方财政一般预算收入	14.9	12.8	12.0	11.9
地方财政一般预算支出	17.1	16.3	15.8	16.6
年末金融机构各项贷款余额	14.8	12.6	11.9	11.3

14—2—32 西部大开发12省(区、市)丘陵县基本情况及占全部丘陵县的比重

指　　标	单位	2000年	2004年	2005年	2006年
县个数	个	224	224	224	224
年末总人口	万人	10325	10485	10452	10569
行政区域土地面积	万平方公里				140
农业机械总动力	万千瓦	2996	3796	4045	
农村用电量	亿千瓦时	80	100	108	
第一产业增加值	亿元	1315	1839	2009	2137
农业	亿元	833	1030	1108	1171
林业	亿元	54	80	79	88
牧业	亿元	377	637	718	765
渔业	亿元	51	67	74	77
农作物总播种面积	千公顷	15765	15607	16059	16872
粮食作物播种面积	千公顷	11390	10640	10898	11485
粮食总产量	万吨	4491	4556	4755	4547
棉花播种面积	千公顷	92	61	54	55
棉花产量	万吨	10	8	7	7
油料播种面积	千公顷	1464	1450	1442	1433
油料产量	万吨	211	248	264	245
糖料播种面积	千公顷	378	519	530	590
糖料产量	万吨	2041	3487	3553	4042
肉类总产量	万吨	699	922	1013	1082
奶类产量	万吨	58	234	346	411
水产品产量	万吨	101	138	151	162
普通中学专任教师数	万人	28	33	33	34
小学专任教师数	万人	44	42	42	43
普通中学在校学生数	万人	560	649	632	638
小学在校学生数	万人	1099	937	882	877
医院、卫生院数	所	7898	5890	5950	5639
医院、卫生院床位数	床	153556	153639	155526	160633
医院、卫生院技术人员数	人	200189	180479	183985	184540
地方财政一般预算收入	亿元	155	222	273	331
地方财政一般预算支出	亿元	292	666	813	1033
年末金融机构各项贷款余额	亿元	1910	2550	2707	3160

14—2—32 续表 单位:%

指　　标	2000 年	2004 年	2005 年	2006 年
县个数	42.2	42.2	42.2	42.2
年末总人口	36.9	37.2	37.0	37.2
行政区域土地面积				68.7
农业机械总动力	27.1	28.2	27.7	
农村用电量	19.7	16.0	14.7	
第一产业增加值	32.5	34.3	34.2	34.1
农业	35.1	35.7	35.7	35.1
林业	36.6	40.3	37.7	39.4
牧业	36.6	40.4	40.2	41.2
渔业	10.2	10.9	11.1	10.9
农作物总播种面积	39.7	38.7	39.3	40.1
粮食作物播种面积	40.4	38.0	37.9	38.4
粮食总产量	35.5	33.4	33.6	31.3
棉花播种面积	25.7	17.5	17.6	17.6
棉花产量	28.4	20.7	21.4	18.4
油料播种面积	34.4	34.7	35.4	36.8
油料产量	27.8	28.8	30.8	30.2
糖料播种面积	74.5	86.7	88.0	87.4
糖料产量	82.4	90.4	91.2	92.0
肉类总产量	39.3	39.9	40.1	40.6
奶类产量	42.2	51.6	55.9	56.4
水产品产量	7.7	9.1	9.6	9.9
普通中学专任教师数	32.1	31.8	32.3	32.3
小学专任教师数	33.7	34.7	35.0	35.5
普通中学在校学生数	33.7	34.4	34.7	35.6
小学在校学生数	37.1	38.9	38.1	38.5
医院、卫生院数	47.0	42.7	43.2	42.3
医院、卫生院床位数	33.4	32.8	32.4	32.2
医院、卫生院技术人员数	33.0	29.7	30.2	29.7
地方财政一般预算收入	28.3	26.6	26.2	25.2
地方财政一般预算支出	33.4	34.8	34.7	34.7
年末金融机构各项贷款余额	25.3	24.2	23.8	23.6

14－2－33　西部大开发12省(区、市)山区县基本情况及占全部山区县的比重

指　　标	单位	2000年	2004年	2005年	2006年
县个数	个	502	502	502	502
年末总人口	万人	13090	13398	13522	13628
行政区域土地面积	万平方公里				324
农业机械总动力	万千瓦	3447	4350	4787	
农村用电量	亿千瓦时	72	94	104	
第一产业增加值	亿元	1267	1671	1874	2020
农业	亿元	791	923	1024	1094
林业	亿元	90	121	133	142
牧业	亿元	366	558	638	694
渔业	亿元	20	27	31	33
农作物总播种面积	千公顷	19092	18691	19043	19314
粮食作物播种面积	千公顷	13830	12698	12892	13038
粮食总产量	万吨	4585	4592	4663	4603
棉花播种面积	千公顷	11	8	7	8
棉花产量	万吨	1	1	1	1
油料播种面积	千公顷	1558	1641	1662	1639
油料产量	万吨	195	247	256	255
糖料播种面积	千公顷	338	385	365	411
糖料产量	万吨	1790	2293	2082	2477
肉类总产量	万吨	650	860	950	1011
奶类产量	万吨	83	125	146	168
水产品产量	万吨	33	49	53	67
普通中学专任教师数	万人	31	38	41	43
小学专任教师数	万人	65	66	67	67
普通中学在校学生数	万人	545	763	786	807
小学在校学生数	万人	1584	1518	1495	1497
医院、卫生院数	所	12519	10371	10510	10241
医院、卫生院床位数	床	197077	209686	218066	227127
医院、卫生院技术人员数	人	239340	229334	232294	232652
地方财政一般预算收入	亿元	180	255	301	375
地方财政一般预算支出	亿元	490	986	1192	1472
年末金融机构各项贷款余额	亿元	2471	3451	3719	4308

14—2—33 续表

单位：%

指　　标	2000 年	2004 年	2005 年	2006 年
县个数	56.1	56.1	56.1	56.1
年末总人口	44.2	44.5	44.6	44.7
行政区域土地面积				75.7
农业机械总动力	37.4	38.3	38.6	
农村用电量	25.1	22.3	21.9	
第一产业增加值	34.9	35.6	36.1	36.3
农业	36.7	35.9	36.5	36.2
林业	26.3	28.5	28.1	28.4
牧业	40.8	42.3	42.9	44.4
渔业	8.6	9.5	9.6	10.1
农作物总播种面积	50.0	49.8	50.7	50.6
粮食作物播种面积	51.4	51.0	51.3	51.1
粮食总产量	43.2	44.2	43.9	42.5
棉花播种面积	13.7	9.4	8.7	8.6
棉花产量	10.7	8.1	7.5	6.6
油料播种面积	45.2	48.0	48.3	48.1
油料产量	35.8	39.4	39.9	39.3
糖料播种面积	83.2	86.9	87.5	88.5
糖料产量	84.6	89.2	88.9	89.5
肉类总产量	42.8	44.8	45.3	46.2
奶类产量	65.4	50.7	49.6	51.1
水产品产量	5.8	7.6	7.9	9.5
普通中学专任教师数	34.9	36.8	38.5	39.2
小学专任教师数	43.2	46.1	46.9	47.4
普通中学在校学生数	34.3	40.2	41.7	43.2
小学在校学生数	48.0	52.1	52.8	53.5
医院、卫生院数	54.1	51.8	52.7	52.3
医院、卫生院床位数	40.3	41.0	41.0	41.1
医院、卫生院技术人员数	37.6	36.4	36.8	36.2
地方财政一般预算收入	34.8	33.2	31.9	31.6
地方财政一般预算支出	43.6	43.6	43.2	42.6
年末金融机构各项贷款余额	36.0	34.8	35.3	34.9

15

各地区主要农村经济指标排序

15—1 粮食总产量与人均占有产量

地　　区	粮食总产量(万吨)		平均每人占有产量(千克/人)	
	指标值	位　次	指标值	位　次
全国总计	**49747.9**		**379.5**	
北　　京	109.2	29	70.0	30
天　　津	143.5	27	135.5	29
河　　北	2702.8	9	393.2	13
山　　西	1073.3	19	319.0	19
内 蒙 古	1704.9	13	712.9	3
辽　　宁	1725.0	12	406.3	11
吉　　林	2720.0	7	1000.2	1
黑 龙 江	3346.4	3	875.7	2
上　　海	111.3	28	62.0	31
江　　苏	3041.4	4	404.9	12
浙　　江	884.0	22	179.0	26
安　　徽	2860.7	6	467.8	6
福　　建	701.5	24	197.8	25
江　　西	1854.5	11	428.8	9
山　　东	4048.8	2	436.4	8
河　　南	5010.0	1	533.8	4
湖　　北	2210.1	10	387.6	14
湖　　南	2706.2	8	427.2	10
广　　东	1387.6	16	150.0	28
广　　西	1463.2	15	312.0	20
海　　南	185.6	26	223.1	24
重　　庆	910.5	20	324.8	18
四　　川	2893.4	5	353.3	15
贵　　州	1122.8	17	299.9	22
云　　南	1542.2	14	345.3	16
西　　藏	92.4	30	331.1	17
陕　　西	1087.0	18	291.6	23
甘　　肃	808.1	23	310.8	21
青　　海	88.3	31	161.8	27
宁　　夏	310.9	25	518.2	5
新　　疆	902.2	21	444.4	7

15—2 棉花总产量与人均占有产量

地区	棉花总产量(吨)		平均每人占有产量(千克/人)	
	指标值	位次	指标值	位次
全国总计	**6745803**		**5.15**	
北京	2239	18	0.14	16
天津	108727	11	10.27	3
河北	628000	4	9.14	4
山西	117808	10	3.50	11
内蒙古	2247	17	0.09	19
辽宁	2096	19	0.05	20
吉林	2802	16	0.10	18
黑龙江				
上海	1999	20	0.11	17
江苏	381379	7	5.08	8
浙江	23936	14	0.48	14
安徽	408246	6	6.68	7
福建	33	26	0.00	26
江西	95015	12	2.20	13
山东	1023100	2	11.03	2
河南	830000	3	8.84	5
湖北	448620	5	7.87	6
湖南	248000	8	3.92	10
广东				
广西	1396	21	0.03	21
海南				
重庆	126	25		25
四川	15726	15	0.19	15
贵州	526	22	0.01	23
云南	241	23	0.01	24
西藏				
陕西	87042	13	2.34	12
甘肃	127509	9	4.90	9
青海				
宁夏	169	24	0.03	22
新疆	2188821	1	107.82	1

15—3 油料总产量与人均占有产量

地区	油料总产量(吨)		平均每人占有产量(千克/人)	
	指标值	位次	指标值	位次
全国总计	**30593912**		**23.3**	
北京	21656	30	1.4	30
天津	12011	31	1.1	31
河北	1502957	7	21.9	11
山西	191852	25	5.7	28
内蒙古	1168428	9	48.9	3
辽宁	381245	21	9.0	24
吉林	583666	15	21.5	12
黑龙江	630855	14	16.5	17
上海	53062	29	3.0	29
江苏	2181805	5	29.0	7
浙江	473537	17	9.6	23
安徽	2616474	4	42.8	5
福建	269385	23	7.6	27
江西	779766	11	18.0	15
山东	3582387	2	38.6	6
河南	4799918	1	51.1	1
湖北	2797517	3	49.1	2
湖南	1494105	8	23.6	10
广东	775671	12	8.4	26
广西	641541	13	13.7	20
海南	89621	27	10.8	22
重庆	403265	19	14.4	19
四川	2172660	6	26.5	8
贵州	894803	10	23.9	9
云南	390078	20	8.7	25
西藏	54598	28	19.6	13
陕西	443565	18	11.9	21
甘肃	489940	16	18.8	14
青海	265000	24	48.6	4
宁夏	104334	26	17.4	16
新疆	328210	22	16.2	18

15－4 糖料总产量与人均占有产量

地区	糖料总产量(吨)		平均每人占有产量(千克/人)	
	指标值	位次	指标值	位次
全国总计	**110319872**		**84.1**	
北京				
天津				
河北	712418	12	10.4	14
山西	101513	22	3.0	21
内蒙古	1746106	7	73.0	6
辽宁	53381	24	1.3	24
吉林	110761	20	4.1	18
黑龙江	2050000	6	53.6	7
上海	88290	23	4.9	17
江苏	206233	18	2.7	22
浙江	855499	11	17.3	9
安徽	242704	16	4.0	19
福建	950293	10	26.8	8
江西	701340	13	16.2	12
山东	161	28		
河南	220778	17	2.4	23
湖北	446479	15	7.8	15
湖南	1080073	9	17.1	11
广东	13112431	3	141.8	5
广西	59248343	1	1263.4	1
海南	3855463	5	463.4	2
重庆	101574	21	3.6	20
四川	1248317	8	15.2	13
贵州	639093	14	17.1	10
云南	16790584	2	375.9	3
西藏				
陕西	2428	27	0.1	27
甘肃	190173	19	7.3	16
青海	3341	26	0.6	26
宁夏	6793	25	1.1	25
新疆	5555303	4	273.7	4

15—5　肉类总产量与人均占有量

地　区	肉类总产量(万吨)		平均每人占有量(千克/人)	
	指标值	位　次	指标值	位　次
全国总计	**8051.4**		**61.4**	
北　京	59.2	27	38.0	26
天　津	59.5	26	56.2	18
河　北	595.5	4	86.6	3
山　西	72.5	24	21.6	30
内蒙古	255.1	14	106.7	1
辽　宁	359.8	7	84.7	5
吉　林	268.3	12	98.7	2
黑龙江	177.8	16	46.5	23
上　海	28.6	28	15.9	31
江　苏	351.4	9	46.8	21
浙　江	170.0	19	34.4	27
安　徽	353.8	8	57.9	14
福　建	168.3	20	47.5	20
江　西	249.1	15	57.6	15
山　东	766.1	1	82.6	7
河　南	736.5	2	78.5	9
湖　北	326.9	10	57.3	16
湖　南	539.7	5	85.2	4
广　东	392.8	6	42.5	25
广　西	266.4	13	56.8	17
海　南	62.1	25	74.7	11
重　庆	177.1	17	63.2	13
四　川	690.8	3	84.3	6
贵　州	175.0	18	46.7	22
云　南	322.0	11	72.1	12
西　藏	22.7	31	81.4	8
陕　西	104.1	22	27.9	29
甘　肃	89.3	23	34.3	28
青　海	27.2	29	49.8	19
宁　夏	26.7	30	44.6	24
新　疆	157.0	21	77.3	10

15－6 水产品总产量与人均占有量

地 区	水产品总产量(吨)		平均每人占有量(千克/人)	
	指标值	位 次	指标值	位 次
全国总计	**52904031**		**40.4**	
北 京	62438	27	1.7	28
天 津	344051	18	5.4	19
河 北	1080000	14	25.0	13
山 西	43606	28	1.7	27
内蒙古	86546	23	1.1	29
辽 宁	4398404	5	183.9	3
吉 林	130763	21	15.7	16
黑龙江	471184	16	5.0	20
上 海	387860	17	6.8	17
江 苏	4050118	6	95.4	7
浙 江	4853393	4	144.2	4
安 徽	1866663	9	103.9	6
福 建	6000951	3	87.3	8
江 西	1804855	11	36.5	10
山 东	7459075	1	478.3	2
河 南	614314	15	6.6	18
湖 北	3313870	7	121.9	5
湖 南	1846585	10	24.6	14
广 东	7240012	2	683.7	1
广 西	2964388	8	77.6	9
海 南	1659915	12	27.1	12
重 庆	226129	20	4.8	21
四 川	1082567	13	30.5	11
贵 州	113356	22	4.0	22
云 南	292411	19	3.2	23
西 藏	528	31	0.0	31
陕 西	79489	25	1.8	26
甘 肃	16464	29	3.0	24
青 海	2045	30	0.3	30
宁 夏	67355	26	24.1	15
新 疆	84344	24	2.3	25

注:水产品总产量包括中国水产品总公司产量。

15—7 水果总产量与人均占有量

地　区	水果总产量(吨)		平均每人占有量(千克/人)	
	指标值	位　次	指标值	位　次
全国总计	**172399092**		**131.5**	
北　京	1148174	25	73.6	23
天　津	669629	29	63.2	25
河　北	14530726	3	211.4	6
山　西	3537499	18	105.1	17
内蒙古	2204765	22	92.2	19
辽　宁	4784129	15	112.7	13
吉　林	2238284	21	82.3	22
黑龙江	4137573	16	108.3	15
上　海	1082614	28	60.3	26
江　苏	6284519	9	83.7	20
浙　江	6500345	8	131.6	10
安　徽	7335870	7	120.0	12
福　建	5707723	13	160.9	9
江　西	3568792	17	82.5	21
山　东	25134014	1	270.9	4
河　南	20056008	2	213.7	5
湖　北	6252479	10	109.7	14
湖　南	5862443	11	92.6	18
广　东	10010837	5	108.2	16
广　西	8120425	6	173.2	8
海　南	2472297	20	297.2	1
重　庆	1457446	24	52.0	27
四　川	5353247	14	65.4	24
贵　州	1091878	27	29.2	29
云　南	2018623	23	45.2	28
西　藏	8944	31	3.2	31
陕　西	10531650	4	282.5	3
甘　肃	3327711	19	128.0	11
青　海	23703	30	4.3	30
宁　夏	1142478	26	190.4	7
新　疆	5804267	12	285.9	2

注:2003年后水果包括种植业的瓜果类。

15－8 奶类总产量与人均占有量

地区	奶类总产量(万吨)		平均每人占有量(千克/人)	
	指标值	位次	指标值	位次
全国总计	**3302.5**		**25.2**	
北京	62.0	13	39.7	10
天津	68.3	10	64.5	6
河北	417.0	3	60.7	7
山西	83.4	9	24.8	12
内蒙古	877.5	1	366.9	1
辽宁	97.4	8	22.9	13
吉林	35.0	17	12.9	16
黑龙江	464.6	2	121.6	2
上海	22.1	21	12.3	17
江苏	59.8	14	8.0	19
浙江	25.5	20	5.2	21
安徽	12.8	25	2.1	26
福建	17.4	22	4.9	22
江西	13.9	23	3.2	23
山东	238.6	4	25.7	11
河南	154.1	7	16.4	14
湖北	13.9	24	2.4	25
湖南	7.3	28	1.1	29
广东	12.5	26	1.3	27
广西	6.3	29	1.3	28
海南	0.1	31	0.1	31
重庆	8.3	27	3.0	24
四川	62.5	12	7.6	20
贵州	4.1	30	1.1	30
云南	38.7	15	8.7	18
西藏	27.6	18	99.0	4
陕西	157.4	6	42.2	9
甘肃	36.4	16	14.0	15
青海	25.6	19	46.8	8
宁夏	64.7	11	107.9	3
新疆	187.8	5	92.5	5

15—9　各地区农村居民人均纯收入位次

单位:元/人

地　区	1995年		2000年		2005年		2006年	
	实际数	位次	实际数	位次	实际数	位次	实际数	位次
全国总计	**1577.74**		**2253.42**		**3254.93**		**3587.04**	
北　京	3223.65	2	4604.55	2	7346.26	2	8275.50	2
天　津	2406.38	6	3622.39	5	5579.87	4	6227.90	4
河　北	1668.73	11	2478.86	9	3481.64	10	3801.80	10
山　西	1208.30	22	1905.61	20	2890.66	18	3180.90	19
内蒙古	1208.38	21	2038.21	16	2988.87	17	3341.90	16
辽　宁	1756.50	9	2355.58	10	3690.21	9	4090.40	9
吉　林	1609.60	12	2022.50	17	3263.99	11	3641.10	11
黑龙江	1766.27	8	2148.22	14	3221.27	12	3552.40	12
上　海	4245.61	1	5596.37	1	8247.77	1	9138.70	1
江　苏	2456.86	5	3595.09	6	5276.29	5	5813.20	5
浙　江	2966.19	3	4253.67	3	6659.95	3	7334.80	3
安　徽	1302.82	18	1934.57	19	2640.96	22	2969.10	21
福　建	2048.59	7	3230.49	7	4450.36	7	4834.80	7
江　西	1537.36	13	2135.30	15	3128.89	13	3459.50	13
山　东	1715.09	10	2659.20	8	3930.55	8	4368.30	8
河　南	1231.97	20	1985.82	18	2870.58	19	3261.00	17
湖　北	1511.22	15	2268.59	11	3099.20	15	3419.40	14
湖　南	1425.16	17	2197.16	12	3117.74	14	3389.60	15
广　东	2699.24	4	3654.48	4	4690.49	6	5079.80	6
广　西	1446.14	16	1864.51	23	2494.67	24	2770.50	23
海　南	1519.71	14	2182.26	13	3004.03	16	3255.50	18
重　庆	1270.41	19	1892.44	22	2809.32	20	2873.80	22
四　川	1158.29	24	1903.60	21	2802.78	21	3002.40	20
贵　州	1086.62	26	1374.16	30	1876.96	31	1984.60	31
云　南	1010.97	28	1478.60	27	2041.79	29	2250.50	29
西　藏	1200.31	23	1330.81	31	2077.90	27	2435.00	26
陕　西	962.89	30	1443.86	28	2052.63	28	2260.20	28
甘　肃	880.34	31	1428.68	29	1979.88	30	2134.10	30
青　海	1029.77	27	1490.49	26	2151.46	26	2358.40	27
宁　夏	998.75	29	1724.30	24	2508.89	23	2760.10	24
新　疆	1136.45	25	1618.08	25	2482.15	25	2737.30	25

16

国外主要农业指标

16—1 总人口与农业人口

国家或地区	总人口(万人)			农业人口(万人)			农业人口占总人口的比重(%)		
	2000年	2004年	2005年	2000年	2004年	2005年	2000年	2004年	2005年
埃及	6653	7155	7285	2474	2462	2457	37.2	34.4	33.7
尼日利亚	12477	13800	14136	3918	3830	3802	31.4	27.8	26.9
南非	4540	4754	4794	649	588	571	14.3	12.4	11.9
加拿大	3069	3196	3227	78	72	70	2.6	2.2	2.2
墨西哥	9973	10334	10427	2348	2230	2198	23.5	21.6	21.1
美国	28486	29684	29985	629	580	569	2.2	2.0	1.9
阿根廷	3690	3837	3875	373	353	349	10.1	9.2	9.0
巴西	17416	18432	18683	2862	2634	2577	16.4	14.3	13.8
委内瑞拉	2440	2626	2673	232	214	209	9.5	8.1	7.8
孟加拉国	13943	15053	15328	7181	7207	7203	51.5	47.9	47.0
印度	104624	111699	113440	54814	56300	56614	52.4	50.4	49.9
印度尼西亚	21169	22322	22606	9227	9123	9089	43.6	40.9	40.2
伊朗	6613	6867	6942	1757	1690	1677	26.6	24.6	24.2
日本	12703	12780	12790	492	390	368	3.9	3.1	2.9
韩国	4678	4768	4787	411	324	304	8.8	6.8	6.4
马来西亚	2327	2519	2565	407	374	366	17.5	14.9	14.3
蒙古	247	256	258	61	56	55	24.5	22.0	21.4
缅甸	4588	4757	4797	3351	3447	3466	73.0	72.5	72.3
巴基斯坦	14436	15533	15808	7253	7549	7619	50.2	48.6	48.2
菲律宾	7621	8287	8457	2982	3016	3020	39.1	36.4	35.7
斯里兰卡	1871	1904	1912	919	928	929	49.1	48.7	48.6
泰国	6067	6257	6300	3009	2917	2891	49.6	46.6	45.9
越南	7909	8384	8503	5297	5461	5499	67.0	65.1	64.7
白俄罗斯	1005	985	980	132	111	106	13.2	11.2	10.8
保加利亚	800	779	774	61	46	42	7.6	5.8	5.5
法国	5919	6062	6099	199	165	158	3.4	2.7	2.6
德国	8231	8263	8265	207	173	165	2.5	2.1	2.0
匈牙利	1021	1011	1009	123	106	102	12.1	10.5	10.1
意大利	5769	5847	5865	307	254	242	5.3	4.3	4.1
荷兰	1592	1626	1633	54	49	47	3.4	3.0	2.9
波兰	3843	3825	3820	733	661	644	19.1	17.3	16.9
俄罗斯	14742	14470	14395	1532	1354	1312	10.4	9.4	9.1
罗马尼亚	2214	2173	2163	307	248	235	13.9	11.4	10.9
英国	5909	6019	6047	105	99	97	1.8	1.6	1.6
土耳其	6816	7202	7297	2098	2044	2029	30.8	28.4	27.8
澳大利亚	1914	2008	2031	87	85	85	4.6	4.2	4.2
新西兰	385	405	410	34	33	33	8.7	8.2	8.1

资料来源：联合国粮农组织。

16—2 农业生产指数

（1989、1990、1991年三年平均为基数）

国家或地区	2000年	2002年	2003年	2004年	2005年
埃及	102.1	104.6	110.1	114.8	116.8
尼日利亚	100.5	101.5	103.1	106.1	106.1
南非	104.8	105.6	105.2	107.0	111.1
加拿大	102.3	87.0	95.8	104.9	106.9
墨西哥	98.7	101.9	105.4	109.5	108.8
美国	101.3	98.8	101.4	107.4	106.4
阿根廷	99.8	97.9	103.6	103.7	113.3
巴西	98.9	112.3	119.2	126.6	126.1
委内瑞拉	100.6	102.6	95.3	92.6	94.3
孟加拉国	102.8	102.9	106.7	108.6	109.1
印度	99.0	97.7	105.1	106.1	106.2
印度尼西亚	100.5	109.9	116.4	122.0	122.7
伊朗	96.2	110.3	110.6	112.8	114.3
日本	100.5	99.2	95.3	96.2	96.8
朝鲜	96.1	108.2	110.1	110.5	112.3
韩国	100.4	94.0	91.2	97.8	95.7
马来西亚	99.1	106.2	113.5	120.0	126.7
蒙古	109.4	76.5	65.0	77.4	75.2
缅甸	99.7	111.0	118.7	122.0	124.1
巴基斯坦	101.7	100.6	104.3	112.0	115.3
菲律宾	99.7	109.2	111.6	116.9	114.1
斯里兰卡	101.9	101.0	103.5	99.5	106.4
泰国	100.5	104.8	110.5	104.8	105.3
越南	100.7	112.3	117.3	123.6	126.6
白俄罗斯	98.4	103.6	101.1	113.1	119.0
保加利亚	98.3	104.0	94.5	107.9	100.8
捷克共和国	97.1	96.6	88.2	105.8	97.9
法国	101.3	102.1	94.8	101.6	97.2
德国	100.1	96.6	92.6	103.0	97.1
匈牙利	93.5	96.9	94.4	109.3	110.4
意大利	99.7	94.2	90.5	99.9	101.2
荷兰	100.5	96.2	91.6	96.8	93.3
波兰	98.0	101.9	103.6	109.2	101.5
俄罗斯	100.0	113.2	106.0	110.1	111.9
罗马尼亚	87.1	101.9	107.6	128.0	107.2
土耳其	104.2	102.0	103.5	104.7	105.0
英国	102.6	99.4	97.4	97.8	97.1
澳大利亚	98.2	85.0	95.6	91.4	92.4
新西兰	101.1	106.2	111.6	114.5	113.9

资料来源：联合国粮农组织。

16—3 谷物收获面积、总产量与单产

国家或地区	收获面积(万公顷)			总产量(万吨)			每公顷产量(千克)		
	2000年	2005年	2006年	2000年	2005年	2006年	2000年	2005年	2006年
埃及	276	305	240	2011	2304	1604	7280	7560	6676
尼日利亚	1824	1831	1831	2137	2603	2807	1171	1422	1464
南非	526	428	293	1453	1417	942	2760	3307	3217
加拿大	1815	1660	1679	5104	5309	5089	2812	3198	3031
墨西哥	1014	928	1005	2799	2773	3196	2761	2988	3181
美国	5856	5680	5417	34287	36659	34650	5855	6454	6397
巴西	1725	1932	1833	4590	5569	5897	2661	2882	3218
阿根廷	1122	900	916	3875	3324	3356	3454	4247	3662
委内瑞拉	91	107	119	295	358	408	3244	3353	3426
孟加拉国	1167	1117	1168	3950	4116	4450	3384	3684	3810
印度	10240	9986	9664	23487	24228	23913	2294	2426	2474
印度尼西亚	1529	1531	1475	6158	6600	6601	4026	4312	4476
伊朗	702	905	791	1287	2241	170	1833	2299	2672
日本	205	202	201	1280	1243	1174	6257	6154	5853
韩国	117	108	105	750	678	665	6436	6295	6326
朝鲜	120	127	119	295	506	481	2446	3996	4057
马来西亚	73	70	65	221	232	215	3040	3301	3340
蒙古	18	16	13	14	8	14	775	473	1098
缅甸	688	771	787	2196	2662	2647	3191	3453	3365
巴基斯坦	1265	1281	1286	3046	3351	3284	2408	2616	2553
菲律宾	655	677	673	1690	1986	2141	2581	2933	3181
斯里兰卡	87	95	94	290	329	340	3338	3467	3619
泰国	1123	1118	1100	3052	3347	3303	2719	2994	3001
越南	840	837	836	3454	3955	3965	4113	4724	4745
白俄罗斯	234	213	222	457	609	569	1952	2855	2556
保加利亚	178	172	155	439	584	553	2461	3387	3572
捷克共和国	165	161	153	646	766	639	3908	4753	4168
法国	907	917	911	6570	6422	6181	7240	7003	6788
德国	702	684	670	4527	4598	4347	6453	6723	6487
匈牙利	276	293	285	1004	1621	1462	3633	5527	5135
意大利	414	400	380	2066	2151	1870	4994	5378	4916
荷兰	22	22	21	173	177	152	7906	8193	7069
波兰	881	833	838	2234	2693	2178	2535	3233	2598
俄罗斯	4115	4116	4057	6433	7656	7686	1563	1860	1894
罗马尼亚	564	580	508	1050	1935	1576	1860	3334	3103
英国	335	293	286	2399	2105	2081	7165	7195	7285
土耳其	1395	1404	425	3225	3457	3435	2311	2462	8081
澳大利亚	1755	1952	1686	3445	3987	1633	1962	2006	968
新西兰	14	12	12	85	73	80	6273	6687	6764

资料来源：联合国粮农组织。

16—4 小麦收获面积、总产量与单产

国家或地区	收获面积(万公顷)			总产量(万吨)			每公顷产量(千克)		
	2000 年	2005 年	2006 年	2000 年	2005 年	2006 年	2000 年	2005 年	2006 年
埃及	103	126	129	656	819	831	6342	6486	6455
尼日利亚	5	6	6	7	7	7	1404	1100	1100
南非	93	80	77	243	180	211	2600	2254	2752
加拿大	1085	983	1053	2654	2678	2728	2445	2725	2589
墨西哥	71	63	64	349	302	334	4936	4752	5252
美国	2150	2028	2028	6076	5728	5730	2826	2824	2825
阿根廷	648	497	550	1615	1257	1400	2493	2532	2545
巴西	107	236	156	166	466	248	1559	1973	1593
孟加拉国	83	56	48	184	98	77	2210	1748	1605
印度	2749	2650	2648	7637	7200	6935	2778	2717	2619
伊朗	510	650	600	809	1450	1450	1586	2231	2417
日本	18	21	22	69	87	84	3761	4097	3835
韩国	6	11	9	5	21	28	847	2000	3033
蒙古	18	15	12	14	7	13	777	478	1083
缅甸	8	11	12	9	15	15	1167	1355	1233
巴基斯坦	846	836	845	2108	2161	2128	2491	2586	2519
泰国	0.1	0.1	0.1	0.1	0.1	0.1	667	646	646
白俄罗斯	45	36	38	97	117	108	2137	3281	2819
保加利亚	98	110	97	278	348	330	2842	3157	3403
捷克共和国	97	82	78	408	415	351	4209	5052	4486
法国	525	527	525	3735	3684	3537	7117	6987	6741
德国	297	317	311	2162	2369	2243	7283	7465	7201
匈牙利	102	113	108	369	509	438	3604	4500	4061
意大利	232	212	193	746	772	709	3213	3635	3683
荷兰	14	14	14	114	117	121	8359	8574	8548
波兰	264	222	218	850	877	706	3227	3954	3245
俄罗斯	2135	2468	2305	3446	4770	4501	1614	1932	1953
罗马尼亚	193	245	199	446	734	553	2311	2998	2774
英国	209	187	183	1670	1488	1474	8008	7960	8039
土耳其	940	925	925	2101	2100	2001	2235	2270	2163
澳大利亚	1214	1298	1114	2211	2509	982	1821	1987	882
新西兰	5	4	4	33	28	28	6210	7914	7914

资料来源：联合国粮农组织。

16—5 稻谷收获面积、总产量与单产

国家或地区	收获面积(万公顷)			总产量(万吨)			每公顷产量(千克)		
	2000 年	2005 年	2006 年	2000 年	2005 年	2006 年	2000 年	2005 年	2006 年
埃及	66	61	61	600	613	650	9102	9987	10598
尼日利亚	220	249	273	330	357	392	1500	1430	1440
南非	0.1	0.1	0.1	0.3	0.3	0.3	3000	3000	3000
墨西哥	8	6	7	35	29	34	4180	5065	4785
美国	123	136	114	866	1013	879	7037	7437	7694
巴西	366	392	297	1109	1319	1151	3034	3369	3868
委内瑞拉	14	22	23	68	100	111	4897	4651	4948
孟加拉国	1080	1052	1120	3763	3980	4373	3484	3781	3904
印度	4471	4340	4370	12740	13657	13651	2849	3147	3124
印度尼西亚	1179	1180	1140	5190	5398	5440	4401	4575	4772
伊朗	53	63	62	197	274	360	3690	4357	5806
日本	177	171	169	1186	1134	1070	6702	6648	6336
朝鲜	54	59	58	169	258	248	3159	4376	4250
韩国	107	98	96	720	644	631	6711	6566	6601
马来西亚	70	68	65	214	224	215	3064	3313	3340
缅甸	630	701	720	2132	2536	2520	3383	3619	3500
巴基斯坦	238	262	257	720	832	814	3031	3174	3164
菲律宾	404	420	416	1239	1460	1533	3068	3477	3684
斯里兰卡	83	92	90	286	325	334	3437	3547	3713
泰国	989	998	1007	2584	2920	2927	2613	2927	2906
越南	767	733	732	3253	3579	3583	4243	4885	4891
保加利亚	0.4	0.5	0.5	2	2	2	4700	4480	4408
法国	2	2	2	12	10	9	5836	5731	5533
匈牙利	0.3	0.3	0.2	1	1	1	3493	3543	3927
意大利	22	22	23	123	141	141	5581	6395	6195
俄罗斯	17	14	16	59	57	69	3495	4203	4394
罗马尼亚	0.1	0.3	0.6	0.4	1.4	1.8	2571	4199	3299
土耳其	6	8	8	35	53	70	6034	6563	8700
澳大利亚	13	5	2	110	34	13	8257	6617	6300

资料来源:联合国粮农组织。

16—6 玉米收获面积、总产量与单产

国家或地区	收获面积(万公顷)			总产量(万吨)			每公顷产量(千克)		
	2000 年	2005 年	2006 年	2000 年	2005 年	2006 年	2000 年	2005 年	2006 年
埃及	84	87	87	647	709	684	7680	8161	7887
尼日利亚	316	359	391	411	596	640	1300	1660	1640
南非	401	322	203	1143	1172	694	2849	3635	3412
加拿大	109	110	109	695	946	927	6390	8634	8480
墨西哥	713	661	734	1756	1801	2176	2462	2726	2966
美国	2932	3040	2859	25185	28231	26760	8591	9287	9360
巴西	1161	1155	1260	3188	3511	4263	2745	3040	3383
委内瑞拉	48	68	71	169	228	237	3500	3327	3356
孟加拉国	0.5	7	9	1	36	48	2060	5331	5322
印度	661	743	759	1204	1417	1471	1822	1907	1938
印度尼西亚	350	363	335	968	1252	1161	2765	3454	3470
伊朗	18	28	21	112	200	170	6166	7222	8293
日本	0.007	0.0004	0.0004	0.018	0.001	0.001	2466	2500	2500
朝鲜	50	55	48	104	206	196	2099	3749	4100
韩国	2	2	1	6	7	6	4062	4841	4730
马来西亚	3	3	3	7	8	8	2407	3000	3200
缅甸	21	29	28	36	82	95	1724	2877	3455
巴基斯坦	94	104	102	164	311	297	1741	2984	2906
菲律宾	251	244	257	451	525	608	1797	2151	2366
斯里兰卡	3	3	3	3	4	5	1084	1471	1485
泰国	122	103	90	447	389	370	3676	3760	4116
越南	73	105	103	201	376	382	2747	3569	3702
白俄罗斯	1	4	4	3	14	15	2308	4001	3939
保加利亚	47	30	35	80	159	159	1724	5308	4533
捷克共和国	5	10	9	30	70	61	6428	7170	6753
法国	176	166	150	1602	1369	1290	9077	8254	8586
德国	36	44	40	332	408	322	9212	9214	8031
匈牙利	119	111	123	498	905	844	4179	7557	6868
意大利	106	112	111	1014	1043	967	9528	9368	8729
荷兰	2	2	2	22	25	24	11000	12200	11972
波兰	15	34	30	92	195	126	6064	5733	4161
俄罗斯	72	60	101	153	321	367	2123	3866	3629
罗马尼亚	305	261	251	490	1039	898	1606	3982	3575
土耳其	56	80	65	230	420	381	4144	7000	5863
澳大利亚	8	7	8	41	42	38	4936	5798	5000
新西兰	2	2	2	18	16	16	10226	10800	10800

资料来源:联合国粮农组织。

16—7 大豆收获面积、总产量与单产

国家或地区	收获面积(公顷)			总产量(吨)			每公顷产量(千克)		
	2000 年	2005 年	2006 年	2000 年	2005 年	2006 年	2000 年	2005 年	2006 年
埃及	3867	15000	15000	10518	51000	51000	2720	3400	3400
尼日利亚	517000	601000	601000	429000	565000	565000	830	940	960
南非	93787	150000	240570	153472	272500	424000	1636	1817	1762
加拿大	1060700	1169300	1225800	2703000	3161300	3532800	2548	2704	2882
墨西哥	69969	90000	54211	102314	159000	81113	1462	1945	1496
美国	29302790	28834000	28983680	75055288	83368000	83374860	2561	2839	3025
巴西	13640026	22948849	22006677	32734958	51182050	52355976	2400	2230	2379
委内瑞拉	1691	1932	13347	4495	4000	23871	2658	1807	1788
印度	6416600	7740000	7710000	5275800	6300000	8270000	822	908	1073
印度尼西亚	825000	611059	581615	1018000	797135	749038	1234	1301	1288
伊朗	90000	93000	100000	142000	146000	240000	1578	2360	2400
日本	122500	134000	142000	235000	225000	229200	1918	1679	1614
韩国	86176	105000	90248	113196	183000	156404	1314	1739	1733
缅甸	107838	120000	122000	98952	118000	120000	918	983	984
巴基斯坦	1364	220	373	1537	264	421	1127	1200	1129
菲律宾	774	775	775	953	988	1033	1231	1309	1333
斯里兰卡	690	3080	3070	640	4990	5180	928	1620	1687
泰国	215014	141000	143797	312432	222000	224504	1453	1565	1561
越南	124100	203600	185800	149300	291500	258200	1203	1434	1390
保加利亚	3000	272	88	2000	604	137	667	2224	1552
捷克共和国	1884	9275	9640	2348	18893	17847	1246	2037	1851
法国	77695	55988	45263	201033	139917	122995	2587	2484	2717
德国	500	1000	1000	1000	1000	1000	2000	1000	1000
匈牙利	22317	33636	36040	30785	77963	82000	1379	2318	2275
意大利	252647	152331	177909	903490	553002	551292	3576	3630	3099
罗马尼亚	117000	130752	177481	69500	312781	344909	594	2392	1943
俄罗斯	337260	655840	810130	341920	688740	806570	1014	1050	996
土耳其	15000	10000	16000	44500	30000	47300	2967	3372	2956
澳大利亚	56000	26585	24000	104800	44689	55000	1871	1681	2292

资料来源:联合国粮农组织。

16－8 薯类作物收获面积、总产量与单产

国家或地区	收获面积(万公顷)			总产量(万吨)			每公顷产量(千克)		
	2000 年	2005 年	2006 年	2000 年	2005 年	2006 年	2000 年	2005 年	2006 年
埃及	9	11	11	207	290	290	23840	25450	25450
尼日利亚	757	866	884	6516	8461	9221	8609	9776	10427
南非	7	7	7	177	182	191	25655	26357	26899
加拿大	16	16	16	457	439	500	28682	28233	31885
墨西哥	8	7	7	178	180	171	23572	25577	24838
美国	58	47	49	2393	1981	2045	40962	41733	42020
阿根廷	11	12	12	266	288	288	23311	24852	24852
巴西	194	211	211	2661	2975	3060	13710	14069	14476
委内瑞拉	8	9	9	111	117	116	13212	13074	13405
孟加拉国	28	36	34	331	517	449	11655	14297	13316
印度	168	166	175	3184	3042	3249	18979	18379	18572
印度尼西亚	162	152	153	1924	2254	2314	11901	14834	15158
伊朗	17	19	19	366	483	483	21663	25469	25469
日本	17	16	16	448	426	404	26292	27361	25959
朝鲜	21	22	22	216	246	230	10237	11114	10382
韩国	5	5	4	105	118	92	23034	23579	22571
马来西亚	5	5	5	45	45	45	9271	9039	9039
蒙古	1	1	1	6	8	11	7473	8480	10172
缅甸	4	6	6	37	73	76	9245	12704	12824
巴基斯坦	14	14	15	230	249	205	16883	17640	13894
菲律宾	38	37	37	257	253	261	6748	6846	7082
斯里兰卡	4	4	4	35	34	35	8429	9637	9749
泰国	115	101	109	1927	1719	2284	16784	17099	20945
越南	52	66	69	391	848	954	7527	12918	13794
白俄罗斯	66	46	43	872	819	833	13189	17730	19196
保加利亚	5	2	2	40	38	39	7526	15645	15776
捷克共和国	7	4	3	148	101	69	21330	28084	23052
法国	16	16	17	643	684	662	39559	41592	39906
德国	30	28	27	1369	1162	1003	44991	41980	36568
匈牙利	5	3	2	86	66	57	18474	25878	25437
意大利	8	7	7	207	177	180	24862	24863	24412
荷兰	18	16	16	823	678	650	45655	43442	41667
波兰	125	59	60	2424	1038	898	19382	17643	15039
俄罗斯	323	307	296	3398	3728	3857	10523	12141	13021
罗马尼亚	28	29	28	347	374	402	12274	13104	14186
土耳其	21	15	15	537	409	440	26186	26501	28492
英国	17	14	14	664	596	568	39976	43384	40312
澳大利亚	4	4	4	121	129	129	28360	34293	34293
新西兰	1	1	1	52	52	52	39725	42575	42575

资料来源：联合国粮农组织。

16－9　油菜籽收获面积、总产量与单产

国家或地区	收获面积(公顷)			总产量(吨)			每公顷产量(千克)		
	2000年	2005年	2006年	2000年	2005年	2006年	2000年	2005年	2006年
加拿大	4859200	5282600	5322000	7205300	9660200	9105100	1483	1829	1711
墨西哥	10000	210	80	14000	128	189	1400	610	2363
美国	607810	451630	452000	909030	717000	718000	1496	1588	1589
阿根廷	3000	17000	6160	5000	26000	9140	1667	1529	1484
巴西	24000	43000	45000	41000	72000	77000	1708	1674	1711
孟加拉国	328609	241545	310000	249000	191375	235000	758	792	758
印度	6026800	7316400	7280000	5788400	7593100	8130000	960	1038	1117
日本	319		800	650		1000	2038		1250
韩国	1787	979	669	2737	1616	739	1532	1651	1105
巴基斯坦	327300	360000	365000	297300	347000	350000	908	964	959
白俄罗斯	110000	121965	107117	73000	149855	115042	664	1229	1074
保加利亚	15000	10993	15837	20000	21778	28463	1333	1981	1797
捷克共和国	323842	267160	292247	844428	769377	880172	2608	2880	3012
法国	1186255	1231535	1405603	3476819	4532871	4144485	2931	3681	2949
德国	1078010	1343900	1429000	3585661	5051700	5336500	3326	3759	3734
匈牙利	115788	122430	142649	179319	282713	333912	1549	2309	2341
意大利	36294	3478	3535	41016	6079	5961	1130	1748	1686
荷兰	800	2096	3000	2900	7736	13000	3625	3691	4333
波兰	436768	550200	623853	958145	1449756	1651525	2194	2635	2647
俄罗斯	172000	226840	447930	148200	302690	522180	862	1334	1166
罗马尼亚	68400	84222	102532	76100	147566	175050	1113	1752	1707
英国	402000	592700	575000	1157000	1902100	1870000	2878	3209	3252
土耳其	82	700	6000	187	1200	12615	2280	1714	2103
澳大利亚	1459000	962000	913000	1775000	1441000	440000	1217	1498	482
新西兰	2000	2000	2000	4000	4000	4000	2000	2000	2000

资料来源:联合国粮农组织。

16—10 花生收获面积、总产量与单产

国家或地区	收获面积(公顷)			总产量(吨)			每公顷产量(千克)		
	2000年	2005年	2006年	2000年	2005年	2006年	2000年	2005年	2006年
埃及	60329	62260	55000	187169	199560	180000	3102	3205	3273
尼日利亚	1934000	2187000	2224000	2901000	3478000	3825000	1500	1590	1720
南非	82600	40000	48550	136128	64000	74000	1648	1600	1524
墨西哥	91756	48014	44858	142216	72853	68168	1550	1517	1520
美国	540670	659240	498980	1481210	2186880	1479070	2740	3317	2964
阿根廷	219260	210000	163677	599429	593000	496176	2734	2824	3031
巴西	102914	136048	106187	184487	315239	239024	1793	2317	2251
委内瑞拉	560	293	392	1603	801	1315	2863	2734	3355
孟加拉国	29150	28852	27000	32000	38880	34000	1098	1348	1259
印度	6558600	6740000	5800000	6480300	7990000	4980000	988	1185	859
印度尼西亚	683554	720526	706592	1292000	1467000	1470000	1890	2036	2080
伊朗	1100	1037	1037	3000	2795	2795	2727	2695	2695
日本	10800	8990	8600	26700	21400	20000	2472	2380	2326
韩国	4662	3352	2970	8918	6604	6354	1913	1970	2139
马来西亚	379	350	350	1937	1700	1700	5111	4857	4857
缅甸	559895	650000	650000	633805	910000	910000	1132	1400	1400
巴基斯坦	81500	93714	81000	91400	69129	58900	1121	738	727
菲律宾	26866	27472	27642	26787	28437	29151	997	1035	1055
斯里兰卡	10540	10920	11660	7070	9040	9820	671	828	842
泰国	82786	68000	66000	131897	114000	117000	1593	1676	1773
越南	244900	269600	249300	355300	489300	464900	1451	1815	1865
保加利亚	10000	10000	10000	8000	7000	7000	800	700	700
土耳其	28300	25850	30000	78000	85000	77454	2756	3288	2582
澳大利亚	17400	14000	24000	35100	31000	24000	2017	2214	1000

资料来源：联合国粮农组织。

16－11 籽棉收获面积、总产量与单产

国家或地区	收获面积(公顷)			总产量(吨)			每公顷产量(千克)		
	2000 年	2005 年	2006 年	2000 年	2005 年	2006 年	2000 年	2005 年	2006 年
埃及	217781	275000	235000	553883	740025	740000	2543	2691	3149
尼日利亚	538000	659000	678000	399000	521000	563000	742	791	830
南非	51000	22000	18100	69773	54110	39239	1368	2460	2168
墨西哥	77232	128244	116557	223844	400965	449247	2898	3127	3854
美国	5282000	5586000	5187000	9580630	12876180	12500000	1814	2305	2410
阿根廷	332090	374000	417000	417680	448000	448000	1258	1198	1074
巴西	801618	1263324	899661	2010350	3668286	2883157	2508	2904	3205
委内瑞拉	14538	30382	9429	16823	40976	15073	1157	1349	1599
孟加拉国	16188		15000	40500		44000	2502		2933
印度	8576500	8900000	9139000	4922700	9996000	10691640	574	1123	1170
印度尼西亚	22000	22000	22000	28000	32000	32000	1273	1455	1455
伊朗	246000	159527	108000	497000	363460	363460	2020	2278	3365
朝鲜	19000	19000	19000	35000	36000	36000	1842	1895	1895
缅甸	322133	285000	285000	175551	180000	182000	545	632	639
巴基斯坦	2927500	3103000	3210000	5476167	6337475	6252000	1871	2042	1948
菲律宾	2828	2000	2000	2457	2100	2100	869	1050	1050
泰国	25600	11542	8743	36462	13065	10150	1424	1132	1161
越南	18600	25800	20500	18800	33500	25900	1011	1298	1263
保加利亚	9260	1119	1012	6477	1285	1056	699	1149	1043
土耳其	654177	546880	700000	2261000	2072000	2590000	3456	3789	3700
澳大利亚	464300	320900	335500	1786700	1557400	1441500	3848	4853	4297

资料来源：联合国粮农组织。

16—12 麻类收获面积、总产量与单产

国家或地区	收获面积(公顷)			总产量(吨)			每公顷产量(千克)		
	2000 年	2005 年	2006 年	2000 年	2005 年	2006 年	2000 年	2005 年	2006 年
喀麦隆	190	190	190	100	100	100	526	526	526
埃及	950	950	950	2200	2200	2200	2316	2316	2316
科特迪瓦	55000	100000	72000	30000	56824	40000	545	568	556
津巴布韦	2300	2300	2300	1500	1500	1500	652	652	652
巴西	4876	16657	16657	7283	26100	26100	1494	1567	1567
秘鲁	210	130	130	357	215	215	1700	1654	1654
萨尔瓦多		1398	1398		1364	1364		976	976
孟加拉国	449335	438000	438000	822000	801000	801000	1829	1829	1829
柬埔寨	208	435	435	180	650	650	865	1494	1494
印度	1016600	900000	950000	1880424	1951200	2041200	1850	2168	2149
缅甸	36640	30865	30865	33410	26199	26199	912	849	849
尼泊尔	14535	11169	11975	15175	16207	17100	1044	1451	1428
巴基斯坦	3106	1820	1820	2163	1122	1122	696	616	616
泰国	19220	20400	20400	33600	31000	31000	1748	1520	1520
越南	5500	5600	5900	11300	12600	10500	2055	2250	1780

资料来源：联合国粮农组织。

16—13　甜菜收获面积、总产量与单产

国家或地区	收获面积(万公顷)			总产量(万吨)			每公顷产量(千克)		
	2000年	2005年	2006年	2000年	2005年	2006年	2000年	2005年	2006年
埃及	6	7	7	289	343	343	50722	48781	48781
加拿大	1.7	1.3	1.5	82	61	87	49458	45358	58060
美国	56	50	54	2952	2509	2888	53129	50037	53091
委内瑞拉	0.1	0.1	0.1	1.7	2.0	2.2	19364	17362	17243
伊朗	16	15	15	433	490	500	26621	32068	32680
日本	7	7	7	367	420	392	53078	62237	58205
巴基斯坦	0.6	0.3	0.3	16	12	9	26283	42980	30102
白俄罗斯	5	10	11	147	307	398	28338	31596	37635
保加利亚	0.2	0.1	0.1	2	2	3	10434	19112	19755
捷克共和国	6	7	6	281	350	314	45826	53311	51483
法国	41	38	38	3112	3115	2988	75905	82300	78819
德国	45	42	36	2787	2528	2065	61660	60187	57737
匈牙利	6	6	5	198	352	255	34389	57036	50764
意大利	27	25	9	1237	1416	1064	46241	55942	115666
荷兰	11	9	8	680	593	550	61243	65176	65476
波兰	33	29	26	1313	1191	1147	39427	41626	43789
俄罗斯	75	76	95	1405	2142	3086	18825	28232	32536
罗马尼亚	5	3	4	67	73	115	13779	29159	29431
土耳其	41	34	34	1882	1518	1445	45902	45208	42506
英国	17	15	13	908	869	715	52480	58696	54580

资料来源：联合国粮农组织。

16-14 甘蔗收获面积、总产量与单产

国家或地区	收获面积(万公顷)			总产量(万吨)			每公顷产量(千克)		
	2000年	2005年	2006年	2000年	2005年	2006年	2000年	2005年	2006年
埃及	13	13	13	1571	1632	1632	117216	120887	120887
斐济	6	6	6	360	295	300	57111	46857	47619
肯尼亚	6	6		394	480	493	68856	84915	90310
毛里求斯	7	7	7	511	498	475	69940		71244
尼日利亚	2		5	70		99	28958		21000
南非	43	43	42	2388	2127	2028	55655	49685	48275
苏丹	6	7	7	498	719	719	78406	103030	103030
斯威士兰	4	5	5	388	520	500	106427	101961	95749
哥斯达黎加	5	5	5	340	362	422	71998	75325	87917
多米尼加	12	9	10	451	495	516	37889	58171	51600
危地马拉	18	19	19	1655	1907	1872	90947	100368	98534
洪都拉斯	5	8		397	563	500	84668	74163	69444
墨西哥	62		67	4410		5060	71327		75710
尼加拉瓜	5	5	5	352	382	468	69081	82337	92488
美国	42	37	36	3276	2531	2683	78423	67760	73833
阿根廷	28	28	28	1840	1880	1880	65714	66045	66045
玻利维亚	8	11	11	360	511	510	42961	47200	46364
巴西	485	581	615	32770	42296	45529	67624	72854	73996
哥伦比亚	41	43	43	3340	3985	3985	81853	93601	93601
古巴	104	52	40	3640	1160	1106	34970	22428	27852
厄瓜多尔	8	9	9	540	683	683	69821	72757	72757
圭亚那	5	5	5	300	300	300	61224	61224	61224
秘鲁	6	6	7	714	630	760	111806	102424	110145
巴拉圭	6	7	8	224	382	320	37761	51622	42667
萨尔瓦多	7	5	6	514	440	528	74932	81161	92138
委内瑞拉	13	13	11	883	919	889	68672	70320	77493
津巴布韦	4	4	4	423	329	360	98314	76512	83721
孟加拉国	17	16	16	691	642	642	40558	40862	40862
日本	2	2		140	121	125	60390	56995	54348
印度	422	366	420	29923	23709	28117	70913	64752	66945
印度尼西亚	37	36	37	2390	2930	3015	65307	81389	81486
伊朗	3	6	6	237	553	553	92697	87235	87235
马来西亚	2		1	160		90	74836		75000
缅甸	13	13	14	589	719	730	44385	55722	52143
巴基斯坦	101	97		4633	4724	4467	45883	48887	49229
菲律宾	39	37	39	2449	2292	2435	62013	62117	62061
斯里兰卡	2	2	2	107	99	114	59427	58637	52669
泰国	91	104	94	5405	4959	4766	59161	47899	50904
越南	30	27	29	1504	1495	1568	49766	56135	54993
澳大利亚	42	43	42	3816	3782	3817	91085	87157	91973

资料来源:联合国粮农组织。

16—15 烟叶收获面积、总产量与单产

国家或地区	收获面积(公顷)			总产量(吨)			每公顷产量(千克)		
	2000年	2005年	2006年	2000年	2005年	2006年	2000年	2005年	2006年
尼日利亚	37000	25000	23000	22000	15000	14000	595	600	609
南非	15600	9000	6000	29700	20000	17500	1904	2222	2917
加拿大	23800	16000	16000	53010	43000	43000	2227	2688	2688
墨西哥	22674	8580	9780	45164	16122	19381	1992	1879	1982
美国	191178	120610	135360	477632	290170	338060	2498	2406	2497
阿根廷	59612	90000	90000	114509	163528	163528	1921	1817	1817
巴西	309989	493761	497267	578451	889426	905352	1866	1801	1821
委内瑞拉	5362	2507	3160	8755	3714	4363	1633	1481	1381
孟加拉国	31161	30352	30352	35000	39000	39000	1123	1285	1285
印度	433400	370000	370000	520000	550000	550000	1200	1486	1486
印度尼西亚	168300	145000	145000	146100	141000	141000	868	972	972
伊朗	19685	20000	20000	20980	21000	21000	1066	1050	1050
日本	23991	19448	19448	60803	47000	47000	2534	2417	2417
朝鲜	44000	46000	46000	63000	65400	65400	1432	1422	1422
韩国	24300	14300	14300	68198	35000	35000	2807	2448	2448
马来西亚	9129	8500	8500	7172	13850	13850	786	1629	1629
缅甸	33185	18800	18800	50900	33000	33000	1534	1755	1755
巴基斯坦	56400	50500	56400	107700	100500	112600	1910	1990	1996
菲律宾	41051	29589	26323	49479	45093	38368	1205	1524	1458
斯里兰卡	4480	3040	2510	5400	4210	3700	1205	1385	1474
泰国	43300	40000	40000	74200	70000	70000	1714	1750	1750
越南	24400	16800	26700	27100	25900	42600	1111	1542	1596
白俄罗斯	800	800	800	1400	1500	1500	1750	1875	1875
保加利亚	28523	40869	27369	32296	58336	41956	1132	1427	1533
法国	9282	8367	7347	25252	22947	18880	2721	2743	2570
德国	4576	4459	4459	10985	10888	10888	2401	2442	2442
匈牙利	5764	6553	6584	10485	11385	11385	1819	1737	1729
意大利	38788	38000	38000	129937	120000	120000	3350	3158	3158
波兰	14057	14875	16871	29545	33483	38411	2102	2251	2277
俄罗斯	1840	120	10	1440	80	10	783	667	1000
罗马尼亚	11300	3220	1408	10900	3682	1686	965	1143	1197
土耳其	236569	185342	190000	200280	135247	140000	847	730	737
澳大利亚	3185	1417	1417	7762	3605	3605	2437	2544	2544

资料来源:联合国粮农组织。

16—16　茶叶收获面积、总产量与单产

国家或地区	收获面积(公顷)			总产量(吨)			每公顷产量(千克)		
	2000 年	2005 年	2006 年	2000 年	2005 年	2006 年	2000 年	2005 年	2006 年
布隆迪	8500	8900	8900	7134	7500	7500	839	843	843
喀麦隆	1546	1550	1550	4004	4000	4000	2590	2581	2581
刚果(金)	2723	2000	2000	1879	1570	1760	690	785	880
埃塞俄比亚	4000	4000	4000	3776	3900	3900	944	975	975
肯尼亚	120390	141300	147080	236286	328500	310580	1963	2325	2112
马拉维	18162	18000	18000	42400	38000	38387	2335	2111	2133
毛里求斯	670	670	688	1312	1387	1567	1958	2070	2278
莫桑比克	5631	5650	5650	10466	10500	10500	1859	1858	1858
卢旺达	12300		13280	14481		16000	1177		1205
坦桑尼亚	19000	19000	19000	23600	30700	30300	1242	1616	1595
南非	6700	5800	5800	12514	21780	3328	1868	3755	574
乌干达	15701	20100	19100	29236	37734	34334	1862	1877	1798
津巴布维	6000	6000	6000	22000	22000	22000	3667	3667	3667
阿根廷	38620	36335	36335	74256	67871	67871	1923	1868	1868
巴西	3911	2520	2520	8400	19240	19240	2148	7635	7635
厄瓜多尔	815	870	870	1211	1855	1855	1486	2132	2132
秘鲁	2541	2214	2214	6259	4236	4236	2463	1913	1913
阿塞拜疆	5391	2915	1796	1082	737	655	201	253	365
孟加拉国	48600	53239	53239	46000	57580	57580	947	1082	1082
格鲁及亚	24000	24000	25000	24000	22755	28000	1000	948	1120
印度	490000		490000	826000		892730	1686		1822
印度尼西亚	121200	116200	116200	162586	171410	171410	1341	1475	1475
伊朗	32107	34080	34080	49874	59180	59180	1553	1737	1737
日本	50400	48700	48500	85000	100000	91800	1687	2053	1893
韩国	1179		1400	1434		1500	1216		1071
马来西亚	3003	3500	3500	5642	2850	2850	1879	814	814
缅甸	66908	72000	72000	19000	25000	25000	284	347	347
尼泊尔	8700	16000	16500	5085	12500	13867	584	781	840
斯里兰卡	188970	212720	212720	305840	317200	310800	1618	1491	1461
泰国	18500	20000	20000	5500	6000	6000	297	300	300
土耳其	76750	77000	77000	138770	217520	204600	1808	2825	2657
越南	70300	122500	122700	69900	132525	142300	994	1082	1160
俄罗斯	1500	1400	1400	1520	1260	1300	1013	900	929

资料来源:联合国粮农组织。

16－17 水果收获面积、总产量与单产①

国家或地区	收获面积(万公顷)			总产量(万吨)			每公顷产量(千克)		
	2000年	2005年	2006年	2000年	2005年	2006年	2000年	2005年	2006年
埃及	41	43	43	697	820	820	16794	19242	19242
尼日利亚	166	179	179	898	1010	987	5395	5636	5668
南非	30	31	20	515	575	569	17092	19253	20500
加拿大	7	7	7	80	67	63	11134	9353	9113
墨西哥	108	113	107	1331	1486	1477	12343	13197	13801
美国	130	122	122	3280	2698	2538	25174	22198	20886
阿根廷	43	47	48	718	830	835	16586	17498	17338
巴西	243	239	148	3701	3706	2972	15233	15485	15740
委内瑞拉	21	19	18	323	226	217	15629	11853	11919
孟加拉国	18	21	21	136	188	188	7626	8875	8875
印度	360	399	399	4214	4303	4303	11715	10794	10794
印度尼西亚	75	122	122	841	1378	1378	11146	11285	11285
伊朗	112	134	134	1229	1372	1372	10937	10226	10226
日本	23	22	21	382	368	512	16459	17229	23985
韩国	18	16	16	263	261	271	14525	16058	17036
朝鲜	16	17	17	135	142	142	8232	8335	8335
马来西亚	9	9	9	118	129	129	13304	13960	13960
缅甸	31	35	35	142	175	175	4623	5019	5019
巴基斯坦	62	60	75	518	564	637	8380	9376	8484
菲律宾	89	104	69	1066	1285	1002	12018	12308	14508
斯里兰卡	10	11	9	83	77	66	8043	7204	7121
泰国	80	83	84	785	813	865	9784	9746	10336
越南	45	48	48	434	569	569	9701	11823	11823
白俄罗斯	8	9	9	30	38	72	3565	4158	7727
保加利亚	18	18	16	74	37	37	4113	2080	2266
捷克共和国	5	5	4	56	40	48	11360	8807	11148
法国	103	100	97	1127	1034	968	10941	10339	9965
德国	34	18	18	570	258	269	16625	14451	15127
匈牙利	18	19	18	172	127	131	9354	6633	7294
意大利	137	122	122	1799	1813	1781	13118	14871	14594
荷兰	2	2	2	71	61	63	29689	27682	32806
波兰	39	38	37	224	292	320	5822	7603	8606
俄罗斯	82	80	76	340	371	319	4141	4651	4165
罗马尼亚	45	38	34	260	215	235	5793	5661	6816
英国	3	2	2	31	35	35	11879	16927	16927
土耳其	102	107	111	1120	1300	1256	10943	12102	11358
澳大利亚	23	27	20	308	383	327	13178	14342	15991
新西兰	5	6	6	111	113	113	22288	20113	20113

注:①不包括瓜类。

资料来源:联合国粮农组织。

16—18 猪、牛、羊存栏数

(2006 年)

单位:万头、万只

国家或地区	牛	水牛	山羊	绵羊	猪
埃及	450	392	396	515	3
尼日利亚	1588		2800	2300	665
南非	1376		640	2498	162
加拿大	1483		3	92	1469
墨西哥	2865		890	748	1537
美国	9670		284	623	6145
阿根廷	5077		420	1245	149
巴西	20700	110	1070	1520	3320
委内瑞拉	1662		134	53	326
孟加拉国	2450	85	3690	126	
印度	18500	9800	12000	6250	1430
印度尼西亚	1122	243	1405	854	709
伊朗	880	55	2650	5400	
日本	439		3	1	962
朝鲜	58		275	17	320
韩国	248		57	0.1	938
马来西亚	80	14	27	11	217
蒙古	196		1327	1288	1
缅甸	1212	270	185	52	568
巴基斯坦	2550	2840	6190	2540	
菲律宾	252	336	374	3	1305
斯里兰卡	121	31	38	1	9
泰国	600	177	32	5	819
越南	651	292	149		2686
保加利亚	62	1	61	160	94
捷克共和国	137		1	15	284
法国	1942		123	891	1484
德国	1275		17	256	2652
匈牙利	71		8	141	385
意大利	626	21	95	795	920
荷兰	375		31	173	1130
波兰	561		13	30	1888
俄罗斯	2147	1	214	1607	1345
罗马尼亚	286		69	761	662
土耳其	1053	10	652	2530	0.2
英国	1016		10	3472	493
澳大利亚	2856		46	10010	247
新西兰	965		16	4011	34

资料来源:联合国粮农组织。

16—19 肉类产量

（2006 年） 单位：万吨

国家或地区	肉类总产量	猪 肉	羊 肉	牛 肉
埃及	152	0.22	6	59
尼日利亚	109	21	25	28
南非	211	15	15	80
加拿大	449	190	2	139
墨西哥	533	110	9	160
美国	4108	955	11	1191
阿根廷	454	19	6	298
巴西	1978	314	12	777
委内瑞拉	158	13	0.84	42
孟加拉国	45		14	18
印度	610	50	71	282
印度尼西亚	249	59	11	43
伊朗	204		49	36
日本	309	125	0.02	50
朝鲜	34	17	1.20	2
韩国	165	86	0.26	22
马来西亚	125	21	0.11	3
蒙古	21	0.03	11	5
缅甸	110	33	2	13
巴基斯坦	209		56	106
菲律宾	239	147	3	24
斯里兰卡	11	0.23	0.16	3
泰国	213	70	0.12	18
越南	315	245	1.1	28
白俄罗斯	77	35	0.10	27
保加利亚	22	8	2	2
捷克共和国	71	36	0.16	8
法国	521	201	11	147
德国	687	450	5	117
匈牙利	100	52	0.29	4
意大利	392	156	6	111
荷兰	231	123	1.4	36
波兰	349	209	0.13	37
罗马尼亚	100	47	6	19
俄罗斯	515	160	15	176
土耳其	160	0.03	32	32
英国	339	71	33	76
澳大利亚	394	39	64	208
新西兰	144	5	50	70

资料来源：联合国粮农组织。

16—20 鸡蛋产量

单位:万吨

国家或地区	2000 年	2002 年	2003 年	2004 年	2005 年	2006 年
埃及	18	22	24	24	24	24
尼日利亚	40	45	46	43	50	53
南非	32	33	34	36	37	38
加拿大	37	39	39	38	40	40
墨西哥	179	190	187	191	202	201
美国	500	516	518	528	533	536
阿根廷	33	26	30	30	30	30
巴西	151	155	157	162	167	167
委内瑞拉	17	16	15	15	15	15
孟加拉国	13	13	13	13	13	13
印度	202	219	222	249	254	260
印度尼西亚	64	78	79	93	86	93
伊朗	58	59	63	65	69	69
日本	254	253	253	248	248	250
韩国	48	54	54	51	51	51
马来西亚	39	41	42	43	44	44
缅甸	11	12	13	16	19	19
巴基斯坦	34	36	37	38	40	43
菲律宾	45	50	50	48	53	53
斯里兰卡	5	5	5	5	5	5
泰国	51	54	55	39	47	51
越南	19	23	24	20	23	23
白俄罗斯	18	16	16	16	17	20
保加利亚	8	9	9	10	10	10
捷克共和国	19	16	15	10	9	9
法国	104	99	100	104	85	85
德国	90	87	78	77	75	75
匈牙利	18	19	19	18	16	16
意大利	69	69	71	71	70	70
荷兰	67	64	46	60	60	60
波兰	42	50	51	51	54	54
俄罗斯	189	202	203	199	205	210
罗马尼亚	26	32	33	34	36	36
土耳其	81	72	79	69	75	75
英国	57	60	59	62	62	60
澳大利亚	14	14	16	16	17	16
新西兰	4	5	5	5	5	5

资料来源:联合国粮农组织。

16－21　禽蛋产量

单位：万吨

国家或地区	2000年	2002年	2003年	2004年	2005年	2006年
埃及	18	22	24	24	24	24
尼日利亚	40	45	46	43	50	53
南非	32	33	34	36	37	38
加拿大	37	39	39	38	40	40
墨西哥	179	190	187	191	202	201
美国	500	516	518	528	533	536
阿根廷	33	26	30	30	30	30
巴西	157	161	163	168	175	175
委内瑞拉	17	16	15	15	15	15
孟加拉国	16	16	16	16	16	16
印度	202	219	222	249	254	260
印度尼西亚	78	95	97	111	105	113
伊朗	58	59	63	65	69	69
日本	254	253	253	248	248	250
朝鲜	11	13	14	14	14	14
韩国	50	56	56	53	54	54
马来西亚	40	42	43	44	45	45
缅甸	12	13	15	17	20	20
巴基斯坦	35	37	38	39	41	43
菲律宾	52	57	57	55	60	60
泰国	81	84	86	70	78	82
越南	19	23	24	20	23	23
白俄罗斯	18	16	16	17	17	20
保加利亚	8	9	9	10	10	10
捷克共和国	19	16	15	10	9	9
法国	104	99	100	104	85	85
德国	90	87	78	77	75	75
匈牙利	18	19	19	19	17	17
意大利	69	69	71	71	70	70
荷兰	67	64	46	60	60	60
波兰	42	50	51	51	54	54
俄罗斯	190	203	204	201	208	213
罗马尼亚	29	35	36	37	37	37
土耳其	81	72	79	69	75	75
英国	59	61	60	64	63	61
澳大利亚	14	14	16	16	17	16
新西兰	5	5	5	5	5	5

资料来源：联合国粮农组织。

16—22 牛奶产量

单位:万吨

国家或地区	2000 年	2001 年	2002 年	2003 年	2004 年	2005 年	2006 年
埃及	164	162	200	260	213	170	170
尼日利亚	41	43	43	43	43	43	43
南非	254	276	269	264	255	287	297
加拿大	809	811	796	805	800	810	810
墨西哥	931	947	966	978	987	987	1003
美国	7602	7499	7714	7729	7752	8026	8246
阿根廷	1012	977	879	820	810	949	949
巴西	2038	2115	2231	2294	2420	2332	2332
委内瑞拉	141	140	139	124	124	135	135
孟加拉国	78	78	79	80	80	80	80
印度	3400	3560	3620	3650	3750	3850	3978
印度尼西亚	50	48	49	55	60	34	58
伊朗	476	487	498	490	500	500	500
日本	850	830	839	840	833	829	813
韩国	225	234	254	237	226	223	218
朝鲜	9	9	9	9	9	9	9
马来西亚	3	3	3	4	4	4	4
蒙古	38	29	28	29	33	30	30
缅甸	50	51	53	68	73	81	81
巴基斯坦	804	819	835	862	884	908	940
菲律宾	1	1	1	1	1	1	1
斯里兰卡	13	13	13	13	13	14	14
泰国	52	59	66	73	84	89	83
越南	5	6	8	13	15	20	22
白俄罗斯	449	483	477	468	515	568	587
保加利亚	141	119	131	131	134	129	130
捷克共和国	279	278	273	265	260	266	278
法国	2500	2490	2520	2461	2436	2528	2419
德国	2833	2819	2787	2853	2824	2845	2845
匈牙利	214	214	213	204	189	193	183
意大利	1231	1128	1130	1131	1073	1022	1022
荷兰	1116	1097	1068	1108	1091	1053	1053
波兰	1189	1188	1187	1189	1182	1193	1198
俄罗斯	3196	3260	3321	3309	3190	3089	3107
罗马尼亚	430	446	464	485	572	570	570
英国	1449	1471	1487	1501	1456	1458	1458
土耳其	873	849	749	951	961	1003	1003
澳大利亚	1118	1087	1033	1008	1013	1009	1025
新西兰	1224	1312	1387	1435	1510	1450	1450

资料来源:联合国粮农组织。

16—23 羊毛产量

单位:吨

国家或地区	2000年	2001年	2002年	2003年	2004年	2005年	2006年
埃及	7373	7550	7550	7550	7550	7550	7550
南非	52671	48649	47502	44156	44156	44156	45000
加拿大	1500	1500	1500	1500	1500	1500	1500
墨西哥	4176	4323	4170	4469	4282	4234	4124
美国	21070	19510	18633	17372	17065	16885	17000
阿根廷	58000	56000	65000	72000	60000	60000	60000
巴西	13301	12081	11419	11312	11172	10777	10777
孟加拉国	1360	1370	1380	1400	1400	1400	1400
印度	48400	49500	50500	48500	44600	44900	45200
印度尼西亚	22280	22203	22983	24400	24400	24400	24400
伊朗	75000	75000	75000	75000	75000	75000	75000
马来西亚	157	163	163	165	165	165	165
蒙古	21700	19800	17000	15200	15300	15000	15000
缅甸	389	402	431	450	450	450	450
巴基斯坦	38900	39200	39430	39700	40000	40700	41020
白俄罗斯	184	163	154	136	112	92	92
保加利亚	6976	6568	6500	6500	6500	6500	6500
捷克共和国	250	220	275	280	320	300	280
法国	22000	22000	22000	22000	22000	22000	22000
德国	15000	15000	15000	15000	15000	15000	15000
匈牙利	3369	3917	4027	4100	4703	5027	5027
意大利	11000	10667	10526	10526	9304	9049	9053
荷兰	2400	2400	2600	2700	2700	2700	2700
波兰	1322	1339	1317	1218	990	1000	1000
俄罗斯	39241	39210	41428	44586	47111	47978	48000
罗马尼亚	17997	16880	16659	16879	17505	17600	17600
土耳其	43139	40907	38244	46457	45972	46176	46000
英国	64000	55000	60000	60000	60000	60000	60000
澳大利亚	671000	657000	587274	551107	509473	519660	519660
新西兰	257200	236661	228300	229600	217700	209250	209250

资料来源:联合国粮农组织。

16－24 水产品产量

单位:万吨

国家或地区	1995年	1996年	1997年	1998年	1999年	2000年	2001年
埃及	37.3	39.6	41.6	50.2	60.7	72.4	77.2
尼日利亚	36.6	35.7	41.2	48.3	47.7	46.7	47.7
南非	57.9	44.3	51.9	56.4	59.2	64.7	76.0
加拿大	91.5	97.7	105.4	110.5	114.1	113.8	120.2
墨西哥	135.5	149.6	152.9	122.1	125.4	136.9	147.5
美国	563.8	539.5	542.2	515.4	522.8	517.4	540.5
阿根廷	117.2	129.3	140.1	116.6	108.0	91.5	92.5
巴西	75.3	79.3	83.2	81.1	84.5	94.3	98.0
委内瑞拉	50.7	50.4	47.9	51.3	41.1	37.1	43.5
孟加拉国	110.9	119.4	126.2	135.4	157.9	166.1	168.7
印度	492.4	520.7	538.8	528.2	560.7	568.5	596.5
印度尼西亚	415.2	428.6	445.4	459.5	473.6	485.8	506.8
伊朗	37.0	38.2	37.3	40.0	41.9	42.5	39.9
伊拉克	3.1	3.3	3.5	3.0	2.5	2.3	2.3
以色列	2.1	2.3	2.3	2.5	2.5	2.6	2.5
日本	678.7	676.3	673.3	606.6	595.3	573.4	552.1
哈萨克斯坦	5.0	4.6	3.4	2.6	3.7	3.7	3.1
朝鲜	40.1	33.4	30.7	28.9	27.9	26.8	26.4
韩国	268.8	277.2	259.6	235.4	242.4	211.7	228.2
马来西亚	124.5	123.9	128.1	128.7	140.7	144.1	139.3
蒙古	0.02	0.02	0.02	0.03	0.05	0.04	0.01
缅甸	82.3	67.3	86.3	91.2	101.1	116.9	128.8
巴基斯坦	54.1	55.1	60.5	61.4	67.8	62.7	62.3
菲律宾	222.2	213.3	213.6	214.6	222.5	228.7	238.0
斯里兰卡	23.6	23.5	24.2	27.3	28.4	30.8	28.8
泰国	359.1	357.0	344.3	352.5	364.6	364.3	360.6
土耳其	65.6	56.1	50.5	54.4	63.7	58.2	59.5
越南	146.6	163.8	168.1	170.7	185.4	196.1	201.0
白俄罗斯	0.6	0.7	0.5	0.5	0.6	0.7	0.6
保加利亚	1.3	1.4	1.7	2.3	1.8	1.1	0.8
捷克共和国	2.3	2.2	2.1	2.1	2.3	2.4	2.5
法国	89.1	84.3	85.5	81.0	85.1	89.1	85.8
德国	30.4	32.0	32.5	34.0	31.8	27.2	26.5
匈牙利	1.7	1.6	1.7	1.7	1.9	2.0	2.0
意大利	60.7	55.0	53.4	51.2	49.0	51.6	52.9
荷兰	52.2	51.1	55.0	65.7	62.3	57.1	57.0
波兰	45.1	36.9	38.2	26.8	26.9	25.4	26.1
俄罗斯	437.4	472.9	471.5	451.8	421.0	404.8	371.8
罗马尼亚	6.9	3.2	2.0	1.9	1.7	1.7	1.8
英国	101.1	98.3	102.5	106.7	100.2	90.7	91.9
澳大利亚	22.8	22.7	22.3	23.1	24.9	23.5	23.6
新西兰	62.6	49.8	68.7	73.3	69.0	63.4	63.7

资料来源:联合国粮农组织。

16—25 土地利用情况

（2004 年）

单位:万公顷

国家或地区	国土面积	陆地面积	农业用地	耕地与永久性作物			永久性草场	非可用与非永久性草场
					耕地面积	永久性作物		
埃及	10015	9955	348	348	297	51		
尼日利亚①	9238	9108	7260	3340	3050	290	3920	
南非①	12191	12145	9964	1571	1475	96	8393	
加 拿 大①	99847	90935	6751	5212	4566	646	1539	
墨 西 哥①	19582	19087	10730	2730	2480	250	8000	
美国	96320	91619	41467	17697	17424	273	23770	
阿 根 廷①	27804	27367	12875	2890	2790	100	9985	
巴西①	85149	84594	26360	6660	5900	760	19700	
委内瑞拉①	9121	8821	2164	340	260	80	1824	
孟加拉国	1440	1302	902	842	796	46	60	
印度	32873	29732	18022	16967	15967	1000	1055	
印度尼西亚	19046	18116	4770	3650	2300	1350	1120	
伊朗	16482	16362	6167	1767	1620	147	4400	
日本	3779	3645	471	471	438	34		63
朝鲜①	1205	1204	295	290	270	20	5	
韩国	993	987	189	184	164	20	6	
马来西亚①	3297	3286	787	759	180	579	29	
蒙古①	15665	15665	13050	120	120	0.20	12930	
缅甸①	6766	6576	1129	1098	1009	89	31	
巴基斯坦	7961	7709	2703	2203	2130	74	500	
菲 律 宾①	3000	2982	1220	1070	570	500	150	
斯里兰卡①	656	646	236	192	92	100	44	
泰国①	5131	5109	1849	1769	1413	355	80	
越南	3293	3101	956	892	660	232	64	
白俄罗斯	2076	2075	885	566	554	12	320	
保加利亚	1110	1088	533	353	331	22	180	7
捷克共和国	789	773	427	329	306	24	97	
法国	5515	5501	2962	1958	1846	112	1003	
德国	3570	3488	1701	1210	1190	20	491	181
匈 牙 利	930	896	586	480	460	21	106	2
意 大 利	3013	2941	1495	1060	803	256	436	
荷兰	415	339	193	94	91	3	98	
波兰	3127	3043	1633	1296	1261	35	337	
俄 罗 斯	170982	163812	21598	12396	12215	181	9202	
罗马尼亚	2384	2300	1471	987	942	44	485	82
土耳其	7836	7696	4121	2659	2387	278	1462	
英国	2436	2419	1705	587	582	5	1118	119
澳大利亚	77412	76823	44011	4908	4874	34	39103	
新 西 兰①	2705	2680	1724	337	150	187	1386	

资料来源:联合国粮农组织。

注:①为 2003 年数据。

16—26 农业机械拥有量

（2003 年）

单位：台

国家或地区	农用拖拉机总数	挤奶机	收割机—脱粒机
埃及	89700		2325
尼日利亚	30000		
南非	65475		10675
加拿大	732600		115800
墨西哥	324890		22500
美国	4760000		662000
南美	1318502		126241
阿根廷	299620	8200	50000
巴西	806000		54000
委内瑞拉	49000		5800
孟加拉国	5530		
印度	2528122		4200
印度尼西亚	94582		330000
伊朗	258000		5000
日本	2028000	160000	1042000
韩国	64200		
朝鲜	211576		86858
马来西亚	43300		
蒙古	5000		1150
缅甸	10605		18999
巴基斯坦	320500		1600
菲律宾	11500		700
斯里兰卡	10500		10
泰国	220000	620	69500
越南	163000		232000
白俄罗斯	58800		13300
保加利亚	31606	4246	9130
捷克共和国	91648	6500	12060
法国	1264000	200000	91000
德国	944000	250000	135000
匈牙利	113500	4200	12000
意大利	1680000	150000	37500
荷兰	149500	37500	5600
波兰	1371340	294000	124000
俄罗斯	586000		158000
罗马尼亚	169177		25958
土耳其	997620	115346	11721
英国	500000	157000	47000
澳大利亚	315000	200000	56500
新西兰	76000	13800	3100

资料来源：联合国粮农组织。

16—27 化肥施用量

（2005 年）

单位：万吨

国家或地区	化肥施用总量	氮 肥	磷 肥	钾 肥
埃及	220	192	26	3
南非	67	39	21	6
加拿大	280	178	69	33
墨西哥	173	110	45	18
美国	1927	1093	406	428
阿根廷	140	79	56	4
巴西	806	207	251	347
委内瑞拉	44	28	8	8
孟加拉国	176	120	37	19
印度	2059	1260	523	276
印度尼西亚	344	253	42	49
伊朗	126	90	24	12
日本	118	55	63	
韩国	72	35	16	21
马来西亚	152	70	13	69
巴基斯坦	407	307	96	4
菲律宾	81	56	16	9
斯里兰卡	28	18	4	6
泰国	172	105	32	36
越南	198	110	53	36
白俄罗斯	123	46	14	63
保加利亚	56	42	14	1
捷克共和国	46	34	6	6
法国	376	232	63	81
德国	253	178	31	43
匈牙利	57	37	9	11
意大利	121	62	31	29
荷兰	57	27	18	12
波兰	155	75	33	48
俄罗斯	194	79	52	63
罗马尼亚	46	30	14	2
英国	166	107	25	35
土耳其	203	138	52	13
澳大利亚	222	95	104	22
新西兰	105	42	47	16

资料来源：联合国粮农组织。

16－28 主要林产品产量

（2006 年）

单位:吨

国家或地区	栗子	榛子	天然树脂①	天然橡胶	桐籽①	核桃
埃及						32167
尼日利亚				142500		
墨西哥			23000	24221		79871
美国		41000				308440
阿根廷					36000	9304
巴西			55	103708	400	2176
孟加拉国				5200		
印度				831000		36000
印度尼西亚				2350000		
伊朗		17889				150000
日本	23100					
朝鲜	8000					
韩国	76447					868
马来西亚				1283600		
蒙古		300				
缅甸				40000		
巴基斯坦						14867
菲律宾				351556		
斯里兰卡				109140		
泰国				3156958		
越南				546100		
白俄罗斯		2117				14043
保加利亚	239①	23				2640
捷克共和国						9347
法国	9670	6083				36479
德国						17661
匈牙利	385	89				3336
意大利	52000	142109				16000
俄罗斯	2100	750				14000
罗马尼亚	22	13				38471
土耳其	53814	661000				129614
澳大利亚						23

资料来源:联合国粮农组织。

注:①为 2005 年数据。

16—29 农业集约化经营程度

（2004 年）

国家或地区	农业经济活动人口（万人）	耕地面积（万公顷）	人均耕地面积（公顷/人）	农用拖拉机总数（台/万公顷）①	收割机一脱粒机（台/万公顷）①	化肥施用总量（吨/万公顷）
埃及	855	297	0.3	307.0	8.0	6512
尼日利亚	1527	3050①	2.0①	9.8		
南非	165	1475①	9.1①	44.4	7.2	392①
加拿大	36	4566①	126.1①	160.4	25.4	2658①
墨西哥	855	2480①	2.9①	131.0	9.1	193①
美国	280	17424	62.3	274.4	38.2	1173①
阿根廷	143	2790①	19.1①	107.4	17.9	155①
巴西	1220	5900①	4.8①	136.6	9.2	442①
委内瑞拉	77	260①	3.3①	188.5	22.3	2359①
孟加拉国	3772	796	0.2	6.9		1416
印度	27761	15967	0.6	157.5	0.3	949
印度尼西亚	5031	2300	0.5	45.0	157.1	1262
伊朗	657	1620	2.5	160.1	3.1	531
日本	217	438	2.0	4612.2	2369.8	2521
朝鲜	316	275	0.9	238.0		148①
韩国	193	164	0.8	1285.4	527.7	3529
马来西亚	174	180①	1.0①	240.6		
蒙古	30	120①	3.9①	41.7	9.6	21①
缅甸	1924	1009①	0.5①	10.5	18.8	1063①
巴基斯坦	2715	2130	0.8	164.7	0.8	1217
菲律宾	1297	570①	0.4①	20.2	1.2	115①
泰国	2033	1413①	0.7①	155.7	49.2	118①
越南	2911	660	0.2	244.0	347.3	669
白俄罗斯	60	554	9.2	106.0	24.0	9912
保加利亚	22	331	15.1	95.1	27.5	1417
捷克共和国	41	306	7.4	299.3	39.4	1074
法国	74	1846	24.9	685.1	49.3	709
德国	84	1190	14.1	798.2	114.1	3837
匈牙利	45	460	10.3	246.0	26.0	579
意大利	110	803	7.3	2110.8	47.1	640
荷兰	22	91	4.1	1639.0	61.0	18448
波兰	399	1261	3.2	1089.5	98.5	1316
俄罗斯	736	12215	16.6	47.8	12.9	1121
罗马尼亚	130	942	7.2	179.7	27.6	820
土耳其	1496	2387	1.6	427.1	5.0	309
英国	49	582	11.8	883.4	83.0	2775
澳大利亚	43	4874	112.6	66.2	11.9	217
新西兰	17	150①	8.9①	506.7	20.7	2952①

资料来源：联合国粮农组织。

注：①为 2003 年数。

17

如何使用《中国农村统计年鉴》

如何使用《中国农村统计年鉴》

为了使广大读者更好地使用《中国农村统计年鉴》，我们编写了如何使用《中国农村统计年鉴》一章，主要对农村统计改革和发展进行了概述，对各章资料的来源进行说明，对主要统计指标的统计含义和口径作了诠释。

一、农村统计制度方法改革概述

改革开放以来，我国农村统计适应农村经济改革的要求，取得了长足的发展和进步，农村统计范围由农业统计向农村统计转变；农村统计制度方法由以全面统计为主向以普查为基础、抽样调查为主体、辅之以全面报表、重点调查、科学核算等多种方法综合运用的方法体系转变。

1. 抽样调查得到恢复和全面发展。1978 年以后，中国进入改革开放的新时期，国家统计局和地方统计局陆续恢复。从农村开始的中国经济体制改革，带来了两方面的巨大变化。一是在经济结构上，由过去单一的农业经济向农业、工业、商业、建筑业、运输业、服务业等全面发展，农业统计面临向农村统计的转变。二是在经营体制上，由三级所有、队为基础的“一大二公”式的集体经营向以家庭联产承包责任制为主要形式的双层经营体制转变，农村统计的对象由 600 多万个生产队变为 2 亿多农户。面对大量分散的、小规模经营的农户，继续实行全面统计的方法，依靠层层报表的形式搜集数据，越来越困难。1983 年，国务院办公厅转发了国家统计局《关于加强农村统计工作等问题的报告》。提出“根据农村多种经营的新情况，农村统计首先要认真搞准粮食产量和经济作物产量；同时还要调查农村工业、交通运输业、商业等情况，调查农村的人口、教育、文化、卫生等社会情况。今后，除了改进全面报表制度外，一定要大力推行抽样调查”。随后，全国农村抽样调查队在原有 1600 人的基础上扩大到 6100 人，正式成为国家统计局直属的事业单位，并于 1985 年底完成了全国 857 个抽样调查县的建队工作。在进行组织建设的同时，业务建设也加快了步伐。一是农村住户调查由以前的收支调查扩展为全面反映农民社会经济活动，增加了农户生产经营情况、主要生活消费品实物消费量，以及农民家庭基本情况等方面的内容。二是农产量抽样调查增加了“农作物种植意向调查”，“播种面积调查”和“夏收、早稻、秋粮预测和实测产量调查”等，到 1988 年由粮食产量调查发展为种植业调查，全面调查反映粮、棉、油、麻、糖、烟、蔬菜和瓜果的生产情况。三是增加了农村社会经济抽样调查，内容包括农村劳动力、固定资产投资等生产要素和农村社区状况等。

抽样调查网点的抽选也逐步实现了科学化。1979 年采用多阶段、半距起点、等距抽样方法，住户调查抽样框按各单位人均从集体分配的收入排队，参加分配的人口作辅助资料进行编制。农产量调查抽样框按平均亩产排队，以平均播种面积作为辅助资料进行编制。1984 年开始启用多阶段、随机起点、对称等距抽样方法。为了克服样本老化的问题，从 1990 年开始在县以下实施样本轮换制度，每四年轮换一次样本。

2. 全面统计不断完善并发挥了独特的作用。由于全面统计在满足我国政府分层决策和分层管理方面具有优势，所以对于行政记录比较健全、起报单位较高或一时还不具备实施抽样调查条件的统计项目，如农村基层组织状况，农业自然资源、人力资源和机械、电力、化学肥料等物质、技术装备情况，农田水利建设和农业灾害情况等，继续采用全面统计的方法取得数据。此外，还有一部分综合性内容，如农村社会总产值、农业总产值、农业增加值、农业商品产值、经济收益分配等，主要是由县以上综合统计部门根据相关基础资料，按照全国统一方案测算的。

全面统计的源头数据按照村、乡（镇）、县（市）、省（区、市）、国家的顺序层层汇总并逐级上报，它的基础是乡镇统计网络。

3. 第一次全国农业普查取得了圆满成功。根据我国政府决定，于 1997 年 1 月正式开展了第一次全国农业普查。普查对象是全国范围内（不含台、港、澳)各种类型的农业生产经营单位、农村住户、乡镇企业、行政村和乡镇。普查内容包括农村住户调查表和非住户类农业生产经营单位调查表、行政村调查表和乡镇调查表、农业用地卡片、非农乡镇企业卡片等6张表、38个项目、687个指标。第一次农业普查得到联合国粮农组织、意大利政府和包括美国在内的其它国家的援助。第一次全国农业普查获得的大量数据,填补了反映我国基本国情国力数据的缺陷和空白,矫正了常规统计数据因各种原因引起的系统性偏差。它不仅为党和政府的决策提供了科学依据,而且为农村统计改革与发展打下了很好的基础。第一次全国农业普查的成功,标志着我国农村统计事业进入了新的发展阶段。

二、资料来源

《中国农村统计年鉴》资料绝大部分是由国家统计局农村司根据《农林牧渔业综合统计报表制度》、《乡村社会经济调查方案》、《农产量抽样调查制度》、《农村住户调查方案》和《县(市)社会经济调查卡片》的有关资料整理提供。

部分章节资料来自于部门统计。农业生态与环境资料主要来源于国家环保总局、水利部和国家林业局统计报表;农村市场与价格资料主要是根据国家工商行政管理局统计报表和国家统计局城市司的价格统计资料整理而成;农产品生产成本资料主要是根据国家计委农产品成本调查报表整理而成;农产品进出口主要依据海关总署有关资料加工整理的;农村文化、教育、卫生资料是国家统计局社会统计司根据文化部、教育部、卫生部有关资料加工整理而成的;国外农业统计资料是国家统计局国际统计中心根据联合国粮农组织提供的资料加工整理而成的。

三、主要统计指标解释

国内生产总值(GDP):指一个国家(或地区)所有常住单位在一定时期内生产活动的最终成果。国内生产总值有三种表现形态,即价值形态、收入形态和产品形态。从价值形态看,它是所有常住单位在一定时期内生产的全部货物和服务价值超过同期中间投入的全部非固定资产货物和服务价值的差额,即所有常住单位的增加值之和;从收入形态看,它是所有常住单位在一定时期内创造并分配给常住单位和非常住单位的初次收入分配之和;从产品形态看,它是所有常住单位在一定时期内最终使用的货物和服务价值与货物和服务净出口价值之和。在实际核算中,国内生产总值有三种计算方法,即生产法(总产出减中间投入)、收入法(由劳动者报酬、生产税净额、固定资产折旧、营业盈余组成)和支出法(由最终消费、资本形成总额、货物和服务净出口组成)。三种方法分别从不同的方面反映国内生产总值及其构成。

劳动者报酬:指劳动者因从事生产活动所获得的全部报酬。包括劳动者获得的工资、奖金和津贴,既包括货币形式的,也包括实物形式的;还包括劳动者所享受的公费医疗和医药卫生费、上下班交通补贴和单位支付的社会保险费等。对于个体经济来说,其所有者所获得的劳动报酬和经营利润不易区分,这两部分统一作为劳动者报酬处理。

生产税净额:指生产税减生产补贴后的余额。生产税指政府对生产单位生产、销售和从事经营活动以及因从事生产活动使用某些生产要素(如固定资产、土地、劳动力)所征收的各种税、附加费和规费。生产补贴与生产税相反,指政府对生产单位的单方面收入转移,因此视为负生产税,包括政策亏损补贴、粮食系统价格补贴、外贸企业出口退税收入等。

固定资产折旧:指为弥补固定资产损耗按照核定的固定资产折旧率提取的固定资产折旧,或按国民经济核算统一规定的折旧率虚拟计算的固定资产折旧。各类企业和企业化管理的事业单位的固定资产折旧是指实际计提并计入成本费中的折旧费;不计提折旧的政府机关、非企业化管理的事业单位和居民住房的固定资产折旧是按照统一规定的折旧率和固定资产原值计算其虚拟折旧。原则上,固定资产折旧应按固定资产的重置价值计算,但是目前我国尚不具备对全社会固定资产进行重新估价的基础,所以暂时只能采用上述办法。

营业盈余:指常住单位创造的增加值扣除劳动者报酬、生产税净额和固定资产折旧后的余额。它相当于企业的营业利润加上生产补贴,但要扣除从利润中开支的工资和福利等。

支出法国内生产总值:指一个国家(或地区)所有常住单位在一定时期内用于最终消费、资本形成总额,以及货物和服务的净出口总额,它反映本期生产的国内生产总值的使用及构成。

最终消费:指常住单位在一定时期内对于货物和服务的全部最终消费支出,也就是常住单位为满足物质、文化和精神生活的需要，从本国经济领土和国外购买的货物和服务的支出；不包括非常住单位在本国经济领土内的消费支出。最终消费分为居民消费和政府消费。

资本形成总额：指常住单位在一定时期内获得的减去处置的固定资产加存货的变动，包括固定资本形成总额和存货增加。

货物和服务净出口：指货物和服务出口减货物和服务进口的差额。出口包括常住单位向非常住单位出售或无偿转让的各种货物和服务的价值；进口包括常住单位从非常住单位购买或无偿得到的各种货物和服务的价值。由于服务活动的提供与使用同时发生，因此服务的进出口业务并不发生出入境现象，一般把常住单位从国外得到的服务作为进口，非常住单位从本国得到的服务作为出口。货物的出口和进口都按离岸价格计算。

三次产业：指根据社会生产活动历史发展的顺序对产业结构的划分，产品直接取自自然界的部门称为第一产业，对初级产品进行再加工的部门称为第二产业，为生产和消费提供各种服务的部门称为第三产业。我国的三次产业划分是：第一产业为农业（包括种植业、林业、牧业和渔业），第二产业为工业（包括采掘业，制造业，电力、煤气及水的生产和供应业）和建筑业，第三产业为除第一、第二产业以外的其他各业。

当年价格：也称现行价格，指报告期内的实际市场价格。按现行价格计算的各种综合指标可以反映当年国民经济发展水平及比例关系，但因其变化受实物数量增减和价格升降因素的影响，在不同时期之间缺乏可比性。

可比价格：指计算各种总量指标所采用的扣除了价格变动因素的价格，可进行不同时期总量指标的对比。按可比价格计算总量指标有两种方法：一种是直接用产品产量乘某一年的不变价格计算；另一种是用价格指数进行缩减。

不变价格：指以同类产品某年的平均价格作为固定价格，用于计算各年的产品价值。按不变价格计算的产品价值消除了价格变动因素，不同时期对比可以反映生产的发展速度。新中国成立后，随着工农业产品价格水平的变化，国家统计局先后五次制定了全国统一的工业产品不变价格和农业产品不变价格。从 1952 年到 1957 年使用 1952 年工（农）业产品不变价格，从 1957 年到 1970 年使用 1957 年不变价格，从 1971 年到 1980 年使用 1970 年不变价格，从 1981 年到 1990 年使用 1980 年不变价格，从 1991 年开始使用 1990 年不变价格。从 2003 年起使用可比价计算产值，取消不变价产值。

人口数：指一定时点、一定地区范围内有生命的个人总和。年度统计的年末人口数指每年 12 月 31 日 24 时的人口数。年度统计的全国人口总数内未包括台湾省和港澳同胞以及海外华侨人数。

从业人员：指从事一定社会劳动并取得劳动报酬或经营收入的人员，包括全部职工、再就业的离退休人员、私营业主、个体户主、私营和个体从业人员、乡镇企业从业人员、农村从业人员和其他从业人员（包括民办教师、宗教职业者、现役军人等）。

固定资产投资额：指以货币表现的建造和购置固定资产活动的工作量，分为基本建设投资、更新改造投资、房地产开发投资和其他固定资产投资四个部分。

财政收入：指国家财政参与社会产品分配所取得的收入，是实现国家职能的财力保证。财政收入所包括的内容几经变化，目前主要包括各项税收、专项收入、其他收入（如基本建设贷款归还收入、基本建设收入、捐赠收入等）和国有企业计划亏损补贴。

财政收入按财政体制划分为中央本级收入和地方本级收入。1994 年分税制财政体制以后，属于中央财政的收入包括关税、海关代征消费税和增值税，消费税，中央企业所得税，地方银行和外资银行及非银行金融企业所得税，铁道、银行总行、保险总公司等集中缴纳的营业税、所得税、利润和城市维护建设税，增值税的 75％部分，证券交易税（印花税）50％部分和海洋石油资源税。属于地方财政的收入包括营业税，地方企业所得税，个人所得税，城镇土地使用税，固定资产投资方向调节税，城镇维护建设税，房产税，车船使用税，印花税，屠宰税，农牧业税，农业特产税，耕地占用税，契税，增值税 25％部分，证券交易税（印花税 ）50％部分和除海洋石油资源税以外的其他资源税。

财政支出：国家财政将筹集起来的资金进行分配使用，以满足经济建设和各项事业的需要，主要包括基本建设支出、企业挖潜改造资金、地质勘探费用、科技三项费用、支援农村生产支出、农林水利气象等部门的事业费用、工业交通商业等部门的事业费、文教科学卫生事业费、抚恤和社会福利救济费、国防支出、行政管理费和价格补贴支出。

财政支出按照政府在经济和社会活动中的不

同职权，划分为中央财政支出和地方财政支出。中央财政支出包括国防支出，武装警察部队支出，中央级行政管理费和各项事业费，重点建设支出以及中央政府调整国民经济结构、协调地区发展、实施宏观调控的支出。地方财政支出主要包括地方行政管理和各项事业费，地方统筹的基本建设、技术改造支出，支援农村生产支出，城市维护和建设经费，价格补贴支出等。

城镇居民家庭可支配收入：指被调查的城镇居民家庭在支付个人所得税、财产税及其他经常性转移支出后所余下的实际收入。

社会消费品零售总额：指国民经济各行业直接售给城乡居民和社会集团的消费品总额。社会消费品零售总额包括售给城乡居民作为生活用的商品和修建房屋用的建筑材料；售给社会集团的各种办公用品和公用消费品；售给机关、团体、学校、部队、企业、事业单位的职工食堂和旅店（招待所）附设专门供本店旅客食用，不对外营业的食堂的各种食品、燃料；企业、单位和国营农场直接售给本单位职工和职工食堂的自己生产的产品；售给部队干部、战士生活用的粮食、副食品、衣着品、日用品、燃料；售给来华的外国人、华侨、港澳台同胞的消费品；居民自费购买的中、西药品，中药材及医疗用品；报社、出版社直接售给居民和社会集团的报纸、图书、杂志，集邮公司出售的新、旧纪念邮票、特种邮票、首日封、集邮册、集邮工具等；旧货寄售商店自购、自销部分的商品；煤气公司、液化石油气站售给居民和社会集团的煤气灶具和罐装液化石油气；农民售给非农业居民和社会集团的商品。

海关进出口总额：指实际进出我国国境的货物总金额。包括对外贸易实际进出口货物，来料加工装配进出口货物，国家间、联合国及国际组织无偿援助物资和赠送品，华侨、港澳台同胞和外籍华人捐赠品，租赁期满归承租人所有的租赁货物，进料加工进出口货物，边境地方贸易及边境地区小额贸易进出口货物（边民互市贸易除外），中外合资、中外合作、外商独资经营企业进出口货物和公用物品，到、离岸价格在规定限额以上的进出口货样和广告品（无商业价值、无使用价值和免费提供出口的除外），从保税仓库提取在中国境内销售的进口货物，以及其他进出口货物。我国规定出口货物按离岸价格统计，进口货物按到岸价格统计。

乡镇个数：指农村中经省、自治区、直辖市人民政府批准成立的乡一级行政区划的数量。不包括城关镇、城市街道办事处、工矿区。

村委会个数：指农村中经上级政府批准，按居住地区设立的基层群众性自治组织的个数。含城关镇中的村。

乡村户数：指长期（一年以上）居住在乡镇（不包括城关镇）行政管理区域内的住户，还包括居住在城关镇所辖行政村范围内的农村住户。户口不在本地而本地居住一年及以上的住户也包括在本地农村住户内；有本地户口，但举家外出谋生一年以上的住户，无论是否保留承包耕地都不包括在本地农村住户范围内。不包括乡村地区内的国有经济的机关、团体、学校、企业、事业单位的集体户。

乡村人口数：指乡村地区常住居民户数中的常住人口数，即经常在家或在家居住6个月以上，而且经济和生活与本户连成一体的人口。外出从业人员在外居住时间虽然在6个月以上，但收入主要带回家中，经济与本户连为一体，仍视为家庭常住户口；在家居住，生活和本户连成一体的国家职工、退休人员也为家庭常住人口，但是现役军人、中专及以上（走读生除外）的在校学生、以及常年在外（不包括探亲、看病等）且已有稳定的职业与居住场所的外出从业人员，不应当作家庭常住人口。

乡村从业人员：指乡村人口中16岁以上实际参加生产经营活动并取得实物或货币收入的人员，既包括劳动年龄内经常参加劳动人员，也包括超过劳动年龄但经常参加劳动的人员。但不包括户口在家的在外学生、现役军人和丧失劳动能力的人，也不包括待业人员和家务劳动者。从业人员年龄为16岁以上。从业人员按从事主业时间最长（时间相同按收入）分为农为从业人员、工业从业人员、建筑业从业人员、交通仓储及邮政从业人员、信息传输、计算机服务和软件业、批发与零售从业人员、住宿和餐饮业从业人员、其他行业从业人员。

农业机械总动力：指用于农、林、牧、渔业生产的各种动力机械的动力之和，包括耕作机械、农用排灌机械、收获机械、植保机械、林业机械、渔业机械、农产品加工机械、农用运输机械、其他农用机械。按能源又分为柴油、汽油、电力和其他动力。总动力按法定计量单位千瓦计算。（注：1马力＝735.5瓦特＝0.735千瓦）

农用大中型拖拉机：指发动机额定功率为14.7千瓦及以上的专门用于农作物田间作业和以农作物田间作业为主进行综合利用的拖拉机，包括轮式和履带式两种。不包括用于森工、基建、营林等方面的拖拉机。

小型拖拉机：指专门或主要用于农作物田间作业的不足14.7千瓦的拖拉机。包括四轮拖拉机和手扶拖拉机。

农用载重汽车：指主要用于农林牧渔业生产运输的载重汽车。

有效灌溉面积：指具有一定的水源，地块比较平整，灌溉工程或设备已经配套，在一般年景下当年能够进行正常灌溉的耕地面积。在一般情况下，有效灌溉面积应等于灌溉工程或设备已经配备，能够进行正常灌溉的水田和水浇地面积之和。

(1)灌溉工程或设备已经配套，可以灌溉，但由于雨水及时或所种作物不需要灌溉等原因，当年没有进行灌溉的，应统计为有效灌溉面积。

(2)灌溉工程或设备不配套(如只有深水井，没有安装机器)、渠系不健全(如只有水库，没有修渠)、地块不平整，当年不能发挥灌溉效益的灌溉面积，不应统计为有效灌溉面积。

(3)北方地区没有灌溉工程或设备的引洪淤灌的耕地面积，不应统计为有效灌溉面积。

(4)南方地区没有灌溉工程或设备，完全靠雨蓄水的"冬水田"、"屯水田"、"望天田"、"雷响田"等水田面积，不应统计为有效灌溉面积。

(5)没有灌溉工程或设备，遇到旱年临时抗旱点种的耕地面积，不应统计为有效灌溉面积。

(6)原有的灌溉工程或设备，由于受到破坏等原因不能起灌溉作用，这部分耕地面积不应统计为有效灌溉面积。

旱涝保收面积：指在有效灌溉面积中，灌溉设施齐全，抗灾能力较强，土地肥力较高，遇到较大的旱涝灾害能保证遇旱能灌、遇涝能排的耕地面积。灌溉设施的抗旱能力和排涝能力，全国各地根据当地的气候执行不同的标准。一般抗旱能力：南方在50～100天，北方在30～50天；排涝能力达到5年至10年一遇的标准，防洪一般达到20年一遇的标准。旱涝保收面积应小于或等于有效灌溉面积。

化肥施用量：指本年度内实际用于农业生产的化学肥料数量，包括氮肥、磷肥、钾肥和复合肥。施用量要求按折纯量计算数量，即各类化学肥料的实际施用数量按其含氮、含五氧化二磷、含氧化钾的比例折成百分之百计算。

农村用电量：指本年度内，扣除在农村中的国有工业、交通、基建等单位的用电量以后的农村生产和生活的全年用电总量。包括国家电网供电和农村自办电站供电量。

农作物总播种面积：指本日历年度内收获农产品的作物播种面积之和，包括实际播种或移植有农作物面积。凡是实际种植有作物面积，不论种植在耕地上还是种植在非耕地上，均包括在农作物播种面积中。在播种季节基本结束后，因遭受灾害而重新改种和补种的农作物面积也包括在内。

农作物包括范围

(1)谷物：包括稻谷、小麦、玉米、谷子、高粱和其他谷物，不包括豆类和薯类。谷类作物一律按脱粒后的原粮计算。

(2)豆类作物：是以食用种籽及其制成品的豆科植物，包括大豆和杂豆。大豆包括黄豆、黑豆、青豆三类。产量按去荚后的干豆计算。

(3)薯类作物：包括甘薯和马铃薯。不包括芋头、木薯等。芋头一般应作为"蔬菜"计算，木薯作为其他作物计算。城市郊区以蔬菜种植为主把马铃薯产量统计在蔬菜内。

(4)油料作物：是以榨取油脂为主要用途的一类作物。种子含油率约达20～60%。包括花生、油菜籽、芝麻、胡麻籽、向日葵籽等。不包括木本油料和野生油料。花生以带壳干花生计算。

(5)棉花：不包括木棉，按去籽后的皮棉计算，3公斤籽棉折1公斤皮棉。棉花产量从1999年起在主产区实行抽样调查(河北、江苏、安徽、山东、河南、湖北、湖南、新疆)，非主产区仍按全面统计。

(6)糖料：包括甘蔗和甜菜。甘蔗以蔗杆计算，甜菜以块根计算。

(7)药材：指人工栽培的各种药材作物，不包括野生药材。

(8)蔬菜：包括菜用瓜、茭白、芋头、生姜等在内。

(9)瓜类作物：指果用瓜，如西瓜、甜瓜(香瓜)、白兰瓜、哈密瓜、脆瓜等，但不包括菜用瓜。

(10)其他作物：包括饲料作物、荸子、莲子、席草等。

(11)饲料作物：指人工栽培的主要用于喂养牲畜的作物，如苜蓿等。有些地方在饲料地上种植粮食作物，除了种植目的就是作为青饲料用的可作为饲料作物统计以外，收获主产品以后，副产品不管是否作为饲料的，仍应分别列入谷物，豆类作物，薯类等项下统计产量，不得列入饲料作物内。

粮食总产量：指全社会的产量。包括国营农场等国有经济的、集体统一经营的和农民家庭经营的产量,还包括工矿企业办的农场和其他生产单位的产量。粮食除包括稻谷、小麦、玉米、高粱、谷子、其他杂粮外,还包括薯类和大豆。其产量计算方法,豆类按去豆荚后的干豆计算,薯类(包括甘薯和马铃薯,不包括芋头和木薯)1963年以前按每4千克鲜薯折1千克粮食计算,从1964年以后按5千克鲜薯折1千克粮食计算。其他粮食一律按脱粒后的原粮计算。

粮食比国际上通行的谷物口径大,相当于谷物+薯类+大豆。

茶叶产量:指本年度内生产的全部茶叶产量。包括从成片茶园和零星种植的茶树以及荒芜未垦复的茶树上所采摘的全部产量。不论自食的或出售的,都应统计在内。茶叶的产量按经过初步加工的干毛茶的重量计算。由于加工毛茶的方法不同,以分为红毛茶、绿毛茶、乌龙茶、紧压茶、其他茶。紧压茶是指作紧压茶原料的茶叶产量。其他茶是上述四种毛茶之外的毛茶。

水果产量:指本年度内从果树上收获的全部水果产量。不论自食的或出售的,都应计算在内。但不包括果用瓜(如西瓜、甜瓜、白兰瓜、哈密瓜、脆瓜等)和主要作蔬菜食用的藕、西红柿等。不包括采集的野生水果。水果的产量按鲜果计算,干枣、葡萄干、柿饼、桔饼等应统一折成鲜果计算。香蕉不包括大蕉、龙牙蕉、粉蕉、西贡蕉等。

林产品产量:指从人工栽培的竹木上,不经砍伐竹木的根而取得的各种林产品数量。包括生漆、棕片、五倍子、松脂、笋干、油桐籽、油茶籽、乌桕籽、核桃、板栗等各种林木果实以及修剪竹木所获得的枝叶(如荆条、柳条、蒲葵叶)等。不包括桑叶、茶叶、水果,也不包括野生的林产品。如果某些林产品人工栽培和野生的混在一起,不易划分,则应根据它的主要来源决定其应计入林产品产量统计中还是其他农业内采集野生植物果实产量统计中,但不要两方面都算,以免重复。

林产品产量的计算方法为:

(1)油茶籽、油桐籽、乌桕籽、核桃、文冠果按去掉果皮、外壳的干籽计算产量。

(2)五倍子以干籽计算产量。

(3)生漆、松脂按从树上割下来的生漆、松脂计算产量。

(4)棕片和竹笋按干片和笋干计算产量。

(5)板栗按除去毛荚的果实计算产量。

(6)油橄榄按果实计算产量。

(7)紫胶(虫胶)按原胶计算产量。

畜牧业生产

猪、牛、羊、禽等主要畜禽的存栏、出栏及产品产量。1999年畜牧调查和数据采集方式发生变化。非农户生产经营单位按全面统计的组织方式逐级上报;农户(含规模饲养农户)采取抽样调查,全部调查工作在国家调查(行政)村进行。抽中村中规模饲养农户(制定的规模养殖参照标准)要进行逐个调查。非规模饲养农户,应按随机原则,抽选10个有代表性的农户进行入户调查访问。同时,在调查村要建立畜牧业统计台账,并按要求定期填报有关资料。根据1996年农业普查结果,国家统计局农调总队对猪、牛、羊等主要畜产品存栏、出栏及肉产量等指标常规年报数据与农业普查数据进行衔接。2000年以后的生猪存栏、出栏和肉产量均为抽样调查数据。

当年出栏的畜禽数:指当年(报告期内)乡村各种合作经济和农民、国有农场、机关、团体、学校、工矿企业、部队等单位及城镇居民饲养的,已屠宰或出售的全部畜禽数,包括交售给国家,集市上出售和农民自食的部分。不包括个别地区习惯吃的"烤小猪"或出口的"乳猪"。

期初(末)畜禽存栏头(只数):指本期(报告期)期初(末),农村与城市的全部畜禽存栏头(只)数。除科学研究单位专门用于试验研究的牲畜和军马以外,农村各种合作经济组织和国营农场、农民个人、机关、团体、学校、工矿企业、部队等单位以及城镇居民饲养的各种畜禽,不分大小、公母、品种、用途一律包括在内。专业运输组织的运输用牲畜也应包括在内。但商业部门库存的和运输途中的活牲畜不进行统计。

肉类总产量:指当年出栏并已屠宰的畜禽肉产量,即屠宰后除去头蹄下水后带骨肉的重量,也叫酮体重。

牛奶产量、羊奶产量:指全社会产量。包括出售给国家、农贸市场交易和农牧民自食部分。无论是纯种牛、杂种牛、黄牛或兼用牛产的奶;无论是奶山羊、绵羊或其他改良羊所产的奶都要计算为产量。牛犊、羊羔直接吮食部分,不统计产量。

细羊毛:指细毛及其改良羊所产的羊毛量。

半细羊毛:指半细毛羊及其改良羊所产的羊毛产量。

禽蛋产量:指鸡、鸭、鹅三种家禽的禽蛋产量,包括出卖和农民自食以及种蛋。

蚕茧产量:指本年度内生产的全部蚕茧产量,无论自用的或出售的,都应计算在内。在计算产量时,要把土茧、改良茧和种茧包括在内,桑蚕茧、柞蚕茧均按鲜茧计算,木薯蚕茧和蓖麻蚕茧等的产量均按茧壳的重量计算。

渔业生产

水产品产量:指当年捕捞的水产品(包括人工养殖并捕捞的水产品和捕捞天然生长的水产品)产量。

海水产品产量:指从海洋和海水养殖水域中捕捞的海水产品产量。包括海水中的鱼类、虾蟹类、贝类、藻类。

内陆水域水产品产量:指淡(咸)水湖泊、水库、河沟和池塘以及其他内陆水域内捕捞的水产品产量。包括鱼类、虾蟹类、贝类,不包括淡水水生植物。

养殖产量:指从海水养殖面积和内陆水域养殖面积中捕捞的产量。

捕捞产量:指捕捞天然生长的水产品产量。

农林牧渔业总产值:指以货币表现的农、林、牧、渔业全部产品和对农林牧渔业生产活动进行的各种支持性服务活动的价值总量,它反映一定时期内农业生产总规模和总成果。1957 年以前的农业总产值中包括了厩肥和农民自给性手工业(如农民自制衣服、鞋、袜,自己从事粮食初步加工等)。1958 年及以后的农业总产值,林业中增加了村及村以下竹木采伐产值;牧业中取消了厩肥产值;副业中取消了农民自给性手工业产值,增加了村及村以下办的工业产值;渔业中增加了海洋捕捞水产品产值。1980 年及以后,在副业中增加了农民家庭兼营工业商品部分产值。从 1984 年起村及村以下工业产值划归工业。从 1993 年起取消副业,将野生动物的捕猎划入牧业、野生植物采集和农民家庭兼营商品性工业划归农业。从 2003 年起,执行新的国民经济行业分类标准,农林牧渔业总产值中包括了农林牧渔服务业产值。林业中增加了森林采运业产值。农业中取消了家庭兼营商品性工业产值,将野生林产品的采集划归林业。第一次农业普查以后,由于畜牧业产品年报数据与普查数据之间存在一定的差距,国家统计局农村司对畜牧业年报数据与普查数据进行衔接,相应的畜牧业产值进行调整。

农林牧渔业总产值的计算方法通常是按农、林、牧、渔业产品及其副产品的产量分别乘以各自单位产品价格求得;少数生产周期较长,当年没有产品或产品产量不易统计的,则采用间接方法匡算其产值;然后将四业产品产值相加即为农林牧渔业总产值。

农林牧渔业增加值:用生产法计算的一定时期内农业生产活动的最终成果。其计算方法是用现价计算的农林牧渔业产值扣除各项中间投入。

1996 年第一次农业普查以后,由于畜牧业产品产量年报数据与普查数据之间存在一定的差距,国家统计局农村司对畜牧业年报数据与普查数据进行衔接,相应的畜牧业产值、增加值进行调整。

农村固定资产:是指使用年限在一年以上,单位价值在规定的标准以上,并在使用过程中保持原来物质形态的资产。企事业单位所有的使用期限在一年以上、单位价值在 200 元以上的房屋建筑物、机器设备、器具、工具等资产应作为固定资产统计;不属于生产经营的物品,单位价值在 200 元以上,并且使用期限超过两年的也应作为固定资产统计。农户所有的使用年限在一年以上、单位价值在 50 元以上的房屋建筑物、机器设备、器具等资产应作为固定资产统计。

农村固定资产统计调查方式由全面统计改为抽样调查。九十年代初,农村固定资产投资统计进行了初步改革,即集体部分的投资由统计部门中负责投资统计的单位通过全面统计的方式,逐级汇总、层层上报取得数据;农户部分则以抽样调查方式取得数据。由于全面统计数据存在行政干扰,农户抽样调查不太规范等原因,从 1999 年年报开始,农村固定资产投资全面实行抽样调查。根据农村固定资产投资调查的现实情况,本着"不重不漏、方便调查"的原则,界定了调查范围,即城关镇以下(不包括城关镇,但包括城关镇所辖的行政村)属于农村固定资产投资调查的范围。但为了保持工作的衔接,在此范围内的大中型工矿企业、县级以上直属单位所属的企业和单位的投资活动不列入农村固定资产投资调查的范围。统计原则由按所属统计改革为按所在地原则调查。具体划分为三个层次:一是乡政府所在地或镇区所在地范围内的非农户投资单位;二是行政村范围内的非农户投资单位;三是农户投资。

除涝

(1)易涝耕地面积:是指抗涝能力标准低的低洼涝耕地面积。即经过治理的"除涝面积"和尚未经过治理的或虽经过治理,但抗涝标准尚未达到三年一遇的"现有易涝面积"之和。

(2)除涝面积:指由于兴修治涝工程或安装排涝机械等水利设施(或进行改种),使易涝耕地免除淹涝,除涝标准达到三年一遇以上者。易涝面积虽经过治理,但标准尚未达到三年一遇标准的,不做为除涝面积统计。

易涝面积=除涝面积+现有易涝面积(即尚未治理面积+虽经过治理,标准尚未达到三年一遇的标准)

除涝面积=三年至五年治理面积+五年至十年治理面积+十年以上治理面积

除涝面积=上年除涝面积(上年基数)+本年新增除涝面积-本年减少面积

治碱

(1)盐碱耕地面积:是指土壤中含有盐碱,影响农作物生长,成苗率(促苗率)不足70%的耕地面积。盐碱耕地面积包括未改良的老盐碱耕地以及未改良的次生盐碱耕地和盐碱耕地改良面积之和。

(2)盐碱耕地改良面积:是指在老盐碱地、次生盐碱地上进行水利、农业、土壤改良等措施,在正常年景使作物成苗率(促苗率)达到70%以上的盐碱耕地面积。在同一块耕地上,除涝、治碱并举,应分别统计除涝面积和盐碱耕地改良面积。

(3)本年新增改良面积:是指在报告期当年(日历年度),对尚未经过治理的盐碱耕地,采取水利、农业、化学等改碱措施,使其脱盐(碱),达到盐碱地改良标准的面积。不包括在已改良过(已被统计除涝面积)的面积上,采取治碱措施,而被改善、提高的面积。

(4)本年减少改良面积:是指已被改良的盐碱地面积中由于建设占地、退耕养殖、工程老化失修或不合理的人为措施重又退化积盐,沦为严重影响农作物生长的盐碱耕地的面积。

盐碱耕地改良面积=上年盐碱耕地改良面积(上年基数)+本年新增改良面积-本年减少改良面积

水土保持

(1)水土流失面积:是指自然因素和人为因素,使山丘地区地表土壤及母质受到各种破坏和移动,造成水土流失的面积。水土流失面积应为解放初期实有的水土流失面积和解放后发展的水土流失面积之和。

(2)水土流失治理面积(又称水土保持面积):是指在山丘地区水土流失面积上,按照综合治理的原则,采取各种治理措施,如:水平梯田、淤地坝、谷坊、造林种草、封山育林育草(指有造林、种草补植任务的)等,以及按小流域综合治理措施所治理的水土流失面积总和。

(3)小流域治理面积:是以小流域为单元,根据流域内的自然条件,按照土壤侵蚀的类型特点和农业区划,在全面规划的基础上,合理安排农、林、牧各业用地,布置水土保持农业技术措施,林草措施与工程措施,相互协调、相互促进形成综合的水土流失防治体系。凡列入县级以上治理规划,并进行重点治理的,流域面积在5平方公里以上的小流域治理面积均进行统计。

(4)本年新增治理面积(也称本年新增水土保持面积):是指在山丘水土流失区,由于采取各种水土措施,或进行小流域综合治理,在报告期年度,新增加的水土流失治理面积。不包括已治理的水土流失面积,以往年度已经统计,而在本年度内又增建或更新改造水保措施,而得到提高改善的面积。

(5)本年减少的治理面积:是指在报告期内,由于各种原因,如基建占地、人为破坏、自然灾害、各类生产活动、工程老化失修等,使原已治理的水土流失面积重又产生水土流失的面积。

水土流失治理面积=上年累计达到治理面积+本年新增治理面积-本年减少治理面积

水库

(1)已建成水库:是指主、副坝、溢洪道、输水洞和专门建筑物,如电站、过船过水建筑物等,已全部建成或基本建成,无重大遗留问题达到设计蓄水能力,经过验收鉴定合格,正式交付使用的水库。

(2)总库容:即校核水位以下的库容。包括死库容、兴利库容、防洪库容(减掉和兴利库容重复部分)之总和,称总库容,它是水库兴建的总规模。

大、中、小型水库的划分标准

大型水库:总库容在一亿立方米及以上;

中型水库:总库容在一千(含一千)万立方米至一亿立方米;

小型水库:库容在十万立方米至一千万立方米。

堤防总长度:指建成或基本建成的河堤、江堤、海堤、湖堤、围堤,包括防洪墙等各类防洪,防潮堤防之总和,包括建国前建成或需要加固加高培厚的老堤防。但不包括单纯除涝河道的堤防和弃土形成的堤防,也不包括子埝和生产堤。所谓基本建成,是指按设计标准已经完成,已能发挥设计效益,但还留有少量尾工的工程。

农场个数:指报告期末实有农场个数。包括农垦系统内全民所有制、集体所有制和合资经营的农、林、牧、渔场个数,不包括家庭农场个数。农场应具备三个条件:进行农林牧渔业生产;设有场部组织结构;实行独立核算。

农村居民家庭基本情况

常住人口:是指全年经常在家或在家居住六个月以上,而且经济生活和本户连成一体的人口。在外劳动的合同工、临时工和其他副业工,他们在外劳动虽然超过六个月,但其收入主要带回家中,仍要计算在内。在家居住,生活和本户连成一体的国家职工、退休人员也要计算在内。但是参军、在外居住的职工等,则不应计入。

常住人口中整半劳动力:整劳动力是指男子18周岁到50周岁,女子18周岁到45周岁;半劳动力是指男子16周岁到17周岁,51周岁到60周岁;女子16周岁到17周岁,46周岁到55周岁,同时具有劳动能力的人。虽然在劳动年龄之内,但已丧失劳动能力的人,不应算为劳动力;在劳动年龄以外,但能经常参加劳动,能顶上一个整劳动力或半劳动力的人,应计入劳动力数内。常住人口中的职工,若这些职工为劳动力,就包括在本户的整半劳动力中。

总支出:指农村住户用于生产、生活和再分配的全部支出。包括家庭经营费用支出、购置生产性固定资产支出、生产性固定资产折旧、税费支出、生活消费支出、财产性支出和转移性支出。

家庭经营费用支出:指农村住户以家庭为基本生产经营单位从事生产经营活动而消费的商品和服务、自产自用产品。所消费的未计算为住户收入的自产自用产品,不计算为费用支出。库存的化肥、农药也不应该计算费用支出。

现金收入:指农村居民家庭年内所有家庭成员的全部现金收入。包括基本收入(即以工资形式支付的劳动报酬收入和家庭经营现金收入)、财产性收入、转移性收入和储蓄借贷现金收入。

现金支出:指农村居民家庭年内全部现金支出。包括用于承包经营生产的家庭经营费用支出的各项现金,向国家缴纳的各种税金,按承包合同上交的集体提留或承包任务的现金,购买生产用固定资产支付的现金,用于生活消费支出,转移性支出和储蓄借贷支出的现金等。

农村居民家庭平均每人总收入和纯收入

总收入:是指调查期内农村住户和住户成员从各种来源渠道得到的收入总和。按收入的性质划分为工资性收入、家庭经营收入、转移性收入和财产性收入。

(1)工资性收入:指农村住户成员受雇于单位或个人,靠出卖劳动而获得的收入。

(2)家庭经营收入:指农村住户以家庭为生产经营单位进行生产筹划和管理而获得的收入。农村住户家庭经营活动按行业划分为农业、林业、牧业、渔业、工业、建筑业、交通运输邮电业、批发和零售贸易餐饮业、社会服务业、文教卫生业和其他家庭经营。

家庭经营产品的计价:凡是出售部分,按实际出售价格计算;非出售部分(包括自用的和结存的)按出售该产品的综合平均价计算。

转移性收入:指农村住户和住户成员无需付出任何对应物而获得的货物、服务、资金或资产所有权等,不包括无偿提供的用于固定资本形成的资金。一般情况下,指农村住户在二次分配中的所有收入。

财产性收入:指金融资产或有形非生产性资产的所有者向其他机构单位提供资金或将有形非生产性资产供其支配,作为回报而从中获得的收入。

纯收入:是农村住户当年从各个来源得到的总收入相应地扣除所发生的费用后的收入总和。纯收入主要用于再生产投入和当年生活消费支出,也可用于储蓄和各种非义务性支出。“农民人均纯收入”按人口平均的纯收入水平,反映的是一个地区或一个农户农村居民的平均收入水平,反映的是一个地区或一个农户农村居民的平均收入水平。计算方法为:

纯收入=总收入-家庭经营费用支出-税费支出-生产性固定资产折旧-赠送农村亲友支出

农村居民家庭平均每人生活消费支出

生活消费支出:指农村住户用于物质生活和精神生活方面的支出。生活消费支出包括:食品,衣着,居住,家庭设备、用品及服务,医疗保健,交通和通讯,文化教育娱乐用品及服务,其他商品和服务等消费支出。各消费类别的具体内容如下:

(1)食品消费支出:指农村居民年内消费各类食品支出。包括主食、副食、其他食品、在外饮食支出和食品加工费支出。其中的主食:是指各种粮食和粮食复制品的消费量折价。粮食复制品:指利用原粮加工而成的食品,如挂面、年糕等。但不包括用粮食加工成豆油、豆腐、粉条、酒。副食:包括蔬菜、豆制品、油脂类、食糖、肉、禽及其制品、蛋类、水产品、调味品等。其他食品:包括烟草类、酒类、饮料类、干鲜果品、糖果糕点、奶和奶制品、罐头类等。在外饮食:包括在外面饭馆、小吃部、小卖部、茶馆、饮食摊内吃饭、喝茶、吃冷饮时消费的各种食品。开会和住院的伙食费也应包括在内。食品加工费:指加工食品所需的费用,包括把原粮加工成副食品和其他食品的费用。

(2)衣着:指农村住户各种穿着用品及加工穿用品的各种材料等支出。包括棉花、丝棉、化纤棉、驼毛、棉布、各种化纤布、绸、缎、呢绒、各类成衣、棉、毛、丝、麻纺织品,背心、汗衫、棉毛衫裤、卫生衫裤、袜子等针织品,毛线、毛线织品、各种鞋、帽等消费品及衣着的加工修理费。但不包括用各种布料做的床上用品,室内装饰品。

(3)居住:指农村住户与居住有关的所有支出,包括新建(购)房屋、房屋维修、居住服务、租赁服务、租赁住户所付的租金、生活用水、生活用电、用于生活的燃料等支出。

(4)家庭设备、用品及服务:指农村住户消费的各种家庭设备、用品及设备、用品的加工修理费用。包括耐用消费品、室内装饰品、床上用品、家庭日用杂品等。

(5)医疗保健:指农村住户用于医疗和保健的药品、医疗器械和服务费用。包括医药卫生保健用品、医疗保健服务费和医疗卫生设备、用品加工修理费等。

(6)交通和通讯:指农村住户用于交通和通讯的工具、各种服务费、维修费用支出。

(7)文化教育娱乐用品及服务:指农村住户用于文化、教育、娱乐方面的支出。包括文化教育娱乐用品支出和文化教育娱乐服务支出。

(8)其他商品和服务:是指上述各类支出以外的商品的服务支出。其中商品性支出:包括化装品、金银珠宝饰品和其他商品。服务支出:指生活消费的服务。包括旅店住宿费、洗澡费、照相费、殡殓费等。

农村居民家庭房屋使用情况

房屋:是指有顶有墙,能遮风避雨,可用于住人放物从事生产等用的房屋。包括住房、仓库、牧区的蒙古包、帐棚,但不包括船屋。它是反映农村住户生活水平的重要标志。

新建房屋:是指全年从无到有"平地起家"的新建筑房屋。包括新址上新建和旧址上新建的房屋。在原来的房屋基础上按原有规模对房屋进行翻修或一般维修的不包括在内。新建房屋仅包括年内建成的新建房屋,未完工的在建房屋不要统计在内。

房屋面积:是指室内面积,从房屋的内墙线算起的面积,不包括房屋结构(如墙、柱)占用的面积。多层建筑,按各层面积总和计算。其中:砖(石)木结构:是指房屋的梁、柱、承重墙等主要部分是用砖、石、木料建造的,如木房架、砖、石墙、木柱、砖柱建造的房屋。钢筋混泥土结构:是指房屋的梁、柱、承重墙等主要部分是用钢筋混泥土建造的。

房屋的价值:购买房屋按购买价格计算。新建房屋价值,可按实际消耗的建筑材料和人工的报酬计算,有的地方,人工不要报酬,只管吃喝,可将吃喝的费用,当作报酬,计入房价内。原有房屋,按房屋质量和新旧程度,根据当地实际情况进行估价。对原有房屋进行大翻修的,也应考虑在内。

生活用房屋面积:指实际住人或可以用来住人的房屋面积。与住房连成一体的起居室或放置灶具的地方、专用厨房,均应包括在内。但不包括专用仓库等生产用房面积。其中的楼房面积:是指二层和二层以上的多层建筑的房屋面积,楼房面积按各层面积总和计算。

农村居民家庭平均每户生产性固定资产原值

生产性固定资产:是指在生产过程中使用年限较长、单位价值较高,并在使用过程中保持原有物质形态的资产,包括厂房、机器设备等。农村家庭使用的固定资产,需同时具备两个条件,即使用年限在两年以上,单位价值在50元以上。在乡村企业及其他部门中,规定单位价值在200元以上,使用年限在一年以上。如果企业的主要设备虽低于200元,但使用年限在一年以上,也划为固定资产。

生产用固定资产原值:是以购入该项固定资产的原始价值量,反映农村住户拥有的生产规模和能力。各类固定资产的原值,也可按开始占有这项固定资产的重新估计的价值计算。

农村居民家庭平均每人经营耕地情况

经营耕地面积:是指农村住户年末经营的全部耕地面积,包括承包集体生产的耕地面积和家庭自营地面积(自留地、饲料地和零星开荒地),经营耕地面积中,应包括因各种原因休闲和抛荒的耕地面积、改种植为养殖的耕地面积。还包括经营他人的转包耕地面积,但不包括代为他人临时耕种的承包地面积。

经营山地面积：是指农村住户年末经营的全部山地面积，包括承包集体的山地面积和家庭自留山面积。还包括经营他人的转包山地面积，但不包括代为他人临时经营承包的山地面积。

经营山地面积中植树造林面积：是按当年造林面积计算。当年造林面积按年末实际成活率达到80％以上的面积，有一亩算一亩。

经营水面面积：是指农村住户年末经营的全部水面面积，包括承包集体的水面和家庭自营水面面积。经营水面面积，包括原水面面积、新挖塘养殖面积，未挖深但已停止种植粮食作物的蓄水养殖面积。

四大地区划分：分为东部、中部、西部和东北四个地区。东部地区：北京、天津、河北、上海、江苏、浙江、福建、山东、广东和海南共10个省市。中部地区：山西、安徽、江西、河南、湖北和湖南共6个省。西部地区：内蒙古、广西、重庆、四川、贵州、云南、西藏、陕西、甘肃、青海、宁夏和新疆共12个省区市。东北地区：辽宁、吉林和黑龙江共3个省。